心理學概論

精簡版

Psychology: Essentials, 2e

John W. Santrock
University of Texas at Dallas

著

黎士鳴、陳秋榛

編譯

國家圖書館出版品預行編目資料

心理學概論：精簡版 / John W. Santrock 著；黎士鳴、陳秋榛編譯.
-- 初版.-- 臺北市：麥格羅希爾, 2012.01
　面；　公分.-- (社會科學叢書；S009) 精簡版
譯自：Psychology: essentials, 2nd ed.
ISBN 978-986-157-816-3(平裝)
1. 心理學

170　　　　　　　　　　　　　　　　　　　　100017715

社會科學叢書 S009

心理學概論精簡版

作　　　者	John W. Santrock
編 譯 者	黎士鳴 陳秋榛
教科書編輯	胡天慈
特 約 編 輯	晏華璞
企 劃 編 輯	陳佩狄
業 務 行 銷	李本鈞 陳佩狄 林倫全
業 務 副 理	黃永傑
出 版 者	美商麥格羅希爾國際股份有限公司台灣分公司
地　　　址	台北市 10044 中正區博愛路 53 號 7 樓
網　　　址	http://www.mcgraw-hill.com.tw
讀 者 服 務	E-mail: tw_edu_service@mheducation.com
	TEL: (02) 2383-6000　　FAX: (02) 2388-8822
法 律 顧 問	惇安法律事務所盧偉銘律師、蔡嘉政律師
總經銷(台灣)	臺灣東華書局股份有限公司
地　　　址	10045 台北市重慶南路一段 147 號 3 樓
	TEL: (02) 2311-4027　　FAX: (02) 2311-6615
	郵撥帳號：00064813
網　　　址	http://www.tunghua.com.tw
門 市 一	10045 台北市重慶南路一段 77 號 1 樓　TEL: (02) 2371-9311
門 市 二	10045 台北市重慶南路一段 147 號 1 樓　TEL: (02) 2382-1762
出 版 日 期	2015 年 1 月（初版五刷）

Traditional Chinese Adaptation Copyright © 2012 by McGraw-Hill International Enterprises, LLC., Taiwan Branch
Original title: Psychology: Essentials, 2e　ISBN: 978-0-07-256201-9
Original title copyright © 2011 by McGraw-Hill Education
All rights reserved.

ISBN：978-986-157-816-3

※　著作權所有，侵害必究。如有缺頁破損、裝訂錯誤，請寄回退換

尊重智慧財產權！

本著作受銷售地著作權法令暨國際著作權公約之保護，如有非法重製行為，將依法追究一切相關法律責任。

編譯序

　　你了解你自己嗎？這本書將是一本自我探索的好工具，它將帶著你一起探索你的心理世界。

　　在這本《心理學概論：精簡版》中，除了介紹基本的心理學知識以外，還希望能讓你將心理學和生活結合在一起。本書不但對於重要的心理學理論有深入淺出的介紹，還提供許多專欄文章。例如，「動動腦」讓同學可以從生活中發現心理學，並根據主題介紹國內的許多心理學著作，讓你可以深入閱讀；「在地人心理學」則介紹許多本土化的心理學研究，讓你更清楚心理學在臺灣的發展。為了配合教學，本書還增加了「課堂活動」，可以幫助同學透過生活體驗來了解心理學的世界。最重要的是，每週根據「回家作業」來做練習，更可以讓你體會你自己的心理狀態。

　　不論你是因為何種因素而購買本書，只要好好地利用它，你將會有最大的收穫。開始你的心理之旅吧！

信安醫院心理室主任

目次 contents

第 1 章　何謂心理學　1

1.1 心理學是一門科學　1
    1.1.1　探討心智與行為的相關問題　2
    1.1.2　心理學的科學起源　3
    1.1.3　科學的思維　4
    1.1.4　科學方法　5

1.2 當代心理學取向　7
    1.2.1　行為取向　7
    1.2.2　心理動力取向　9
    1.2.3　認知取向　9
    1.2.4　行為神經科學取向　10
    1.2.5　演化心理學取向　10
    1.2.6　社會文化取向　11
    1.2.7　人本運動與正向心理學　11

1.3 如何學習心理學？　15
    1.3.1　有腦袋的學習者　15
    1.3.2　培養良好的讀書習慣　18
    1.3.3　善用課本　21

課堂活動　21
回家作業　22
本章摘要　22

第 2 章　大腦與行為　23

2.1 神經系統　23
    2.1.1　神經系統的特徵　24
    2.1.2　神經系統的通路　24
    2.1.3　神經系統的分類　25

2.2 神經元　27
    2.2.1　神經元構造　27
    2.2.2　神經衝動　28
    2.2.3　突觸與神經傳導素　29
    2.2.4　神經傳導素的信號　29

2.3 大腦的結構與功能　31
    2.3.1　大腦的組織分層　31
    2.3.2　皮質區　34
    2.3.3　腦側化　37
    2.3.4　大腦的功能整合　37

2.4 內分泌系統　39
    2.4.1　腦下垂體　39
    2.4.2　腎上腺　40
    2.4.3　胰島　41
    2.4.4　性腺　41
    2.4.5　甲狀腺　41
    2.4.6　副甲狀腺　42
    2.4.7　松果腺　42

課堂活動　42
回家作業　43
本章摘要　43

第 3 章　發展心理學　45

3.1 關於發展的重要問題　45
    3.1.1　何謂發展？　46
    3.1.2　早年經驗是否會支配我們的人生？　47
    3.1.3　天性和培育如何影響發展？　48

3.2 兒童發展　49
    3.2.1　胎兒期的發展　49

3.2.2 兒童期的身體發展 50
3.2.3 兒童期的認知發展 54
3.2.4 兒童期的社會情緒發展 61
3.2.5 正向心理學和兒童發展 73
3.3 青少年期 75
3.3.1 正向心理學和青少年 75
3.3.2 青少年期的身體發展 76
3.3.3 青少年期的認知發展 77
3.3.4 青少年期的社會情緒發展 77
3.4 成年發展和老化 79
3.4.1 成年期的身體發展 80
3.4.2 成年期的認知發展 83
3.4.3 成年期的社會情緒發展 85
3.4.4 正向心理學和老化 87
課堂活動 89
回家作業 89
本章摘要 90

第 4 章　感覺與知覺　93

4.1 我們如何感覺與知覺世界？ 93
4.1.1 感覺與知覺的目的 94
4.1.2 感覺接受細胞與大腦 95
4.1.3 閾值 96
4.1.4 感覺適應 98
4.1.5 注意力與注意傾向 98
4.2 視覺系統 100
4.2.1 光線與眼睛 100
4.2.2 大腦的視覺歷程 104
4.2.3 色彩視覺 105
4.2.4 空間的視覺知覺 108
4.3 聽覺系統 111
4.3.1 我們如何感覺聲音？ 111
4.3.2 耳朵的結構與功能 112
4.3.3 大腦的聽覺歷程 115
4.3.4 方向的聽覺知覺 115
4.4 其他感覺 116
4.4.1 皮膚感覺 116
4.4.2 化學感覺 120

4.4.3 動感知覺與前庭感覺 123
課堂活動 125
回家作業 125
本章摘要 126

第 5 章　意識的狀態　129

5.1 意識的本質 129
5.1.1 意識的層次 130
5.1.2 意識與大腦 133
5.2 睡眠與做夢 133
5.2.1 生理週期與睡眠 133
5.2.2 睡眠的需求 135
5.2.3 睡眠階段 138
5.2.4 睡眠困擾 141
5.2.5 做夢 142
5.3 心理作用藥物 145
5.3.1 心理作用藥物的使用 145
5.3.2 鎮定劑 146
5.3.3 興奮劑 148
5.3.4 迷幻劑 151
課堂活動 153
回家作業 153
本章摘要 154

第 6 章　學　習　157

6.1 學習 157
6.1.1 學習的型態 158
6.1.2 學習的生物因素 159
6.2 古典制約 160
6.2.1 Pavlov 的研究 161
6.2.2 古典制約的應用 164
6.3 操作制約 166
6.3.1 Thorndike 的效果律 167
6.3.2 Skinner 的操作制約理論 167
6.3.3 增強原則 169

6.3.4　操作制約的應用　174
6.4　觀察學習　177
6.5　學習的認知因素　178
　　6.5.1　目的性行為　178
　　6.5.2　頓悟學習　180
課堂活動　181
回家作業　182
本章摘要　182

第 7 章　記　憶　185

7.1　記憶的本質　185
7.2　記憶的編碼　186
　　7.2.1　注意力　187
　　7.2.2　處理層次　187
　　7.2.3　精緻化　189
　　7.2.4　想像力　190
7.3　記憶的儲存　190
　　7.3.1　感官記憶　190
　　7.3.2　短期記憶　191
　　7.3.3　長期記憶　195
　　7.3.4　記憶的組織方式　198
　　7.3.5　記憶的儲存位置　202
7.4　記憶的提取　204
　　7.4.1　序列位置效應　205
　　7.4.2　提取提示和提取工作　206
　　7.4.3　記憶提取的準確性　207
7.5　遺忘　209
　　7.5.1　編碼失敗　209
　　7.5.2　提取失敗　210
7.6　記憶與學習策略　212
　　7.6.1　編碼策略　214
　　7.6.2　儲存策略　216
　　7.6.3　提取策略　217
課堂活動　218
回家作業　219
本章摘要　219

第 8 章　思考、語言與智力　223

8.1　心理學的認知革命　223
8.2　思考　224
　　8.2.1　概念的形成　224
　　8.2.2　問題解決　225
　　8.2.3　批判性思考　227
　　8.2.4　推理　228
　　8.2.5　決策　229
8.3　語言　231
　　8.3.1　語言與認知　231
　　8.3.2　語言的獲得與發展　232
8.4　智力　237
　　8.4.1　智力測驗　237
　　8.4.2　多元智力　240
課堂活動　245
回家作業　245
本章摘要　246

第 9 章　動機與情緒　249

9.1　認識動機　249
9.2　飢餓　251
　　9.2.1　飢餓的生理機制　251
　　9.2.2　飲食疾患　253
9.3　性　254
　　9.3.1　性的生理機制　255
　　9.3.2　性的非生理機制　257
9.4　成就需求　259
　　9.4.1　成就的認知因素　259
　　9.4.2　成就的社會文化因素　261
9.5　情緒　262
　　9.5.1　情緒的生理機制　262
　　9.5.2　情緒的非生理機制　266
　　9.5.3　情緒的分類　272
課堂活動　273

回家作業 274
本章摘要 274

第 10 章　人　格　277

10.1　人格理論　277
10.2　心理動力論　278
　　10.2.1　佛洛依德的精神分析論　278
　　10.2.2　心理動力論後起之秀　282
10.3　行為與社會認知論　284
　　10.3.1　Skinner 的行為論　285
　　10.3.2　Bandura 的社會認知論　286
10.4　人本論　289
　　10.4.1　Rogers 的理論　290
　　10.4.2　Maslow 的觀點　292
　　10.4.3　自尊　292
10.5　特質論　294
　　10.5.1　特質論　294
　　10.5.2　五大人格因素　296
　　10.5.3　特質一情境交互作用　298
課堂活動　301
回家作業　301
本章摘要　302

第 11 章　心理疾患　305

11.1　何謂心理疾患？　305
　　11.1.1　異常行為的定義　306
　　11.1.2　了解心理疾患　306
　　11.1.3　異常行為的分類　308
11.2　焦慮性疾患　311
　　11.2.1　廣泛性焦慮症　311
　　11.2.2　恐慌症　311
　　11.2.3　畏懼症　312
　　11.2.4　強迫症　313
　　11.2.5　創傷後壓力症候群　313
11.3　情緒性疾患　315
　　11.3.1　憂鬱症　315

　　11.3.2　躁鬱症　316
　　11.3.3　情緒性疾患的成因　317
　　11.3.4　自殺　320
11.4　精神分裂症　322
　　11.4.1　精神分裂症的類型　323
　　11.4.2　精神分裂症的成因　323
11.5　人格疾患　325
　　11.5.1　怪異型　325
　　11.5.2　情緒失控型　326
　　11.5.3　驚恐／逃避型　326
課堂活動　327
回家作業　327
本章摘要　328

第 12 章　健康心理學　329

12.1　健康心理學與行為醫學　329
12.2　壓力與壓力源　330
　　12.2.1　人格因素　330
　　12.2.2　環境因素　332
　　12.2.3　社會文化因素　334
12.3　壓力反應　335
　　12.3.1　一般適應症候群　335
　　12.3.2　戰或逃、照顧及與他人友好　337
　　12.3.3　認知評價　337
12.4　壓力與疾病　338
　　12.4.1　與壓力相關的疾病　338
　　12.4.2　正向情緒、疾病，與健康　340
12.5　因應策略　340
　　12.5.1　問題焦點與情緒焦點的因應　341
　　12.5.2　積極與正向的思考　341
　　12.5.3　社會支持　343
　　12.5.4　自我肯定行為　344
　　12.5.5　宗教　345
　　12.5.6　壓力管理課程　345
12.6　健康的生活　346

12.6.1 規律的運動　347
12.6.2 吃得健康　348
12.6.3 戒菸　348
12.6.4 明智的性決定　350
課堂活動　352
回家作業　353
本章摘要　353

第 13 章　社會心理學　355

13.1 社會認知　356
　13.1.1 歸因　356
　13.1.2 社會知覺　359
　13.1.3 態度　363
13.2 社會影響　367
　13.2.1 從眾　367
　13.2.2 服從　369
　13.2.3 團體互動　372
　13.2.4 領導統御　375

13.3 團體間的關係　376
　13.3.1 團體認同　376
　13.3.2 汙名化　377
　13.3.3 增進族群間關係的方法　380
13.4 關係　382
　13.4.1 吸引力　382
　13.4.2 愛情　384
　13.4.3 關係與性別　385
13.5 社會互動　386
　13.5.1 攻擊　386
　13.5.2 助人　392
課堂活動　395
回家作業　395
本章摘要　396

索　引　I-1

第 1 章

何謂心理學
The Science of Psychology

章節內容

1.1 心理學是一門科學
1.1.1 探討心智與行為的相關問題
1.1.2 心理學的科學起源
1.1.3 科學的思維
1.1.4 科學方法

1.2 當代心理學取向
1.2.1 行為取向
1.2.2 心理動力取向
1.2.3 認知取向
1.2.4 行為神經科學取向
1.2.5 演化心理學取向
1.2.6 社會文化取向
1.2.7 人本運動與正向心理學

1.3 如何學習心理學？
1.3.1 有腦袋的學習者
1.3.2 培養良好的讀書習慣
1.3.3 善用課本

1.1 心理學是一門科學

當我跟別人說我教的是心理學時，經常會得到以下的反應：「你是不是能看穿人心？」「我覺得自己好像有憂鬱症，可不可以幫我看一下？」「我該怎麼把到正妹？」……這些回應都反映出大家對於心理學的通俗看法。的確，大家對於心理學有各式各樣的期待，這些多元性的期待，也反映出「心理」的多元性。

心理學概論：精簡版

基本上，心理學是一門探索人心的科學，只要有人的地方都會有心理學的存在。心理學是探討我們自己的一門學科，但它不是一種生活中以訛傳訛的常識，而是一門客觀嚴謹的科學知識。透過客觀嚴謹的研究流程，幫助我們更清楚自己的心理世界。隨著心理學科學化的發展，心理學已經累積了相當多的科學知識，並且在生活中也應用著這些知識。臺灣在2001年《心理師法》完成立法後，也開始進行心理學專業領域的認證工作。在這個時期，專業化的認證更是肯定了心理學的地位。本章將讓你了解「什麼是心理學？」

1.1.1　探討心智與行為的相關問題

心理學所探討的課題就是我們日常生活所發生的事情，心理學是透過科學化的研究來累積的知識；而常識則是一種個人經驗的累積，有時吻合有時卻不然。例如，談戀愛要找相似的人，還是互補的人呢？在常識中，有人覺得個性相似，感情會比較穩定；但又有人覺得，個性要互補，這樣感情生活才會豐富。到底是要相似還是要互補呢？我們在日常生活中會經驗到許多眾說紛紜或相互牴觸的常識。修了這門課後，你將透過科學的證據，更有系統地了解自己以及生活周遭世界，而不會被一些似是而非的常識所困惑。

首先，先定義**心理學**（psychology）：心理學是一門研究外顯行為與內在心理歷程的科學。這裡面包含三個概念：科學、行為、心理歷程。以下分別說明這些概念：

心理學
一門研究外顯行為與內在心理歷程的科學。

科學
採用系統性的方法，來觀察、描繪、預測、解釋以及改善人類的行為與心理歷程。

- **科學**（science）：心理學是以系統性的方法，來觀察、描繪、預測、解釋以及改善人類的行為與心理歷程。研究者很有系統地觀察人類的行為產生與內在心理歷程（如：觀察某校的霸凌行為）；仔細地描繪各種不同的心理現象與生活世界（如：說明該校霸凌行為的類型與發生頻率）；然後透過所有的訊息，來預測個體行為的產生（如：找出容易產生霸凌的族群）；透過更多的研究解釋為何人類有這樣的行為（如：說明為何會產生霸凌行為）。最後，我們可以透過這種解釋方式，進一步地增進人類的福祉，提供更有效益的生活方式（如：

- **行為（behavior）**：人類可被觀察到的外顯行動，如：微笑、助人、霸凌等。
- **心理歷程（mental process）**：人類內在的動機、想法、感受、思考過程等無法直接觀察到的內心世界，而我們的外顯行為深深地受到心理歷程的影響。

1.1.2 心理學的科學起源

心理學家試圖回答千百年來人們不斷思索的問題：

我們的感官如何覺察這個世界？

我們如何學習？記憶是什麼？

為何有人比較聰明？

為何會作夢？

「為什麼？」這句話，開啟了人類豐富的好奇心。古代神話故事為人們的好奇心做了一番有趣的解說，如：女媧造人、盤古開天。漸漸地，神話被哲學所取代，轉變成對生存和知識的理性探索。人們嘗試用自然因素來解釋事件，而非歸咎於超自然因素（Viney & King, 2002）。心理學也一樣，從這種傳統的心靈與身體的思維，慢慢地演變成現代的思考，例如，早期認為人是受到靈魂的掌控，認為人有三魂七魄，而這些魂魄主宰著人的思考與行為。而現在可以知道，我們的行為是受到大腦所掌控。

在 1859 年，達爾文（Charles Darwin, 1809～1882）的《物種源始》(*On the Origin of Species*) 提出**自然天擇（natural selection）**，說明生物會適應環境而有某種的演化歷程。19 世紀的學者，則將此演化歷程與心理學做結合，形成演化心理學。德國學者 Johannes Müller（1801～1858）發現了腦的重要性，也為心理學做出新的定位。在 19 世紀末期，哲學與自然科學整合，形成了心理學這門新的學科（圖 1.1）。有些歷史學家認為當代心理學誕生於 1879 年 12 月的德國萊比錫大學（University of Leipzig）。當時生理學家 Wilhelm Wundt（1832～

行為
人類可被觀察到的外顯行動。

心理歷程
人類內在的思考過程，包括感受、動機、記憶等。

自然天擇
生命體適應環境的原則，適應環境的生命特性會被遺留下，而不適應的特性則會被淘汰。

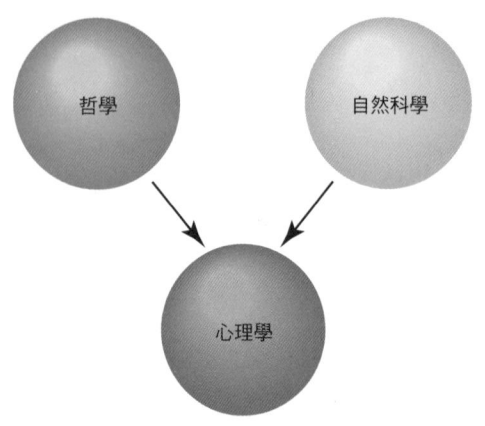

圖 1.1　心理學的緣起
心理學的萌芽在 19 世紀，整合哲學與自然科學兩大科學思維。

1920）與兩名學生一同進行人類反應實驗，透過種種測試來了解人類的基本反應。這個實驗的核心理念是：心理歷程有一特殊結構且能被量化研究，這個焦點開啟了心理學這門新學科。

同時，美國的 William James（1842～1910）與數名學者一同探討心理和行為適應環境的功能。在某種程度上，Wundt 和其追隨者探討心理的內在歷程（找尋它的結構）；反之，James 和其追隨者關注人如何與外在環境進行互動。基本上，這兩者都可以當成是心理學的開端。

1.1.3　科學的思維

人是理性的生物嗎？我們大部分的時間都是用直覺生活而非理性思考。由於心理學是探究人類生活的一門學科，更容易落於用經驗與常識來思維。為了增加你的理性思維，先來學學科學思維的基本態度：

Mary Whiton Calkins 在心理學的發展中，扮演著哪種重要的角色？

- **保持好奇心**：美國心理學學會第一位女性會長 Mary Whiton Calkins（1863～1930）是一個充滿好奇心的學者，她對各種心理現象與生活世界都充滿好奇。她經常探索那些看似平常但卻很重要的問題：「人們是否會比較記得住配對鮮明色彩的數字？」「什麼是對自我最明確的描述？」如果你對生活大小事件都充滿了求知慾，你就開始了進入了科學的思維。

- **保持懷疑**：接下來，我們要對自以為理所當然的事情抱持懷疑的態度。在生活中，有相當多理所當然的事情，你都不曾懷疑嗎？「為何中秋節要烤肉？」「為何情人節是 2 月 14 日？」「人真的善良嗎？」面對許多常識，抱持懷疑的態度，讓你更可以深入思考。

- **保持客觀**：客觀是一件很重要的事，而生活中，我們經常都只是接收自己想要的訊息，而忽略其他的訊息。基本上，我們的知覺都基於保護自己的自尊為原則（McMillan, 2000; McMillan & Wergin, 2002），就變得我們只看自己想看到的。客觀的觀察，可以幫助我們看到事情的全貌，而不是一種偏頗的思維。
- **批判性思考**：像一個偵探一樣，對於我們的所見、所知、所聞，都需加以檢測。特別是網路訊息爆炸的時代，你google到的網路知識都需要加以檢測。

透過以上四種科學的態度，你就可以更理性地面對所有的訊息。

1.1.4 科學方法

心理學與常識最大的不同在於採用「科學的方法」進行研究來累積知識（Langston, 2002; Salkind, 2003）。科學的方法有以下四個步驟：

1. 形成問題。
2. 蒐集資料。
3. 分析資料。
4. 給予結論。

基本上，我們偶爾也會用這四個步驟來解答生活上的困惑。在生活中遇到困境時，我們會先了解要解決的問題是什麼：「台客重視群體生活嗎？」（形成問題）；然後有系統地蒐集資料，先觀察生活周遭的人，觀察他們聚會的狀況（蒐集資料）；進一步，將這些資料進行統計（分析資料）；結果發現，的確台客比宅男更重視群體生活（給予結論）。這是我們在日常生活中，常常會不自主地進行某些心理課題的探索之例子。

心理學不只是按部就班地研究問題，更加重視這些探索過程中的嚴謹性與客觀性。首先，要談兩個主要的核心概念——理論與假設。**理論（theory）**是整合相當多的觀察資料（累積相當多的相關研究），所形成針對某些心理現象的解釋。透過理論，我們可以清楚地了解個

> **理論**
> 透過多重的科學研究過程，所形成的一套解釋方式。

體行為的發生原因以及對其行為有所預測。在生活中，我們也會累積經驗，形成某些理論概念。例如，在所居住的地方，透過數年的觀察可以發現：「起霧的夜晚，隔天會是大晴天。」這時，就在心中形成「夜霧隔日晴」的大氣理論（你可以觀察看看，你居住的地方是否也有這種現象）。這些理論可以讓我們對生活有更多的預測性，也對生活世界的現象有更多的解釋。心理學的理論形成，事實上比我們生活經驗的累積還要更加地困難，它需要透過無數的研究結果比對後，才能慢慢形成一套適合目前生活世界的理論。以愛情為例，許多人會從自己的生活經驗中發展出一套屬於自己的愛情學說，這就是一種個人經驗的累積。就心理學理論而言，卓紋君（2004）透過客觀與嚴謹的研究，經過長久的資料蒐集與分析，將臺灣人的愛情風格分成八大愛情類型，相較經驗累積，這是一個更能說明愛情的理論。

假設
對於外在現象的暫時性解釋。

　　第二部分是**假設（hypothesis）**，在進行研究中，假設是一件很重要的事情。我們在日常生活中，也常進行假設。當你出門時，機車發不動，你就會開始針對這個「發不動」的問題形成無數個假設：「沒油了！」「沒電了！」「排氣管有問題！」為了解決「發不動」的問題，你便開始一個個測試，先看油表，「還有油」；再啟動一下，「還有啟動的聲音」；然後看排氣管，「哇，太久沒騎了，洞口被塞住了！」在日常生活中，我們經常形成假設，然後加以推翻，以找到最好的解釋。心理學研究的假設，當然不像我們在解決生活問題那樣隨興地產生，而是透過推論來形成可能性的假設，然後透過資料的蒐集，加以修正或接受這樣的假設。簡單來說，假設，是對你提出的問題所形成的暫時性解釋。

　　整體而言，理論是累積無數的研究，所形成一套對於心理現象的解釋模式；而假設是針對單一問題的暫時性解釋。我們透過無數個假設驗證的過程中，慢慢地累積研究結果，來形成一套理論。當然，跟任何自然科學的理論一樣，心理學的理論也會因為後續的研究發現而有所修正，甚至推翻。在後面的章節中，你也會發現各種理論演變歷程，也可以感受到，跟所有的科學學門一樣，整個心理學還在一個演

進的歷程中。心理學也是不斷地更新與進步的。

1.2 當代心理學取向

心理世界相當複雜，為了能夠透徹地了解這個複雜的「心理」，心理學家試圖從不同的角度加以剖析。本節將介紹目前主要的七個取向：行為、心理動力、認知、行為神經科學、演化心理學、社會文化，以及人本運動／正向心理學。如果你可以熟悉這幾個取向，將能夠多元地思考自己的心理世界。每個取向都有其獨特的切入點，也可以剖析某些範圍的「心理」，透過多元取向的理解，你將見到整個心理全貌。

在深入了解這些取向前，以下將提醒幾個重點：

- **環境影響**：雖然心理學研究的是個體，但是我們活在社會環境之中，不可避免地受到外在環境因素的影響，特別是人際情境：父母、師長、朋友、親密關係等。這些重要他人深深地影響到我們的社會生活（Bornstein & Bradley, 2003; Collins & others, 2000）。
- **個別差異**：理論可以告訴我們「心理」世界的一般狀況，而每個個體都有其獨特性，不可以單就理論概而論之。如果你對別人的反應有共通的特性，例如，主動、友善；但對於不同的個體，你還是會有特殊的對待方式，例如，面對父母與同學的反應有所不同。心理學試圖找出人類心理世界的通則，但也不會忽略個人的獨特性（Stanovich, 2001）。
- **多元思考**：每個取向都有其特色，並無優劣之分。這裡提到的每個取向，都有其特點與限制。要了解完整的心理學，必須融合多種取向來進行探索。

1.2.1 行為取向

行為取向（**behavioral approach**）強調以科學方法來探討外在環境刺激（S）與個體行為反應（R）間的關係。主要的開啟者為 John B. Watson（1878～1958）與 B. F. Skinner（1904～1990），他們使行為

行為取向
強調以科學方法來探討人類行為的產生，著重在環境對於行為的影響。

B. F. Skinner 是行為取向的重要學者。有傳聞他將女兒當作研究樣本，以行為取向的方式來養育。他這樣做是否適當呢？

主義成為心理學的主流，並且統領心理學界將近半個世紀。目前，不少人採用行為取向的模式來修正不當的生活習慣，如：晚睡、賴床等，這類的技術統稱為行為改變技術。

大部分的行為主義者以其實驗室取向引以為傲，他們透過實驗室的科學化實驗，得以將抽象的心理世界具體地操弄與呈現，讓整個心理學從抽象的思考轉向具體的觀察。同時，有些行為主義者為了增加應用的實際面，將實驗從實驗室轉向現實的生活情境，如：教室內。

在心理學的探索中，Skinner 著重外顯行為，他透過增強與處罰的操作，讓我們看到行為是如何受到這些行為後果的影響。大家都有這種經驗，當某個舉動被他人鼓勵時，這些舉動就會經常產生；而某些舉動被處罰時，這些舉動也就減少了。透過生活經驗與實驗室的範例，行為主義者認為，我們的行為是受到行為後果的影響（Skinner, 1938）。現代的行為主義者仍延續 Watson 與 Skinner 的想法，認為我們透過可觀察的行為來了解個體的「心理」（Martin & Pear, 2002; Watson & Tharp, 2003）。同時，也強調環境對行為的影響（Baldwin & Baldwin, 2001; Spiegler & Guevremont, 2003）。雖然環境對行為的影響很大，但有些學者認為，除了環境與行為以外，還有重要的內在「認知」因素也需要被注意。

社會認知論

強調行為不只是受到環境直接的誘使，還受到個人對於外界行為觀察的誘發。

社會認知論（social cognitive theory）著重於內在認知取向，這是由 Albert Bandura（1925～）所發展的理論，他認為行為不只是受到環境的影響，還受到內在想法的影響（Bandura, 1986, 2001）。Bandura 認為，模仿是一個主要的學習機制，我們透過模仿而學到很多行為。我們對他人行為的模仿，就是透過內在認知歷程來幫助我們學會這些行為。每一個人都有這些經驗，曾經在生活中觀察到某些人的行為反應，然後進而模仿學習。特別是在學習某種新技能時，例如，打球時，我們會模仿球場上其他球員的動作，來幫助自己學習如何打好球。

1.2.2 心理動力取向

心理動力取向（psychodynamic approach）強調潛意識的想法、內在衝突與早年家庭經驗對外在行為的影響。這個取向認為我們有與生俱來的本能——生的本能（性慾）與死的本能（攻擊慾）。這些本能都潛藏在潛意識之中，而人的成長在於學習如何合乎社會要求地紓解這些內在慾望。佛洛依德（Sigmund Freud, 1856～1939）是心理動力取向的始祖，他觀察很多人的成長過程，發現父母親在成長歷程中扮演著非常重要的角色。佛洛依德（Freud, 1917）發展了精神分析治療，雖然他所發展出來的精神分析治療遭受不少批評，但目前在心理治療中仍占有一席之地。與行為取向不同，心理動力取向著重在臨床上的資料蒐集，透過實際的臨床經驗來建構出「心理」理論。這樣的模式相當接近我們的生活，但缺乏研究佐證是最大的限制。

> **心理動力取向**
> 強調個體內在潛意識對於行為的影響。

大鬍子佛洛依德所創造的心理動力取向，雖然備受批評，但他的理論還是歷久不衰，甚至許多電影中的心理醫師都是以他的形象為樣本。

1.2.3 認知取向

認知心理學家認為「腦」是「心理」的中心，它掌管了整個思考過程，包含記憶、決策歷程、計畫、學習、創造力等（Anderson, 2000; Neisser, 2000; Sternberg, 2003）。**認知取向**（cognitive approach）強調「思考過程」，包含注意力的運作、如何知覺外在世界、如何記憶、如何思考與解決問題。

> **認知取向**
> 著重在心理歷程，如：注意力、記憶力、思考的產生。

認知取向認為，我們的「心理」是一個主動思考與解決問題的機制（Baddeley, 1998; Simon, 1996）。這樣的觀點與行為取向及心理動力取向有所差異。認知取向主張，我們是一個主動思考的個體，與被刺激影響的行為取向以及被潛意識牽絆的心理動力取向完全相反，我們可以靠思考過程來掌控行為（Leahy, 2001; Medin, Ross, & Markham, 2001）。

1.2.4 行為神經科學取向

行為神經科學取向（behavioral neuroscience approach）著重在大腦與神經系統的研究。我們的思考、情緒與行為等心理狀態，是由大腦與神經系統主導。相當多的研究發現，大腦的確是我們的心理中樞（Kolb & Whishaw, 2001; Zillmer & Spiers, 2001），並且透過神經系統來引發我們的行為反應。由於無法直接把人腦打開來作研究，過去很多相關研究都來自其他腦容量比我們小的生物（Changeux & Chavillion, 1995）。例如，記憶與神經系統的研究來自於只有 10,000 個神經細胞的海蝸牛。我們透過電擊的實驗，發現海蝸牛的神經系統會「記住」先前的電擊經驗，這些記憶透過神經系統的運作來傳遞（Kandel & Schwartz, 1982）。隨著科技的發展，有相當多的腦部造影（如：fMRI）工具可以幫助我們間接地探討人腦與心理狀態的關係。

> **行為神經科學取向**
> 探討大腦、神經系統與行為的關係。

神經科學家利用海蝸牛來研究記憶。

1.2.5 演化心理學取向

達爾文的演化論說明了生物成長的軌跡，**演化心理學取向**（evolutionary psychology approach）延續了演化論，探討人類行為是如何受到演化的影響。我們的行為產生也是透過自然天擇的影響，適合環境的行為將會留存下來。

> **演化心理學取向**
> 著重在人類行為的天性。

David Buss（1995, 2000）認為，我們的身體特徵（如：體型、身高）正是演化的形式，我們的決策歷程、攻擊行為、恐懼與擇偶模式也都是演化的產物。我們目前適應環境的行為很多都是前幾代祖先適應環境的結果。

Steven Pinker（1999）認為，演化心理學也是了解行為的一個重要取向。他認為心理是一種：(1) 運作系統；(2) 由演化牽引的運作系統；(3) 這個系統會透過適應生活的大腦運作而產生行為。我們透過這個系統，就會自動產生適合「生存法則」的行為。演化心理學讓我們了解我們如何適應這個環境，並且解釋了一些「天性」。但部分心理家認為

這個取向還是有些爭議，例如，文化差異的問題（Paludi, 2002）。當然心理學是需要以多角度來觀看的（Graziano, 1995），而且演化取向還是很新的取向，未來仍有相當大的發展空間（Cosmides & others, 2003; Larsen & Buss, 2000）。

1.2.6 社會文化取向

社會文化取向（sociocultural approach）著重在所處的社會環境與文化脈絡對我們「心理」的影響。若要深入了解個體的心理世界，不能忽略外在文化脈絡的影響（Triandis & Suh, 2002）。在與外國人的互動中，我們很自然地會感受到文化差異。例如，臺灣人與美國人在人際互動上就有明顯的文化差異，見面打招呼擁抱，在西方世界是一種習慣，而對我們卻是一種過度親密的行為。而我們見面打招呼說：「吃飽了沒？」對於西方人卻會覺得很奇怪：「我有沒有吃飽跟你有關係嗎？」

社會文化取向
著重在社會文化對於行為的形塑。

社會文化取向不只是注意到國度間的文化差異，還需注意到國度內的族群差異，如：原住民文化、同志文化等，這些在同一國度裡不同族群上的差異。在社會文化取向中，最被注意的是弱勢族群與主流文化間的衝擊（Banks, 2002, 2003）。在強調多元文化價值觀的時代，我們更要重視各種族群的特性與融合，並且增進弱勢文化族群在主流文化下的適應。

美國是多元文化的國度，包含多種種族一起生活。想想看，未來的臺灣也將成為多元文化，新臺灣之子將占相當大的比例。社會文化因素將會是未來一個重要的議題。

1.2.7 人本運動與正向心理學

在 21 世紀高壓力的時代，相信你應該經常聽到各種負面的心理困擾──憂鬱、焦慮、壓力症候群等。在負面感受充斥的環境下，有兩股強調正向力量的清流正慢慢地彙集，那就是──人本運動與正向心理學運動。這兩股清流強調個體的正向優勢力量，猶如藍海政策一

在地人的心理學

臺灣有自己的心理學嗎？

在談論文化對於心理學的影響時，最常提及的莫過於用於區分東西方文化差異的個體主義文化（individualism）與集體主義文化（collectivism），大體而言，會認為西方世界是一種追求個人成就與獨立自主的個體主義文化；而我們所處的東方世界則是追求團體和諧與群體榮耀的集體主義文化。由於東西方的文化差異，自然也造就了東西方文化下不同的心理世界。

心理學的啟蒙與發展都來自於西方的世界，而我們也就直接閱讀由西方世界所譯介的心理學理論。若考慮了文化差異的影響，我們不禁要問西方世界的理論是否合乎我們東方人的思維呢？為了改善這個問題，楊國樞教授邀集了國內外許多學者，一同來深入探討屬於我們自己的心理學。透過多方努力，在 1993 年發行了《本土心理學研究》，透過此刊物來倡導華人心理與行為之本土化研究與學術運動，藉此建立了華人的本土心理學。在跨世紀的千禧年，台大黃光國教授更整合性地推展華人本土心理學研究追求卓越計畫，希望把國內的本土心理學研究的力量整合在一起，共同研究屬於我們的心理學。經過多年的研究與推展，在各個主題上都有一些豐碩的結果。例如，楊國樞教授發現了華人自我的多元性（包含：個人取向、關係取向、家族取向以及他人取向之四元自我）；葉光輝教授對於家庭層面的探索則包含孝道這樣的本土議題；黃光國教授以傳統儒家思想為出發點，來探討縱向傑出、橫向傑出以及自我肯定等三大生活目標；鄭伯壎教授對於組織行為分析出家長式領導、差序性領導以及德性領導等領導模式；余德慧教授深入民間，來分析民間是如何進行心理療癒工作。由於本土心理學眾多學者的努力，讓我們在 21 世紀可以看到屬於我們的心理學。

在本書，我們將透過「在地人的心理學」這個專欄，讓你了解國內學者的成果，以及這些屬於我們自己的心理學。當你在生活中使用心理學理論時，別忘了想想看，你的心理世界是否深深地受到本土文化所影響。

般，在各學派取向廝殺成海的紅海中，它們提供了另一片浩瀚汪洋。

人本運動（humanistic movement） 強調個人的正向面、成長的力量和自由選擇等。人本心理學家認為人有掌控自己命運的能力，並且可以免於環境的操控（Maslow, 1971; Rogers, 1961）。我們不是受到潛意識慾望的影響，也不是受到環境刺激的操控，我們是自己的主人，

人本運動
強調個人的正向面、成長的力量和自由選擇等。

第 1 章 何謂心理學
The Science of Psychology

可以決定自己的行動、自己的人生方向。在生活中，我們是良善向上的個體，透過互助利他，來建構一個良善溫暖的社會。這樣的觀點衝擊了「悲觀」的世界觀，而開始建構出「樂觀」的未來世界。

在 2000 年，有兩位重要的心理學家 Mihaly Csikszentmihalyi 與 Martin Seligman，在《美國心理學家》（*American Psychologist*）上編輯了一個特刊來說明正向心理學（Seligman & Csikszentmihalyi, 2000）。他們認為 20 世紀的心理學有太多負面的觀點，過於強調人性的黑暗與悲觀，且希望未來這個世紀能夠有正向光明的開始（Diener, 2000; Nakamura & Csikszentmihalyi, 2001; Seligman, 2001）。他們強調**正向心理學運動**（**positive psychology movement**）包含以下三大主軸（Seligman & Csikszentmihalyi, 2000）：

Mihaly Csikszentmihalyi 是正向心理學運動的推動者之一。

正向心理學運動
以正向的角度來思考人類行為，著重在人性的正向面。

- 人類的正向主觀經驗：希望、樂觀、快樂。
- 正向的人性：愛的能力、工作的能力、創造力、人際技巧。
- 正向的群體與公民價值：責任、滋養、公民價值與忍受力。

動動腦

由無助無望的時代進入正向希望的年代？

正向心理學的發起人之一 Seligman，可以說是影響心理學界深遠的重要人物。在 1960 年代，他著名的實驗「習得無助（learned helplessness）的狗」，將兩隻狗關在相同的籠子裡，當燈光出現時，地板就通電，狗會被電擊。一開始時，兩隻狗都一樣驚慌，在籠子中亂轉，想要逃脫，但是很快地，一隻狗發現牠可以用鼻子去撞牆板，壓觸後面的開關把電關掉；另一隻狗卻是無論怎麼做都無法關掉電源，最後牠就放棄了嘗試，趴在地上認命哀鳴。當這兩隻狗移到新的環境、新的籠子，在這新籠子中，用鼻子推牆板不再能關掉電源，但是只要跳過中間的柵欄，另一端就是無電、安全的地方。前者可以自己關掉電源、擁有主控權的狗，雖然在一開始時也很驚慌，但牠會嘗試各種方法來逃避電擊；最後牠發現可以跳過中間的柵欄，逃到無電的地方去。但是後者那隻曾經無法關掉電源的狗，

會因為過去不可逃脫的經驗而選擇認命，在全新的環境中放棄嘗試任何方法來逃避電擊；最後就被電死在新籠子中。

這是一個驚人的發現，並且也說明了失敗的經驗加上無法掌控的環境會讓人感到無助、無望，甚至會讓人感到絕望而自殺。接下來的數十年間，他投入了相當大的精力在研究「無望感理論」上，並且也想試圖改變人類無望的感受。心理學界也是一樣，投注相當大的研究心力以及實務工作，希望能夠改善人類的負面情緒以及負面特質，特別是心理疾患。

在度過了追求安適以及努力克服心理疾患的 20 世紀後，在 21 世紀來臨之時，Seligman 告訴大家擺脫悲觀走向樂觀的時代，他開始積極地探索正向心理學，希望帶給大家一些正向的心理特性，透過正向心理特性的發展，讓我們能夠更加適應 21 世紀多元且多變的時代。

基本上，正向心理學有三大基石，第一是正向的情緒。在正向情緒上，他提到了快樂方程式 $H = S + C + V$，H 就是你維持快樂的程度，S 就是你快樂與否的範圍廣度，C 就是生活環境，最後 V 就是你可以控制的因素。透過這樣的方程式，可以讓你了解自己的快樂狀況，並且為自己找到一些快樂的方法。也就是增加快樂的範圍（S），找到樂活的環境（C），以及掌握自己的生活（V），你就會有持續的快樂。第二是正向特質。在正向特質上，他整理了智慧與知識、勇氣、人道與愛、正義、修養以及心靈的超越等六大類的正向特性，希望透過這些正向美德的養成，讓人們更加正向生活。第三是正向組織，也就是民主社會、正向教育以及家庭支持等外在環境的正向結構。透過外在正向的環境，來造就更多的正向心理力量。

你想要讓自己更加正向嗎？參考以下的建議閱讀，讓你學會正向的生活。

思考一下

- 你是樂觀的人還是悲觀的人呢？
- 你如何採用正向心理學來面對高壓力及多變化的 21 世紀呢？

建議閱讀

- Martin E. P. Seligman 著，洪蘭譯（2009）。《真實的快樂》（*Authentic Happiness*）（第二版）。遠流出版社。
- Martin E. P. Seligman 著，洪蘭譯（2009）。《學習樂觀　樂觀學習》（*Learned Optimism*）（第二版）。遠流出版社。

1.3 如何學習心理學？

心理學是研究「人」的一門學科,照理應該會讓你覺得切身相關。而在學習生涯中,我們大多只學會如何應付考試,如何不被當;同時會有這種迷思:「理論與生活無關」、「理論是理論,無法應用」。心理學就要打破這些迷思以及壞習慣,讓你學習到一門與生活有關的「學科」。當然,在學習之前,必須要打破過去的壞習慣,採用新的學習方法,幫助你拿到學分,並且獲取對自己有幫助的「知識」。

要如何學習心理學呢?黎士鳴等人(2005)進行心理學的學習策略調查發現,「深度」學習是最有效的學習方法。何謂「深度」學習呢?簡單來說,就是將學習的內容與自身的經驗做連結,讓你感受到原來所讀的「心理學」就是「你自己」。本書將採用深度學習的策略,幫助你體驗所學的內容。透過課堂活動以及回家作業,讓你可以體會課本所提到的知識。

1.3.1 有腦袋的學習者

現在生活上充滿著各式各樣與「心靈」探索有關的訊息,尤其是在這種高壓力的時代,大家都在找一種紓解壓力、增進自我的方式。但是,在接受這些訊息時,你自己要小心地評估,不要被矇騙了。很多課程打著「心理學」的招牌,可是往往只是斷章取義地採用心理學的理論,這會讓你有偏頗的學習。在接受這些訊息時,必須小心地評估與了解,當個會思考的學習者吧!以下告訴你六個學習原則:

批判性思考

在網路訊息爆炸的現代,學習知識時,批判性思考是一個重要的基礎。**批判性思考(critical thinking)**不是批評,而是一種思考的過程──將獲取到的知識,加以客觀、縝密的評價。批判性思考不只是運用在知識中,也可以應用在生活上(Halpern, 2002, 2003)。例如,想買一部電腦,你必須蒐集相關訊息,包含電腦的類型、各廠牌的價格、店家的聲譽等訊息,經過完整的評估後,再做決定。當然,買東

> **批判性思考**
> 具有反思的一種思考過程。

西時，有時你會只是一時衝動地購買，而有時卻會仔細地思考判斷，再做決定。過去的我們對於知識都是被動性的灌輸，而現在是知識爆炸的時代，需要有系統、有篩選地吸收知識。批判性思考就是一種幫助我們篩選知識的方法。

在生活中，我們經常是單純地吸收知識，而缺乏分析、整理、整合所學知識。以下有幾個方法幫助我們思考：

- **開放心胸**：先開放性地接受相關知識，不要因為跟自己想法不一致而忽略。我們經常只注意自己想注意的，卻忘了還有更多重要的知識。
- **好奇心**：對知識保持好奇心。
- **小心思考**：注意訊息中的不一致與錯誤，生活中很多「常識」似是而非，必須要小心判斷。
- **找出不同的解釋**：每件事情都有多種解釋，試著想想看有何其他的可能性。
- **科學性思考**：有邏輯、理性地判斷知識，保持科學家的態度，來整理與評估知識。

想想看，我們生活中有一些似是而非的「謠傳」，例如，「以形補形的觀念」：考試期間，要吃豬腦；男性吃虎鞭來增加性能力。你相信這些老人家的話嗎？偶爾，我們在生活中都會被這些訊息所影響，雖然無傷大雅，但是我們很清楚地知道這些「謠傳」是錯誤的。在學習知識的過程中，別忘了保持批判性思考，仔細地評價所學的內容。

區分研究結果與個人經驗

心理學所探討的是「大多數」人的狀態，當你要運用理論時，必須要考慮到自身的特殊狀態。例如，壓力與憂鬱情緒有關係，我們都會面臨考試壓力，而你卻不會感到憂鬱。這時，是你忽略了你的憂鬱，還是研究結果有問題呢？基本上，都不是。因為「壓力導致憂鬱」是一般的狀況，而你有你的獨特性，例如，考試壓力不大、你的抗壓性高等因素。你可以透過研究結果與個人狀態的對比，提出更多的好

奇。心理學經常就是這樣而產生愈來愈多的研究題目。

避免將特例當成通則

每個人都是獨特的個體，在一般的原則下都有其獨特性。我們經常都會被特例影響，然後類推成通則。在媒體上經常報導精神病患傷害人的案例，形容精神病患是顆不定時炸彈。可是，從研究中可發現，精神病患攻擊人的比例比一般人還低。特例會讓你很快地注意到，但不要把這些特例類推成通則，以免造成很多的誤解。

深入思考

在生活中，經常會發生讓你覺得驚奇的事情，而這些驚奇的事件，也讓我們有更多的省思。例如，「卡奴全家燒炭自殺！」「藝人吸毒！」在這些故事背後，都有潛藏的「心理世界」。先不要急著下定論，應該換個角度想一想。以吸毒的例子來說，這些人被懷疑吸食大麻，在媒體上誠實地表達有吸食。這樣的過程中，你看到了些什麼呢？「誠實是美德？」還是「大麻算毒品嗎？」或者是「為何他們要以吸大麻來紓解壓力呢？」

避免不當歸因

我們喜歡找出事情的原因，在媒體常看到「某學生考試壓力過大而跳樓自殺！」壓力的確與自殺有關，但卻不一定是造成自殺的原因。很多時候，我們只能看到關聯性，但卻要推論出因果關係。例如我有一個好朋友，他最近生活不順，便去找算命師改名字。改名後他覺得生活比以前順遂，因此認為改名字（因）真的改變了他的運勢（果）。你接受這樣的說法嗎？在這裡，我想你會認為是無稽之談，生活順遂應該還有其他的因素造成，而不是改名字。在生活中，我們常會跟那位改名字的朋友一樣，做出錯誤的歸因。在學習知識時，要特別小心。

評估訊息來源

許多網路訊息都是未經考證的。在求取知識的過程中，必須小心

地注意資訊的來源。專業書籍、專業期刊等的訊息，可靠度自然比坊間八卦雜誌來得高。在資訊爆炸的時代，更要注意資訊的來源。

1.3.2　培養良好的讀書習慣

在中學時期，讀書是要應付考試；而大學呢？你又是如何學習的呢？大學生涯在於學習知識，知識的學習對於大家而言是一種新的經驗。在這裡，將提供一套有效學習「知識」的方法，讓你可以學到「心理學」。

有效地管理時間

相信大家都有這種經驗，在房間裡東摸西摸，時間就過去了。很多同學都會抱怨沒有時間讀書，可是仔細想想，一天中有很多時間都是浪費掉了。首先，要開始規劃你的時間管理：一週可用的時間為 168 小時，上天最公平的地方就是大家的時間都一樣多，而每個人使用時間的方法不同，得到的效果也就不同。你想想，在 168 小時中，你要挪出多少小時來閱讀；上課大概會占去 20～30 小時，吃飯睡覺又占去了 60 小時左右。你要先規劃好每個生活需要的時間：生活、人際關係、課業、打工、休閒等，讓你的時間做最有效的安排（別忘了，掌握你的生活是快樂的來源之一）。

過去的研究發現，要學好一門學科，所需花費的學習時間是學分數乘以 3（Santrock & Halonen, 2002）。也就是一門兩學分的課程，你每週要花 6 小時的時間來學習──2 小時上課，另外 4 小時閱讀與寫相關作業。所以，你該規劃好每週閱讀的時間。決定閱讀時間後，接著要訂讀書計畫。每個人都有訂讀書計畫的經驗，但是，最後都是失敗收場。主要原因在於，訂計畫時過度地野心勃勃，卻忘了每個人的精力有限。讀書計畫必須要訂得有彈性，例如，你一般的讀書速率是一小時 10 頁，在訂計畫時，記得把頁數打八折；也就是每一小時的進度是 8 頁，而不是你最佳表現的 10 頁。因為在生活中會發生很多突發狀況，所以，必須要有彈性調配的時間。

SMART 工作計畫

再來要訂工作計畫，規劃好每週要做的重要事件，根據重要性與緊急性進行排序，幫助你清楚一週的行程。圖 1.2 的工作表就是一個範例。常常說「計畫」趕不上「變化」，這是因為你往往訂了一個沒效能的計畫，而這些計畫卻會被生活中的變化所打敗。現在就來學習如何訂好計畫——SMART 原則。

- **目標明確**（specific）：設定的讀書目標愈具體愈好，如：今天要讀完第一章的第一節或今天要讀完 10 頁。
- **意義度**（meaningful）：找到讀書的意義，你會讀得更起勁。以心理學為例，學習心理學如同探索自我的歷程，採用這樣的角度來看，你會學得更起勁。
- **完成度高**（achievable）：制定目標需要考慮到可完成性，例如，「每次讀 1 小時，每次完成 10 頁」這樣完成度高的目標。
- **考量實際狀態**（realistic）：制定目標需要考慮自己的現實狀況，有

工作表

最重要的事：
1. 心理學概論期中考

次要的事：
2. 英文報告
3. 練球

工作	時間	完成與否
準備考試	每天早上	
打電話回家	每天晚上	
吃飯	三餐時間	
打球	週一、週三的傍晚	

圖 1.2　工作表

些人是久戰型（可以一次讀很久），而有些人卻是短暫型（專注力較短）。每個人的讀書習慣不同，應考慮你的讀書狀況來設定目標。

- **即時完成**（timely）：打鐵趁熱，剛學完的內容最好安排在該週的學習進度中。

良好的讀書環境

讀書環境會影響到讀書效率，讀書前必須先把桌面整理好，凌亂的桌面容易讓你分心。燈光、環境氣氛都會影響讀書的心情。有時不是你不能專心，是環境讓你分心了。另外，電腦也是干擾讀書的因素，讀書的位置最好能跟電腦分開。但如果空間有限，你得在電腦前讀書時，則必須把電腦螢幕關起來；等讀完後，再使用電腦。你可以仔細回憶過去的讀書經驗，是否經常在網際網路、MSN、Facebook 上占去太多時間呢？

讀書方法

過去大家的學習方式都是填鴨式的背誦，而不是「學習」知識。在這裡將教你如何學習到知識。以下有幾個步驟幫助你透過閱讀而學會「心理學」這門學科的知識：

1. **規劃**：先規劃今天要讀多少。一開始不要很有野心地想讀完很多章節，一次一節地閱讀，可以幫助你更有效地學習。每次讀一個段落，這樣會減少讀書的壓力，並且可以很輕鬆地學習。
2. **略讀**：先快速地瀏覽你想讀的那一章，了解一下該章想談的主題。心理學每一個章節都是獨立的主題，你可以快速地了解這個主題所包含的內容，然後切入你現在要讀的段落。
3. **閱讀與理解**：仔細讀你所要讀的段落。心理學都是一些概念的組成，熟悉每個概念的意義以及概念之間的關係，最好是將所讀的內容用筆記加以整理。
4. **體會**：試圖將所讀的內容用自己的生活例子加以解釋。
5. **回顧**：可以回到該段落的關鍵字，重新回顧自己所學的概念。

專心聽講

上課是一件重要的事情,老師將知識以最有效率的方式傳達給同學,並可以體會到老師在這門學科上的思維。除了學習到相關知識以外,更重要的是可以學到老師的人生態度。

1.3.3 善用課本

本書為了方便你閱讀與學習,做了有效的組織。課文邊欄的「關鍵詞」,讓你更熟悉每個段落主要的心理學概念。「在地人心理學」專欄,讓你了解臺灣心理學界的研究成果,讓你更能夠體會到屬於我們生活的心理學。「動動腦」專欄,深入探討許多心理學的議題,並且提供進階閱讀書籍,讓你可以針對有興趣的主題來閱讀。「回家作業」是一系列的自我探索活動,可以幫助你更加了解你自己,也可以更順利地進入心理學的世界。

體驗讓你更熟悉該章的內容。這本書不只是一本教科書,也是一本幫助你了解「心理學」的工具書。花了錢,就好好地使用它吧!

課堂活動

主題:為何要學心理學?了解你的學習動機……

目標:
- 增加同學間的人際親和度。
- 強化學習動機。

步驟:
1. 分組:將班上同學分成 5 人一組。
2. 自我介紹:小組內的成員輪流自我介紹(姓名、系級、興趣)。
3. 討論:討論為何想修這門課以及對心理學的期待。
4. 報告:小組輪流報告各組對於心理學的期待。

回家作業

探索心理第一課——覺察呼吸

「現在的你,正在呼吸嗎?」

也許你會覺得這個問題很蠢,但是,你真的知道你在呼吸嗎?

答案不一定是。雖然我們不總是知道自己正在呼吸,但當我這樣問你的時候,你便很清楚地知道自己正在呼吸。

沒錯,這就是清楚地知道,你覺察到自己正在呼吸。

呼吸是生命的禮物,我們卻常常都沒有體驗到它。體驗呼吸,就是體驗生命,接觸你自己。

體驗呼吸很簡單,只要「知道」就好了。不管它是長還是短、是深還是淺,它就只是單純地吸氣、吐氣。你不需要刻意地控制它,只要讓自己的心清楚地放在你的呼吸上即可。

每天給自己 2～3 分鐘的時間,在 2 分鐘之內放下一切,收回你的心。你的心並沒有要去哪兒,只是在這裡靜靜地觀察自己的呼吸。

把心收回你的身體裡,把注意力放在呼吸上,感覺氣流的進出。連續地、輕輕地、慢慢地、平滑地呼吸。

本章摘要

1. 心理學的科學化。
   - 心理學是一門研究「外顯行為」與「心理歷程」的科學。
   - 心理學不是個人主觀經驗,是一門具有歷史的學科,融合了哲學與自然科學。
   - 科學的方法包含四大步驟:(1) 形成問題;(2) 蒐集資料;(3) 分析資料;(4) 給予結論。
2. 心理學的理論取向。隨著心理學的發展,對於心理的現象有不同的解釋方式。主要有行為取向、心理動力取向、認知取向、行為神經科學取向、演化心理學取向、社會文化取向,以及人本運動與正向心理學運動。
3. 心理學對你的好處。透過這本書的學習,你將會更了解自己,並能將這些有趣的發現應用在生活中。

第 2 章

大腦與行為
The Brain and Behavior

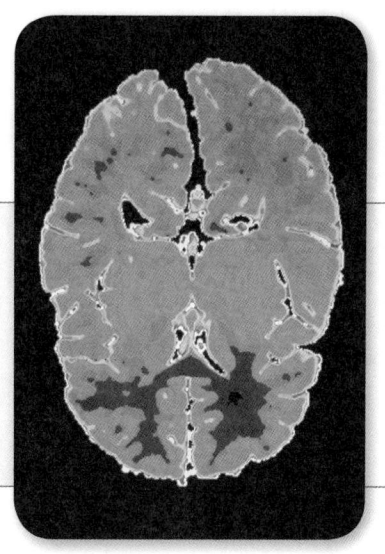

章節內容

2.1 神經系統
2.1.1 神經系統的特徵
2.1.2 神經系統的通路
2.1.3 神經系統的分類

2.2 神經元
2.2.1 神經元構造
2.2.2 神經衝動
2.2.3 突觸與神經傳導素
2.2.4 神經傳導素的信號

2.3 大腦的結構與功能
2.3.1 大腦的組織分層

2.3.2 皮質區
2.3.3 腦側化
2.3.4 大腦的功能整合

2.4 內分泌系統
2.4.1 腦下垂體
2.4.2 腎上腺
2.4.3 胰島
2.4.4 性腺
2.4.5 甲狀腺
2.4.6 副甲狀腺
2.4.7 松果腺

2.1 神經系統

　　神經科學（neuroscience）是一門研究腦神經系統的學科，以下將進入腦神經的世界，讓你看到「心理」是如何運作。

2.1.1 神經系統的特徵

大腦（brain）與**神經系統**（nervous system）讓我們有「智慧」地活在這個世界中，我們透過這些生理機制來適應這個環境（Wilson, 2003）。以下來看看這些系統的特性：

- **複雜性**：大腦與神經系統的運作相當複雜，一個動作的產生，需要透過多種的系統運作來進行。想想看，你在閱讀本書時，你需要動用多少系統呢？
- **統整性**：神經科學家 Steven Hyman（2001）認為，大腦是最好的統帥。它可以整合多方面的訊息，然後產生有效的行動。在閱讀本段文章時，我們的視覺系統、語文系統、運動系統都要運作且相互協調，才能順暢地閱讀。
- **適應性**：適應環境是生存的基本要素（Bloom, Nelson, & Lazerson, 2001）。我們的大腦具有**可塑性**（plasticity），有能力作修復與調整，在《黑暗中追夢》這部紀錄片中，你會被大腦的適應力所感動。
- **電生化傳導**：大腦與神經系統的運作是靠一系列的電與生化的傳遞。所以不正常地放電，就會干擾大腦的正常運作。

2.1.2 神經系統的通路

我們的**神經網絡**（neural network）如同電訊傳送一般，將訊息朝某方面傳遞。傳遞的方式有兩種：一種是傳到大腦然後做判斷再運作；另一種則是反射反應，由脊髓直接轉換訊息。例如，你在這本書看到重點，想拿紅筆把它畫起來，這樣的過程就是由眼睛的「感覺神經」（sensory nerves）將所讀到的內容傳入大腦，然後從大腦透過「運動神經」（motor nerves）傳送到手部，讓你拿起筆畫重點。在生活中，有些反射性的活動，例如，手被燙到而馬上收手。這個動作是由「中介神經元」（interneuron）將感覺神經的訊息（燙到）直接傳遞到運動神經（收手），讓你可以立即反應，不需要透過大腦的判斷，可以立即避免危險。

大腦
在頭顱中主宰思考與行為的組織。

神經系統
由神經元所建立的運作系統。

可塑性
大腦具有修復的能力。

神經網絡
神經元間的連結。

2.1.3 神經系統的分類

神經系統可以簡單分成中央神經系統與周邊神經系統（圖 2.1）——**中央神經系統**（central nervous system, CNS）由大腦與脊髓組成，也就是我們思考的中心；而**周邊神經系統**（peripheral nervous system, PNS），是中央系統與外部聯繫的網絡。

周邊神經系統更進一步可分為體神經系統和自主神經系統。**體神經系統**（somatic nervous system）將訊息從中樞神經系統傳送到控制全身運動的骨骼肌，包括有意識的動作（如：打字）以及無意識的動作（如：頭些微的晃動）。體神經系統也從感覺器官、肌肉、關節和皮膚接受訊息，然後將它們傳遞到中樞神經系統。**自主神經系統**（autonomic nervous system）主要是傳遞訊息到腺體和內臟器官（如：心臟、胃、腸等），協助我們適應環境。

自主神經系統由兩個部分所組成：交感神經系統和副交感神經系統。這兩個系統根據個體所面對的環境，來調整和平衡身體的功能。**交感神經系統**（sympathetic nervous system）協助身體面對外在的變化，如：遇到危難的警覺反應。**副交感神經系統**（parasympathetic nervous system）則是適應環境後，負責養精蓄銳，讓身體充分休養。

> **中央神經系統**
> 由大腦與脊髓組成的系統。
>
> **周邊神經系統**
> 由體神經與自主神經組成的神經系統。
>
> **體神經系統**
> 與身體感受及運動有關的神經系統。
>
> **自主神經系統**
> 控制內在器官運作的神經系統。
>
> **交感神經系統**
> 與身體覺醒有關的系統。
>
> **副交感神經系統**
> 與放鬆有關的系統。

```
                    神經系統
                   /        \
           中央神經系統      周邊神經系統
           /      \          /         \
         大腦    脊髓    體神經系統    自主神經系統
                        /      \         /          \
                    感覺神經  運動神經  交感神經系統  副交感神經系統
```

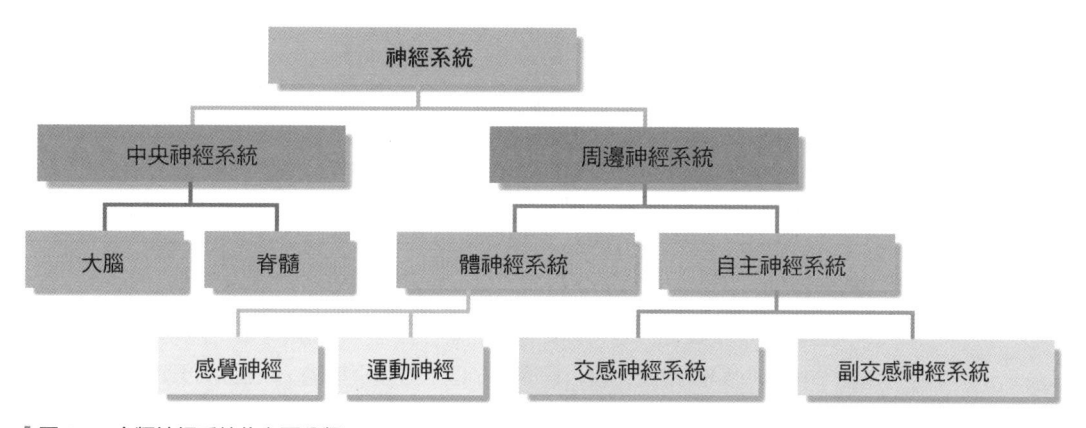

圖 2.1　人類神經系統的主要分類

在地人的心理學

中醫與心理學——中醫心理學

中國傳統醫學以陰陽五行（金、木、水、火、土）為理論基礎，將人體看成是氣、形、神的統一體，使用中藥、針灸、推拿、拔罐、氣功……。這樣的系統對於人的心理世界也有別於西方的腦神經系統的看法。

《醫經》主張要以三才（天、地、人）的整體醫學模式來看身體疾病，並且對於病因著重在「內傷七情」（情緒因素）、「外感六淫」（環境因素）以及「不內外因」（社會因素）等三因論，可以發現我們很早就重視「情緒」這樣的心理因素對於身體的影響，同時採用整體系統的觀點來看「人」。目前的心理學還是以西方的「腦神經」系統為基礎，來探究心理的狀態，較少從東方的系統觀出發，下表整理出五行系統與心理狀態，讓你有一些不同思維：

	火	土	金	水	木
季節	夏	夏末	秋	冬	春
方位	南	中	西	北	東
成長狀態	快速	轉換	成熟	消退	萌芽
色系	紅	橘	白	藍	綠
味道	苦	甜	辣	鹹	酸
氣候	熱	濕	乾	冷	風
陰性器官	心	脾	肺	腎	肝
陽性器官	小腸	胃	大腸	膀胱	膽囊
感官	舌	嘴	鼻	耳	眼
體液	汗	唾液	糞便	尿液	淚水
正向情緒	快樂	滿足	光榮	照護	仁慈
負面情緒	恨	擔憂	悲傷	恐懼	憤怒
人格特徵	謙卑	忠誠	公平	智慧	仁慈
心理狀態	靈性	機靈	情緒穩定	創造力	問題解決
職業	醫療 神職人員	務農 服務業	流行產業	業務 事務員	法律 警界 研究者

參考資料

- 王米渠、李緯弘、喬明琦、杜文東、張孝娟、董湘玉、謝靜濤、汪衛東（2010）。〈與時俱進中醫心理學：創建、發展與前瞻〉。《應用心理研究》，46，21-49。
- Marin, G. (2006). *Five Elements Six Conditions: A Taoist Approach to Emotional Healing, Psychology, and Internal Alchemy*. North Atlantic Books: New York.

2.2 神經元

在 1900 年代早期，科學家 Santiago Ramóny Cajal 首先發現神經元，描述它們為「像神祕的蝴蝶，你永遠不知道它何時會舞動翅膀，但它的振動確會造成巨大的變化。」這突顯了神經元「牽一髮而動全身」的特性。

2.2.1 神經元構造

神經元（neuron）的長度範圍由小於 1 公釐到大於 1 公尺，而所有神經元的基本構造都是一樣的（圖 2.2）。**細胞本體（cell body）**是神經元的中央部分，包含了細胞的控制中心，以及其他保護和滋養的必需成分。**樹突（dendrite）**是伸出細胞本體的樹枝狀分支，負責接收從其他神經元傳來的訊息。**膠原細胞（glial cell）**提供了神經元的養分（Lemke, 2001）。**軸突（axon）**是神經元另一末端的小分支，扮演和樹突相反的角色，它們由細胞本體傳遞訊息到下一個神經元，而沿著軸突所傳遞的訊息，很可能被一個或多個其他神經元的樹突擷取。另外，神經元外面包著**髓鞘（myelin sheath）**，這就好像電線外面包的一層塑膠膜，可以幫助神經衝動更有效率地傳導。

神經元
單一神經細胞。

細胞本體
位於神經元中央部分，包含細胞核。

樹突
細胞本體的延伸，通常為接收來自其他神經元訊息的區域。

膠原細胞
提供神經元細胞養分。

軸突
神經元分支，負責傳遞訊息到其他神經元。

髓鞘
包在神經軸突外面，可強化神經衝動傳遞。

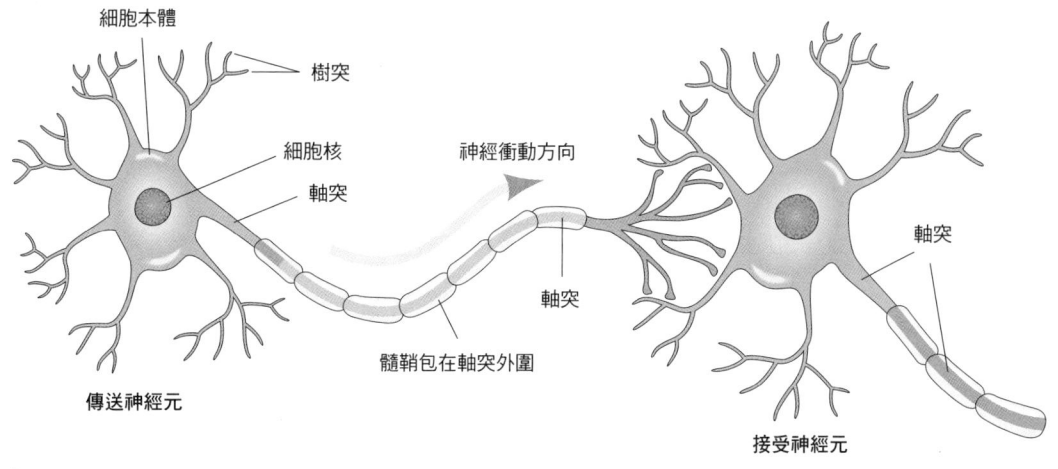

圖 2.2　神經元

2.2.2 神經衝動

神經元就像神經系統的「電線」，訊息經過神經元的傳遞，如同電在電線中傳遞般。但神經元是活生生的「電線」，本身就擁有電力供應，所以它們也是神經系統的「電池」。神經元可以扮演電線和電池的功能，神經元囊裡面充滿了一種液體，而外面則沉浸在另外一種液體裡。這兩種液體就像是濃稠的解離化學物質液體，包含著離子（ions）——一種帶正電荷或負電荷的粒子。在神經元裡面的離子，負電荷多於正電荷，使得整體的細胞為帶負電。這些負電荷會吸引正電荷的離子，就像磁鐵負極會吸引其他磁鐵的正極一樣，尤其是鈉離子（Na^+）。在靜止的狀態下，神經元細胞膜外面的鈉離子是裡面的 10 倍之多，這是神經元電力能量的來源——因為細胞膜一邊帶正電荷，而另一邊帶負電荷。

如果你很難記住細胞膜哪一邊帶最多正電鈉離子，先記住一點：有很多的鈉在鹽分高的汗水中；神經元「外面」的液體就類似汗水中的化學成分，包括高含量的鈉離子。根據進化的理論，當動物進化且從海洋遷移到陸地時，牠們的體內帶著海水，而這種像海水一般的液體就填滿了身體細胞間的空隙，也就說明神經細胞外面的液體裡包含豐富的鈉離子。

許多離子可以自由地透過神經元的細胞膜（cell membrane）進出，但有些離子不行，包括鈉離子。就因為這個理由，這種細胞膜可說是「半透膜」（semi-permeable），也就是只有某些化學物質可以通過細胞膜上的「洞」。當神經元處於正常靜止狀態時，細胞膜是半透性的，且不讓正電鈉離子進入細胞內。所以，在細胞膜裡面含有較多負離子和外面含有較多正離子的狀態之間，保持著一種平衡。在這種情況下，稱神經元為極化（polarized）。當細胞膜被鄰近的神經元激發，這細胞膜的半透性就改變了。正電荷離子（包括重要的鈉離子）都被允許進入神經元，造成裡面的負電荷變少，這個過程就稱為「去極化」（depolarization）。

神經性傳導的運作為「全有全無律」（all-or-none principle）。這

意味著小程度的去極化並不會影響神經元；較大程度的去極化，則會觸發劇烈的連鎖反應，稱為**動作電位（action potential）**，負責傳遞神經訊息。去極化的強度一定要夠強，才能引發動作電位；而動作電位的強度並不依賴去極化的強度。動作電位一旦被引發，強度都是一樣的。就某種程度來說，我們的神經系統比較像數位電子系統（傳遞速度不是 1 秒，就是 0 秒），而不像其他的類比系統（傳遞不同強度的訊息）。如果去極化的程度強到可以激發神經元，就視為「1」；如果沒有激發神經元就不會有傳遞的發生，則視為「0」。

動作電位
一個短暫的電子訊號流經整個軸突。

2.2.3 突觸與神經傳導素

神經元連結形成複雜的網絡，但它們並不是直接連結在一起，一個神經元和另一個神經元的中間接合點，稱為**突觸（synapse）**；而兩個神經元在突觸上的微小空間，則稱為**突觸間隙（synaptic gap）**。然而，動作電位並無法跳躍過這個間隙，需要靠稱為**神經傳導素（neurotransmitter）**的化學物質來傳遞神經訊息。有些神經傳導素是「興奮性」（excitatory），可以加速大腦處理訊息；有些軸突會傳遞「抑制性」（inhibitory）的神經傳導素，使得下一個神經元更難被激發。因此，大腦藉由龐大的「正」和「負」迴圈網絡的組合，來讓我們的心理世界運作（圖 2.3）。

突觸
一個神經元的軸突和另一個神經元的中間接合點。

突觸間隙
兩個神經元在突觸上的小間距。

神經傳導素
由軸突產生的化學物質，負責傳遞訊息通過突觸。

2.2.4 神經傳導素的信號

每種神經傳導素都傳遞著不同的訊號，有些是激活、有些是壓抑（Bloom, Nelson, & Lazerson, 2001）：

- **乙醯膽鹼**（acetylcholine, ACh）：主要作用於體神經元，可以促使肌肉收縮。一些毒蛇和毒蜘蛛釋放的毒液，會阻斷乙醯膽鹼在突觸內的運作，藉由干擾呼吸的肌肉控制來使牠們的獵物窒息。同樣地，南美洲的原住民會將箭毒（curare，一種植物）塗在吹槍的尖端，發射出去後，使動物因為乙醯膽鹼的運作受到阻塞而呈現癱瘓。乙醯膽鹼也在腦中扮演調節清醒（wakefulness）的角色，同時被認為會

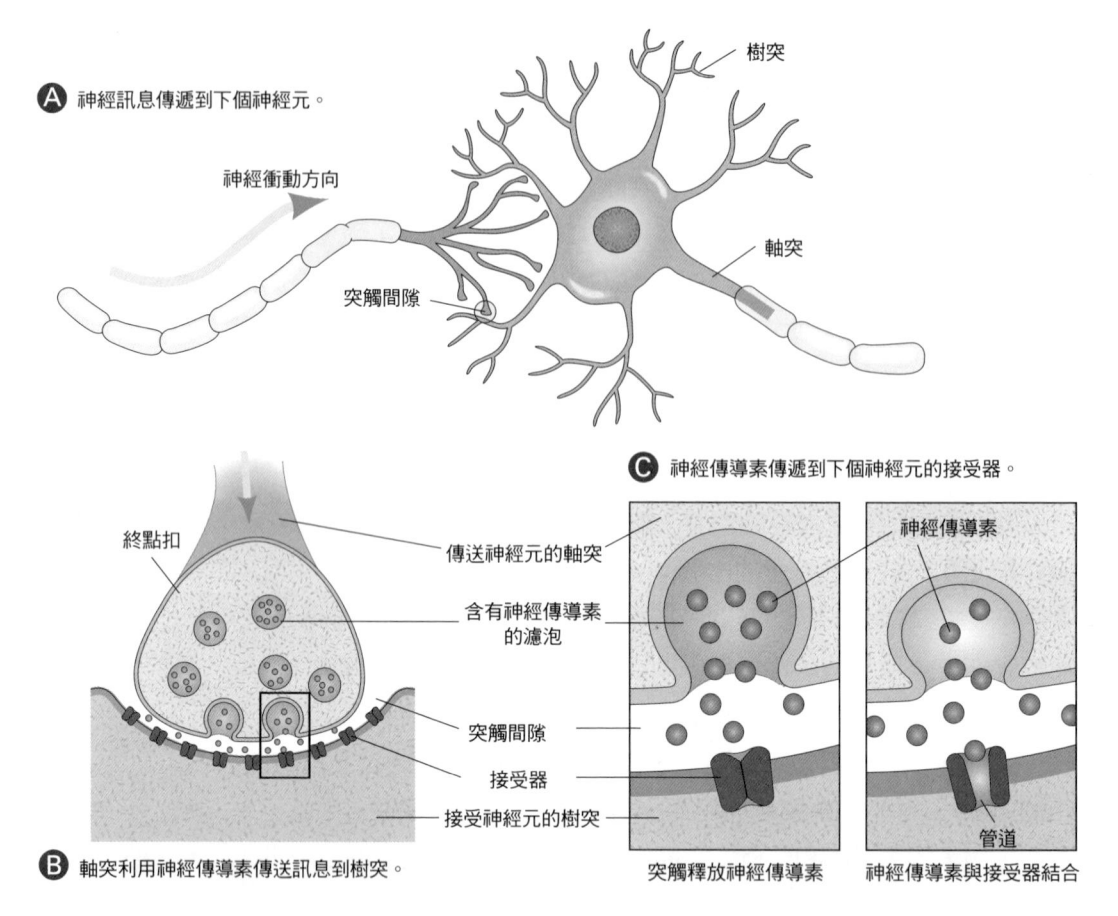

圖 2.3　神經間的聯繫
Ⓐ 軸突傳送訊息到接受神經元的樹突。
Ⓑ 突觸間的放大圖。
Ⓒ 接受器的放大圖。

影響作夢和記憶。

- **GABA**：腦部中有三分之一的傳導素都是 GABA（gamma aminobutyric acid），它可以控制神經元的激發狀態，也就是讓你感到放鬆。若體內 GABA 過低，會讓你感到焦慮不安；而當你感到放鬆自在時，你體內的 GABA 濃度則會提高。
- **多巴胺**（dopamine）：是腦內的快樂元素，當你做出一些讓你愉快的

行為時，你腦中的多巴胺濃度會比一般時間還高。另外，多巴胺也與一些疾病有關，如：帕金森氏症（Parkinson's disease）就是多巴胺濃度過低；而精神分裂症是多巴胺濃度過高。

- **血清素**（serotonin）：血清素是情緒的調節劑，還可以調節睡眠週期、胃口、焦慮、憂鬱、及抑制暴力。抗憂鬱劑百憂解（Prozac），可以增加血清素在突觸內的活性，用以調節憂鬱情緒。
- **正腎上腺素**（norepinephrine）：正腎上腺素（或稱為 noradrenaline）是我們的警報器，在需要警戒或注意力的重要事件中，它會讓我們進入警備狀態以應付危機。
- **麩胺酸**（glutamate）：是中央神經系統中主要的興奮性神經傳導素，腦內的每個神經元都含有麩胺酸的接受器，它可以讓神經系統活躍起來。
- **神經胜肽**（neuropeptides）：神經胜肽是一種種類多樣的神經傳導素，化學結構非常不同於其他神經傳導素。神經胜肽也是一種神經調節物（neuromodulators），因為它們會廣泛地影響自身神經元所分泌的其他神經傳導素的運作。例如，某些神經元會分泌乙醯膽鹼到突觸中，同時也分泌一種或多種神經胜肽；當神經胜肽被分泌後，可以調節乙醯膽鹼的效果。《情緒分子的奇幻世界》（*Molecules of Emotion*）這本書，就會深入讓你進入神經胜肽世界。

2.3 大腦的結構與功能

在生活中，你是否曾感覺到大腦反應有點遲鈍呢？接著就來了解我們的思考中心──大腦。

2.3.1 大腦的組織分層

大腦複雜的結構可以用好幾種方式來分類，但最簡便的方法，就是將大腦分為三個主要部分：後腦、中腦和前腦。接下來，介紹大腦每一部分的重要構造和功能，讓我們由下面往上看（圖2.4）。

圖 2.4 胚胎的神經系統發展
胚胎的神經系統是腦神經系統的原型，可以清楚看到前腦、中腦、後腦與脊柱。

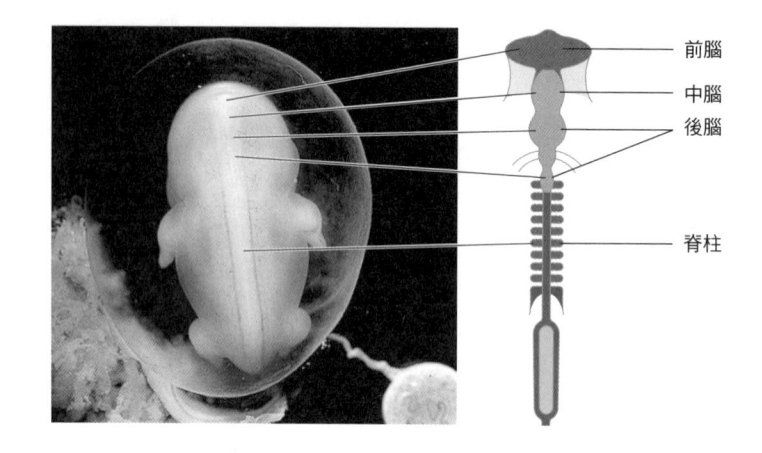

前腦
中腦
後腦
脊柱

後腦
腦部的最下面，位於頭顱的底部。

延腦
在後腦內，位於脊髓進入大腦之處上方的膨脹處，負責控制呼吸和各種反射功能。

橋腦
後腦的一部分，和平衡、聽覺及一些副交感神經的功能有關。

小腦
位於橋腦後面的兩個圓形構造，和肌肉運動、學習及記憶有關。

網狀組織
一群神經的群聚，與個體固定習性有關，如：走、睡。

中腦
位於前腦與後腦之間，與反射動作有關。

後腦

　　後腦（hindbrain）在腦部最下面，位於頭顱的底部，主要功用是協調身體的日常生活運作。後腦具有三個重要的部分：延腦、橋腦和小腦（圖 2.5）。**延腦**（medulla）是位於脊髓進入大腦之處上方的膨脹處，負責控制呼吸和各種反射功能，簡單來說就是讓我們活著。**橋腦**（pons）位於延腦上方，和平衡、聽覺及一些副交感神經的功能有關。**小腦**（cerebellum）由兩個複雜的圓形構造所組成，位於橋腦後面，主要是協調複雜肌肉運動有關（Middleton & Strick, 2001）；近幾年發現，小腦也和聽覺的形式，以及有關順序訊息的記憶有極大相關。**網狀組織**（reticular formation）橫跨延腦和橋腦。神經元由網狀組織往下延伸到脊髓，負責根據環境的變化，維持肌肉的特性和心臟的反應。另一方面，延伸到大腦皮質區下端，讓我們可以保持清醒以及注意力（若你現在有點想打瞌睡，可能就是這個網絡激發程度不足了）。基本上網狀組織是由許多不同神經傳導素的神經系統所組成，如：血清素、正腎上腺素和乙醯膽鹼。網狀組織的這些部分多少都會影響大腦的不同功能（Guillery & others, 1998; Mesulam, 1995）。

中腦

　　中腦（midbrain）是後腦上方的一小塊區域，主要為姿勢反射中心，尤其是和本能有關的。例如，當頭移動時，我們會無意識地調節

眼睛，使其聚焦在物體上。

前腦

對心理學家來說，最有趣的部分就是**前腦**（forebrain）。在結構上，前腦由兩個不同的區域所組成。其中一個區域包含視丘、下視丘，以及大部分的邊緣系統，其餘的邊緣系統則分布在後腦上方和中腦（圖 2.5）；而另一個區域，則主要由大腦皮質組成，位於整個腦部較低的位置，就像橡樹果實的油脂層包圍住核仁一樣。這兩個區域不僅在結構上差異很大，它們所控制的功能也非常不同。

邊緣系統（limbic system）是一個迴路系統，它連結了有關記憶與情緒的訊息。主要的構造是杏仁核跟海馬回。**杏仁核**（amygdala）與攻擊性和危險訊息處理過程有關。**海馬回**（hippocampus）也和記憶的形成有關，海馬回被認為可以將儲存在許多不同大腦皮質部分形成記憶的元素（如：視覺、聲音和意義等）整合在一起。

前腦
大腦最高層次的組織，包含皮質區、視丘、下視丘與邊緣系統。

邊緣系統
神經網絡，與情緒及記憶有關。

杏仁核
與攻擊性及刺激訊息處理有關。

海馬回
記憶的儲藏區。

大腦皮質 高層次的大腦功能，如：語言、學習、思考

視丘 訊息中心

下視丘 吃、睡、性等慾望中心

網狀組織 與個體固定習性有關，如：走路

眼睛

杏仁核 情緒中心

延腦 生命中心

腦下垂體 內分泌中心

海馬回 記憶中心

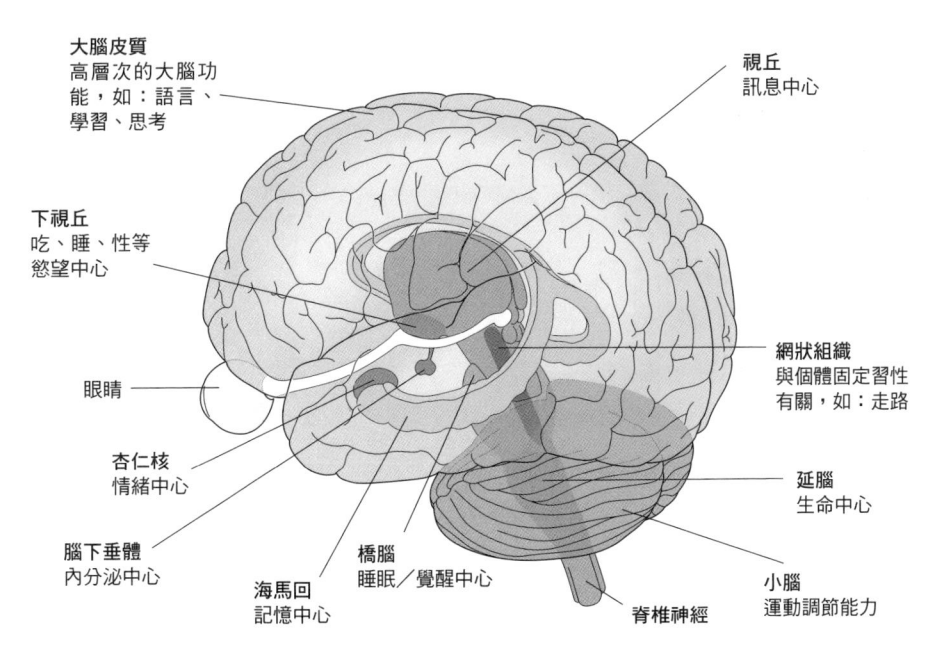

橋腦 睡眠／覺醒中心

脊椎神經

小腦 運動調節能力

▎圖 2.5 　人腦的構造與部位

視丘
前腦的一部分，主要負責傳送感官訊息到大腦適當的區域。

下視丘
前腦的一小部分，與動機、情緒和自主神經系統的功能有關。

視丘（thalamus）是訊息進出大腦的轉換點，將感覺器官傳進來的刺激，送到大腦中專屬的部位，並且連接大腦的上下中心。視丘也和過濾及初步感官訊息處理的過程有關。

下視丘（hypothalamus）是大腦中較小但極重要的部分，位於視丘的下方，中腦的前面。下視丘和我們的動機及情緒緊密關聯（圖2.6），同時也在調節體溫、睡眠、內分泌腺和對疾病的抵抗力上，扮演著重要的角色。下視丘負責控制胃腸的腺體分泌，以及維持身體功能（如：血壓和心跳加速）的正常速度和節奏（Brooks, 1988）。因此，下視丘是腦中最直接和自主神經系統有連結的地方。

2.3.2 皮質區

大腦皮質
前腦中最大的構造，是主要和體神經系統相關的腦結構。

在前腦中最大的構造，就是**大腦皮質**（cerebral cortex），它和使我們之所以身為人類的許多東西有關，如：意識經驗、自主行為、語言和智力等；也就是說，大腦皮質是主要和體神經系統相關的腦結構。而皮質（cortex）這個詞，意味著「樹皮」（bark），就如同實際上大腦外層薄弱的表面，包裹著內部無數個神經元。皮質擁有灰色的外

圖 2.6　愉悅感的實驗
下視丘與愉悅感的追求有關。這是一個老鼠壓把的實驗。當老鼠壓把時，牠的下視丘即會被刺激。由圖中可知，一天下來，牠壓把超過 2,000 次以上。

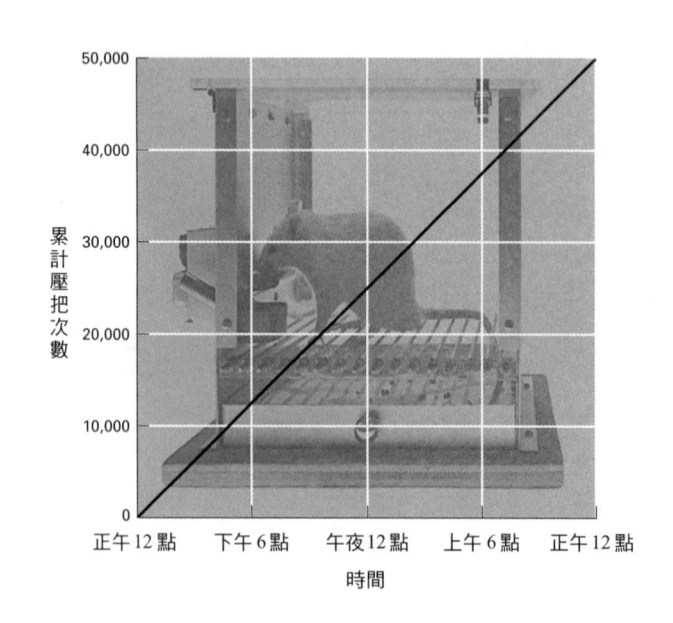

第 2 章　大腦與行為
The Brain and Behavior

表,是因為神經元的細胞本體呈現灰色的關係,所以常被稱為大腦的灰質。在大腦區域中,皮質下面四分之一英寸的地方常被稱為白質,因為它主要是由皮質神經元的軸突所組成,而油脂髓鞘包住這些神經元,呈現白色的外表。大腦的灰質和白質共同運作,因為它們豐富的交互連結,可以說,大腦的「業務」主要都是在皮質中的傳輸。皮質區根據「方位」可以區分不同區塊,每個區塊都有它的專屬「業務」(圖 2.7)。大腦皮質可以被分為四個區塊,或稱為分葉(lobes)。

- **額葉(frontal lobe)**:占據前額後方頭顱的部分,往後延伸到頭部中間的上面。額葉擁有許多種功能,與思考、決策、計畫、組織,以及預測行為的結果有關。簡單來說,它就是腦神經系統的執行長。
- **頂葉(parietal lobe)**:位於頭顱上方,額葉的後面。在頂葉上,與額葉的運動皮質區平行的細長片段,稱為**體感覺皮質區(somatosensory area)**。這個區域的重要性在於,它可以告訴我們接觸的感覺和其他身體的感官。例如,我們的手和腳在哪裡,以及它們正在做些什麼。可想而知,體感覺皮質區就位於運動皮質區的旁邊,因為它們的功能是相輔相成的。不同區域的體感覺皮質區和運動皮質域負責身體不同的部分。大腦皮質區域對特定身體部位所分布的數量,並非相稱於那個身體部位的大小,反而是和感覺及運動神經元進出那個身體部位的數量成比例。腦科學家描繪了一幅有趣且具有

額葉
大腦皮質的一部分,在頭顱前面,與計畫、組織、思考、決策、記憶、自主運動及口語有關。

頂葉
大腦皮質的一部分,位於頭顱上方,額葉後面,包含體感覺皮質區。

體感覺皮質區
在頂葉呈條帶狀,與額葉的運動皮質區平行,和身體感覺有關。

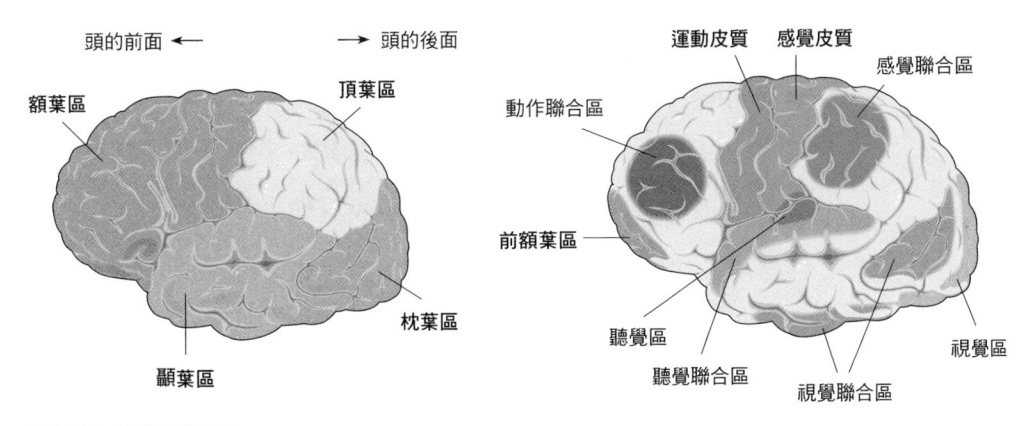

圖 2.7　皮質區與分區

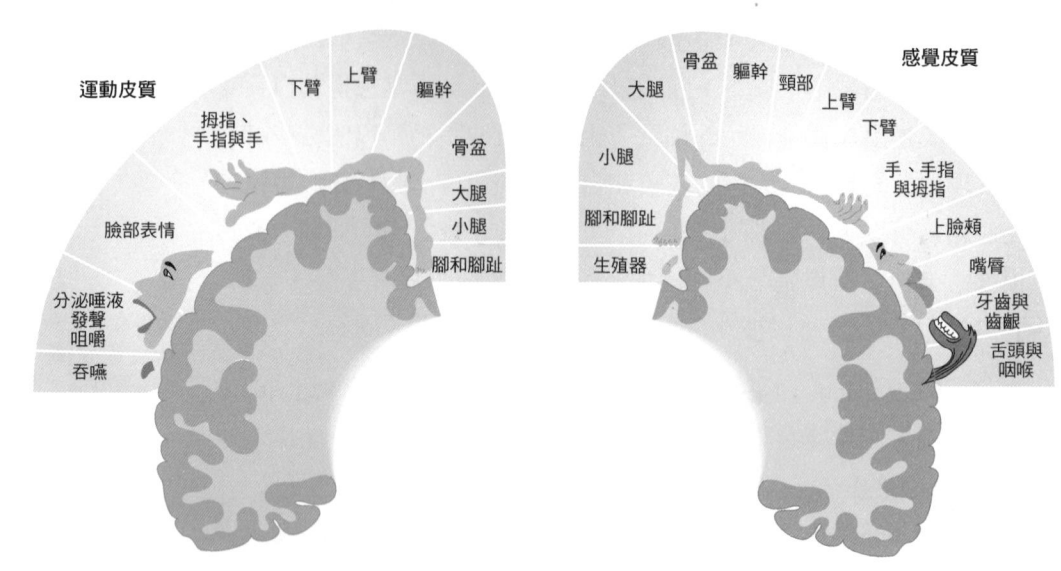

圖 2.8　皮質區與感覺／運動功能
根據身體部位所需的功能精緻程度，占有的區塊也不同。

教育價值的圖畫，圖上的體感覺和運動皮質區，畫有人類的身體特徵，並按比例分配它們所占的空間（圖 2.8）。

- **顳葉（temporal lobe）**：顧名思義，顳葉由太陽穴（temples）附近向後延伸，占據額葉和頂葉下面、腦部基底中間的區域。在左右兩個腦半球中，顳葉包含聽覺區域，這些區域位於頭顱內靠近耳朵、緊接著頂葉體感覺皮質區的地方，且和聽覺有關。

- **枕葉（occipital lobe）**：位於腦部基底後方的位置。雖然它位於離眼睛最遠的地方，但視覺區卻是枕葉中最重要的部分。視覺區對於來自眼睛的視覺訊息處理過程有很重要的影響。因此，即使眼睛可以正常運作，損傷枕葉的視覺區仍會導致部分或完全的失明。

注意圖 2.7 腦半球的四個腦葉中，一些區域的特殊功能都已被標示出來，但每一個腦葉中還有許多區域未被標示，而這些未被標示的大腦皮質區域，則稱為**聯合區（association areas）**。聯合區和大腦活動更為相關，但它們常常和其中一個特定能力區域更緊密地協調運作。

顳葉
大腦皮質的一部分，由額葉和頂葉下面的太陽穴區域延伸到後面，包含和聽覺及理解語言有關的區域。

枕葉
大腦皮質的一部分，位於頭部後面的底部，和處理來自眼睛的感官訊息有關。

聯合區
在大腦皮質每一個腦葉之間的區域，扮演廣泛而非特定的角色。

2.3.3 腦側化

你有沒有聽過「右腦發達者有藝術天分」、「左腦發達者有語文天分」這樣的說法呢？大腦可以分成左右兩大半球，透過**胼胝體**（corpus callosum）將之連接起來。許多大腦皮質的功能由這兩個半球共同分擔，然而，這兩個半球共同運作的方式可能與我們所想像的不同。除了某些例外的情形，基本上，像是視覺和觸覺的刺激，通常會輸入到與受刺激部位相反那邊的腦半球。例如，左手皮膚上的刺激通常輸入到右邊的**大腦半球**（hemisphere）；落在眼睛右邊視野的視覺刺激，會輸入到左腦半球（圖 2.9）；還有扭動你左腳的腳趾，是由右腦半球所控制的。因此，重要的感覺和運動神經在進入和離開大腦時是交錯的，也幾乎是完全橫跨過彼此的。

胼胝體
連接左右腦半球的主要神經結構。

大腦半球
大腦皮質的兩個主要部分，被分為左右半球。

2.3.4 大腦的功能整合

基本上將大腦作功能上的切割，只是方便了解大腦的功能，而我們的大腦運作大多是整體性的運作。舉例來說，想想看在以下的情況，你的反應是什麼？在火車站時，一位穿著很邋遢的人也來到火車站，他拿著酒瓶問你有沒有 20 元。這時你要不要給他呢？對於這樣的情景，你的反應會牽涉到腦中的許多部分一起運作，大腦皮質的一部分評估著可能的威脅和做法，邊緣系統涉及到情緒刺激的過程。如果你跟他打起來、逃跑或拿錢給他，大腦皮質中的運動區域將會和你的後腦和中腦一起運作，以便協調肌肉運動。總之，腦中的許多部分都會一起運作。有時候，腦的許多部分會一起交互作用，因為腦

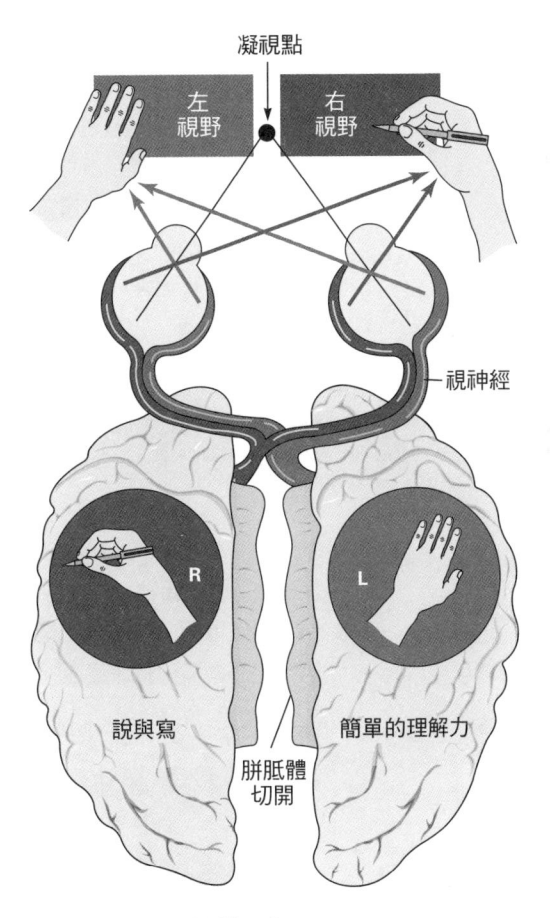

圖 2.9　視覺的腦側化現象

的一部分會傳送訊息給另一部分，然後再傳送訊息給第三部分……。然而，更多時候，腦的許多部分在同一時間會處理不同種類的相關資訊。用電腦語言來說，腦通常會使用「平行」處理（同時處理不同的資訊），而不是「序列」處理（一次只處理一種資訊）（Rumelhart & McClelland, 1986）。大腦的平行處理具有驚人的潛力，可以擴大使用大腦中 1,000 億個神經元和數百億個複雜連結的能力，以便進行複雜的運動、情緒和思考。

動動腦

男女大不同

在生理層面上，男性的性染色體為 XY，女性的性染色體為 XX，經過 Y 染色體的運作，讓男性的腦部受到睪固酮的影響，而女性的腦部則持續受到雌激素與黃體素的影響。這兩種不同的影響狀態，除了讓男性和女性在體格上有所差異，也讓兩性的腦部有所不同。特別是，男性腦部的左右腦側化明顯，而女性腦部則是左右腦的交流頻繁。也因此可以發現，男性可以理性與感性清楚地區分，女性則是感性與理性同時發生。透過許多實證研究，兩性在腦部的結構與運作上有明顯的差異。

在生活中，兩性經常會因腦的運作方式不同而產生衝突。以買東西為例，男性通常會事先想好要買的物品（如：電腦耗材），然後選定商店，買了就走；而女性則較常以逛街的方式來添購物品，沒有預定目標，邊逛邊買。就這樣情侶逛街時，因為逛街的模式不同，而會起一些爭執。男生會覺得女生逛街沒目標，女生則會覺得男生的逛法很無趣。基本上這樣的差異來自於遠古時期的性別差異──「男性狩獵」與「女性採集」的生活型態。在狩獵的過程中，必須定好目標、鎖定目標；而採集則是需要到處逛，注意哪邊有成熟的果子。這樣不同的生活型態透過演化就深藏在腦中，一直影響到現代的購物等等的生活習性。

思考一下
- 你覺得兩性在心理層面有差異嗎？
- 在生活中，你是否會覺得異性的舉動讓你難以理解呢？由於兩性在生理的層面上有差異，你會如何解讀兩性平等呢？

第 2 章 大腦與行為
The Brain and Behavior

建議閱讀

- Anne Moir & David Jessel 著，洪蘭譯（2006）。《腦內乾坤：男女有別，其來有自》（*Brain Sex: The Real Difference Between Men and Women*）。遠流出版社。

2.4 內分泌系統

我們的行為也與內分泌息息相關，例如，女同學在月經來潮時，容易感到情緒波動大；男同學也知道某些時刻不能招惹這些女同學。這都是內分泌惹的禍。

內分泌系統（endocrine system）包含了無數個**腺體（gland）**，分泌兩種化學訊號傳遞物質。許多內分泌腺會分泌神經胜肽物質到在體內循環的血液中。當這些神經胜肽到達其他的內分泌腺時，會影響內分泌腺的功能，在內分泌腺間提供溝通和協調。除此之外，某些神經胜肽會到達腦，並影響神經系統。因此，雖然腦會直接、間接地影響所有內分泌系統，但內分泌腺也會影響腦。

內分泌腺會分泌**荷爾蒙（或激素，hormone）**到血液中，然後流到身體的各個部位。荷爾蒙會影響各種不同的器官系統，其活動在以下三方面和神經系統有密切關聯：(1) 荷爾蒙直接受到腦部的調節，特別是下視丘；(2) 某些荷爾蒙與一些神經傳導素的化學性質是相同的；(3) 荷爾蒙藉由在身體壓力或情緒激發的情況下，活化許多器官，並藉由新陳代謝、血糖濃度和性功能，來幫助神經系統控制身體。荷爾蒙藉由成為細胞的一部分，並影響細胞核基因編碼的轉譯，來影響器官。以下簡要介紹影響心理生活最重要的七種內分泌腺（圖 2.10）。

2.4.1 腦下垂體

腦下垂體（pituitary gland）位於腦的底部附近，和下視丘相連，

內分泌系統
分泌荷爾蒙的腺體系統。

腺體
在身體中分泌物質的結構。

荷爾蒙（或激素）
由內分泌腺所分泌的化學物質，會影響體內器官。

腦下垂體
身體的主要腺體，位於腦的底部附近，它的分泌物可以協助調節內分泌系統中其他腺體的活動。

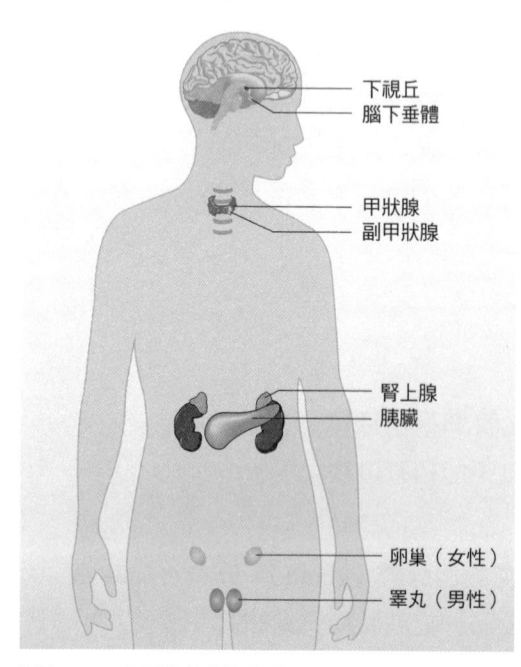

圖 2.10　主要的內分泌腺體

並主要由下視丘所控制。因為它的分泌物可以協助調節內分泌系統中其他腺體的活動，所以被認為是身體的主要腺體；也許，它最主要的功能是調節身體對壓力的反應，以及對疾病的抵抗力（Muller & Nistico, 1989）。腦下垂體分泌的荷爾蒙在身體上有重要的影響——顯然在控制血壓、口渴和身體的成長。太少或太多的腦下垂體成長激素，會使人變成侏儒或巨人。腦下垂體有一個特別功能對新生兒很重要：當嬰兒吸吮母親的乳房時，一個神經訊息會傳送到母親的下視丘，下視丘經由神經胜肽把訊息傳到腦下垂體；這會引起腦下垂體分泌一種釋放母奶的激素，讓嬰兒喝到母奶。

2.4.2　腎上腺

腎上腺
在兩個腎臟上方的腺體，與身體和情緒的激發有關。

腎上腺素
由腎上腺所製造的激素。

正腎上腺素
由腎上腺所製造的激素。

可體松（或皮質醇）
由腎上腺所製造的壓力激素。

腎上腺（adrenal glands）是一對位在兩個腎臟上方的腺體，在情緒激發上扮演重要角色。當被腦下垂體激素或自主神經系統的交感神經所刺激，腎上腺會分泌三種激素（腎上腺素、正腎上腺素以及可體松），對於壓力的反應很重要。**腎上腺素**（epinphrine）和**正腎上腺素**（norepinephrine）（它們也是神經傳導素）的刺激，讓身體產生改變，準備處理身體對強烈活動的需求，包括心理的威脅或危險。腎上腺素藉由加強心跳和血流來增加血壓使肝產生變化，釋放一些儲存的糖到血液中，並增加身體使用能量的比例（如：新陳代謝），有時會使用到超過正常值 100%；正腎上腺素也會增加血壓，但它是藉由縮小肌肉血管的直徑和減少消化系統的活動（Groves & Rebec, 1988; Hole, 1990）。腎上腺也會分泌**可體松（或皮質醇，cortisol）**激素，在身體處於壓力時，它會活化起來（Bandelow and others, 2000），並在調節疾病免疫上

扮演重要角色。

2.4.3 胰島

胰島（islets of Langerhans），位於胰臟（pancreas）中，藉由分泌兩種相反作用的激素來調節血糖濃度。胰高血糖激素（glucagon）使肝將肝醣轉換為血糖，並釋放到血液中；相反地，胰島素（insulin）藉由幫助細胞吸收以脂肪形式存在的糖，來減少血糖含量。血糖濃度具有很重要的心理作用，因為它是飢餓動機的因子之一，並使一個人感受到活力的多寡。

> **胰島**
> 胰臟中的內分泌細胞，可以調節血糖濃度。

2.4.4 性腺

與性功能有關的腺體有兩種——女性是卵巢（ovaries），男性是睪丸（testes）。性腺（gonads）會製造性細胞——女性是卵子，男性是精子；它們也會分泌荷爾蒙，對於性激發很重要，並且促進發展第二性徵（如：女性的乳房，男性的胸毛、聲音變低沉，以及兩性都有的陰毛）。最重要的性荷爾蒙，對女性是雌激素（estrogen），對男性則是睪固酮（testosterone）。根據新的證據顯示，性激素在腦的發展上也有一定的重要性。

2.4.5 甲狀腺

甲狀腺（thyroid gland）位於喉部下方，在新陳代謝（metabolism）的調節上很重要，它會分泌一種稱為甲狀腺素（thyroxin）的激素。甲狀腺素在人體血液中的含量，及其導致新陳代謝的速率改變，在許多方面都非常重要。在兒童身上，甲狀腺的適當作用對於心智的發展是很必需的。如果在兒童時期，甲狀腺產生嚴重缺失，會導致行動遲緩、肌肉無力，以及一種罕見的心智發展緩慢疾病，稱為矮呆病（cretinism）。

2.4.6 副甲狀腺

在甲狀腺中的四條小腺體稱為副甲狀腺（parathyroid glands），會分泌副甲狀腺素（parathormone），對於神經系統的運作很重要。副甲狀腺素藉由調節神經元的離子濃度，來控制神經系統的興奮狀態。太多的副甲狀腺素會抑制神經活動而導致呆滯，太少則會導致神經過度活動而緊張。

2.4.7 松果腺

松果腺（pineal gland）位於兩個腦半球之間，依附在視丘頂端，主要分泌物是褪黑激素（melatonin）。褪黑激素對於生物節奏的調節很重要，包括女性的月經週期和日常的清醒與睡眠調節。褪黑激素的濃度會被暴露在日光下的量所影響，也就是與個體的日夜作息活動有關。褪黑激素在調節心情上也有一定的影響。季節性抑鬱症（seasonal affective disorder）是一種憂鬱症，最常發生在冬天，被認為是因為光線對於褪黑激素的影響所引發的，可以透過光照來加以治療。

課堂活動

主題：我的大腦。

目標：

- 認識大腦的結構。

步驟：

1. 伸出你的雙手。
2. 將拇指放在掌心中。
3. 將手握拳，包住你的拇指。
4. 將這兩個拳頭當作是你的左右兩個腦半球，將它們靠在一起。

想像一下：

- 四隻彎曲的手指頭就像代表理智思考的皮質區。

第 2 章　大腦與行為
The Brain and Behavior

- 藏在手指頭下的就是代表情緒反應的邊緣系統。
- 這時，你就可以看到你的腦了，然後試著看看你所認識的大腦區塊各自在哪裡呢？

回家作業

探索心理第二課——正念走路

還記得你幼兒時期第一次走路的情景嗎？走路彷彿是全新的體驗，每走一步都是新的一步。每一步都走得仔仔細細，清清楚楚。想一想，大腦是如何讓我們順利走路的呢？

正念走路就像是嬰兒學走路一樣，每一步都用腦來引導走路。

現在，來走一段路吧。不用刻意要到什麼地方才能體驗走路，不過也許你可以選擇一段你常走的路，把它當作你的正念之路，只要走在這條路上時，就提醒自己正念地走路。

走路的時候，心中沒有要去哪裡，只是在當下走著。放鬆全身，注意身體走路時的感受。注意腳掌接觸到地面的感覺，注意走路時全身放鬆的感覺。走路的時候，一定是放掉已經走過的前一步，你才能再往前進一步；而前面的路還沒走到，所以，你只要體會當下的這一步就行了。不斷體驗當下接觸地面、移動、離開地面的這一步。

要記得，請面帶微笑……

在走完路以後，思考一下，當你走路時，你的左腦、右腦是如何引導著你跨出每一步……

本章摘要

大腦是人類思考的中心，我們的行為受到腦神經系統的牽引。本章讓你了解自己的身體（腦神經系統與生理系統）與心理世界的關聯性。我們從大腦、神經系統、內分泌系統等三大系統出發，來探討生理與心理的關係。

1. 神經系統的基本功能。
   - 我們的神經系統是一個微妙的構造，其透過電生化的傳導，連結了我們的內外世界。
   - 神經系統分成中央神經系統（CNS，包含大腦與脊髓）與周邊神經系統（PNS，包含體神經系統與自主神經系統）。

2. 神經元的運作。
    - 神經細胞以奇妙的方式運作。在細胞內以電位改變來傳遞訊息,在細胞間則以神經傳導素來傳遞訊息。
    - 動作電位是以全有全無的原則來反應。
    - 神經間的傳遞,是透過不同的神經傳導素來做聯繫。
    - 整個神經系統是一個聯絡網。
3. 大腦的結構與功能。
    - 大腦是思考與行動的中樞。
    - 大腦包含後腦、中腦與前腦三大部分,每個腦區塊都有其重要的功能。
    - 大腦皮質區是主要的功能區,每個區都各司其職。
4. 內分泌系統的運作。
    - 內分泌與我們的身體運作息息相關,也會影響到我們的情緒反應。
    - 本章介紹如:腦下垂體、腎上腺、胰島、性腺、甲狀腺、副甲狀腺和松果腺等內分泌系統,也分別說明這些系統的主要功能。

第 3 章

發展心理學
Human Development

章節內容

3.1 關於發展的重要問題

3.1.1 何謂發展？
3.1.2 早年經驗是否會支配我們的人生？
3.1.3 天性和培育如何影響發展？

3.2 兒童發展

3.2.1 胎兒期的發展
3.2.2 兒童期的身體發展
3.2.3 兒童期的認知發展
3.2.4 兒童期的社會情緒發展
3.2.5 正向心理學和兒童發展

3.3 青少年期

3.3.1 正向心理學和青少年
3.3.2 青少年期的身體發展
3.3.3 青少年期的認知發展
3.3.4 青少年期的社會情緒發展

3.4 成年發展和老化

3.4.1 成年期的身體發展
3.4.2 成年期的認知發展
3.4.3 成年期的社會情緒發展
3.4.4 正向心理學和老化

3.1 關於發展的重要問題

雖然長大的我們每個人都不一樣，但是，在孩提時期，我們都曾經歷過一些共通的歷程；而發展心理學家就是在探討這些成長的共同經驗。接下來，讓我們透過時光旅程再長大一遍。

3.1.1 何謂發展？

發展（development）係指從受孕開始到之後持續的整個生命過程中，人類潛在可能的變化模式。研究者對發展的普遍性特點和個別差異感到興趣。基本上發展是生理—心理—社會三大層面共同組成：

- **身體歷程**：也就是生理層面的發展，心理學家稱之為**成熟**（maturation），包含個體生物本質的變化。來自父母的遺傳基因、青春期與更年期的荷爾蒙改變，和整個人生中腦部、身高、體重的變化，以及動作技能，這些全都反映了生物歷程中的發展作用。
- **認知歷程**：也就是心理層面的發展，包含個體的思想、智力和語言的變化。例如，探索外在事物、造句、想像自己是「珍珠美人魚」、記住家中的電話號碼等。所有的這些活動都反映了認知歷程在發展中的角色。
- **社會情緒歷程**：也就是社會層面的發展，包含個體和他人之間人際關係的變化、情緒的變化，以及人格的變化。一個嬰兒被母親輕撫的微笑反應、一個小女孩發展出的自信、一個青少年在初戀上的喜悅、一個年輕人在運動中的衝勁、白頭偕老的恩愛夫妻，這些都反映出社會情緒歷程的角色。

如圖 3.1 所示，社會情緒歷程塑造出認知歷程，認知歷程促進或限制社會情緒歷程，而身體歷程則影響認知歷程。雖然這三個發展的歷程在本章將被分開來談論，但是請記得，你正在學習一個完整個體的發展，其生理、心理與社會三大層面是互相依存的。

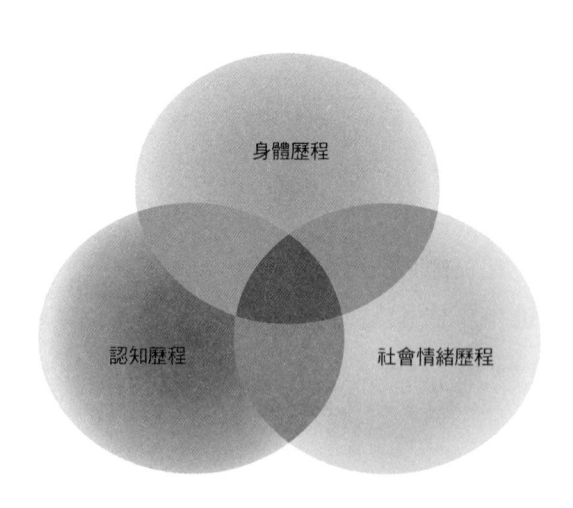

> **發展**
> 從受孕開始到之後持續的整個生命過程中，人類潛在可能的變化模式。

圖 3.1　發展變化的因素
發展是身體的、認知的和社會情緒歷程的結果。這些歷程隨著個體的發展，彼此互相交錯。

3.1.2　早年經驗是否會支配我們的人生？

心理學家研究發展的關注焦點之一為，究竟是早年經驗（early experience）重要，還是後期經驗（later experience）較為重要（Santrock, 2002）。有些心理學家相信，除非嬰兒在出生的第 1 年內能受到溫暖和細心的呵護照顧，否則其潛能無法發展到極致（Berlin & Cassidy, 2000; Bowlby, 1989）。這種**早年經驗**的學說認為，經過一段早期發展的時期之後，我們的組成會相當地固定與永久化。此主張依據的信念是，每個人生都有其無法打破的足跡，任何一個心理特質都可以被追溯到其起源（Kagan, 1992, 2000）。

相反地，有些心理學家強調**後期經驗**的力量，同時把後期的發展比喻為河流的退潮和流動。由於孩童的可塑性很高，在後期得到細心呵護，與在早年一樣重要（Lewis, 1997）。很多同時重視兒童與成年人的人類發展學者強調，成年發展太少受到關注（Baltes, 2000; Birren & Schaie, 2001）。他們爭論，雖然早年經驗對發展有很重要的貢獻，但是並不一定較後期經驗更為重要。這個世界有許多克服童年困境而成功的成年人。

研究指出，早年經驗和後期經驗兩者對於人類發展的確很重要。一個相關性研究檢視父母親和 3～5 歲女兒的關係，以及女兒未來在青少年期的憂鬱症狀，這兩者之間的關聯性（Gjerde, Block, & Block, 1991）。研究發現，當這些女孩在 3～5 歲時，如果父母親過度地管教、要求高成就，以及沒有給予足夠的呵護，那麼這些女孩在青少年期憂鬱的可能性很高。這些研究結果顯示出早年經驗的重要性。但是，其他研究也顯示，青少年期的緊張壓力經驗，如：考試不及格、和男友分手、或是父母其中一方過世，也都與少女的憂鬱有關（Compas & others, 2001）。因此，青少年期少女的憂鬱，似乎與早年經驗和後期經驗都有關聯。

對早年經驗或後期經驗這個議題，大部分的發展學家並沒有特別極端的立場（Lerner, 2000, 2002; Santrock, 2001）。他們相信，早年經驗可以為後期經驗建立一個穩固的基礎，這兩者皆對發展有很重要的貢獻。

3.1.3 天性和培育如何影響發展？

天性
一個有機體的生物遺傳。

培育
一個有機體的環境經驗。

天性（nature）一詞，常常用來指一個有機體的生物遺傳。**培育（nurture）**一詞，往往來指一個有機體的環境經驗，周圍所有物質和社會條件的影響。天性和培育的互動、基因和環境的互動，影響各方面的心智和行為到某種程度。沒有一個因素是單獨運作的（Brown, 1995; Mader, 2003）。

我們一生會經歷很多不同的環境，基因會根據這些環境的特性來決定成長的改變。心理學家開始贊同，很多複雜的行為有其先天的基因，使得人們傾向朝著某個方向發展。但是，我們實際的發展，也會依靠在環境中得到的經驗而決定。環境影響的範圍從所有人為的情境（如：育兒、家庭動力、同儕關係、學校教育、鄰近地區）到生物方面的接觸（如：病毒、出生併發症）。

對於早年經驗之影響的這個問題，大多數的發展學家並沒有特別站在天性或培育那一邊。發展並不是全部屬於單獨一個（Lerner, 2002）：它是兩者的相互作用。遺傳和環境共同運作，產生出氣質、身高、體重、投球的能力、閱讀能力等（Gottlieb, 2000; Lewis, 2003）。研究這類議題的 William Greenough（2001）指出，「遺傳和環境兩者間的相互作用是如此廣泛，所以要詢問天性或培育哪一個更重要，就好像是詢問一個長方形的長比較重要，還是寬比較重要？」

不過，一些心理學家相信，人們可以發展得遠超乎遺傳和環境所給予的。他們爭論發展的一個關鍵部分，包括尋找最佳的人生經驗（Massimini & Delle Fave, 2000）。心理學家擷取一些案例，例子中的人們超越簡單的生物適應性，主動地從環境中去挑選可以達成他們目標的事物，這些個體建構自己的人生，並且創造獨特的發展途徑。當人們愈能比別人成功地建構最佳人生經驗，則愈能在發展時尋找有意義的人生

Alice Walker 以著作《紫色姐妹花》（*The Color Purple*）得到普立茲獎（Pulitzer Prize）。Walker 就跟她書裡很多的人物一樣（尤其是女性），克服了早年的貧窮和創傷，長大後成為一位非常有能力的人。從她的例子，告訴我們什麼關於早年經驗對成長的影響？

主題，他們的人生不會受限於簡單的生物生存階段，或是被動地接受環境現狀。

3.2 兒童發展

在這一節將從身體、認知與社會情緒面來看胎兒到兒童期的發展。

3.2.1 胎兒期的發展

自從出生，你的生命中發生了很多特別的事情。但是想像一下，你曾經是微小的生物體，漂浮於母親子宮內的羊水中，正如 19 世紀美國詩人、散文家 Samuel Taylor 所記述：「人類誕生前那 9 個月的歷史，遠比之後全部的歲月更有趣，並且包含了更多的新奇事件。」

胎兒期的發展可分為三個時期：

- **初胚期**：第 1 週和第 2 週。初胚期是從受孕開始。受精卵是一個單細胞，有來自母親的 23 個染色體，以及來自父親的 23 個染色體。懷孕 1 週後，以及許多細胞的分裂，受精卵由 100～150 個細胞組成。2 週過後，此細胞群會著床於子宮壁。

- **胚胎期**：第 3 週到第 8 週。這也是多數婦女知道自己懷孕的階段。在第 3 週的時候，開始形成最終會成為脊髓的神經管。大約 21 天時，眼睛開始出現；在 24 天時，心臟的細胞開始分化。在第 4 週期間，手臂和腿部開始萌生（圖 3.2a）。到了 5～8 週，心臟開始跳動，四肢更能辨識，五官開始形成，腸道也已出現（圖 3.2b）。

- **胎兒期**：第 2 個月到第 9 個月。器官已成熟到可以運作，並且肌肉也開始活動。母親首度感覺到胎動。受孕 6 個月後，眼睛和眼瞼完全形成、胚胎覆蓋著一層細微的毛髮、抓握的反射動作出現，開始不規則的呼吸。7～9 個月的時候，胚胎的身長和重量都明顯增加。

在短短的 9 個月中，一個單一細胞已經發展出有生存和運作能力的人類，並在身體上、認知上，以及社會情緒上有發展的潛能。但是在這段期間它是相當脆弱的。例如，**胎兒酒精症候群**（fetal alcohol

(a) (b) (c)

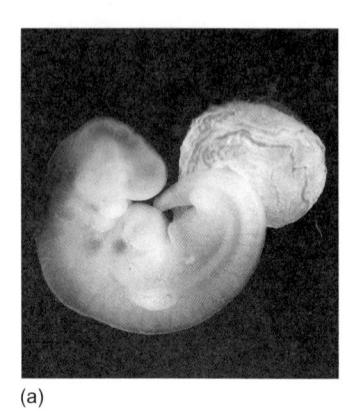

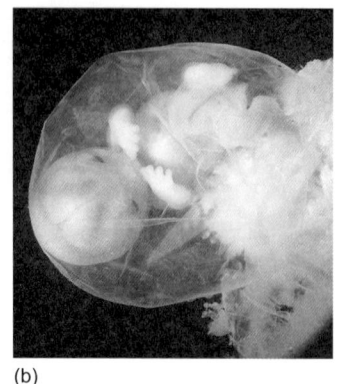

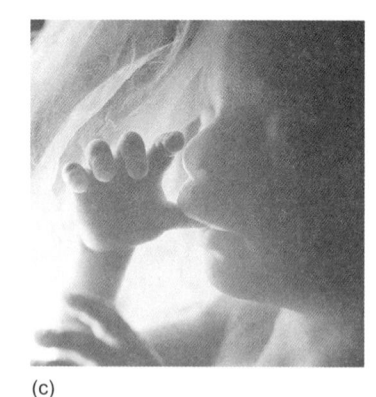

圖 3.2　從胚胎到胎兒

(a) 4 週大時，胚胎長約為 0.2 英吋（少於 1 公分）。頭部、眼睛和耳朵都開始出現；頭部和頸部就占了身體全長的一半；雙肩將會長在接著白色手臂芽胞的地方。

(b) 8 週大時，發展中的小生命會長到約 1.6 英吋（4 公分）長，並且已達到胚胎期的尾聲。小生命已經變成了胎兒。所有發展完整人類身上的器官，現在都開始形成。胎兒期是成長和細節完美化的時期。心臟已經跳動 1 個月，並且肌肉也首度開始活動。

(c) 在 4.5 個月大時，胎兒已經差不多超過 7 英吋（大約 18 公分）長。當拇指移靠近嘴巴時，頭部可能會轉動，並且嘴唇和舌頭開始了吸吮的動作——一個生存的反射動作。

syndrome, FAS）是母親在妊娠期間酗酒，導致胎兒發生不正常的症狀。這些不正常的症狀包括小頭和四肢、臉與心臟的缺陷，大多數 FAS 的孩子智能低於標準。即使孕婦飲用少量的酒，也有可能會傷及胎兒的健康。最佳的建議是，懷孕與計畫懷孕的婦女都不應該喝酒（Streissguth, 1997）。除了母體的狀態以外，是否足月也是一個重大因素。在母體子宮內待足 38～42 週的嬰兒，最有機會在兒童期得到正常的發展。受孕到出生不滿 38 週的**早產兒**（preterm infant）則很危險。比起足月的嬰兒，有較多的早產兒有學習上的障礙（Kopp, 1984）。

3.2.2　兒童期的身體發展

嬰兒期（發展期從出生到大約 18～24 個月大）是身體發展最快速的時期（Fogel, 2001）。在短短的時間內，孩子從毫無行動能力的生命體，轉變成為可以自由行動的生物。

反射動作

新生兒來到這個世上時，本身已經具備反射能力。例如，他們對水並不恐懼，但是遇到水時，會很自然地屏息並且收縮喉嚨，以防止水跑進去。有些新生兒擁有的反射動作，會一直持續其整個人生，如：咳嗽、眨眼和打呵欠。然而，隨著較高層次腦部功能的成熟以及行為控制能力增加，有些反射動作會在出生的幾個月後消失。以下是一些反射動作，在嬰兒 6 或 7 個月大時，會漸漸減弱或消失：

- **抓握**：當嬰兒的手掌被碰觸時，嬰兒會用手指緊緊地抓牢（但卻不用拇指）。
- **吸吮**：當有東西碰觸到嬰兒的嘴時，嬰兒會很自動地開始吸吮。
- **踏步**：當嬰兒放下他的腳去接觸地面時，嬰兒會移動雙腳，就像是在走路一般。
- **受驚**：當突如其來的刺激出現時，例如，聽到很大聲的噪音或是快速掉落，嬰兒會受驚地拱起背、把頭向後仰，並且猛然地將四肢向外張開後，又迅速將四肢縮回接近身體中心。

動作與感知技能

剛出生時，相對於其他的身體部位而言，新生兒有一個巨大的頭顱，它會毫無控制力地晃動。在 12 個月內，嬰兒已經能筆直地坐著、站立、彎腰、攀登和時常走動。在第 2 年時，成長的速度減慢，但是在某些動作中發生了迅速的進展，如：跑和攀爬等。過去的歷史中，研究人員 Arnold Gesell（1934）認為，動作的里程碑看起來就如圖 3.3 所示，會在特定的年齡發生且是遺傳計畫的一部分。

不過，心理學家現在意識到，動作發展並不單單只是天性的結果。當嬰兒有動機要做某些事情的時候，他們可能會創造出一個新的動作行為（Thelen, 1995, 2000）。這個新的行為是許多因素聚集的結果，包括神經系統的發展、身體的物理屬性和身體動作的可能性，讓嬰兒有動機想要去達成的目標，以及外在環境對這項技能的支持。因此，不論是天性和培育，兩者都參與其中。

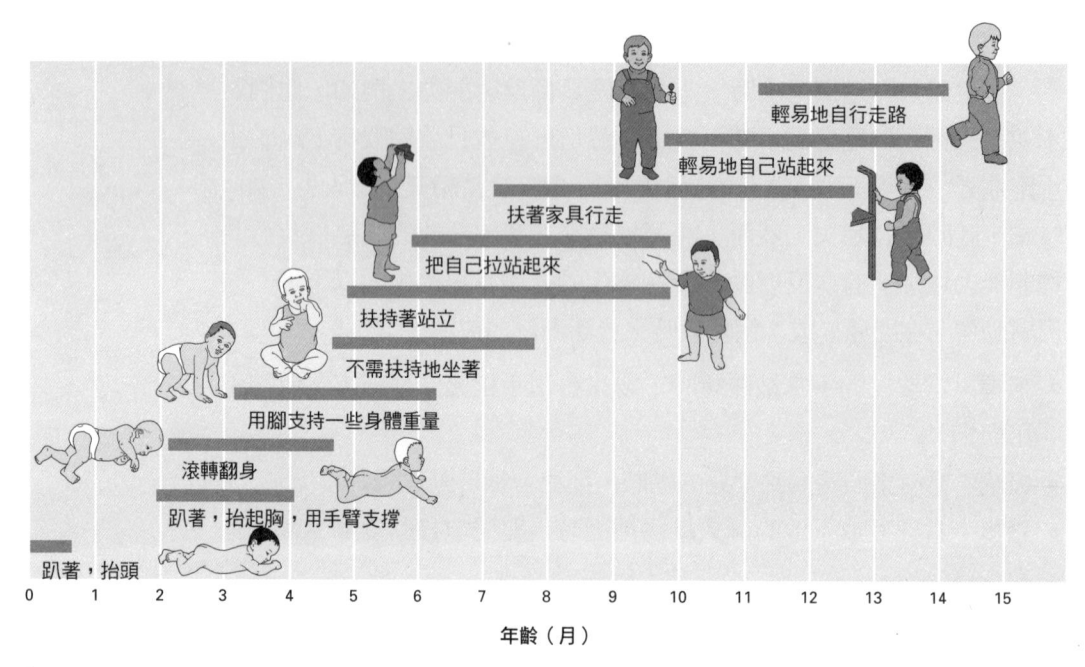

圖 3.3　在生命的前 15 個月期間，嬰兒完成重大動作技巧發展的時間點

　　心理學家也相信，動作能力和感知技能有密切的聯繫。嬰兒透過感官獲悉的訊息，持續地協調他們的動作，以學習如何保持自己的平衡、伸手去拿空間中的物體，並且跨過各式各樣的表面和地形（Thelen & Smith, 1998）。行動也會教導感官，例如，看著一個物體，同時拿著並接觸它時，會幫助嬰兒了解它的質地、尺寸大小和硬度。在環境中到處移動，教會嬰兒從不同的觀點看到的物體和人們是如何不同，並且判斷不同的表面能否承載他們的重量（Gibson, 2001）。

大腦

　　當嬰兒走路、說話、跑步、搖晃一只波浪鼓、微笑和皺眉頭時，他們的大腦正在進行戲劇性的變化。在出生和嬰兒期早期，大腦中 1,000 億個神經元只有很少數的連接。但是，當嬰兒從誕生到 2 歲大時，神經元的末梢開始分歧發展，並且神經元間產生更多相互連接（圖 3.4）。嬰兒大腦是全新的，像一張白紙般地吸收所有的經驗

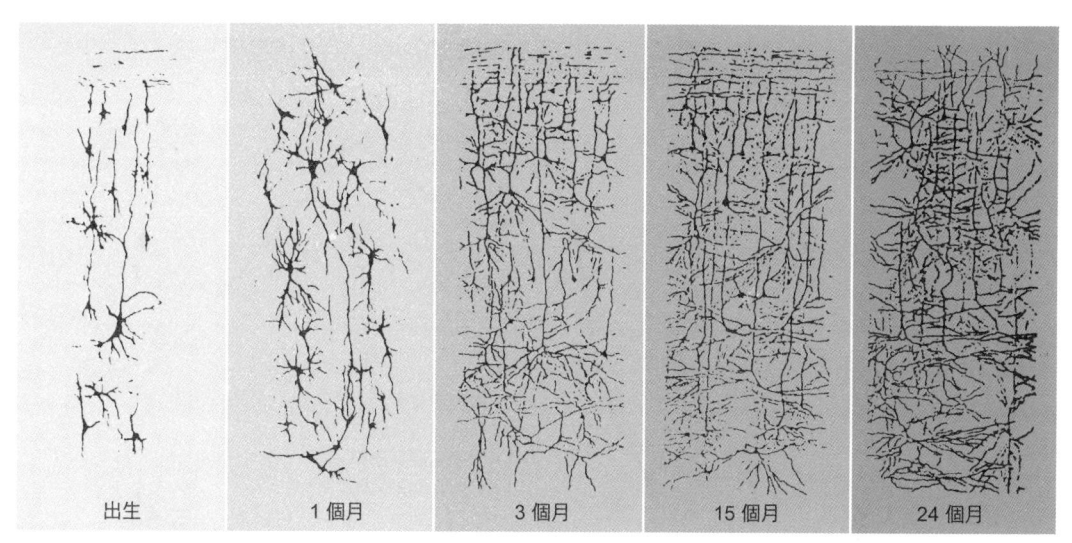

第 3 章　發展心理學
Human Development

| 出生 | 1 個月 | 3 個月 | 15 個月 | 24 個月 |

圖 3.4　樹突的擴散
注意到生命前 2 年的時間內，腦神經元之間互相聯繫的增加。

（Eliot, 2001; Greenough, 2001; M. H. Johnson, 2000, 2001, 2002）。

兒童期大腦發展的另一個重要部分，是**突觸的連結**（synaptic connections）大量增加（Ramey & Ramey, 2000）。第 2 章提到，突觸是指神經元之間的連接點，要靠神經傳導素來進行傳遞。研究者發現，我們有比實際需要還要多的突觸（Huttenlocher & Dabholkar, 1997）。新建立的連結變得更強，並且會保留下來；未使用的將會被其他的神經途徑取代或者消失。在神經系統科學的語言內，這些未使用的連結將被「刪掉」。圖 3.5 生動地說明嬰兒時期突觸在視覺、聽覺以及大腦前額葉皮質（prefrontal cortex）部分的急遽成長，以及它們之後的消減。

科學家最近運用大腦掃描技術如：MRI 和 CAT，發現兒童的大腦在 3～15 歲期間，會經歷結構上的劇烈變化（Thompson & others, 2000）。有些區域的大腦構成物的總量，在短短 1 年期間內，可能會增加將近 1 倍。當不需要的細胞被清除時，大量組織會消失，大腦也會繼續進行重組。整個腦部的大小並無明顯的成長，但是大腦內部的模式的確有戲劇性的變化。在 3～6 歲，最迅速的發展是在前額葉區

圖 3.5 從嬰兒期到成年期，人類大腦中的突觸密度

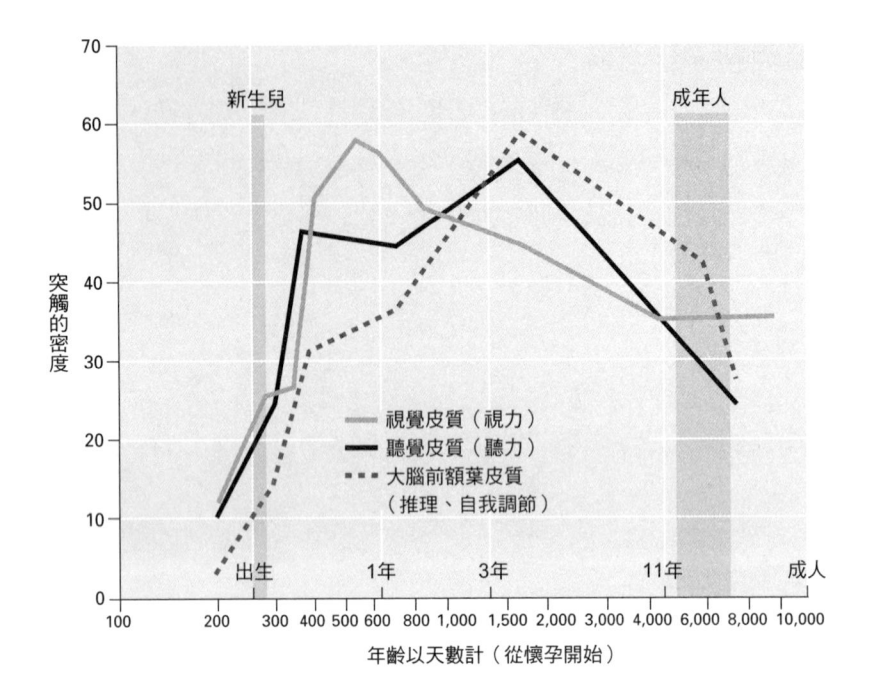

本圖顯示出腦部三個區域——視覺皮質、聽覺皮質、大腦前額葉皮質裡，突觸密度的遞增，以及後來的消減。突觸密度被認為是腦神經元間連結程度的重要指標。

發生，這區域涉及策劃和組織新的行動，以及維持在任務上的專注力（Thompson & others, 2000）。當然，如果樹突和突觸沒有受到大量新經驗的刺激，孩子的腦部較不可能正常地發展。因此，和其他領域的發展一樣，天性和培育是一起運作的。

3.2.3 兒童期的認知發展

兒童期的認知發展像身體發展一樣令人驚奇。如你在本章之前讀到，認知歷程包含思想、智力和語言。19 世紀中期之前，美國的心理學家並無任何理論，可以解釋兒童的心智是如何隨著年紀而改變。對於此主題有興趣的心理學家，必須從行為的角度觀察，強調孩子只是從環境中接收訊息；或是從智力測驗的角度，強調兒童智力上的個別差異。然而瑞士著名的發展心理學家 Jean Piaget（1896～1980），改變了我們看待孩子心智的方式。

Piaget 的認知發展理論

依 Piaget 的觀點，兒童很**積極地建構**他們的認知世界，並使用基模來理解他們的經驗。**基模（schema）**係指已經存在於某人心裡的一個概念或架構，可以用來組織訊息以及提供解釋訊息的架構。基模會表現在行為和技巧之中，這些是孩子能練習的，以及能與物體或情勢做關聯的。例如，吸吮是一個早期、簡單的基模；之後，更複雜的基模可能會包括舔、吹、爬行、躲藏等。Piaget 對基模的興趣在於，它們是如何幫助我們組織和理解目前的經驗。在第 7 章中，你將看到基模如何幫助我們了解，為何人們無法精確地記得過去所發生的，而是重建它。

Piaget（1952）表示，經過一再發生和經歷很多的重複經驗後，基模的主動建構包含了兩個過程：

- **同化（assimilation）**：發生在當個體將新的訊息納入現有的知識中。也就是說，人們將環境**同化**套入一個基模中。舉例來說，孩童心目中的一個基模，讓他知道有些東西是可以被拿起來的。當孩子第一次意識到時，他可能會拿起一串鑰匙，此時，他正在將「鑰匙」套入「拿起來」的基模中。

- **調整（accommodation）**：發生在人們改變基模去適應新的經驗。也就是說，人們**調整**自己的基模去配合環境。例如，一位孩童可能擁有「拿起來」的基模。在這個經驗中，孩子可能會學到，有些東西是可以輕易地用兩根手指頭夾起，但是，有些東西則可能需要用到雙手外加強而有力的臂膀，還有些東西怎麼樣也拿不起來，如：因為太燙或太重。因此，「拿起來」這個基模，被修正為數個不同的基模，來適應現實中不同類型的物品。

Piaget 理論的另一個重要元素，是他觀察到人們對世界的了解所歷經的四個階段（圖 3.6）。每個階段都各有獨特的思維模式，並且從一個階段到下一階段都有本質上的不同。

1. 感覺運動期（sensorimotor stage）：從出生到約 2 歲。在這個階

基模
已經存在於某人心裡的一個概念或架構，可以用來組織訊息以及提供解釋訊息的架構。

同化
發生在當個體將新的訊息納入現有的知識中。

調整
發生在人們改變自己的基模去適應新的經驗。

感覺運動期
Piaget 認知發展理論的第一階段（從出生到約 2 歲），嬰兒了解這個世界的方式，是藉由整合感官經驗（如：視覺或聽覺）和動作（身體）行動。

心理學概論：精簡版

感覺運動階段	前運思階段	具體運思階段	形式運思階段
嬰兒了解這個世界的方式，是藉由整合感官經驗和身體行動。嬰兒從剛出生時反射性的和本能的行動，進展到本階段尾端時，已開始有象徵性的思考。	兒童開始用文字、圖像來描述世界。這些文字和圖像反映出象徵性思考的增加，已超越感官訊息和身體行動的連結。	兒童可以在具體的狀況中，作邏輯性的推理，也可以將物體作不同性質的分類。	青少年以更抽象、理想化和富有邏輯的方式思考。
從出生到約2歲	2～7歲	7～11歲	11歲延續到成年期

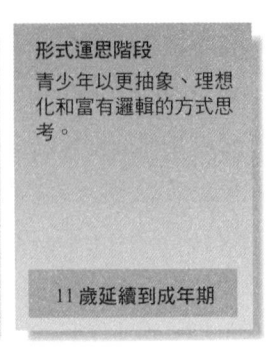

圖 3.6　Piaget 認知發展的四個階段

段，嬰兒了解這個世界的方式，是藉由整合感官經驗（如：視覺或聽覺）和動作（身體），因而稱為**感覺運動**（sensorimotor）。想像你是一個 5 個月大的嬰兒，你會怎麼經驗這個世界呢？眼前有一隻玩具猴子，在你抓它的時候，它掉了下去，並且滾到大玩具河馬的背後。你會知道猴子在河馬的後面嗎？或者你會認為它已經不見了呢？

Piaget 相信，對小嬰兒而言，「從視線中消失」即會「從腦中忘記」。嬰兒 5 個月大的時候，當玩具猴子掉到玩具河馬後面，嬰兒不會伸手去拿猴子。然而，在 8 個月大時，嬰兒開始了解到，從眼前消失，並不是真的不見了。這時候，他可能會協調感官和動作，把手伸到河馬的後面去搜尋猴子。

Piaget 將這個重要的成就稱為**物體恆常性**（object permanence），意指了解到即使物體和事件沒有直接被看到、聽到和摸到，它們仍繼續存在。最常用來研究物體恆常性的方式，是給嬰兒看一個有趣的玩具，然後擋住嬰兒的視線，讓嬰兒看不到玩具（圖 3.7）。如果嬰兒了解玩具仍然存在，他們將會去尋找玩具。反之，則會當作玩具不見了，而不會去找尋玩具。

2. **前運思期**（preoperational stage）：約從 2～7 歲。在學齡前，兒童開始用文字和圖像來描述世界。然而，在這個階段，兒童象徵性思考仍有些限制。他們仍未能進行**運思**（operation），也就是 Piaget 所指的可逆推的心智表徵。觀察孩子是否可以進行運作思考

物體恆常性
Piaget 認知能力的專有名詞，指了解到即使物體和事件沒有直接被看到、聽到和摸到，它們仍繼續存在。

前運思期
Piaget 認知發展理論的第二階段（約從 2～7 歲），在這階段，思想變得更具象徵性、自我中心的、本能的、更甚於邏輯性的；但是孩童仍未能作運思。

運思
Piaget 的專有名詞，代表可逆推的心智表徵。

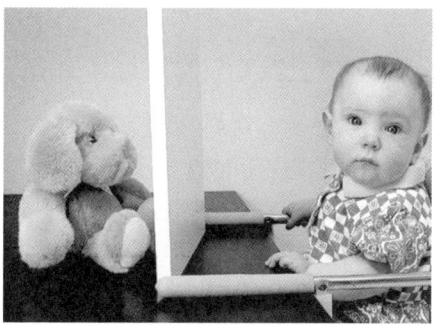

第 3 章 發展心理學
Human Development

圖 3.7 物體恆常性
Piaget 認為物體恆常性象徵著嬰兒的認知成就。對這名 5 個月大的男嬰而言，從視線中消失的，就從腦中忘記。當男嬰看玩具狗狗的視線被擋住了，他不會去找尋它。再過幾個月，他將會去尋找被藏起來的玩具，反映出物體恆常性的表現。

的著名試驗是：給孩子兩個大小相同的燒杯 A 和 B，兩個燒杯內都裝了一樣多的水。在這兩個燒杯的旁邊，是第三個更瘦長的燒杯 C。先把水從 B 倒進 C 裡（圖 3.8），然後問孩子燒杯 A 和 C 裡

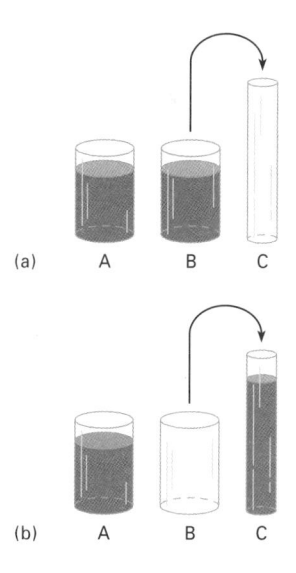

圖 3.8　Piaget 的守恆試驗
燒杯試驗顯示出孩童是否會作運思考，也就是說，會在腦中倒回動作，並且了解物質的恆常性。(a) 拿兩個一模一樣的燒杯給孩童看，兩個燒杯內都裝了一樣多的水。將水從 B 杯倒入比 A 和 B 更細更長的 C 杯。(b) 實驗者問孩童燒杯 A 和 C 是否有同樣多的水？前運思期的孩童會說不一樣。當被要求去指出哪一個燒杯裡的水較多時，孩童會指向那個又細又長的燒杯 C。

的水是否一樣多？4歲大的孩子總是說高高瘦瘦的燒杯C裡面裝的水，比又短又寬的燒杯A還要多，因為孩子無法在腦中回想倒水的動作；也就是說，孩子不能想像把水從燒杯B倒入燒杯C之前的影像。Piaget認為孩子那時還沒有理解到**守恆**（conservation）的概念，不了解儘管物體或情境的表面改變，物體特徵和狀況仍保持原有屬性。

> **守恆**
> Piaget的專有名詞，儘管物體或情境的表面改變，物體特徵和狀況仍保持原有屬性的概念。

在前運思期的孩子，第二個思考上的限制是**自我中心**（egocentric），這是指孩子不能了解到自己的觀點和其他人觀點的不同。在三座山的試驗中（圖3.9），孩子在山的模型周圍隨意走動，並且去熟悉在各種不同的角度下，看到的山是什麼樣子（Piaget & Inhelder, 1969）。然後，讓孩子坐在放模型的桌子旁，這時試驗者拿出一個布娃娃，並將布娃娃沿著桌子分別放在不同的位置。當試驗者將布娃娃放在每個位置上時，試驗者就讓孩子從一系列照片中選出一張──那張照片要能正確地反映出布娃娃會看到的景象。前運思期的孩子所選的照片，往往反映出他們自己所看到的，而不是布娃娃會看到的景象。

前運思期第三個思考上的限制是，它是**直覺的**（intuitive）。當追問孩子，為什麼他們知道一些事情時，他們往往無法給予合乎邏輯的答案，反而以個人的理解或是臆測代替。前運思期的孩子似乎不會因邏輯思維而困擾。在Piaget的觀察中，孩子即使不用邏輯思

圖3.9　自我中心的三座山試驗

景觀1展現的是從孩童的觀點出發的一個模型。景觀2展現的是同一個模型，但是從布娃娃的觀點來看。試驗者要求孩童指出一張照片，要最能貼切地反映布娃娃會看到的山景（要能夠正確無誤地指認出來，孩童需要採用布娃娃的觀點）。運用前運思期思考方式的孩童，無法成功地完成此試驗；相對地，孩子所選的照片，只會反映出自己的觀點。

維推理出答案，看起來也非常確信他們知道某些事情。

3. **具體運思期（concrete operational stage）：約從 7～11 歲**。具體運思的思考包含運作思考，並且在具體情境中運用邏輯推理取代直覺推理。這時期會呈現分類的技巧，但是尚未發展出抽象思考。示範運作思考的一個著名研究方式，是以兩團相同的黏土進行測試（圖 3.10）。研究者在孩子的觀看下，把一個球形黏土揉成一條細長的長條，而另一團黏土則保留它原先的球形。然後，研究者問孩子哪一團黏土較多？是球形的黏土，還是細長條的黏土？孩子到了 7 歲或 8 歲大時，他們大多數會回答一樣多。要答對這個問題，孩子必須回想那個球形黏土被揉成一條細長條狀，並想像這條細條狀可回復成和原來的球狀一樣，這個想像具有可逆性（reversible）的心智活動。在這個實驗，以及稍早提到的燒杯試驗中，前運思期的孩子很可能會專注於單一面向，不是高度就是寬度。具體運思期的孩子，則能彙整關於尺寸或特性等的訊息。Piaget 的許多具體運思，都和物體的特性有關。因此，在這個階段的一個重要的推理技能，是分類或依相關性分組的能力。圖 3.11 顯示一個具體運思期的孩子可以執行的分類試驗。總而言之，具體運思期有運作上的思維、分類的技能，以及具體而非抽象的邏輯思考能力。

4. **形式運思期（formal operational stage）：始於 11～15 歲，並且延續到成年期**。形式運思期比起具體運思期，更為抽象、理想化和富有邏輯。青少年已經不再像小學生一樣，思考不再受限於實際具體

具體運思期
Piaget 認知發展理論的第三階段（約 7～11 歲），可以運作思考，並且在具體情境中運用邏輯推理取代直覺推理。

形式運思期
Piaget 認知發展理論的第四階段，也是最後一個階段（大約在 11～15 歲的年紀），這時的思考變得更為抽象、理想化和富有邏輯。

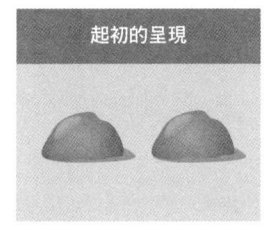

起初的呈現	操作	前運思階段兒童的回答	具體運思階段兒童的回答
拿兩團一模一樣的球形黏土給孩子看。孩子同意這兩團黏土一樣多。	試驗者改變了其中一個球形黏土的形狀，然後問孩童，這兩團黏土是否一樣多。	不一樣，較長的黏土比較多。	是的，它們還是一樣多。

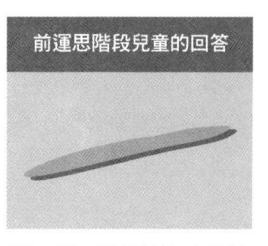

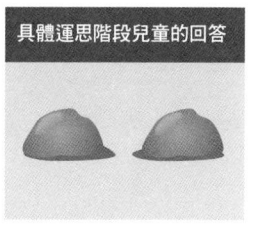

圖 3.10　運作思考的黏土試驗

圖 3.11 家譜的分類試驗

決定孩童們是否進展到分類能力的方式之一，可以試試看他們是否了解四代的家譜（Furth & Wachs, 1975）。這個家譜顯示，祖父（A）有 3 個兒子（B、C 和 D），他們每一個人都有 2 個兒子（E～J），並且這些孫子裡其中一人（J）有 3 個兒子（K、L 和 M）。一個理解這個分類系統的孩子，可以任意地在這個系統裡上下層移動（垂直地）、左右移動（水平地），和上下加左右的移動（斜的）。能夠以具體運思的方式作思考的孩童會了解，J 可以同時是父親、兄弟和孫子。前運思期的孩童則無法執行這個分類試驗，例如，說 J 不可能是父親，也不可能同時有其他的角色。

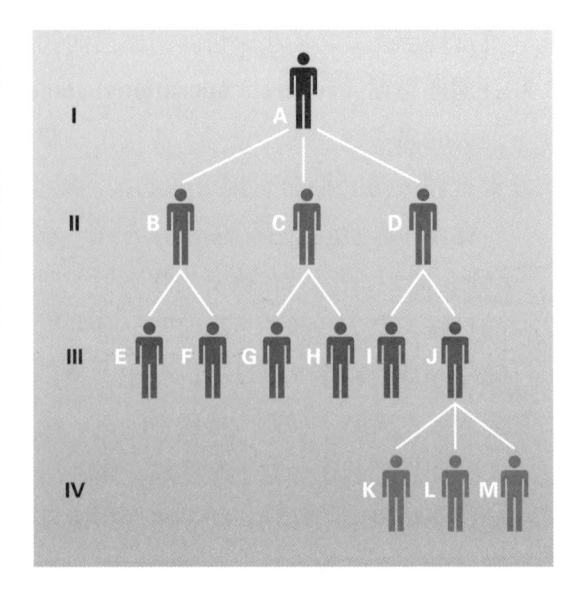

假設演繹的推理

Piaget 的專有名詞，形容用來發展假設找出解決問題的方法，和有系統地推斷出最佳解答的能力。

Jean Piaget 是知名的瑞士發展心理學家，他改變了我們看待兒童心智發展的方式。他主要的貢獻是什麼？

的經驗，並且能夠進行想像。思維上也變得更理想化，青少年往往拿自己和其他人跟理想標準作比較，並且會去想像，一個理想的世界究竟會是怎麼樣，以及懷疑自己是否無法創造出一個比大人們所給予還要好的世界。在此同時，青少年的思考方式更像科學家，他們會先想出計畫去解決問題，並且有系統地測試解決的辦法。Piaget 給予這種合乎邏輯的問題解決方式一個標題：**假設演繹的推理**（hypothetical-deductive reasoning）。這個名詞代表青少年有能力去發展假設或是用第六感，找出解決問題的方法，如：一個代數的方程式。這也表示他們能有系統地推斷，並總結出最好的方式，去解決問題。這和青少年期以前的兒童不同，兒童很可能會用一種反覆試驗、嘗試錯誤的方式來解決問題。

Piaget 對兒童行為的仔細觀察，開啟了一個看兒童智力是如何發展的新視野。他留給我們一連串重要的概念（Scholnick, 1999）：基模、同化、調整、認知階段、物體恆常性、自我中心與守恆。因為 Piaget 的理論，我們將兒

童視為一個主動、積極的思考者,他們操控(部分)自己的發展。

3.2.4 兒童期的社會情緒發展

隨著年紀的增長,兒童的世界也逐漸擴大,他們開始拓展人際網絡,如:雙親、兄弟姐妹、同學和老師。在這一節將討論我們的社會情緒發展,也了解兒童是如何被社會化。

Erikson 的社會情緒發展理論

Erik Erikson(1902 ~ 1994)早期的生活在歐洲度過。他在佛洛依德的指引下,成為一位心理分析師,之後來到美國,並在哈佛大學教書。他修訂了佛洛依德強調**性心理**(psychosexual)的發展概念,而主張八個**心理社會**(psychosocial)階段才是發展重點(1968)。除此以外,佛洛依德強調人格的養成在兒童時期,而 Erikson 則抱持終生學習的觀點(圖 3.12)。

Erik Erikson(圖中是 Erik Erikson 和他的藝術家妻子 Joan)。Erikson 創造出 20 世紀其中一個最重要的發展理論。Erikson 的理論說明了什麼關於社會情緒發展的歷程?

Erikson 理論的每個發展階段都有代表性的發展任務或危機(crisis),也是每個人在成長過程中會面對的議題。每一個階段也都標記著一個潛在的轉折點,讓個人邁向更大的能力發展。我們先看看兒童期的四個階段:

1. **信任 vs. 不信任:出生到約 1 歲半**。這個時期信任是很重要的課題,如果照顧者可以細心地滿足嬰兒的基本需求(如:舒適感、食物和溫暖),他就會信任主要照顧者。如果照顧者無法滿足嬰兒的基本需求的話,結果就會是不信任。嬰兒時期建立的信任感是對未來人生有所期待的基礎,期待這個世界會是一個安全、舒適的地方。這個時期讓個體產生「希望」。
2. **自主 vs. 羞愧與懷疑:約從 1 歲半~ 3 歲**。在這個階段,幼兒開始主動探索這個世界。在探索的過程中,不是發展出積極意義的獨

Erikson 的階段	發展期間	特徵
1. 信任 vs. 不信任	嬰兒期 （出生～1歲半）	信任感需要感覺到身體上的安適，以及對未來不感到害怕恐懼。嬰兒的基本需要，透過主要照顧者的細心回應獲得滿足。
2. 自主 vs. 羞愧與懷疑	嬰兒期 （1歲半～3歲）	從照顧者那裡獲得信任感之後，幼兒開始發現他們有自己的意願。他們堅持自己的自主性或獨立，了解自己的意願。如果幼兒受到過多的限制或太嚴厲的懲罰，很可能會發展羞愧感和自我懷疑。
3. 主動 vs. 罪惡感	兒童期早期 （學齡前，3～5歲）	當學齡前的兒童面對更寬廣的社會，他們會受到更多的挑戰，並且需要發展更有目的性的行為來應付這些挑戰。這個階段要求兒童承擔更多的責任。然而，如果孩子們出現不負責任的狀態時，可能會發展出過多的罪惡感。
4. 勤奮進取 vs. 自卑	兒童期中期與晚期 （國小，6歲～青春期）	當兒童進入小學時，他們將精力直接導向掌握知識與智力技能。這個階段的危機包括感到無能力和無用感。
5. 自我認同 vs. 角色混淆	青少年期 （10～20歲）	個人面臨到尋找自己是誰、究竟是什麼，以及未來人生將往哪裡去。一個重要的方面是探索不同的解決之道，找到自己的角色定位。生涯探索是很重要的。
6. 親密 vs. 孤獨	成年期早期 （20～40歲）	個人面臨的發展任務是與他人建立親密關係，這個時期我們會去找尋親密伴侶。
7. 慷慨 vs. 停滯	成年期中期 （40～60歲）	協助較年輕的一代發展並過著有用的生活。
8. 圓滿 vs. 絕望	成年期晚期 （60歲之後）	個人回顧和評估在其人生中做了什麼。追溯過往，可能會是正向的（圓滿）或是負向的（絕望）。

圖 3.12　Erikson 的八個社會情緒發展階段

立性和自主性，就是產生負面的羞愧感和自我懷疑。在找尋自主性時，他們很可能發展出很強的獨立感。此時期主要是發展個體的「意志」。

3. **主動 vs. 罪惡感**：從 3～5 歲，**學齡前**。在這個階段，兒童的社交

圈更為寬廣,他們會受到更多的挑戰,並且需要發展更有目的性的行為來應付這些挑戰。當被要求需要承擔更多責任的時候,兒童能發展出主動性。當出現不負責任的狀態時,他們會發展出過多的罪惡感。但是 Erikson 相信,兒童是很有彈性的,成就感會很快地彌補大部分的內疚感。此時期的個體主要是在發展有「目標」的能力。

4. **勤奮進取 vs. 自卑:約從 6 歲～青春期**。此時期的兒童進入國小。若在學校的學習狀況良好,這個孩子會呈現出勤奮進取;反之則會產生自卑。此時期主要培養個體的「能力」。

想想看,現在的你已經度過兒童期了,你是否已經擁有了「希望」、「意志」、「目標」與「能力」呢?

嬰兒時期的依附關係

在發展心理學的語彙中,**依附關係(attachment)**是指嬰兒和其照顧者之間的情感連結。Harry Harlow(1958)在猴子寶寶一出生時,就把牠們與母親隔離,並且將牠們放置在有兩個人造「母親」的鐵籠中。其中一個母親是用鐵絲做成的,另一個則是用絨布,每個母親都裝置有一個餵食器。半數的猴子寶寶被鐵絲媽媽餵,而半數是被絨布媽媽餵食。猴子寶寶依偎著絨布媽媽,並花極少的時間在鐵絲媽媽身上,即使鐵絲媽媽也提供牠牛奶(圖 3.13)。這項研究清楚地顯示,依附過程中非常重要的因素,是研究者所謂的「接觸安慰」(contact comfort),而非餵食。

動物行為學的創始人之一——歐洲動物學家 Konrad Lorenz(1903～1989)檢視了鵝的依附行為(1965)。他將同一隻鵝生下來的蛋分成兩組,一組蛋送還給鵝去孵化,而另一組則是由孵化器來孵化。第一組雛鵝的表現正如之前所預期,一旦牠們被孵出來,牠們會馬上跟隨著自己的母親。但是第二組的雛鵝,牠們出生後第一眼看到是 Lorenz,於是牠們到處跟隨著 Lorenz,就像他是自己的母親一樣。

Lorenz 將雛鵝作了記號,之後將兩組雛鵝放在箱子底下。當

依附關係
嬰兒和其照顧者之間的情感連結。

圖 3.13 和鐵絲與絨布代理媽媽的接觸時間

不管猴子寶寶是讓鐵絲媽媽或絨布媽媽餵食，牠們明顯地都較喜歡在接觸時間找絨布媽媽。

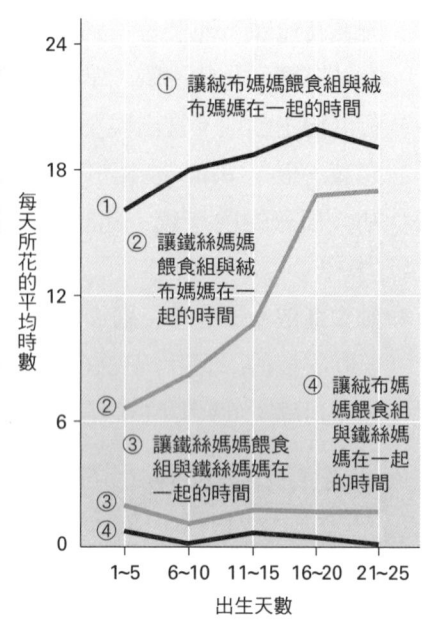

① 讓絨布媽媽餵食組與絨布媽媽在一起的時間
② 讓鐵絲媽媽餵食組與絨布媽媽在一起的時間
③ 讓鐵絲媽媽餵食組與鐵絲媽媽在一起的時間
④ 讓絨布媽媽餵食組與鐵絲媽媽在一起的時間

每天所花的平均時數

出生天數

Konrad Lorenz 是率先進行動物行為的研究者，他後面跟隨著三隻受銘印影響的雛鵝。Lorenz 形容銘印是在關鍵時間內的一個快速和本能的學習，會對首次見到的移動物體產生依附。對雛鵝而言，關鍵時間是出生後的 36 小時內。銘印的概念如何應用在人類發展上？

銘印
即一個初生動物對於牠首次看到或聽到的移動物體，形成依附的傾向。

箱子被拿起來的時候，鵝媽媽和「Lorenz 媽媽」就站在附近，每一組雛鵝都直接走向牠們的「媽媽」。Lorenz 稱為這個過程為**銘印**（imprinting），即一個初生動物對於牠首次看到或聽到的移動物體，形成依附的傾向。

相對於雛鵝 36 小時的關鍵時期，人類的嬰兒對於依附，似乎有更長的「關鍵時期」。依附行為的研究支持 John Bowlby 的看法（1969, 1989），認為嬰兒對於照顧者的依附行為，在約 6～7 個月時增強（Schaffer & Emerson, 1964）。一些發展心理學家認為剛出生的第 1 年，對照顧者的依附行為，為以後的發展提供了重要的基礎。有些嬰兒會比其他嬰兒有更為正向的依附經驗（Levy, 1999）。 Mary Ainsworth（1979）認為，這些差異取決於照顧者對嬰兒發出訊號的敏感程度。她用**安全依附（secure attachment）**這個詞來描述嬰兒如何利用照顧者（通常是母親），作為探索環境的安全後盾。安全依附的嬰兒比起不安全依附的嬰兒，較可能有善於反應與接納和表達情感的母親（Waters & others, 1995）。安全依附的嬰兒會離開母親自由活動，但也會定期地看一下母親，持續地注意她所在的位置。安全依附的嬰兒對於被抱有正向的回應，並且在被放下後，會興高采烈地走開去玩耍。相反地，一個不安全依附的嬰兒，會避開母親或對她顯現出矛盾的反應。不安全依附的嬰兒會怕陌生人，並會對日常的感覺感到不悅。

安全依附
社會情緒發展很重要的一個部分，指嬰兒利用照顧者（通常是母親），作為探索環境的安全後盾。

氣質

除了安全依附以外，嬰兒還有其他心理特性與生活適應有關。Kagan 等人強調，出生的**氣質（temperament）**對兒童的社交能力有更重要的影響。舉例來說，對於一個無法和同儕融洽相處的孩子，要追究的很可能是他對壓力的低忍受力，而造成生活適應問題。國內許靜予譯作《真本性的影響力》（*The Temperamental Thread: How Genes, Culture, Time, and Luck Make Us Who We Are*）正好整理了氣質研究大師 Kagan 的研究結果，並且說明這些氣質的特性與後續的影響。

氣質
個人的行為風格和獨特的回應方式。

精神科醫師 Alexander Chess 和 Stella Thomas（1977）整理出三種兒童氣質的基本類型：

- **好養的小孩**：通常有正向的情緒，很快就建立起嬰兒期的作息時間，並且對於新的經驗很輕易地就能適應。
- **難養的小孩**：容易有負面情緒，且經常無故哭鬧，有不規律的日常

作息,且接受新經驗的速度極為緩慢。

- **慢熱型的小孩**:低活動力,有些負面反應,顯出低適應力,以及表現低強度的情緒。

想一想,這些不同氣質的孩子是否需要不同的教養方式呢?

教養方式

過去,傳統的文化下,父母認為「不打不成器」或是「小孩有耳沒嘴」,應該實行嚴格的打罵教育。但是,零體罰以及正向教育的推展下,目前對於孩子的態度,和如何管教他們的最佳方式,已經變得更多呵護和關懷。

Diana Baumrind(1971, 1991)認為有以下四種基本教養方式:

> **權威型的教養方式**
> 一種限制性的、懲罰性的教養風格,家長會規勸子女要遵守父母的指示,並且尊重工作和努力。

- **權威型的教養方式(authoritarian parenting)**:是一種限制性的、懲罰性的教養風格,家長會規勸子女要遵守父母的指示,並且尊重工作和努力。權威型的父母嚴格地限制和控制孩子,極少有語言上的交流。例如,對於做事的方法有不同的看法時,權威型的家長可能會說:「你要照我的方式去做,不准頂嘴。」權威型的教養方式與兒童不適當的社會行為有關。權威型父母的小孩往往無法主動行動,缺乏溝通技巧,並且偏好拿自己與他人作比較。

> **民主型的教養方式**
> 鼓勵孩子要獨立,但仍然會對他們的行為設下限制和控制,並且特別會有很多口語上的往返應對,父母和孩子的互動是溫暖的和呵護的。

- **民主型的教養方式(authoritative parenting)**:鼓勵孩子要獨立,但仍然會對他們的行為設下限制和控制;允許口語上的往返應對,父母對孩子是溫暖和呵護的。一個民主型的家長可能會摟著孩子,安慰地說:「你知道你不該這樣做;讓我們來談談,如果下次再遇到這樣的情況,你可以如何做更好的處理。」民主型父母的小孩,往往在社交上很有能力,可以自力更生,並且對社會負責。

> **忽略型的教養方式**
> 父母幾乎不管孩子的生活。

- **忽略型的教養方式(neglectful parenting)**:父母幾乎不管孩子的生活。若問這種教養風格的父母,「現在已經晚上 10 點鐘了,知道你的小孩在哪裡嗎?」他們很可能會回答:「我們都忙於工作,無法每天注意孩子在做什麼?」然而,孩子有需要父母關心的強烈需求。忽略型父母的小孩可能感覺父母其他部分的生活(例如工作)比他

來得重要。忽略型父母的小孩往往無社交能力，不能獨立處理事情，尤其會有不佳的自我控制。

- **放縱型的教養方式**（indulgent parenting）：父母會與小孩互動，但是對小孩的管教十分鬆散。這樣的家長讓孩子做任何他們想要做的事。有些家長故意用這種方式養育子女，因為他們相信溫暖參與加上極少限制的教養方式，可以培養出一個有創意、有信心的孩子。但是，放縱型父母的小孩往往社交能力不佳。

Baumrind 的理論很有用，讓我們能夠清楚地看到教養的類型。但是，果真如他的研究一樣，某些教養方式就會產些某些適應問題嗎？想一想，你父母親對你是哪種教養方式？你可以清礎地分出你父母採用哪種教養方式嗎？

除了教養問題，親子關係中還有很多要了解的部分（Crouter & others, 1999；Lamb & others, 1999）。一個關鍵的問題是，教養風格是否只是家長單方面造成的？多年來，親子間的互動被視為簡單、單向的教養事件。但是，父母與子女間的互動是交互影響的。舉例來說，孩子的笑容，通常讓父母開始正向地回應；但是當孩子變得難搞、暴力時，父母很可能會懲罰他們。換句話說，父母的教養方式，也可能會受到兒童行為的影響。也就是說，教養的方式是一種親子間互動的結果。想一想，搭配先前所提到的三種氣質小孩，若你是他們的父母，你會採取哪種教養方式來回應孩子呢？

有些人主張用**正向的教養方式**（positive parenting）來克服一些危機，像是離異、貧窮，和其他童年環境中的困境等。「情感教練型的家長」（emotion-coaching parents）會密切注意孩子的情緒，他們認為當孩子有負面情緒的時候，是教導孩子有關情感的大好機會，並且還會指導有效的情緒管理（Katz, 1999）。

在研究中，當比較情感教練型的家長和「情感辭退型的家長」（emotion-dismissing parents）時，觀察到的現象是，前者較少拒絕他們的子女、會給予較多的稱讚，並且給予更多的呵護（Gottman, Katz, & Hooven, 1997）。在這個研究中，情感教練型家長的子女比情感辭退型

> **放縱型的教養方式**
> 父母會與小孩互動，但是對小孩的管教十分鬆散。

家長的子女，更能有效地降低負面情緒的強度、集中注意力，並且有更少的行為問題。

另一個關於正向教養方式的重點，在於培育一個有道德感的孩子，能夠體貼別人、懂得區別是非，並且不太可能會撒謊、欺騙或偷竊。以下是正向教養的策略，這也是有助於培育一位有道德感小孩的方法（Eisenberg & Murphy, 1995; Eisenberg & Valiente, 2002）：

- 家長是溫暖的和支持的，而不是懲罰的。
- 家長在管教時以講道理的方式讓孩子能夠理解。
- 家長提供孩子們機會，去了解別人的觀點和感受。
- 家長讓孩子們參與家庭的決策，以及思考有道德感的決定。
- 家長以身作則，示範道德的行為和思考，並提供子女機會去從事這樣的道德行為和思考。

更廣的社交圈

家庭是兒童生長發展的第一個社會環境，由此出發，其他的社交環境（如：孩子的同儕關係、學校的影響，以及社區的品質）也是很重要的（Bronfenbrenner, 2000; Harkness & Super, 2002）。在臺灣不能忽略「貧窮」、「隔代教養」、「偏遠地區」等的現實因素對孩子的影響，而我們也在努力地改善這些問題，希望所有的孩子都有良好的成長環境。

Kohlberg 的道德發展理論

道德發展包含隨著年齡增長，人們對於應該實行什麼原則和價值觀，所進行的思考、情緒和行為的改變。道德發展既有內在層面（一個人的基本價值觀和自我觀念），以及人際層面（什麼是人們在與其他人互動時應該做的；Nucci, 2001; Turiel, 1983; Walker & Pitts, 1998）。心理學家在研究道德推理與思考時，常以 Lawrence Kohlberg 的道德發展理論為基礎。Kohlberg（1958）的道德思

Lawrence Kohlberg 創造了一個具挑戰性的道德發展理論。依他的觀點，「道德發展包含了一系列在人們思考方式上的質地變化。」為什麼他的理論是具挑戰性的？

考研究,從編造 11 個故事,並且訪問兒童、青少年和成年人與故事有關的問題開始。其中一個故事(歐洲版)內容是這樣的:

> 一名婦女罹患了一種特殊的癌症,正瀕臨死亡。醫生認為有一種藥可能可以救她一命。那是一種鐳,是他們小鎮裡的製藥師最近發現的。這個藥的製作成本原本就很高,但是製藥師要以高於實際製作成本 10 倍的價錢賣出。製藥師花了 200 元來買鐳,而小小劑量的藥就要賣到 2,000 元。病危婦女的丈夫 Heinz 跟所有認識的人借錢,但也只能籌到 1,000 元。他告訴製藥師說他太太快要死了,請求製藥師把價錢壓低,或是讓他賒帳。但是,製藥師說:「不行,我發明這種藥,就是要利用它好好地大賺一筆。」絕望之下,Heinz 闖進製藥師的店裡,偷出一些藥來救治太太(Kohlberg, 1969)。

讀了這個故事之後,你覺得 Heinz 是否應該偷取藥物?為什麼?Kohlberg 根據人們對於這些問題的回答與其他道德標準,來建構他的理論。Kohlberg(1986)提出了道德發展的三個層次,每個層次各有兩個階段(圖 3.14):

1. 道德成規前期:主要基於來自外在環境的懲罰(第一階段)或獎

層次 1 道德成規前期	層次 2 道德循規期	層次 3 道德自律期
第一階段 孩童聽話,是因為大人告訴他們要聽話。人們因為害怕被懲罰,而做出有關道德的決定。	**第三階段** 人們重視對他人的信任、關懷、和忠誠。這些是他們做道德判斷的依據。	**第五階段** 人們突破法律的僵化,依人性化的一面,去思考價值觀、權利和法則。
第二階段 人們追求他們自己感興趣的事物,並且要其他人也一樣。所謂正確,是包含了公平交換。	**第四階段** 道德評斷是依據了解以及社交上的優先順序法律、公正和責任義務。	**第六階段** 人們發展的道德評斷是依據全盤性的人類權利。當面臨一個法律與良心的兩面抉擇時,人們聽從自己的良知。

圖 3.14 Kohlberg 道德發展的三個層次
每個發展層次都各有兩個階段。

賞（第二階段）。關於 Heinz 的故事，在第一階段的人們可能會說，Heinz 不應該偷取藥物，因為他可能會被捉到，並且被送去坐牢。在第二階段的人們可能會說，他不應該偷取藥物，因為製藥師需要用藥物來賺錢。

2. **道德循規期**：人們遵守規定，例如從父母那裡學來的（第三階段）或是社會的法規（第四階段）。在第三階段的人們可能會說，Heinz 應該要為他的妻子偷取藥物，因為在人們的預期中，這是一位好丈夫會做的事。在第四階段的人們可能會說，Heinz 會想要救他的妻子是天經地義，但是依照法律的規定，偷竊仍舊是不對的行為。

3. **道德自律期**：人們可以辨別出道德議題的其他選擇，去探索不同的可能性，然後發展出一套個人的道德規範。這個規範反映出一般社會可以接受的法則（第五階段），或是反映出它可以被所有人類接受的、更抽象的法則（第六階段）。在第五階段的人們可能會說，法律並不是為這些狀況而設立的，所以 Heinz 可以去偷取藥物。雖然偷竊行為是不正確的，但是他的行為是可以被接受的。在第六階段的人們評估其他的可能性後，認為 Heinz 妻子的生命比法律更重要。

Kohlberg 相信這些層次和階段有其先後順序的發展，並且和年齡有關。一些發現證明 Kohlberg 理論階段是有順序的，雖然只有少數的人會達到第六階段（Colby & others, 1983）。兒童往往處於第一和第二階段，不過小學高年級生有可能會達到第三階段。大部分的青少年處於第三或第四階段。Kohlberg 也認為，更進階的道德發展階段是因為思想的成熟、有機會嘗試不同的角色，以及有機會與思考處於較高一層次的人討論道德議題。

Carol Gilligan（1982）修正 Kohlberg 理論的觀點，從女性的角度出發，強調以人性**關懷角度**看道德發展，將道德發展階段分成為了個人生存、個人犧牲以及追求平等三大階段。

Carol Gilligan 認為，Kohlberg 對道德發展的觀點不夠注意到關係問題。依 Gilligan 的觀點，「許多女孩子似乎最害怕孤單──沒有朋友、家人和人際關係。」對關係的更大關注，會如何影響道德議題的抉擇？

性別發展

Carol Gilligan 的道德發展階段引出了一個重要的議題：**性別（gender）**——在社會和心理方面為女性或男性。Gilligan 的道德發展觀念，提供了一些很好的例子，說明女孩和男孩成長過程經驗的差異，以及這些經驗可能造成的後續影響。舉例來說，Gilligan（1996, 1998）指出，在大約 11～12 歲的青春期邊緣，女孩開始知覺到自己對於親密關係的興趣，以及不被受到男性主導的文化所關注，即使社會重視女性的愛心和利他。Gilligan 認為女孩會面臨兩難的選擇，使她們看來不是自私的（如果她們成為獨立和自給自足的），就是無私的（如果她們照應其他人），這兩者沒有一個是令人滿意的。Gilligan 說，當年輕少女經驗到這種兩難處境時，她們愈來愈「沉默」。她們變得不那麼自信，並且遲疑不敢提供她們的意見與採取行動，這些很可能持續到成年期。心理學對性別發展的興趣並不僅於此。其他的研究包括社交經驗、與家長和其他人的經驗，對男孩和女孩的行為有多強烈的影響？以及性別和認知之間的關聯為何？

有一個研究的重點在於，生理對於性別的形成究竟有多大影響？例如，在罕見的例子中，胎兒期的發展因為荷爾蒙分泌激素不平衡而產生陰陽同體：個體同時擁有男性和女性的性器官。當有女性基因的嬰兒，生長出像男性的生殖器時，可以透過手術使生殖器與遺傳基因相吻合。但是在青春期之前，這些女孩常常比大多數女孩有較積極與放肆的表現（Berenbaum & Hines, 1992; Ehrhardt, 1987）。這些經過手術矯正的女孩，她們的性別行為是產前激素導致？還是社會經驗的結果？或許是這些女孩看上去較為男性化，導致她們被當作男孩一樣對待，所以她們採取了類似男孩的行為方式。因此，如同其他方面的發展一樣，性別行為很可能同時受生物學和經驗的作用與影響。

演化心理學家也對性別有濃厚的興趣。在強調天性的演化心理學觀點中，性別行為的差異，被視為遺傳因素逐漸調適的成果（Buss, 1995, 2000）。在此觀點中，男性的競爭使主導力的男性擁有生殖的優勢。男性逐漸採納短期的交配行為，這讓男性能夠創造更多的孩子，

性別
在社會和心理方面為女性或男性。

從而提高他們的生殖優勢。相對之下，女性將盡更大的努力來養育子女，並選擇可以提供她們後代更多保護的伴侶。因為男性要與別的男性競爭以得到女性，所以會演變出主張暴力和承擔風險的性格傾向；女性則發展成可以支持家庭的長期伴侶。男性努力獲得比其他男性更多的資源，以吸引更多的女性；而女性則去探尋、吸引可以提供這些資源，且具有野心的男性。

演化心理學的批評者認為，人類有決策能力去改變他們的性別行為，因此不會受限於其演化的過去。他們擷取跨文化中性別行為和交配偏好的多樣性，用來證明社會經驗會影響兩性行為（Wood, 2001）。例如，Alice Eagly（1997, 2000, 2002）強調，當婦女被迫去適應低權力和低社會地位的角色時，她們顯得比男性更合作和更不具主導性。

我們也必須考慮社會經驗的影響。有些文化要求孩童接受傳統的**性別角色（gender role）**（Best, 2002），即對於女性和男性應該如何思考、行為和感覺的期待。男孩被教養成「陽剛」（如：有力量、具侵略性、獨立的），而女孩被養育為「女性化的」（如：對他人細心、善於人際關係，且較少有主見的）。可是到了近代，不少文化偏好對男孩和女孩採用相近的養育方式，例如，女孩像男孩一樣有主見，而男孩和女孩一樣，能對其他人付出關懷。

同儕也在性別發展上發揮了很重要的作用。特別是在兒童期的中期和後期（6〜10 歲或 11 歲，或直至青春期開始），同儕團體通常被分隔成男孩團體和女孩團體。在許多小學的遊戲場所做的觀察中，兩位性別研究者敘述他們的觀察，像是「到男校或女校」一樣（Luria & Herzog, 1985）。同儕比大部分的父母親更加嚴格地獎勵文化中的性別適當行為，並懲罰不符合性別的行為（如：嘲笑娘娘腔的男生）。

本章之初，在討論 Piaget 的理論中時談到，基模是一種心智架構，可以用來組織和引導個人的想法。最近的一項理論認為，兒童基於其文化認為什麼是男性和女性的適當行為，而發展出性別基模（Martin, 2000; Martin & Dinella, 2002）。而後，他們的性別基模可以提供一種認知架構，來解釋與性別有關的進一步經驗。隨著性別基模的發

性別角色
對於女性和男性應該如何思考、行為和感覺的期待。

展，兒童將種種事情與性別串在一起，如：女孩應該要被呵護、男生應該要獨立等。

有關男孩和女孩認知能力異同的研究，主要在測驗其數學技能、視覺空間技能，以及口語技巧（Halpern, 2002）。在數學和視覺空間技能方面，例如，建築師設計一棟建築物時所需的各種技能，男孩往往比女孩有更好的表現，雖然其分歧程度通常都很小（Hyde & Plant, 1995）。在美國的全國教育發展評估（National Assessment of Educational Progress, 1997）中發現，4 年級男孩的數學比女孩更好；但是，在 8 年級和 12 年級時，男孩和女孩取得了相等的數學分數。研究者發現，在口語技巧方面，20 年前的女孩往往比男孩有更好的口語表達能力（如：更好的詞彙）；但是這些年來，大多數的口語能力並無明顯差異（Hyde & Mezulis, 2002; National Assessment of Educational Progress, 2001）。女孩的確有比男孩更好的閱讀能力，這種差距在 1998～2000 年間更為擴大（National Assessment of Educational Progress, 2001）。

3.2.5 正向心理學和兒童發展

有些孩子儘管面對艱辛的處境，將來還是可以成為很有能力的成年人。為何有的人會因為遭受貧困、種族問題或父母離異，而終生深陷於不幸之中；有的人卻能突破以上這些障礙，而在商業、社會或家庭生活上獲得成功？

有復原力的兒童（resilient children）這個概念突顯出能力和適應力。研究者發現，有復原力的兒童有一個以上的優勢，能幫助他們克服不利的處境（Masten, 2001; Masten & Coatsworth, 1998）。這些優勢包括個人因素（如：良好的智能）、家庭因素（如：與至少一名家長有很親近、關懷的關係），還有其他的因素（如：有經濟的支持、家庭以外有稱職的長輩；圖 3.15）。

在《培養快樂而強韌的孩子》（*Raising Happiness: 10 Simple Steps for More Joyful Kids and Happier Parents*）一書中，作者 Christine Carter 提到了快樂教養的十大步驟：

在地人的心理學

青少年的復原力

隨著正向心理學的發展,臺灣許多學者也在探討人的正向特質。其中,復原力(resilience)倍受矚目。基本上,復原力是個體成功適應與勝任工作的能力,具有高度復原力的人,即使在高度壓力或挫折情境中,仍能運用內外在資源以化解其困境,朝向正向的發展。這也顯現復原力在現代高壓力生活的重要性。

詹雨臻(2009)等人研究了臺灣青少年的復原力,發現主要有「問題解決與認知成熟」、「希望與樂觀」、「同理心與人際互動」以及「情緒調節」等成分。也就是對於青少年而言,如何發展問題解決的能力、保持樂觀的態度、學習良好的人際互動技巧以及學習情緒管理能力,都有助於度過青春期。

以下有個簡單的問卷讓你來作自我檢測,看看你是否有良好的復原力:

	全不符合 [0]	不太符合 [1]	有點符合 [2]	大都符合 [3]	完全符合 [4]
1 我能有計畫地逐步解決問題	□	□	□	□	□
2 我做事很積極	□	□	□	□	□
3 我能從錯誤當中學習與成長	□	□	□	□	□
4 我是一個樂觀的人	□	□	□	□	□
5 我能使自己快樂	□	□	□	□	□
6 我能很快地把不愉快的事情忘記	□	□	□	□	□
7 我能尊重別人	□	□	□	□	□
8 我時常會關心他人	□	□	□	□	□
9 我能夠了解他人的感受	□	□	□	□	□
10 當別人惹我生氣的時,我能控制自己的情緒	□	□	□	□	□
11 我可以很快地平穩我的情緒	□	□	□	□	□
12 我可以有效地處理我的負面情緒	□	□	□	□	□

(分數愈高表示復原力愈好,此問卷僅供參考用,若要更清楚地了解自己的狀態,可去學生輔導中心請老師幫你評估你的狀態。)

參考資料

- 詹雨臻、葉玉珠、彭月茵、葉碧玲(2009)。〈青少年復原力量表之發展〉。《測驗學刊》,56,491-518。

1. 先讓自己快樂。
2. 蓋個屬於孩子的自由村落。
3. 期望孩子樂在其中。
4. 選擇感激、寬恕、樂觀。
5. 提升孩子的情緒智力。
6. 養成快樂的習慣。
7. 教小孩管好自己。
8. 享受當下。
9. 給孩子能獲致快樂的成長環境。
10. 共進晚餐。

復原力的因素	有利的特徵
個人	智能佳 有魅力的、善於社交的、隨和的性格 自我肯定、高自我價值 才能 信念
家庭	與有愛心的家長有親密的關係 民主型的教養風格：溫暖、有組織結構、期待高 社會經濟的優勢 與支持的家庭網絡間的聯繫
更寬廣的外在世界	和家庭外有生產力和正向的成人緊密關聯 與正向和支持的機構有聯繫 就讀於好的學校

▌圖 3.15　有復原力的兒童其特徵和他們的背景
復原力幫助兒童度過困境和逆境。

3.3　青少年期

　　青少年期是發育階段中，從兒童進入到成年的過渡期。它大約開始於 10～12 歲，結束於 18～21 歲。在探索青少年期時，要了解青少年有許多次文化，並非是同質性的團體（Santrock, 2001）。

3.3.1　正向心理學和青少年

　　想到青少年，大多都會認為這是一個叛逆的時期。事實上，青少年期是一個抉擇的時期，這時的個體在為自己找到定位（Santrock, 2003）。青少年的能力發展往往取決於他們是否擁有成長的機會，例如，優質的教育、社區和社會對成就和參與的支持。對青少年發展特別重要的是，有長期支持與深深關心他們的成年人（Larson, Brown, & Thortimer, 2003）。

　　從 Daniel Offer 等人（1988）所提出的研究證據顯示，絕大部分青少年的發展比一般人普遍認知的更為正向積極。他們研究世界各地青少年的自我形象，包括美國、澳洲、孟加拉、匈牙利、以色列、義大

利、日本、臺灣、土耳其和西德。這些青少年中，約四分之三的人有健康的自我形象。大多數的人很快樂、享受人生，並相信自己有能力去有效地應付壓力，他們給予學校和工作高度的評價。

但是另外四分之一沒有正面自我形象的青少年呢？可以採取何種措施幫助他們度過青春期呢？Reed Larson（2000）認為，青少年需要有更多的機會去發展他們主動的能力。他界定主動的能力為具有自我動機和努力達到充滿挑戰的目標。由於臺灣升學主義掛帥，造成青少年缺乏多元性的發展，也造成青少年對於當下生活的無趣感。透過活動的參與可以增加青少年的正向心理特質，例如，養老院的志願服務、醫療院所的志願服務等等。

3.3.2 青少年期的身體發展

青少年期重要的身體變化發生在**青春期（puberty）**，一個身體骨骼和性徵迅速成熟的時期，主要是發生在青少年期早期。一般來說，我們知道一個人什麼時候正處於青春期，但是我們很難指出，青春期是從什麼時候開始和什麼時候結束。女孩以月經初潮（女孩的第一次月經週期，平均約在12歲半時發生）為標記，對於男孩，以最早出現的小鬍子或首次的夢遺為標記。

此外，身高和體重的急遽增加，也象徵了青春期的變化。這個快速成長潮出現在女孩的時間，比男孩早約2年（圖3.16）。荷爾蒙的變化是青少年期發展的核心（Sarigiani & Petersen, 2000）。在青春期，某些荷爾蒙激素的濃度急遽增加中，社會因素（如：壓力、得到很差的成績、感情問題等）對年輕女孩的抑鬱和憤怒的影響，比荷爾蒙的因素高出2～4倍之多（Brooks-Gunn & Warren, 1989）。也請記得，壓力、飲食模式、性活動和憂鬱，都可能會活化或抑制荷爾蒙（Alan Guttmacher Institute, 2000）。

青春期
一個身體骨骼和性徵迅速成熟的時期，主要是發生在青少年期早期。

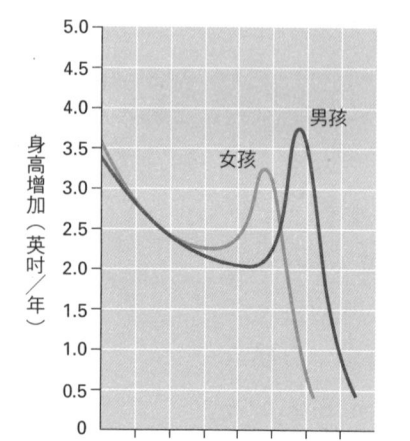

圖3.16 青春期的快速成長
平均而言，青春期快速成長的開始和達到頂峰的時刻，女孩比男孩早大概2年的時間。

3.3.3 青少年期的認知發展

青少年會經歷一些顯著的認知變化，其中一個是進展到 Piaget 認知發展中的第四階段、也是最成熟的階段——形式運思期。大約是在 11～15 歲，它的特點是抽象的、理想化和邏輯思維。

具體運思期的思考者需要看到具體的要素 A、B 和 C，才能作出合乎邏輯的推理，例如，如果 A＝B＝C，則 A＝C；但是形式運思的思考者可以只透過口語的呈現，就能解決這個問題。另一個可以顯現青少年抽象思考的跡象，是漸漸能思考他們的想法。一位青少年會說，「我開始思考，我在想我是什麼。然後，我又開始思考，為什麼我當時是在想我是什麼。」形式運思期的思路也充滿了理想主義和可能性。兒童們常會用具體的方式思考，或是思考什麼是真實的和有限的。青少年開始作延展的思考，包括什麼樣的特質是他們渴望自己和他人擁有的。在尋找理想當中，青少年的思想可能充滿幻想、引著他們飛向可能的未來。並非所有的青少年都會進入形式運思的思考，尤其是在假設－演繹推理方面（Flavell, Miller, & Miller, 2001），一些青少年和成年人會停留在具體運思期，其他人有些時候也負荷不了理想化的思維，不能做合乎邏輯的推理。

對青少年認知發展很重要的另一個部分，特別是在青少年期早期，是青少年思想的自我中心。青少年的**自我中心主義**（adolescent egocentrism）有兩大特性：(1) 想像的觀眾：是指青少年比實際狀況更加認為別人正在注意和觀看他們。回想一下，當你國中的時候，是否會感覺每個人都在注意你臉上的一顆小痘痘？(2) 個人神話：會認為自己的經驗是獨一無二的。想一想，當你在青春期時，是否會覺得父母親不了解你呢？由於這樣的自我中心主義，也讓別人覺得青少年是一群難以接近的族群。

3.3.4 青少年期的社會情緒發展

青少年期所增加的抽象和理想化的思考，成為探索自我認同的基礎。許多社會情緒發展的部分，例如，與家長的關係、同儕互動

與友誼,以及文化和種族的價值觀念,則有助於青少年的認同發展(Santrock, 2003)。

在前幾節裡學到的,Erik Erikson 的社會情緒發展理論認為,人們會經歷八個社會心理的發展階段。在 Erikson(1968)提出的八個階段中,青少年期形成自我概念的想法,是他對心理學的一個重要貢獻,改變了我們對青少年期的看法(Marcia, 2001)。Erikson 認為在第五階段,青少年要釐清他們是誰、要尋找自己在世界上的定位。

5. **自我認同 vs. 角色混淆:青少年期**。在尋找**自我認同**的過程中,青少年面對種種的挑戰,包括尋找自己是誰、是怎麼一回事,以及人生的走向。青少年面臨許多新的角色和成人的身分地位——從職業到男女關係等。如果青少年沒有在這一階段充分地發展自我概念,他們會對於自己是誰產生混淆。Erikson 所謂的**角色混淆**,主要體現在兩種方式:個人從同儕與家庭中退縮與孤立,或是在人群中失去自己。

Erikson 認為,家長應該讓青少年探索許多不同的角色及路徑,而不是勉強要他們接受一種角色認同。在臺灣,陳坤虎(2007)發現,臺灣青少年會有個人、社會與形象認同三大面向,並且發現認同的確認性、重要性以及落差與身心健康息息相關。

「你知道我是誰嗎?」
© The New Yorker Collection 1988. Edward Koren from cartoonbank.com. All rights reserved.

James Marcia(1980)從 Erikson 的想法發展,提出**認同狀態**(identity status),來形容個體在發展角色認同中的狀態位置。在他看來,有兩個自我認同的面向是重要的:**探索**(exploration)是指個體對職業和個人價值觀,做各種可能的研究與調查;**承諾**(commitment)涉及到作出決定,究竟要跟從哪一個角色的路

	認同狀態			
職業和思想意識的位置	認同散亂	認同盲目	認同延長決定	認同達成
探索	不存在	不存在	存在	存在
承諾	不存在	存在	不存在	存在

圖 3.17 認同狀態
Marcia（1980）依據個體對職業和個人價值觀的探索和承諾，為個人的認同發展做分類。

徑，並且投注於想要實現的角色身分。探索和承諾的 2 × 2 組合，形成了下列四個認同狀態（圖 3.17）：

- **認同散亂**：個體尚未探索其他有意義的選擇，也無法作出承諾。許多青少年有散亂的認同狀態。他們還沒有開始探索不同的職業選擇和個人的價值觀。
- **認同盲目**：個體在尚未充分探索一個身分的可能性之前，即作出承諾。舉例來說，一位青少年可能會說，他希望成為一名醫生，因為這是父母對他的期望，而不是經由探索不同的職業選擇，才決定自己要成為醫生。
- **認同延長決定**：個體正在尋求其他可能的途徑，但是尚未作出承諾。許多大學生對於主要的研究領域或職業生涯，都處在延長決定的狀態。
- **認同達成**：個體已探索不同的可能途徑，並作出了承諾。舉例來說，一個人已經在長時間內研究了多個職業，並且決定要全心全意去追求某個職業。

3.4 成年發展和老化

發展並不會到青少年期就結束。發展大約會持續到成年期的 50 年後（或更多）。發展心理學家指出三個成人發展的大概階段：成年期早期（20～40 歲）、成年期中期（40～60 歲），以及成年期晚期（60 歲直至死亡）。每個階段有一些特別的身體、認知和社會情緒的改變。

3.4.1 成年期的身體發展

大多數的人在 20 多歲時達到身體發育的高峰，並且也是身體最健康的時候。對運動員而言，不僅是有奧運水準的運動員，包括一般的運動員，也在 20 多歲時達到表現的高峰，特別是在力量和速度方面的活動，如：舉重、百米短跑（Schultz & Curnow, 1988）。主要的例外是游泳和女子體操運動員，他們通常在青少年期達到高峰。馬拉松運動員則傾向於在 30 多歲的晚期達到表現的頂峰。不幸的是，成年期早期也是許多技巧開始減弱的時候。在 30 歲左右，力量和速度的減弱，往往是很明顯的。

也許是因為他們有強健的身體技能和整體的健康，年輕人很少意識到在成年期早期的不良飲食習慣、酗酒、吸菸，可能會損害老年時的健康狀況。儘管香菸包裝和警告告誡危害健康，實際上人們進入成年期早期時，不僅增加了抽菸的比例（Johnston, Bachman, & O'Malley, 1989），並且還會使用酒精、大麻、安非他命、K 他命和搖頭丸等藥物。這些青少年期的不良習慣，會開始影響成年期的身體變化。到了 40 多歲或 50 多歲時，因為皮下組織脂肪和膠原的流失，皮膚開始生出皺紋和凹陷。局部的色素沉澱會在皮膚上留下斑點，尤其常暴露在陽光下的部分，如：雙手和臉部。

事實上，人們在中年時，身高開始縮水，體重逐漸增加。成年人從 40 歲開始，每 10 年會失去約 0.5 英吋的身高（Memmler & others, 1995）。在青少年期脂肪一般占體重的 10% 左右，但在中年時，脂肪占 20% 以上。

對女性而言，進入中年意味著更年期即將到來。女性最後一次月經來潮的平均年齡約為 52 歲，但 10% 的女性在 40 歲以前即經歷了更年期。有些更年期婦女會經驗到不舒服的症狀，如：潮熱（皮膚突然脹紅，以及感覺到體溫提升）、噁心、疲勞和快速的心跳等。有些更年期婦女會抑鬱和煩躁不安。不過，這些感覺可能與中年婦女生活中的其他狀況有關，如：離婚、失業，或照顧生病的父母（Dickson, 1990）。研究顯示，對大部分的婦女而言，停經並不會造成心理或身體

上的問題（McKinlay & McKinlay, 1984）。同樣地，男人在 50 多歲或 60 多歲時會經驗到與性有關的荷爾蒙下降，但通常不會急遽減少；不像停經時那樣經歷到急促地減少雌激素（Crooks & Bauer, 2002）。也許是因為老化跡象太明顯，在 40 多歲時，我們開始更加注意健康。的確會在中年時期經驗到體能的普遍下降，以及部分的健康惡化。在這個年紀中三個最大的健康問題是心臟病、癌症和肥胖。與吸菸有關的癌症，也常在中年時期出現。

在老年時期，身體的變化更加明顯，包括容貌的改變，如：皺紋及老人斑。在中年時體重往往會增加，60 歲之後，因為肌肉減少，而使體重減輕。在老年期血壓往往會升高，但這可以藉由運動或藥物來治療。正常的老化包括骨骼中組織的減損，某些方面的減損會很嚴重，如：骨質疏鬆（Whitbourne, 2000）。超過 60 歲的女性中，將近三分之二的人在某種程度上受到骨質疏鬆的影響。雌激素的替代療法可以減少婦女的骨質流失，重量練習也會有幫助（Nelson & others, 1994）。研究者研究關於有效的運動如何延緩衰老進程，並且幫助老年人的社會運作（Burke & others, 2001）。

正如身體的老化已經被發現有更新發展的可能，老化的大腦也是一樣（Taub, 2001）。幾十年來，科學家們相信，過了兒童期早期之後，不會生成新的腦細胞。然而，研究者最近發現，成年人在其一生中，都可以長出新的腦細胞（Gould & others, 1999）。在一項研究中，樹突（dendrite，神經細胞的分支，接受訊息的部分）的成長可以一直持續到 70 多歲，雖然目前還沒有在 90 多歲的人身上發現長出新的樹突（Coleman, 1986）。

即使在成年期晚期，大腦也有顯著的修復能力。Stanley Rapaport（1994）是美國國家高齡研究院神經科學實驗室的主任，進行比較年輕人和老年人大腦從事相同任務的研究，發現老年人的大腦會自己「重新整裝」來彌補損失。如果一個神經元沒有發揮作用，其周邊的神經元也會幫忙補上。研究總結顯示，隨著大腦老化，執行特定任務的責任，可以從一個地區移轉到另一個地區。

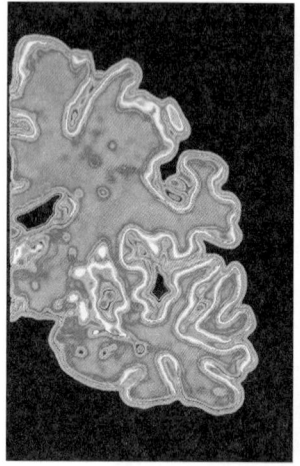

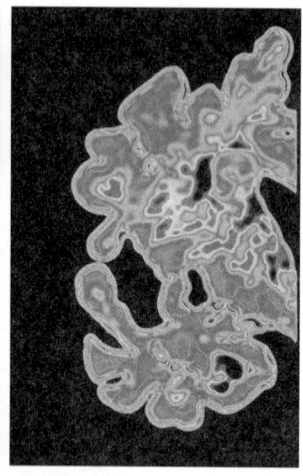

圖 3.18　兩個大腦：正常老化和阿茲海默症
左圖是正常老化的大腦薄片，右圖是被阿茲海默症破壞的大腦薄片。注意到生病大腦的退化和縮小。

一項針對明尼蘇達州 Mankato 地區一群修女進行的大腦研究顯示，老化並不會造成認知功能嚴重損失。90 歲的讀經班成員 Rosella Kreuzer 修女，在修女團體中仍是保持活躍和貢獻的一員。（小圖）一位腦神經專家托著一名讀經班成員捐贈的大腦。我們可以從 Mankato 地區修女們身上獲得什麼有用的課題？

阿茲海默症（Alzheimer's disease）是一種漸進的、不可逆轉的腦部疾病，其特徵是記憶、推理、語言和最後身體功能逐漸惡化。這個疾病目前沒有令人振奮的前景（Santacruz & Swagerty, 2001）。在美國，大約有 250 萬超過 65 歲的人患有阿茲海默症；65 歲以上，罹患此症狀的人數比例每 5 年增加 1 倍。

隨著阿茲海默症的發展，腦部會退化和萎縮（Salmon, 2000）。圖 3.18 呈現正常老化的大腦和阿茲海默症患者的大腦，兩者之間驚人的差異。阿茲海默症最主要的特徵，包括愈來愈多的纏結（tangles，蛋白質的綁束，阻礙神經元的功能）和斑塊（plaques，存聚、積聚在大腦血管裡）。纏結和斑塊的形成雖是老化的正常現象，但在阿茲海默症卻是格外明顯。阿茲海默症也涉及重要的大腦傳訊——乙醯膽鹼——化學物質的不足（Hodges, 2000）。我們在第 2 章曾讀到，這種神經傳導素對記憶有重要的作用。

研究大腦的老化，的確給人們帶來了希望。在明尼蘇達州 Mankato 地區的修道院，針對將近 700 名修女進行一項耐人尋味的研究（Snowden, 1995, 1997, 2001）。修女是世界上最大的腦部捐贈群，透過檢查捐贈的修女以及其他人的腦部，神經科學家記錄了老化的大腦在成長和改變上的非凡能力。即使是 Mankato 年紀最大的修女，也過著在智力上具有挑戰的生活，因而神經科學家相信，心智活動的刺激可以增加樹突的分歧。研究者

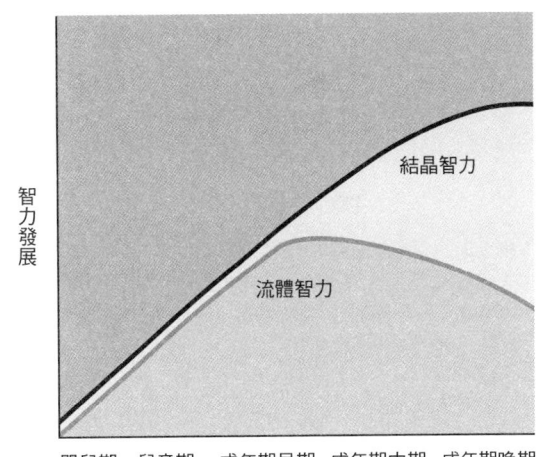

也很驚奇地發現，修女們幾乎沒有顯示任何阿茲海默症的跡象。事實上，研究者的發現支持了「使用它或者失去它」的概念：老年人參與具有挑戰性的智力活動，對他們的認知能力會有很多的助益（Schaie & Willis, 2001）。

3.4.2　成年期的認知發展

　　智力技能是否在中年時期開始衰退呢？John Horn 的觀點是，**結晶智力（crystallized intelligence）**也就是個體累積的資訊和口語技巧，的確在中年期增加（Horn & Donaldson, 1980）。相對地，**流體智力（fluid intelligence）**即一個人抽象推理的能力，則開始下降（圖 3.19）。Horn 的看法是依據一個**橫斷面研究**（cross-sectional study）中蒐集的數據，這個研究在同一時間內評估了許多人。例如，一個橫斷面研究可能在 2002 年 9 月的一次調查中，針對 600 位 40 歲、50 歲、60 歲的人進行評估。因此，Horn 的研究結果反映出，生活在一個特定歷史時間和特定文化下的影響，而不只是年齡的影響。40 歲和 60 歲的人生活在不同的時代，不同時代提供了不同的經濟、教育和健康機會，這些差異可能會影響他們在智力測驗上的表現。

　　用橫斷面和縱貫的方式所蒐集到的智能數據，是否可能會影響其結果？一項**縱貫研究**（longitudinal study）會對參與者做長時間的評估。研究中年時期智能的一項縱貫研究，在超過 20 年的時間裡，也就是在參與者 40 歲、50 歲與 60 歲時，都給予同樣的智力測驗。K. Warner Schaie（1983, 1996）曾經進行一項大規模的成年期智力的縱貫研究。其中，有 500 個人在 1956 年時接受初次的測驗。研究中，定期地加入一批新的

結晶智力
個體累積的資訊和口語技巧。

流體智力
一個人抽象推理的能力。

▎圖 3.19　一生中流體智力和結晶智力的認知發展
依據 Horn 的說法，結晶智力（基於累積學習的經驗）會在一生中不斷地增加，但是流體智力（理解和操作資訊的能力）會從中年開始平穩地下降。

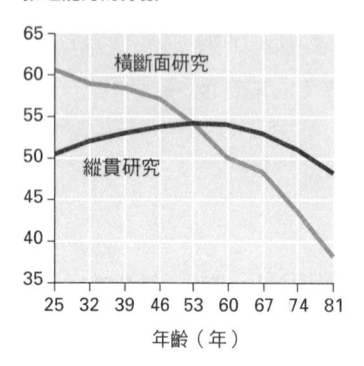

圖 3.20　到成年期推理能力的橫斷面和縱貫研究的比較

橫斷面研究顯示分數隨著年紀增長而降低，然而縱貫研究分數會在中年期些微地增加，並且只在老年期早期些微地下降。

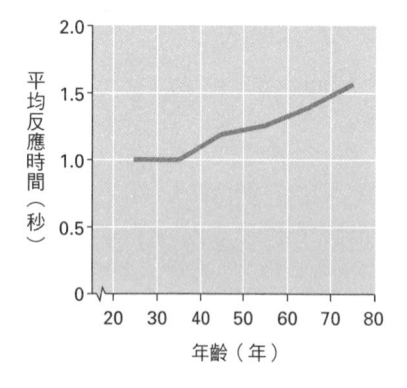

圖 3.21　與年紀有關的反應時間

在一個認知功能的研究中，不同年紀的個體要在電腦螢幕配對數字與符號（Salthouse, 1984）。平均的反應時間在 40 多歲時開始慢下來，這個衰減在 60 多歲和 70 多歲時加速。

參與者。Schaie 等人所施行的六項智能測驗中，有四項能力：詞彙、口語記憶、歸納推理和空間定向，其最高層次的功能出現在成年期中期（Schaie & Willis, 2001; Willis & Schaie, 1999）。這六項能力中，只有數字能力和知覺速度兩項會在中年時減弱；知覺速度在成年期早期即開始出現減弱的跡象。Schaie 根據他在縱貫研究蒐集而來的數據，指出許多人的智力技能會在他們的成年期中期達到高峰，而非成年期早期。然而，Schaie 進行的橫斷面分析顯示，在整個中年時期會出現更多的跌幅（圖 3.20）。

關於成年期晚期智力運作的主張也極具爭議性。當代許多心理學家認為，就像在成年期中期發生的一樣，有些智能的部分會在成年期晚期減弱，然而有些維持或者甚至可能會增加。最一致的結果是當涉及到訊息處理的速度，老年人的表現往往比不上年輕人（Craik & Salthouse, 2000; Madden, 2001）。圖 3.21 顯示，中年時期訊息處理的速度顯著下降，而這在老年期變得更為明顯。老年人在很多記憶的方面也不及年輕人（Backman, Small, & Wahlin, 2001; Light, 2000）。老年人不記得生命事件發生在「何地」和「何時」，而年輕人也是如此（Tulving, 2000）。舉例來說，老年人跟年輕人一樣，不記得他們的高中同學或老師的名字。涉及世界知識的記憶（例如，祕魯的首都，或水的化學式），老年人通常需要花比年輕人更長的時間來取回記憶，但他們往往還是能夠想起來。而且，記憶的重要領域，亦即個人處理及蒐集資訊以解決問題，並作出決定的部分，其功能衰減的狀況會發生在老年期（Light, 2000; Salthouse, 2000）。

然而，某些方面的認知能力也可能隨著年齡增長而增進。其中一

項是**智慧（wisdom）**，也就是現實生活方面實地經驗的知識。智慧可能隨年齡而增加，因為會透過我們的人生經驗而累積。然而，並非每位老年人都有智慧（Baltes, Lindenberger, & Staudinger, 1998）。個體的差異，形成我們認知上各方面的特點（Belsky, 1999）。那麼，未來我們是否都將面臨智力的逐漸減低？如同對 Mankato 地區的修女進行的研究結果之建議，答案是不一定的。即使很多部分的認知功能，像是記憶，會隨著年齡的增長而下降，但是對老年人的教育和訓練，可以提高他們的認知能力（Luszcz & Bryan, 1999; Park, Nisbett, & Hedden, 1999; Schaie & Willis, 2001）。研究甚至顯示，訓練老年人運用某些策略，可以提升他們的記憶力（Baltes, 1993; Willis & Schaie, 1994）。不過，許多研究老化的專家相信，老年人的改變和調適能力比年輕人更弱，他們所能提升的認知能力是有限的（Baltes, 2000）。

智慧
現實生活方面實地經驗的知識。

3.4.3 成年期的社會情緒發展

心理學家提出各種關於成人的社會情緒發展理論。大多數理論強調工作與愛情、事業和親密關係等主題。在檢視心理學家對這些主題有多少了解之前，讓我們看看 Erikson（1968）的八個社會心理發展階段中的最後三個階段：

6. **親密 vs. 孤獨：成年期早期**。在這個時候，人們面臨的發展任務，是和他人建立親密關係，或者是在社交上產生疏離。如果年輕人發展健康的友誼，以及與夥伴發展親密的關係，則有可能會找到親密伴侶。這個時期的個體在追求「愛」。
7. **慷慨 vs. 停滯：成年期中期**。此時期主要的關切點，在於幫助和引導年輕一代的發展，並且過著有用的生活，這是 Erikson 所謂的**慷慨**（generativity）（Pratt & others, 2001）。如果沒有做任何事情來幫助下一代，那就是**停滯不前**（stagnation）。這個時期在發展「關懷」的力量。
8. **圓滿 vs. 絕望：成年期晚期**。老年人回顧並評價自己一生的成就。如果在前面階段，大部分是用很消極的態度來度過，當他

們回頭看時，很可能會產生疑問或沮喪，這是 Erikson 所說的**絕望**（despair）。但是，如果老年人已經成功地度過大部分的發展階段，這時候的回溯，就會浮現一幅理想生活的景象，獲得滿足感（satisfaction），並感到**圓滿**（integrity）。面對生命的終點，留下生命的「智慧」。

這些發展任務在成年期的數個情境下展開。舉例來說，在工作中穩固自己，然後發展職業，是 20～40 歲的人主要關切的議題。對許多中年人而言，職業興趣繼續成為生活的一個重要層面。中年階段是許多人檢視他們事業成就的時候，並且還會關心有多少剩餘的時間可以做想做的事。

除了事業以外，婚姻也是成年期的重要課題。而如何維持婚姻呢？John Gottman（1994; Gottman & Silver, 1999; Gottman & others, 1998, 2002）從 1970 年代早期，便一直在研究已婚配偶的生活。他訪問配偶們關於他們的婚姻史、對婚姻的哲學，以及他們對其父母婚姻的看法，記錄他們互相談論日子是如何度過的時刻，以及檢視他們所談論關於婚姻中美好和不好的時刻。在討論這些議題的時候，Gottman 同時用生理測量儀器來檢測配偶們的心跳速率、血液流量、血壓及免疫系統的運作，並對這些配偶們進行追蹤，了解他們的婚姻狀況。目前，他和研究夥伴在七個不同的研究項目下，追蹤 700 對夫婦。

在他的研究中，Gottman 找到讓婚姻成功的四項原則：

- **培養愛慕和稱讚**：在成功的婚姻中，配偶給予對方讚美。當夫妻在他們的談話中採用正向的態度，並用此態度談論彼此時，婚姻往往會有效。
- **將彼此當作朋友**：在良好的婚姻中，配偶把彼此視為好朋友，並且在遭受壓力和困境的時候，給予對方支持。
- **放棄一些權力**：在不好的婚姻關係中，其中一個夥伴往往會緊握著權力不放。這較常發生在丈夫身上，但有些妻子也有這方面的問題。
- **一起解決衝突**：在成功的婚姻中，夫妻一起解決問題，在衝突時一

起調整自己的情感,並且妥協與接納。

個人的身分認同和生命的意義,也是社會情緒發展很重要的一部分。對中年人的研究顯示,每個人會用不同的方式來應付和看待中年生活(Vaillant, 1977)。比「中年危機」(midlife crisis)更準確的字眼,可能是「中年意識」(midlife consciousness)(Santrock, 2002)。在中年時期,人們確實較能察覺年輕和年老之間的差距,並且察覺到所剩的時間正在萎縮。他們會思考自己如何貢獻下一代。許多人會更深刻地思考,究竟什麼是人生,以及他們希望剩餘的人生是什麼樣子。有些人曾用大部分的成年生活,試圖去賺很多錢、讓事業成功等,而中年時期時,則將注意力轉向追求更無私的貢獻。他們藉由志願服務,用更多的精力來幫助他人,或者花費更多的時間與年輕人在一起,努力給予下一代有意義的貢獻。這些努力可以帶領人們進入一個正向、有意義的晚年。研究者還發現,老年人愈是能主動和積極地參與人群,他們愈能感到滿意,也愈能保持健康(Antonucci, 2001)。

3.4.4 正向心理學和老化

當發展學家著眼於老化的正向部分,發現許多老人採用健康的養生方式來過生活。一項老化的縱貫研究,顯示了可以達到老化的正向層面的方式(Vaillant, 2002),參與者在 50 歲時參與評估,然後在 75～80 歲期間再被評估一次。當一個人在 50 歲的時候,維持健康飲食、擁有穩定的婚姻關係、從事運動、保持正常的體重,並且有良好的應對技巧,那麼,他們很有可能在 75～80 歲的時候還保有活力和快樂。也就是從現在起建立健康與正向的生活方式,那你就擁有快樂與活力的老年。

動動腦

人生的終曲——談面對死亡

由出生到死亡正好是人生的旅程，每個人不論人生過得如何精彩，最後還是免不了要面對終點——死亡。電影《父後七日》讓我們看到臺灣喪禮文化的特性，也讓我們看到我們的傳統文化是如何面對死亡以及對死者的眷戀。

面對「死亡」議題，許多生命教育的課程都會探討如何面對親人，較少碰觸到如何面對自己的死亡。在醫院，我們可以看到許多患者在安靜的加護病房中孤獨地面對生死交關的狀態，看到這種景象，我不禁會想怎麼不放點輕鬆的音樂給他聽聽呢？想一想，一個人躺在加護病房中，家屬只能在有限的時間來探望你，而你大多時間只能躺著以及聽著儀器的聲音，這是怎樣的感覺呢？隨著趙可式博士在臺灣多年的努力，我們的安寧照護愈來愈成熟，醫療人員對於臨終者有更多的關懷，也開始從臨終者的角度出發來看待死亡的旅程。

那我們如何面對死亡呢？一行禪師從佛學「不生不滅」的角度出發，提供了一個「快樂面對死亡」的觀點，在人生最後的旅途上，我們可以快樂地走過這段旅程。這是一個與害怕死亡不同的觀點。另外，《好走》一書的作者深入分析了臨終的歷程，讓你看看臨終的人是如何卸下面具來面對最真實的自己。這也可以讓我們思考一下，生命的最後一刻的意義。

想想看，若你即將死亡，是不是帶著微笑面對死亡。

思考一下

1. 當你在生命的最後一天，你會如何度過呢？
2. 跟據 Erikson 的理論，人生的最後一階段在於發展「智慧」，你會如何用此來思考死亡呢？
3. 面對家人死亡，你會如何看待與陪伴他度過最後一段時光呢？

建議閱讀

- 一行禪師著，胡因夢譯（2003）。《你可以不怕死》（*No Death, No Fear: Comforting Wisdom for Life*）。橡樹林出版社。
- Kathleen Dowling Singh 著，彭榮邦、廖婉如譯（2010）。《好走：臨終時刻的心靈轉化》（*The Grace in Dying: How We Are Transformed Spiritually as We Die*）。心靈工坊出版社。

課堂活動

主題：我的成長。

目標：
- 體會不同成長階段的自己。

步驟：

1. 在班上，每位同學拿出一張紙，將紙分成四等分。
2. 分別畫下「兒童期的你」、「青少年期的你」、「現在的你」以及「10 年後的你」。
3. 請同學們互相分享每個時期的特性。

回家作業

探索心理第三課──覺察自我

當你可以用「心」呼吸以及用「心」走路之後，現在開始用「心」來看看現在的你。自我是不斷變動的，隨著時間的流逝，每一刻的你，都是不同的你。

試著想想，過去的你、昨天的你、10 年前的你、孩童時候的你，都是不同的。有的時候，我們也會想到未來的自己，期待 5 年後或老了之後的自己是怎麼樣的人。

不管是過去的你，還是未來的你，都是不可得的。過去的你已經流逝也無法改變；未來的你則尚未到來。只有當下這一刻的你才是最真實的。

你有帶照相機出遊的經驗嗎？帶著照相機的時候，看到美景就只想著要趕快拍下來留作紀念，以後再拿出來好好欣賞。結果整個過程中，你其實一直在欣賞的是你的照相機，而忽略了眼前這美好的時刻。如果不帶照相機出遊，又可能變成不斷地懊悔為什麼早上出門忘了帶照相機，或者如果某人也能夠一起欣賞該有多好。不管眼前多麼的美好，你其實無法真正欣賞到。我自己就曾有這樣的經驗，有一次到山中時，突然看到閃耀著陽光的一片湖，身上又剛好沒有照相機，我只能努力地用眼睛欣賞、用身體體驗，讓自己停留在這寧靜的當下。

當你的身體在做一件事情的時候，你的心在做什麼？正念走路時，心中是否還想著剛剛發生的事，還是在煩惱著明天的報告。

現在的你，正看著這本書的這一段話。請留意此時此刻的你。今天是幾年、幾月、幾日？現在是什麼時候？你人在什麼地方？現在正翻著書頁的手是緊繃，還是放鬆？你身體的感受如何？你看到什麼？現在外面有什麼聲音？請讓你的心，停留在現在這一

刻、這個空間。放慢緊張的步伐，放掉紛亂的想法及身體任何的緊繃，學習單純地活在當下。

本章摘要

在本章中，你將會了解你是如何長大的，以及未來的你將如何成長。

1. 解釋心理學家對發展的看法。
   - 發展是指從受孕開始，持續到整個生命過程中，人類潛在可能的變化模式。三個重要的發展進程是在身體（人的生物本能）、認知（思維、智力和語言），以及社會情緒（人際關係、情緒和人性）。
   - 天性（生物的遺傳）和培育（環境的經驗），兩者皆對發展有很大的影響。

2. 兒童發展。
   - 新生兒來到這個世界上，帶著數種遺傳上「設定」好的反射行為，包括抓握和吸吮。嬰兒的身體發展，在第 1 年有戲劇性的發展。動作行為是從嬰兒的身體能力、知覺技巧，以及環境因素等匯集而成的，讓嬰兒可以觀看和行動。腦部大規模的變化，包括神經元突觸之間更緊密的聯繫，發生在嬰兒期和兒童期。
   - 在 Piaget 的觀點中，兒童使用基模來積極地建構他們的世界，無論是將新的訊息吸收納入現有的模式中，或者是調整現有的模式，以接納新的訊息。Piaget 也表示，人們經歷了認知發展的四個階段：(1) 感覺運動期（出生～2 歲）；(2) 前運思期（2～7 歲）；(3) 具體運思期（7～11 歲）；(4) 形式運思期（11～15 歲，直到成年期）。Piaget 開闢了新的方式來看待兒童的心智是如何發展的，並且也讓我們將兒童視為一個主動的建構主義思想家。
   - Erikson 呈現了一個重要的社會心理觀點，將人類生命階段發展分成八個主要的階段；前四個階段發生在兒童期。在每一個階段，個體尋求解決一個特別的社會心理衝突。其他的研究者則側重在兒童期社會心理發展的特定方面。舉例來說，Bowlby 與 Ainsworth 提出的理論是，要形成一個嬰兒和照顧者間安全依附的關係，第 1 年的生活是極為關鍵的。發展也取決於氣質、個人的行為模式或是特別的回應方式，以及父母教養方式和家庭情況。家庭是兒童發展的重要背景，還有同儕、學校、住家鄰近區域，以及文化等。
   - Kohlberg 提出了含認知發展理論的道德發展，包含道德成規前期、道德循規期和道德自律期等三個層次，每個層次可再分為兩個階段。Gilligan 則呈現了道德發展的另一種觀點，其觀點比 Kohlberg 的理論更強調人際關係。

第 3 章 發展心理學
Human Development

- 性別發展包括生物學、社會經驗和認知因素。
- 正向心理學強調兒童的復原力，並且著眼於改善兒童的生活增加學習機會。

3. 青少年期的發展。
   - 正向心理學的觀點認為，青少年期是一個抉擇的時期，這時的個體在為自己找到定位。青少年並非全都一樣，但是，絕大多數的青少年能愉快地發展。
   - 青春期是骨骼和性徵迅速成熟的時期，主要發生在青少年期早期。它發生在女孩的時間，大約比男孩早 2 年。荷爾蒙變化是青春期發展的核心。
   - 根據 Piaget 的理論，形式運思期是青少年期認知發展的特徵。這是其理論的最後階段，他認為兒童在 11～15 歲時進入這個階段。這個階段包括抽象的、理想化的和邏輯思考。另一項認知發展的主要特色，尤其是在青少年期早期以自我為中心的思想。
   - 青少年期的社會情緒發展很重要的一部分是身分認同。例如，Erikson 第五個心理社會發展階段的自我認同 vs. 角色混淆。Marcia 提出了四個基於探索和承諾的認同狀態。

4. 討論成人發展以及老化。
   - 大部分的成年人在 20 多歲達到體能表現的高峰，也是最健康的時候。然而，在 30 多歲的時候，身體技能開始下降。在中年時期，身體外表的變化是老化最明顯的跡象之一。
   - Piaget 認為，成年期沒有新的認知變化發生。但是，有些心理學家曾提出，青少年的理想化思想會被成年期早期更現實與務實的思想所取代。
   - Horn 認為結晶智力在中年時期增加，但是流體智力下降。Schaie 進行了關於智力的縱貫研究，發現許多認知能力在中年時期達到高峰。總體而言，老年人在記憶和其他認知任務的表現並不是很好，並且處理訊息的速度比年輕的成年人較慢。但是，老年人可能較年輕人有更多的智慧。
   - Erikson 在成年時期的三個社會情緒發展階段為：親密 vs. 孤獨（成年期）、慷慨 vs. 停滯（成年期中期），以及圓滿 vs. 絕望（成年期晚期）。職業和工作成為年輕的成年人的生活中心主題。對很多人而言，生活方式、婚姻和承諾也是成年人生活很重要的部分。在成年期中期，人們開始意識到自己的理想和夢想的限制，但是研究人員發現，很小比例的中年人經歷過「中年危機」。不過，從 50 多歲開始的特別關注之一，則是理解生命的意義。研究人員發現，保持活躍增加了老年人會更快樂和更健康的可能性。老年人也往往減少一般的社交聯繫，並且花更多的時間與親密的朋友和家庭成員相處。

- 老化的正向層面一直被大幅度地忽略，直到最近，發展學家意識到，許多成年人隨著年紀增長，可以維持或甚至改善其功能。

第 4 章

感覺與知覺
Sensation and Perception

章節內容

4.1 我們如何感覺與知覺世界？

4.1.1　感覺與知覺的目的
4.1.2　感覺接受細胞與大腦
4.1.3　閾值
4.1.4　感覺適應
4.1.5　注意力與注意傾向

4.2　視覺系統

4.2.1　光線與眼睛
4.2.2　大腦的視覺歷程
4.2.3　色彩視覺
4.2.4　空間的視覺知覺

4.3　聽覺系統

4.3.1　我們如何感覺聲音？
4.3.2　耳朵的結構與功能
4.3.3　大腦的聽覺歷程
4.3.4　方向的聽覺知覺

4.4　其他感覺

4.4.1　皮膚感覺
4.4.2　化學感覺
4.4.3　動感知覺與前庭感覺

4.1　我們如何感覺與知覺世界？

　　佛家用六塵（色、聲、香、味、觸、法）、六根（眼根，指視覺器官及能力；耳根，指聽覺器官及能力；鼻根，指嗅覺器官及能力；舌根，指味覺器官及能力；身根，指觸覺器官及其能力；意根，指思維器官及其能力）與六識（眼識、耳識、鼻識、舌識、身識、意識）來

說明人是如何知覺這個外在世界。心理學家用外在刺激（光、聲、化學物質）、感覺器官（眼睛、鼻子、舌頭、耳朵與皮膚）以及知覺（視覺、聽覺、嗅覺、味覺與觸覺）來說明我們將外在世界轉變成內在心理世界的歷程。

4.1.1　感覺與知覺的目的

感覺（sensation）是一種從外界環境接受刺激能量的歷程。刺激是由一系列的物理能量組成，如：光、聲、熱。舉例來說，刺激是經由感覺器官來接收，如：眼睛、耳朵、皮膚、鼻子與舌頭。當感官內的接收細胞接收到刺激，能量便會觸發電氣化學脈衝；電氣化學脈衝會製造電位差，使得腦部的神經系統傳遞刺激訊息（Viana, de la Pena, & Belmonte, 2002）。當大腦接收到刺激訊息時，會將訊息傳導到適合的大腦皮質區（Sekular & Blake, 2002）。

知覺（perception）是大腦組織與解釋感覺訊息並給予意義的歷程。眼睛的接受細胞只接收到天空中銀色的物體，並非我們「看見」的飛機；耳朵的接受細胞只接收到特殊的振動，並非我們「聽見」的旋律，這些都需要知覺給予感覺訊息意義。

以演化的觀點來說，感覺與知覺的目的是增進種族生存的機會。有機體必須能快速與精準地感覺環境中的事件，如：接近中的掠食者、出現的獵物或同伴。因此，從金魚、大象到人類都有感覺器官，以五官探觸這個世界的各種訊息。

在動物的感覺系統上，可以發現動物會根據其對於環境的適應，發展出特殊的感官功能。例如，在魚類中，有一種發展出四隻眼睛的「四眼魚」。為了生存，四眼魚會在水面上游動。上面的兩隻眼睛監測水面上的視野，下面的兩隻眼睛則監測水面下的視野。這個精緻

感覺
從環境中接受刺激能量的歷程。

知覺
大腦組織與解釋感覺訊息並給予意義的歷程。

四眼魚是擁有四隻眼睛的魚，兩隻眼睛觀看水面上的世界，兩隻眼睛觀看水面下的世界，並在水平面上游動。這種演化的適應發展為何？

第 4 章　感覺與知覺
Sensation and Perception

的演化讓四眼魚在尋找食物的時候，也能看見危險的水鳥。

4.1.2　感覺接受細胞與大腦

我們的感覺都是從感覺接受細胞開始進入我們的心理世界。**感覺接受細胞**（sensory receptor）是偵測與傳導刺激訊息到感覺神經和大腦的專門細胞（Lewis, 2002）。各個動物物種的感覺接受細胞，都將演化為更適合自己的環境。例如，蝙蝠發現食物的感覺接受細胞與老鷹使用的感覺接受細胞有所不同。蝙蝠在夜晚使用聲音去鎖定獵物的位置；反之，老鷹在高空中使用雙眼捕食可能的獵物。人類有多種接受細胞提供知覺豐富的資訊（Lewis, 2001）。例如，皮膚包含 400 萬個痛覺接受細胞、50 萬個壓力接受細胞、15 萬個冷的接受細胞、16 萬個熱的接受細胞。圖 4.1 顯示人類五種不同感覺接受細胞類型，讓我們有視覺、聽覺、觸覺、嗅覺與味覺等五種感官知覺。

> **感覺接受細胞**
> 偵測與傳導刺激訊息到感覺神經和大腦的專門細胞。

感覺器官與感覺接受細胞依能量轉換的方式分為幾大類：

- **視覺感受**：偵測光線，接收眼睛所見。
- **物理感覺**：偵測壓力、振動與移動，接收觸覺、聽覺與保持平衡。
- **化學感覺**：偵測化學刺激，接收味覺與嗅覺。

圖 4.2 描繪出訊息從環境到腦中的過程。感覺接受細胞激發感覺神經的動作電位，使得訊息傳導到中央神經系統。回憶第 2 章，動作電位造成神經細胞內訊息的傳遞，並且經由突觸間的傳導由一個神經元傳到另一個神經元。感覺接受細胞是有選擇且有不同的神經通路，專門吸收不同的能量類型──光能、物理能量（如：聲音振動）或化學能量。例如，當歌手聽到聽眾為他的演出鼓掌時，他耳朵裡的感覺接受細胞經由物理能量的形式（聲波），

視覺　　聽覺　　觸覺感覺　　嗅覺　　味覺

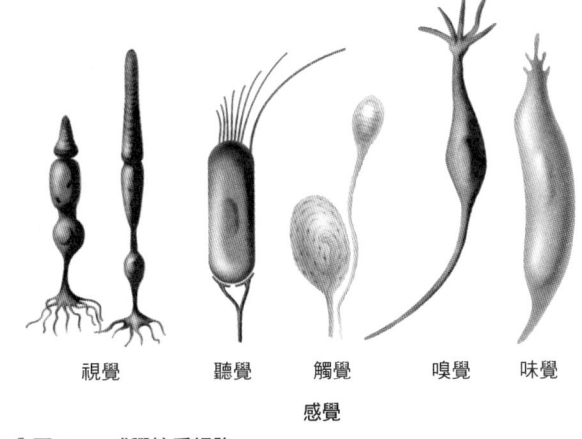

圖 4.1　感覺接受細胞
這些細胞專門偵測特定的刺激。

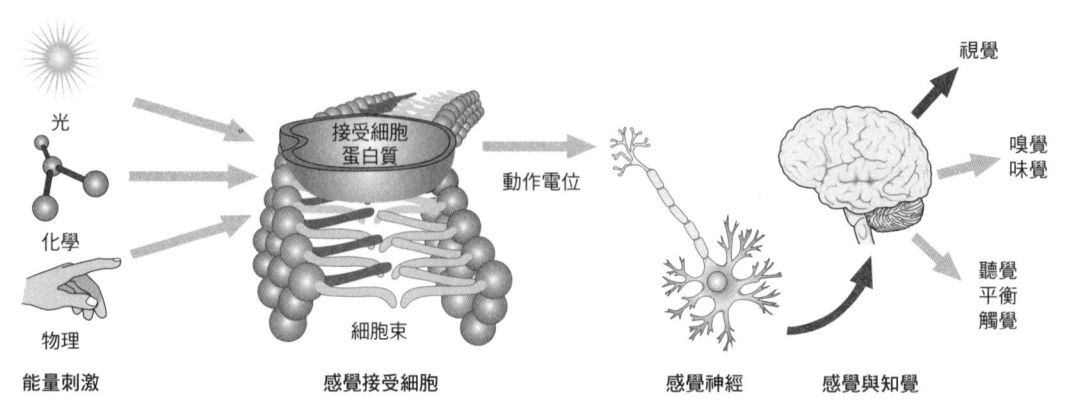

圖 4.2　感覺訊息流程
圖中顯示從刺激到感覺和知覺的感覺訊息流程。

並傳導電化學能量讓大腦能夠解讀出「掌聲」。

在大腦中，幾乎所有的感覺訊號都經由視丘轉向大腦。視丘是大腦中重要的訊息傳遞區域，經由視丘調節與分散巨大的神經網路，訊號傳遞到大腦皮質的感覺區。大腦皮質有專門的感覺區域處理不同的感覺功能，視覺訊息主要在枕葉，聽覺在顳葉，痛覺、觸覺與溫度感覺則在頂葉。

4.1.3　閾值

當蚊子距離你多近時，你能聽見牠的嗡嗡聲？當咖啡壺離你多遠時，你依然能聞到咖啡香？當你喝飲料時，如何能分辨出全糖與半糖的差別？心理物理學就是探討這些外在物理刺激與心理世界的關聯，以下介紹一些心理物理學的重要研究。

絕對閾值

物理能量要有多大，你才會發現呢？例如：電視機的聲音你要調到多大，才會聽得清楚。**絕對閾值（absolute threshold）**就是人們可以偵測到刺激能量的最小量。當刺激能量低於絕對閾值時，我們無法察覺；當刺激能量高於絕對閾值時，我們便可以察覺到刺激。

> **絕對閾值**
> 個體可以偵測到刺激能量的最小量。

第 **4** 章　感覺與知覺
Sensation and Perception

在房間，我們都有在半夜被自己鬧鐘的「滴答」聲吵的經驗。在這邊進行一個小實驗。在房間的桌子上放一個鬧鐘，你先離開直到聽不見滴答聲為止，然後再慢慢地朝鬧鐘移動；當你移動到可以聽到「滴答」聲時就停止。重複做幾次，你會發現每次聽到滴答聲的距離都有些差異。當你找到 50% 可以聽到聲音的距離時（如圖 4.3），這就代表你的絕對閾值了。

心理物理學者決定個體能偵測到刺激的 50% 為絕對閾值，人類五種感官的大約絕對閾值列於圖 4.4。在理想環境下，我們的感覺有非常低的絕對閾值，所以可以明顯地察覺微小的刺激能量。試著利用尖銳的鉛筆小心地移開前臂上的掉落頭髮，大多數人可以察覺到皮膚上的微小壓力。你也許會驚訝地發現，在黑暗中人類可以看見 30 英哩外的燭光。但是在臺灣的夜裡（充滿空氣污染的環境），你可能要靠得很近才能看見閃爍的燭光。

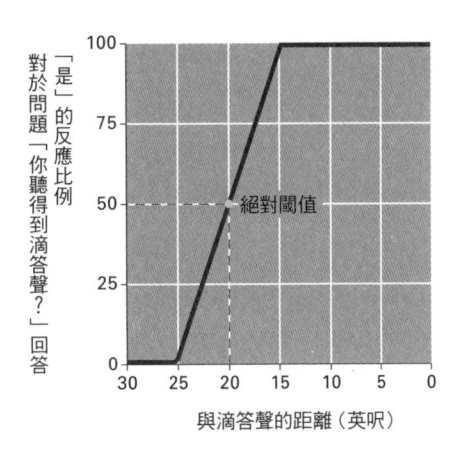

▌圖 4.3　測量絕對閾值

絕對閾值是個體能偵測到的刺激最小量。為了測量絕對閾值，心理學家設計偵測刺激 50% 的標準值。在圖中，個體偵測時鐘滴答聲的絕對閾值是 20 英呎距離。

差異閾值

除了研究多少的刺激能量能被偵測到，心理學家還調查同時存在的兩種不同強度刺激能被偵測的差異程度。此為**差異閾值（difference threshold）**，或是**可辨識的差異**，係指能偵測兩種不同刺激之間最微小的差異。絕對閾值是由 50% 的偵測率決定，而差異閾值是區別一個刺激與另一個刺激的最小差異刺激。簡單來說，飲料的糖分要相差多少，你才會感覺到甜度不同呢？有 50% 機會感

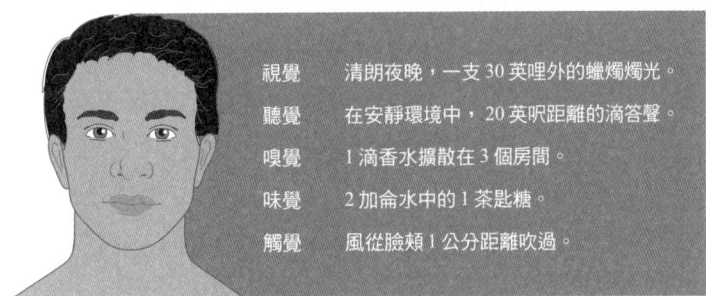

差異閾值
辨識出兩種刺激強度間的微小差值。

視覺　　清朗夜晚，一支 30 英哩外的蠟燭燭光。
聽覺　　在安靜環境中，20 英呎距離的滴答聲。
嗅覺　　1 滴香水擴散在 3 個房間。
味覺　　2 加侖水中的 1 茶匙糖。
觸覺　　風從臉頰 1 公分距離吹過。

▌圖 4.4　五種感官的大約絕對閾值

受到這不同的最小物理差異量，就是差異閾值。

差異閾值的重點在於刺激強度的增加。當音樂輕柔地播放時，即使室友只有增加微小的音量，你也能發現微小的改變；可是當室友把音樂放得很大聲時，即使增加音量，你也不會注意到改變。在 150 年前，德國心理學家 E. H. Weber 注意到，除非強度改變，不然兩個刺激會有固定比例能被偵測。例如，在 60 支蠟燭中增加 1 支蠟燭，我們能注意到燭光明亮的差異；但在 120 支蠟燭中增加 1 支蠟燭，我們無法注意到燭光明亮的差異。然而，在 120 支蠟燭中增加 2 支蠟燭，可以製造明亮差異，因此在 60 支蠟燭中增加 1 支蠟燭，等於在 120 支蠟燭中增加 2 支蠟燭。刺激本身包含差異變化的比例。例如，音色變化的差異閾值為 3 分，品嚐出不同味道的差異閾值為 20 分，嗅覺的差異為 25 分。

4.1.4 感覺適應

半夜你關掉房間的燈，跌跌撞撞地回到床上，伸手不見五指，逐漸地，周圍的物品愈來愈清楚。在黑暗的房間中，視覺系統所進行的調整即是**感覺適應（sensory adaptation）**——根據環境刺激的平均水準所造成之感覺系統反應的改變（Durgin, 2000; Lyall & others, 2002）。你在日常生活中一定體驗過數不盡的感覺適應，例如，淋浴時適應水溫的變化。

感覺適應
根據環境刺激的平均水準所造成之感覺系統反應的改變。

4.1.5 注意力與注意傾向

知覺最重要的部分是指出感覺訊息的意義（Pines, 2001）。**由下往上**（bottom-up）的訊號，從感覺接受細胞到大腦，幫助大腦維持喚起，去想像目前身體在空間中的哪個位置並且調節身體動作。然而，許多**由上往下**（top-down）的因子幫助大腦決定感覺訊息的意義，包括大腦中的基模、先前的經驗。

其中一個由上而下的因子是注意力。這個世界包含非常多的訊息讓我們知覺，現在你正在知覺字與字詞所組成的文章內容，看一下書

第 4 章　感覺與知覺
Sensation and Perception

本之外的事物，然後屈起你的右腳腳趾。在這些過程中，你都使用到**選擇性注意**（selective attention），也就是把焦點只集中在某些特別的部分而忽略其他（MacLeod & others, 2002）。你可能也會發現注意力是可以**移轉的**（shiftable），你能選擇注意一件事，並能快速地轉移注意力到其他的事物上。

> **選擇性注意**
> 焦點只集中在某些特別的部分而忽略其他。

為何我們只會注意到某些面向而忽略其他？你的動機和興趣會影響你所注意的事物。假設美術是你感興趣的事物，你會比他人更注意關於美術的廣告，一個喜歡運動的人會更注意新聞中的比賽結果。某種刺激的特徵也會引起人們的注意，新奇的刺激（新的、不同的、不尋常的）通常會引起我們的注意。當一台重機從你面前經過，一定比一般機車更能引起你的注意。大小、顏色與動作也會影響我們的注意，巨大、顏色鮮豔或正在滾動的物體，一定比微小、顏色單調與靜止的物體更能引起我們的注意（Baldo & others, 2002）。

圖 4.5 為一項知覺實驗，請跟著圖說的指示進行。大多數人會說，他們在左邊的 12 張牌堆中看到 2 張或 3 張桃 A，然而，如果你仔細觀看，你會發現有 5 張桃 A，有 2 張是黑桃、3 張是紅桃。當人們望向右邊的 12 張牌堆，通常都回答出 5 張桃 A。為何我們對兩堆牌的覺知不同呢？我們會預期牌堆中的桃 A 是黑色的，因為之前的經驗告訴我們桃 A 是黑色的，我們不會預期它是紅色的，所以跳過紅色的卡片，我們的預期影響我們的知覺。

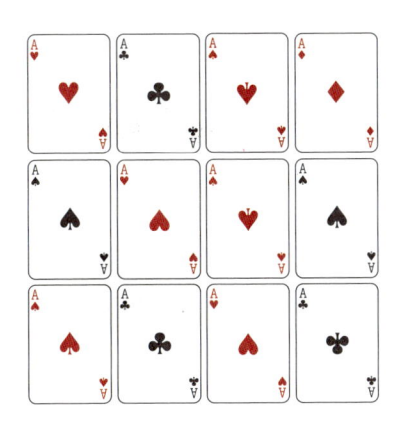

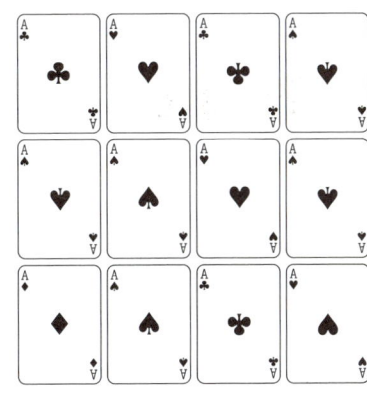

圖 4.5　知覺實驗
用手遮住右邊的撲克牌，快速數出左邊有多少個桃 A。然後遮住左邊的撲克牌，快速數出右邊有多少個桃 A。

知覺場域
注意傾向或準備以特別的方式覺知某物。

心理學家指出，注意傾向或準備以特別的方式覺知某物是經由**知覺場域（perceptual set）**所決定。知覺場域負責環境中知覺歷程訊息的「心理調節」，並影響我們對感覺訊息的解釋（Proctor, Wang, & Vu, 2002）。也就是我們會先想好要看到什麼？

4.2 視覺系統

「眼睛是靈魂之窗」說明視覺是通往我們「心理世界」的重要管道。陳一平教授所寫的《視覺心理學》一書中，讓我們可以發現人類視覺系統的神奇與奧祕。在課堂活動「盲人走路」中，你將體會到視覺的重要性以及失去視覺的可怕。以下透過簡單的介紹與體驗，讓你發現這個通往心靈的系統。

4.2.1 光線與眼睛

我們依靠眼睛感應光線的不同來偵測視覺刺激。**光線**是一種電磁波的形式，像海中的波浪，經由空間傳遞。光線的**波長**為一個波的頂峰到下一個波的頂峰，可見光的波長範圍大約在 400～700 奈米（1 奈米為 1/1,000,000,000 公尺，縮寫為 nm），可見光之外為長波與紅外線電波、短波紫外線光與 X 光（圖 4.6），這些電磁波能量不斷地衝擊

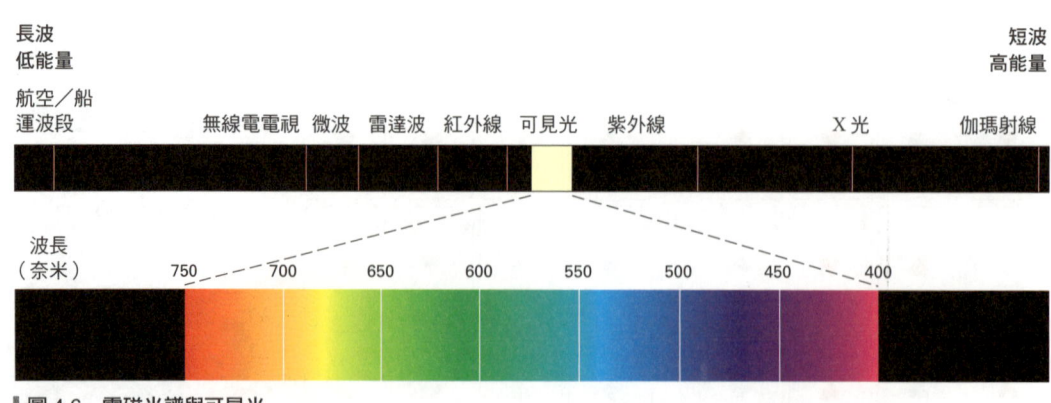

圖 4.6 電磁光譜與可見光
人類可見光在電磁光譜中只有狹窄一段，可見光波長範圍從 400～700 nm，X 光波長較短，無線電波波長較長。

第 **4** 章　感覺與知覺
Sensation and Perception

我們,但我們無法看見。

　　光線的波長與**振幅**造成我們明暗的感受,包含**色調**、飽和度以及亮度(圖 4.7),而色彩**純度**,與光線波長混合,關聯到視覺刺激的飽和與豐富度。圖 4.8 的色彩樹能幫助你了解飽和度,非常純的顏色在色彩樹的最外端,愈往中間,在單一顏色的波長上增加的白光便愈多。換言之,深的顏色在最外圍,而愈往中間的顏色愈淡。

　　眼睛的結構(圖 4.9)可以捕捉最鮮明的影象:

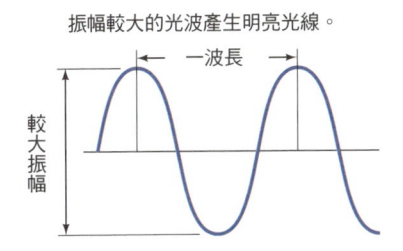

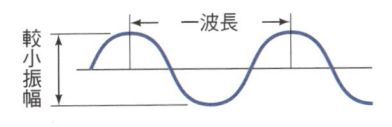

▎**圖 4.7　光波振幅變化**
圖片顯示光波振幅如何變化,長波長較明亮,短波長較微暗。

▎**圖 4.8　色彩樹顯示顏色的三種面向:色調、飽和度、亮度**
色調環繞色彩樹,水平為飽和度,垂直為亮度。

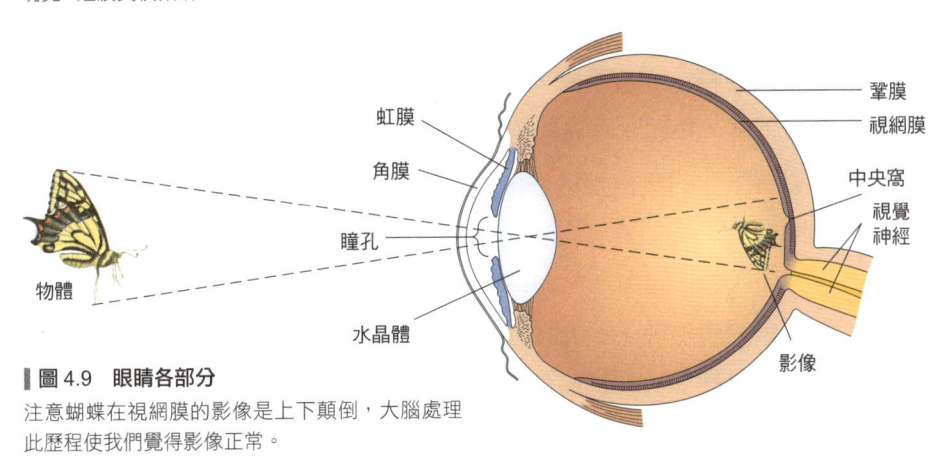

▎**圖 4.9　眼睛各部分**
注意蝴蝶在視網膜的影象是上下顛倒,大腦處理此歷程使我們覺得影像正常。

101

- **鞏膜**：白色的表面，幫助維持眼球的形狀與保護眼睛。
- **虹膜**：眼球有顏色的部分，西方人是藍色或淺褐色，東方人是黑色或褐色。
- **瞳孔**：在虹膜中間的開口。

虹膜是似光圈的肌肉，可以控制瞳孔的大小，讓適當的光線進入眼球中。瞳孔類似於攝影機的孔徑，當光源不足時會打開讓更多光源進入；反之，當光源過多時，則縮小讓較少光源進入。你可以在房間裡，開關房間的照明，藉由鏡子觀察瞳孔的變化（等到感覺適應後再觀察）。當你在昏暗的燈光下，瞳孔會放大以便讓更多光源進入。當你開啟檯燈時，瞳孔會縮小以減少光源進入。

如果眼睛的構造像攝影機，除了必須有足夠的光線外，還有眼球後的聚焦。兩種結構提供此功能：

- **角膜**：在眼球最前面的薄膜。
- **水晶體**：透明且具有彈性，類似凝膠狀的物質結構。

這兩種結構的功能是反轉落在眼球表面的光源，讓眼球後面可以聚焦。當水晶體調整焦距時，角膜表面的弧度大多呈現彎曲。當你遠看一個物體時，水晶體會成為扁平狀。因為眼睛看到遠方物體的光源是平行的，水晶體調整適當的弧度讓物體能夠聚焦。然而，當光線從物體射入眼球是分散時，水晶體會調整弧度讓光源可以聚焦。當我們年歲漸長，眼睛的水晶體會失去彈性。所以我們想清楚檢視一個物體時，必須要將它靠近眼睛，水晶體才會改變聚焦的弧度。這就是年輕時視力正常，年紀大時需要戴老花眼鏡的原因。

眼睛跟你的數位相機一樣，需要所有功能一起作用，才能得到最佳的圖像。然後透過在眼球後面的**視網膜（retina）**，將所「照」到的圖像轉換成神經脈衝送至大腦。

人類的視網膜大約有 1 億 2,600 萬個接受細胞，以能量的形式轉換光源的電磁能，使其能傳遞到神經系統。有兩種視覺接受細胞：桿狀細胞與錐狀細胞（圖 4.10）：

視網膜
在眼球後方，對光線敏感的表層，布滿桿狀細胞與錐狀細胞。

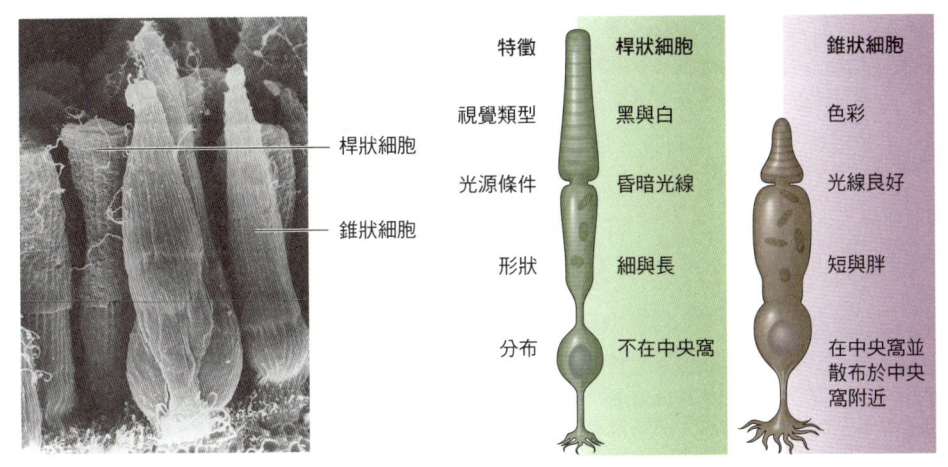

第 **4** 章　感覺與知覺
Sensation and Perception

特徵	桿狀細胞	錐狀細胞
視覺類型	黑與白	色彩
光源條件	昏暗光線	光線良好
形狀	細與長	短與胖
分布	不在中央窩	在中央窩並散布於中央窩附近

圖 4.10　桿狀細胞與錐狀細胞的比較。

- **桿狀細胞（rod）**：在視網膜上的接受細胞，對光線敏感但對色彩視覺較不敏銳。它們在低度照明下的功能正常，但在夜晚則反應不佳，人類約有 1 億 2,000 萬個桿狀細胞。
- **錐狀細胞（cone）**：通常用於色彩知覺的接受細胞。錐狀細胞對色彩敏感，但比桿狀細胞需要更大量光線才會反應，所以它們的最佳運作狀態是在白天或在高度照明下。人類約有 600 萬個錐狀細胞。

　　視網膜最重要的部分是**中央窩**（fovea），是視網膜中間非常微小的部分，在這部分的視覺是最好的（圖 4.9）。視網膜中央窩只有錐狀細胞，且掌握許多重要的視覺作業（試著看眼睛視角之外的景物）。桿狀細胞除了中央窩之外，均分布在視網膜的各部分。因為桿狀細胞需要的光源較少，我們可以在視網膜的邊緣察覺昏暗的聚光燈，但在中央窩則不行。

　　光線進入眼球後，將影像照在視網膜上，這些影像又是如何傳到大腦呢？參照圖 4.11 來看，錐狀細胞與桿狀細胞將光能轉成神經脈衝（Sandell, 2000），將訊號傳遞到**兩極細胞**（bipolar cells），再到另一層的**神經節細胞**（ganglion cells）。神經節的神經軸由視覺神經組成，攜帶視覺訊息至大腦做進一步的判讀歷程。

桿狀細胞
視網膜上的接受細胞，對光線敏感但對色彩視覺較不敏銳。

錐狀細胞
視網膜的接受細胞，傳遞關於色彩的訊息。

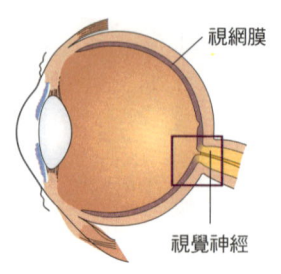

圖 4.11　從光線至神經脈衝
光線經過角膜、瞳孔與水晶體，落入視網膜。在視網膜上，有三層細胞專門轉換影像成為神經訊號並傳遞至腦中。首先，光線啟動在視網膜中的桿狀細胞與錐狀細胞製造電化學脈衝。接著神經脈衝激發兩極細胞並啟動神經節細胞，這些細胞傳遞脈衝到視覺神經，然後至大腦。

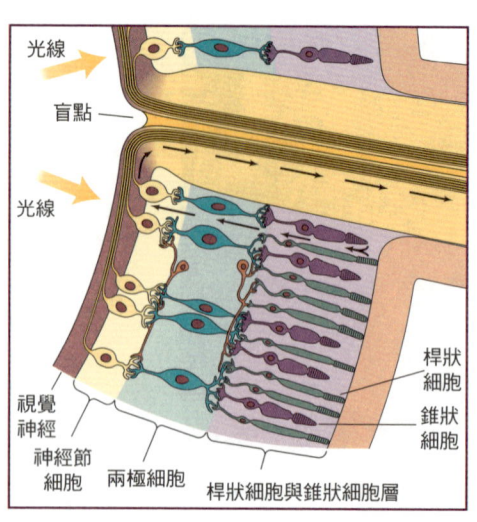

圖 4.12　雙眼盲點
這是盲點的普通實驗，盲點是視覺細胞引領大腦的小區域。請拿著書，把你的手臂伸直，遮住你的左眼並用右眼盯著左邊的紅椒，開始緩慢地將書本朝自己的方向移動直到黃椒消失。若要發現右眼的盲點，請遮住左眼並盯著右邊的黃椒，調整書本直到紅椒消失。

在視網膜有一處不具桿狀細胞與錐狀細胞，這個區域為**盲點**（blind spot）。視覺神經並不會把這一處的訊息傳遞到大腦，我們無法看見落入這一區的景物。感受一下你的盲點，練習一下圖 4.12 這個小活動。

4.2.2　大腦的視覺歷程

當影像經由視網膜的獵取，訊息透過神經傳導傳遞到腦中，而腦會如何整理這些訊號呢？接下來就來看看這些影像的後製作過程。視覺神經由眼睛攜帶視覺訊息到大腦，在雙眼中，左邊視域的刺激登錄到右邊的視網膜，右邊視域的刺激登錄到左邊的視網膜（圖 4.13）。在大腦中，視覺神經束分離，稱為**視覺神經交叉**（optic chiasm）。趨近半數的視覺神經束在大腦中交叉，所以，在雙眼視網膜右半邊的視覺訊息，會傳遞到左邊的大腦枕葉皮質，在視網膜左半邊的視覺訊息，則會傳遞到右邊的大腦枕葉皮質。

這種交叉方式顯示左邊視域的刺激登錄到右邊的視網膜，右邊視域的刺激登錄到左邊的視網膜。

在移到另一個視覺區域分析之前，大腦**視覺皮質區**——位於大腦枕葉，必須認出物體或景物（Zeki, 2001）。就像在視網膜的細胞，許多細胞在初級視覺皮質具高度個別化的分工。有些神經元負責角度，當刺激以某個角度出現時，該神經元即進行神經脈衝活動；另一組神經元注意移動的訊息。多種神經元透過**平行歷程（parallel processing）**同時處理訊號，讓我們可以快速地將複雜的圖像重新整理（Beauchamp & others, 2002）。平行歷程能連結不同神經通路的單一感覺訊息，整合出我們所看到的景象。例如，我們看見一隻鸚鵡，視覺訊息會登錄完整的鸚鵡圖像，但感覺系統會打破完整的視覺訊息，並傳遞到不同專門的神經通路，看見完整的鸚鵡圖像需要重新集合大腦皮質中的訊息（Crick & Koch, 1998）。

4.2.3 色彩視覺

想像一下，如果你的世界是黑白影片，那有多無趣呢？看見色彩的演化功能，提供動物非常多的便利，包括偵測與區辨不同物體的能力（Sekuler & Blake, 2002）。例如，食物可否食用決定於成熟程度，而成熟程度由顏色反應。但並不是所有的動物都需要看見色彩，狗的色彩視覺就比我們的色彩視覺更簡單，反之，鳥卻可以辨識每朵花的明亮色彩。

心理學家已研究與發現許多色彩視覺的基本原則。例如，色彩是一種神經反應型態，並不是光線的波長（Shevell, 2000）。這些研究產生兩個主要理論：三原色論（trichromatic theory）與對比歷程論

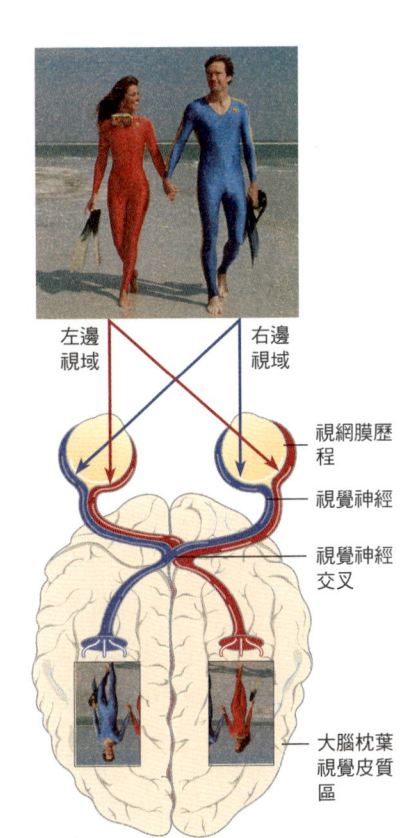

圖4.13 經由大腦的視覺通路
從光線進入的視域落入對側的視網膜，視覺訊息在視覺神經與交叉神經中傳輸，大部分的視覺訊息都會越到另一邊的腦區，並傳遞到大腦枕葉視覺皮質附近。交叉傳遞代表我們左邊看見的視域（圖片中的女人）登錄到右邊的大腦中，右邊看見的視域（男人）登錄到左邊的大腦。

平行歷程
訊息的刺激同時由不同的神經傳導通路進行處理。

（opponent-process theory），兩種理論說明我們如何察覺到不同顏色。

三原色理論由 Thomas Young 在 1802 年提出，並由 Hermann von Helmholtz 在 1852 年修正，主張色彩知覺經由紅、綠、藍三種類型的接受細胞製造（錐狀細胞在視網膜）。支持此論點的為色盲研究，天生的色盲取決於三種錐狀細胞無法作用（Shevell, 2000）。大多數的色盲形式為綠色錐狀細胞在某方面機能失常，使得綠色無法從與藍色、紅色的組合中區分出來（圖 4.14）。

在 1878 年，德國心理學家 Ewald Hering 觀察到某些顏色無法同時存在。例如，我們可以想像偏綠的藍色或偏紅的黃色，但是我們幾乎無法想像偏紅的綠色或偏藍的黃色。Hering 也同時注意到，三原色論無法解釋**後像**（afterimages），當刺激移走後感覺依然存在（圖 4.15，依圖說實驗後像）。色彩的後像通常都包含互補的顏色：如果你盯著紅色很久，最後會出現綠色的後像；如果你盯著黃色很久，最後會出現藍色的後像。

Hering 的觀察讓他提出一個假設，視覺系統在顏色上是互補對稱：「紅色－綠色」與「藍色－黃色」。他的**對比歷程論**強調，視覺系統上的細胞會對紅－綠或黃－藍反應，細胞有可能被紅色所激發而去抑制綠色；反之，另一個細胞有可能被黃色所激發而抑制藍色。研究發現對比歷程論的確可以解釋後像（Hurvich & Jameson, 1969; Jameson &

圖 4.14 色盲測試圖卡

視覺正常的人會看見左邊圓圈的 16 與右邊圓圈的 8，紅綠色盲只能看見左邊的 16 或右邊的 8 或都看不見。

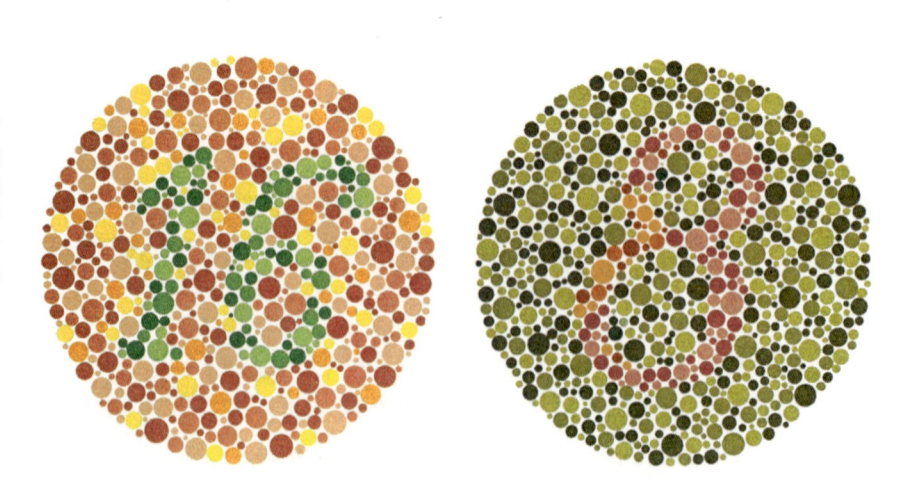

第 4 章　感覺與知覺
Sensation and Perception

圖 4.15　負片後像：互補色彩

如果你一直盯著左邊彩色圖片的黑點，看一陣子後，移動視線至右邊灰色圖片的黑點，你會發現原來的顏色變成它們的互補色。藍色變成黃色，紅色變成綠色，綠色變成紅色，黃色變成藍色。色彩成對是因為眼睛的色彩接受細胞是成對感應：當一個色彩消失（停止盯著彩色圖片），另一個色彩就會短暫地出現。後像效果在明亮的色彩上感覺最明顯。

Hurvich, 1989），如果你盯著紅色，你的紅綠系統似乎會疲倦；當你看向另一處，便會反彈出綠色的後像。

　　整合這兩個理論，讓我們更清楚了解彩色的世界是如何產生的。藍、綠、紅錐狀細胞同時翻譯三原色進入對比歷程登錄（圖 4.16）。簡單來說，光線刺激三原色細胞，然後透過對比歷程來產生色彩。例如，波長介於綠色與紅色間的黃色是如何產生的？基本上當光波進入視網膜，就會刺激綠色與紅色的錐狀細胞，這兩個細胞的訊息就傳遞到「紅色－綠色」與「藍色－黃色」的對抗歷程。由於紅與綠色同時激發就讓「紅色－綠色」歷程平衡，而綠色又去活化「藍色－黃色」歷程而產生黃色。若對色彩知覺有興趣者，可以閱讀陳一平教授所著的《視覺心理學》，裡面有更詳盡的說明。

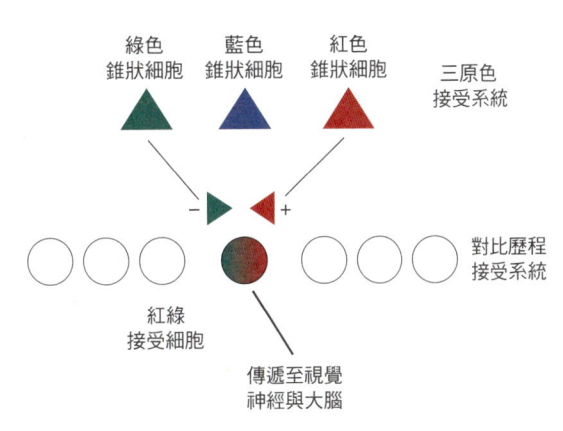

圖 4.16　三原色論與對比歷程論：顏色訊息在視網膜的傳遞

視網膜三原色接受系統的錐狀細胞對綠、紅、藍光反應，訊息朝向視覺神經傳輸，對比歷程細胞被激發。

107

4.2.4 空間的視覺知覺

電影《阿凡達》掀起了 3D 電影的風潮，對於生活在 21 世紀的我們來說，單純的二維影像已經無法滿足我們的感官體驗。而我們是如何產生三度空間的知覺呢？透過空間的視覺知覺，幫助我們產生三度空間感，這些知覺包含形狀、深度與恆定性。

圖像－背景關係
圖像的辨識是來自圖像與背景的對應關係。

完形心理學
研究人們如何根據某種模式自然地組織其知覺。

形狀知覺

想像視覺世界與它們的形狀——在天空下的建築物、水平線上的帆船、書本上的字詞，我們能看見這些形狀是因為它們比較明顯，從我們所見靜止的視野中突然改變亮度（Kerston, 2002）。**圖像－背景關係**（figure-ground relationship）是我們用來安排知覺場域的原則——讓刺激脫穎而出（**圖像**）而遺漏其他部分（**背景**），見圖 4.17。

圖像－背景關係是完形原則（圖 4.18），根據**完形心理學**（gestalt psychology），人們根據某種模式自然地組織其知覺（gestalt 在德語中代表結構或形狀）。例如，當看電影時，你看見電影內的影像連續移動並不代表影片連續，當檢視影片時，你會發現影片的影像是一格一格地呈現，按照設定的秒數在銀幕前放映，所以你看見的整體影像不同於部分的影片。看看圖 4.18 的圖案，你是否會發現你用某些方式來組織。

圖 4.17 可反轉的圖像－背景圖形
某些圖像與背景的關係非常模稜兩可，很難說出哪個是圖像，哪個是背景。請看著名的例子，你看到的是高腳杯或兩張側臉？

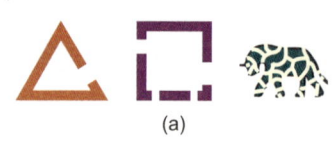

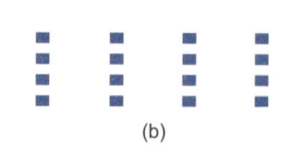

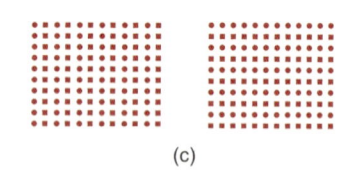

圖 4.18 閉合、相近與相似的完形原則
(a) 閉合：當我們看見不連續或不完整的形體時，我們會填補空缺而看見完整的形體。
(b) 相近：當我們看見物體相鄰時，會被視為一個整體，你會看見 4 個小方塊組成的 4 個行柱，而不是 16 個方塊組成的整體。
(c) 相似：當我們看見相似的物體，傾向把它們視為相同，如果不仔細看你會覺得兩個方框都一樣，但近看時，你會發現左邊方框中圓形與方形是垂直的，而右邊則是平行的。

深度知覺

影像以二度空間的形式出現在視網膜，但我們卻能明顯地看見三度空間的世界。深度知覺是一種覺知三度空間物體的能力。我們看到有深度的影像或物體是因為使用兩種訊息當線索——雙眼線索與單眼線索。

因為我們有兩隻眼睛，所以看見世界有兩種視野，一隻眼睛一種視野。**雙眼線索（binocular cue）**是使用雙眼左右視網膜的結合影像，提供深度線索。雙眼所看到的影像有些細微的不同，因為兩眼所看見的位置有細微的差異。試著將雙手在臉孔 10 公分處互握，輪流閉上左右眼，用一隻眼睛觀察雙手的影像，你會發現雙手的影像來回跳動，因為影像對照到左右兩邊的視網膜位置不同。雙眼看見的圖像會在大腦中結合，雙眼視覺的不同影像是大腦判斷物體深度與距離的線索（Cummings & DeAngelis, 2000; Landy, 2002）。

除了使用雙眼線索去知道物體的最佳深度外，我們也會使用左眼或右眼的**單眼線索（monocular cue）**來提供訊息。試著閉上一隻眼睛——你對世界的知覺依然保持許多三度空間的水準。

關於單眼線索的例子如下：

- **熟悉的尺寸**：我們對於物體深度與距離的知覺，基於之前關於相同尺寸物體的學習經驗。我們知道橘子的大小，所以可以知道在視網膜中，橘子距離遠近時的大小尺寸。
- **視野高度位置**：當所有的物體都相同時，位置較高的物體看起來比較遠。
- **線性透視**：比較遠的物體在視網膜所占的空間較少，如圖 4.19 所示，當物體因距離逐漸模糊，景象中的平行線會愈來愈聚集。
- **重疊**：物體有部分隱藏或重疊於另一物品，會被覺知為有前後關係。
- **明暗**：光影的位置會影響深度知覺。試著將一顆蛋放在檯燈下，並繞著蛋走一圈，你會發現蛋面有不同的光影圖案。

雙眼線索
使用雙眼左右視網膜的結合影像，提供深度線索。

單眼線索
使用單眼便能提供深度線索。

▌圖 4.19　線性知覺的單眼線索
著名的風景藝術家 J. M. W. Turner 在其畫作《雨、蒸汽和速度》(Rain, Steam, and Speed) 中，使用線性透視觀點提供深度知覺。

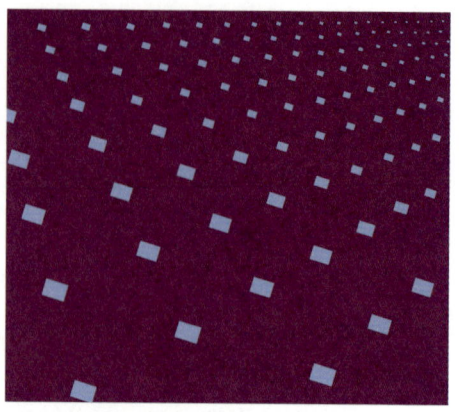

▌圖 4.20　質地傾斜度
質地的傾斜程度能在平面製造深度。

- **質地傾斜度**：質地若變得較濃密或細密，則看起來比較遠（圖4.20）。

深度知覺特別吸引藝術家的注意，如何在二度空間的畫布上表現三度空間世界，藝術家通常使用單眼線索去賦予油畫視覺深度。

知覺恆定

視網膜景象為恆定的變化，物體刺激落在視網膜，即使我們移動眼睛的位置，近觀或遠看物體，轉動方向以不同的角度檢視物體，或者變換陰暗或明亮的情境，我們的知覺依然維持穩定。**知覺恆定（perceptual constancy）**是一種再認，即使物體的感覺訊息發生改變，物體依然維持恆定與不變。

> **知覺恆定**
> 是一種再認，即使物體的感覺訊息發生改變，物體依然維持恆定與不變。

我們有三種知覺恆定：

- **尺寸恆定**：即使物體的視網膜影像改變，物體依然維持相同的尺寸大小（圖4.21）。
- **形狀恆定**：即使物體的角度不同，在視網膜上依然維持相同的形狀。看看四周，可以看見不同形狀的物體，當你走路時物體的形狀角度會隨著改變，但你依然覺知到物體的形狀相同（圖4.22）。

- **亮度恆定**：即使落在物體上的光源程度不同，視網膜上的物體會有相同亮度的影像。例如，不論你在室內或室外讀本書內容，書本的白色內頁與黑色字體不會因為光源變化，而突然變白或變黑。

我們是如何解決視網膜上影像的差異性，去保有物體實際的尺寸、形狀或亮度呢？經驗非常重要。例如，不論你離車子多遠，你會知道車子的實際大小。在尺寸恆定中，單眼線索與雙眼線索會提供距離的線索，即使我們之前從沒看過此物體。

▌圖 4.21　尺寸恆定
即使熱氣球在視網膜中的影像不同，我們仍能知曉熱氣球的尺寸相同。

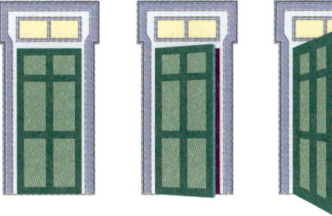

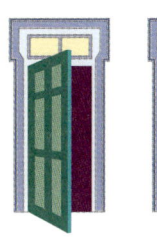

4.3　聽覺系統

如果生活中沒有音樂、洶湧的海浪聲、風聲、家人或朋友的聲音，會是如何呢？聲音提供我們他人正在接近、行進的車子、頑皮的兒童吵鬧，更重要的是，聲音能讓我們經由語言或歌唱溝通。

▌圖 4.22　形狀恆定
雖然圖片中開門的方式都不同，但我們同樣覺知其為長方形的大門。

4.3.1　我們如何感覺聲音？

聲音或聲波經由空氣的顫動傳導到聽覺系統，光波很像海洋中的波浪，聲波也是如此，聲波變化有三種不同的聲音特徵：

- **頻率**：一種規律的波動，**音頻**（pitch）是聲音頻率的知覺解釋。高頻音接受到高的波長，低頻音是低波長，女高音的聲音為高波長，男低音的聲音是低波長。跟光波波長相同，人類只能聽見某些範圍的聲音頻率。

- **振幅**：標準聲音波長所產生的壓力，測量單位為分貝（decibel, dB），零分貝是人類耳朵可以偵測到最微弱的聲音。**音量**是我們覺知到聲音波長的振幅。當聽到較大的聲音時，空氣傳遞較劇烈的振幅，聽到較輕微的聲音時，空氣則是傳遞較溫和的振幅。
- **複雜度**：聲音的頻率數量混合在一起，一個單純的聲音波長類似於一個單純的光線波長，但大多數的聲音，包括演講與音樂，都是錯綜複雜的聲音。**音色**（timbre）是知覺的複雜度或聲音的聲調飽和度，當喇叭與伸縮長號都演奏同一音調，音色可以反映出知覺的不同，也可以反映出我們聽見說話聲音質的不同。

圖 4.23 說明聲波的物理差異造成聲音品質的不同。

4.3.2　耳朵的結構與功能

聲波是如何進入你的耳朵呢？耳朵的結構變化是如何將聲波轉化成信號，讓大腦可以理解聽到的聲音？以功能而言，耳朵的目的是傳遞環境中高精準的聲波，讓大腦分析與解釋。

耳朵分為三個部分（圖 4.24）：

外耳
由耳廓與外聽覺耳道組成。

- **外耳**（outer ear）：外耳由**耳廓**（pinna）與外**聽覺耳道**（auditory canal）組成，漏斗形狀的耳廓是可看見的耳朵部分（如：大象有非常大的耳廓）。耳廓蒐集聲音與讓聲音通到耳朵的內部，許多動物的耳廓是可動的並且扮演鎖定聲音位置的重要角色。例如，貓能把耳廓轉到新奇與有趣聲音的方向。

中耳
由鼓膜、錘骨、砧骨與鐙骨組成。

- **中耳**（middle ear）：在經過耳廓後，聲波朝著外聽覺耳道前進至中耳。中耳是聲音到內耳的通道，聲音接觸到中耳的第一個結構是**鼓膜**（eardrum），就像大鼓一樣會因聲音而產生振動。而人體中耳的**錘骨**（hammer）、**砧骨**（anvil）、**鐙骨**（stirrup）是一系列連接的骨頭，當鼓膜振動時，會把聲音波長傳遞到內耳。

內耳
由卵圓窗、耳蝸與基底膜組成。

- **內耳**（inner ear）：內耳主要的功能是轉譯聲波進入神經脈衝與傳遞它們進入大腦（Zwislocki, 2002）。中耳的鐙骨連接內耳的**卵圓窗**（oval window）膜，再轉譯聲波到**耳蝸**（cochlea），其為像蝸牛

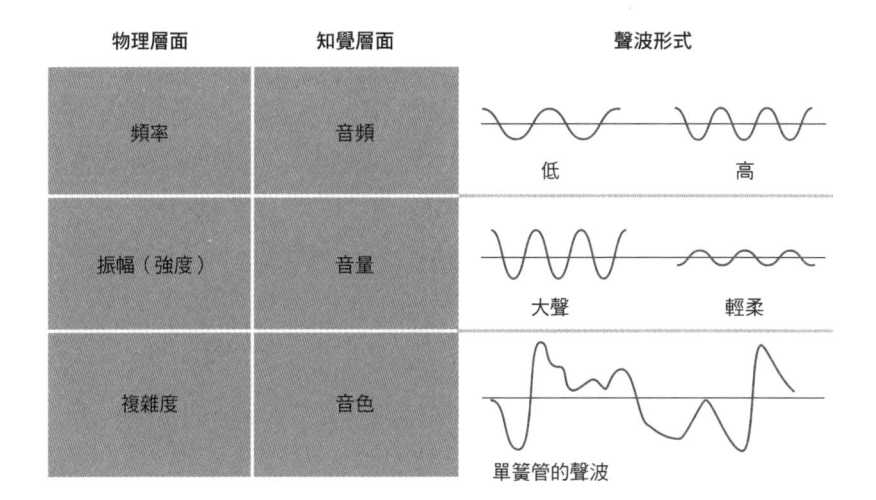

第 4 章 感覺與知覺
Sensation and Perception

圖 4.23 聲波的物理差異與製造的聲音品質

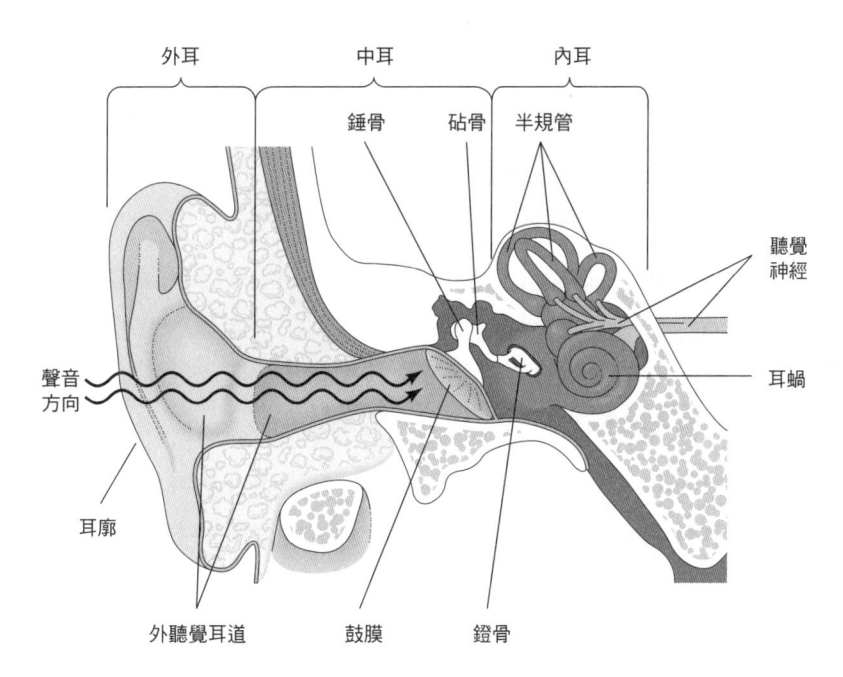

物理層面	知覺層面	聲波形式
頻率	音頻	低　　　　高
振幅（強度）	音量	大聲　　　輕柔
複雜度	音色	單簧管的聲波

圖 4.24 外耳、中耳與 內耳

在外耳時，聲波經由外聽覺耳道傳遞，並在鼓膜產生振動，這些振動經由錘骨、砧骨與鐙骨傳遞至內耳的耳蝸，並把機械振動轉換為電化學訊號讓大腦認出聲音。

一樣的管狀結構（圖 4.25）。內耳耳蝸壁上有**基底膜**（basilar membrane），在耳蝸底部是狹小和堅硬，但頂部卻是寬敞而有彈性。寬敞而有彈性是為了要接觸到不同的聲音頻率，並允許基底膜在不同的位置可以強烈地振動。例如，鈴鐺發出高頻的鈴鈴聲刺激耳蝸底部基底膜的狹窄位置；反之，低頻的船的汽笛聲則刺激寬廣的末端。

113

▎圖 4.25　耳蝸

耳蝸是螺旋結構。充滿液狀的通道。鐙骨緊鄰卵圓窗，將振動傳遞至基底膜。基底膜在耳蝸為線狀且與不同的聲音頻率有關，振動並啟動聽覺神經的動作電位。

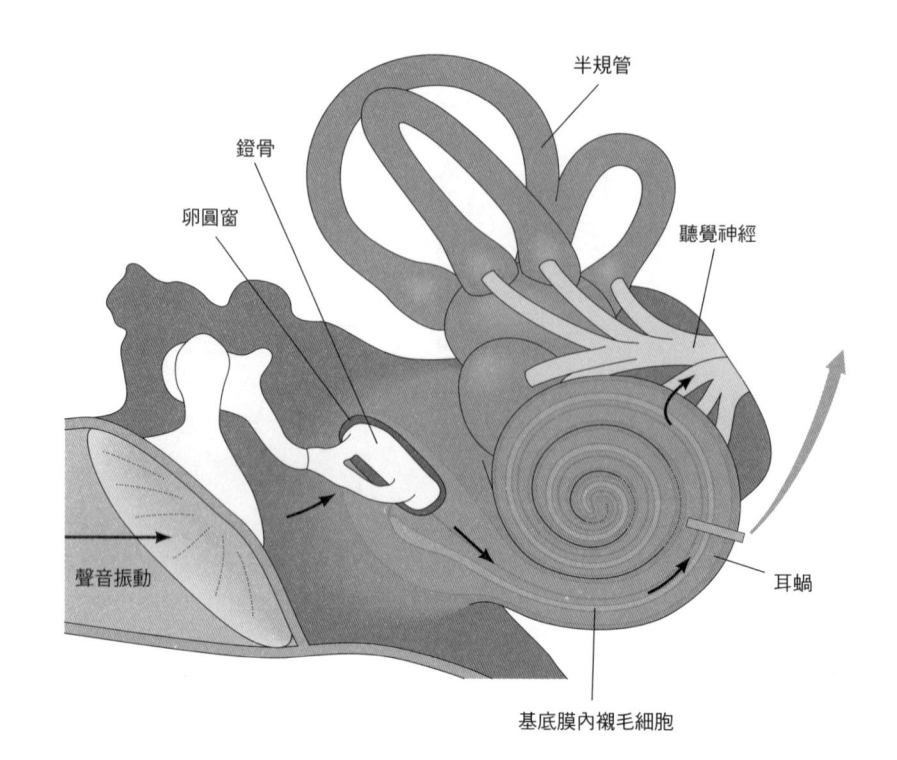

半規管
鐙骨
聽覺神經
卵圓窗
聲音振動
耳蝸
基底膜內襯毛細胞

在人類與其他靈長類身上，聽覺**毛細胞**（hair cells）圍繞著基底膜。聽覺毛細胞是耳朵的感覺接受細胞，因為在頂端有一束束細小的纖毛而名為毛細胞，它可以感測耳朵內移動的聲波，並且將聲波轉換為訊號傳遞到大腦。

有關聽覺系統的謎團之一是內耳如何登錄聲音頻率，有兩個理論可解釋這個謎團。**位置論**（place theory）強調每種頻率會在基底膜的特定點上製造振動（von Békésy, 1960），位置論可以解釋高頻率的聲音，但不能解釋低頻率的聲音。高頻率的聲音刺激位於基底膜精確固定的位置上；反之，低頻率的聲音卻於基底膜不固定的位置。因為在某些因素下，在基底膜對低頻音作特定的位置反應時，人類已經能聽到低頻音。**頻率論**（frequency theory）強調知覺聲音頻率依據聽覺神經如何被激發：高頻音比低頻音更能引起聽覺神經激發。頻率論的限制為單一神經最大激發率約每秒 1,000 次，頻率論無法適用於需要快速神經激發的頻率音色。為了解決此限制，頻率論調整其理論假設，

強調雖然個別的神經無法超過每秒 1,000 次的激發量，但神經可以組織與輪替個別激發時間，以達到最大的頻率激發量，製造連續的神經脈衝。因此，頻率論便可以解釋覺知到低於每秒 1,000 次的聲音。結合頻率論與位置論的理論，則可解釋高於每秒 1,000 次的聲音。

4.3.3 大腦的聽覺歷程

如有關視覺系統的討論，我們會接收環境中的能量進入我們的知覺，並且轉化進入大腦歷程進行解釋。視網膜上的影像不像畢卡索（Picasso）創造的圖畫，耳蝸的接受反應模式也不像交響曲。在視網膜上，桿狀細胞與錐狀細胞的反應訊息經由視覺神經離開；在聽覺系統，聲波流動經由內耳的聽覺毛細胞傳送到**聽覺神經**（auditory nerve），其傳導神經脈衝到大腦聽覺區。經由聽覺毛細胞的轉譯，將物理刺激的聲波轉換為神經脈衝傳遞到大腦。

聽覺訊息經由聽覺通路移動的電化學傳遞方式，比視覺訊息經由視覺通路的移動還複雜。聽覺通路有非常多的突觸，大多數的神經束橫跨兩邊大腦皮質的中線，但某些歷程直接傳到與耳朵同一邊的大腦皮質，因此大多數的聽覺訊息由左耳傳送到右邊的大腦皮質，而某些訊息則傳送到左邊的大腦皮質。聽覺神經從耳蝸一直延伸到腦幹，聽覺神經大多集中在顳葉。與視覺訊息相同，科學家發現非常多的聽覺訊息的特徵，沿著平行的通路傳導到大腦中（Feng & Ratnam, 2000; Rubel & Fritzsch, 2002）。

4.3.4 方向的聽覺知覺

當你聽見救護車鳴笛或狗狂吠，你能知道聲音由何處傳出？我們用左右兩隻耳朵來定位聲音，想像狗在你的左邊吠叫，你的左耳會比右耳更快接收到聲音，同樣地，你的左耳會比右耳接收到較強烈的聲音，因為：(1) 聲音傳遞到左耳的距離較短；(2) 右耳因為頭部阻隔而造成**聲覺陰影**（sound shadow），產生減低聲音強度的屏障（圖 4.26）。因此，聽到的**時間**與**強度**的差異讓我們能知道聲音方位（同樣地，因

聽覺神經
傳導神經脈衝至大腦聽覺區。

圖 4.26　聲覺陰影
聲覺陰影是聽者頭部引起，頭部形成屏障減弱聲音的強度。當聲音從左邊傳來，聲覺陰影減低聲音在右耳的強度。

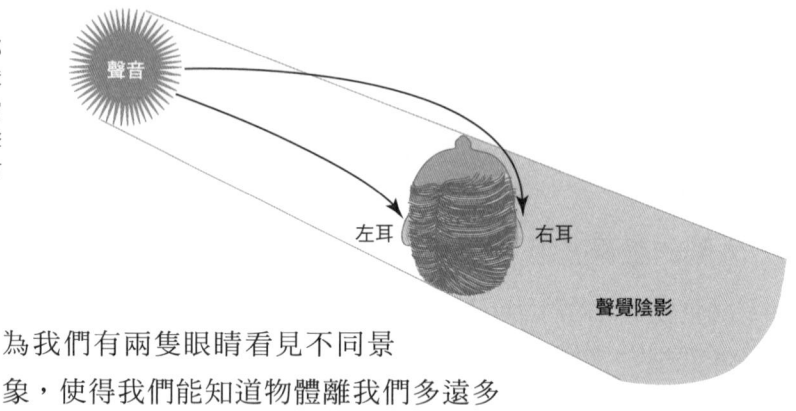

為我們有兩隻眼睛看見不同景象，使得我們能知道物體離我們多遠多近）。如果聲音刺激在我們正前方出現，我們通常較難定位聲音位置，因為兩耳同時接收到聲音，同樣的情況也發生聲音刺激直接出現在頭頂正上方或後方。

　　與其他的動物相較，人類無法非常精準地定位聲音來源（Matlin, 1988）。例如，蝙蝠能在夜晚狩獵昆蟲，因為牠們發展出高度敏感的反射系統。蝙蝠散發聲波並感受聲波反彈，這個系統稱為**回波定位**（echolocation），蝙蝠利用此系統避開狩獵者與發現獵物，因為蝙蝠是夜行動物，所以演化出精密的聽覺系統。視覺需要環境光線才能提供內在表徵的方法，對蝙蝠而言並不是有效的知覺系統。人類不需要蝙蝠的回波定位能力，因為人類不在夜間狩獵，而是在白天利用眼睛捕捉獵物。

4.4　其他感覺

　　除了與生存密切相關的視覺、聽覺以外，觸覺、嗅覺及味覺也是生活中的調味劑，接下來就來討論這些感受。

4.4.1　皮膚感覺

　　買了新鞋，走起路時是否感受到腳趾頭的不適呢？皮膚是我們最大的感覺系統，覆蓋在身體上的觸覺、溫度、痛覺接受細胞，經由皮膚可以察覺非常多的重要訊息。

第 4 章　感覺與知覺
Sensation and Perception

在地人的心理學

知覺與藝術

我們的五感知覺是將外在大千世界的物理刺激，轉換成我們的心理世界。交通大學應用藝術研究所所長陳一平教授致力於視知覺的探索，並且深入研究我們如何透過視覺系統來知覺到外在的世界。其中，色彩的知覺更是我們審美的重要機制，最令人稱奇的就是，人類如何透過三色知覺系統來產生生活中的花花世界。這也說明，我們的大腦利用最簡潔的知覺歷程，創造出最複雜的多彩世界。

藝術創作是將心理世界轉化成物理刺激。我們都有過藝術創作的經驗（如：畫畫、唱歌、舞蹈等），這些創作的過程中，多多少少會將個人內在的感受與想法表達出來，這顯現出藝術創作與內在心理世界的關聯性。

藝術治療是一種結合創造性藝術表達和心理治療的助人專業，透過多種藝術創作為媒介，來達到心理治療的效果。常見的有以視覺為主的繪畫治療、以聽覺為主的音樂治療、以動態知覺為主的舞蹈治療等。目前藝術治療已經廣泛地應用在教育系統與醫療系統。在 2004 年臺灣藝術治療學會成立，更有系統地推動藝術治療，也希望能夠將藝術治療推展到社區心理健康，透過這些多元的模式，來幫助大眾擁有良好的心理健康。對藝術治療有興趣的你，可以連結到藝術治療學會的網站上一探究竟（http://www.arttherapy.org.tw/）。

很久沒有畫畫了嗎？你可以去買一盒蠟筆，拿一張紙來進行創作。感受一下在畫畫的過程中，你有哪些心理世界浮現？

思考一下
1. 你覺得繪畫、音樂、舞蹈可以改善心情嗎？
2. 藝術治療與藝術創作有何不同呢？

參考資料
- 陳一平（2011）。《視覺心理學》。雙葉書廊。
- 邱品惠、曾加蕙（2009）。〈二十一世紀的藝術治療〉。《臺灣藝術治療學刊》，1，13-29。

觸覺

在視覺上,我們偵測光能。在聽覺上,我們偵測空氣中聲波的振動。在觸覺上,我們偵測物理機械能量或皮膚壓力的改變。皮膚的觸覺如何傳遞到神經系統?皮膚接受細胞的感覺神經喚起並進入脊椎神經,訊息開始在腦幹中傳遞。同一邊的身體訊息會傳遞到另一邊的腦中,訊息會傳遞到接力站──視丘;然後視丘會投射身體表面的訊息到大腦皮質頂葉掌管身體感覺的區域(Anderson, 2002)。

就像視覺系統對於中央窩的影像會比對於邊緣視網膜的影像敏銳,我們對觸覺的敏銳度也不是所有皮膚區域都一樣。如你所預期,因人類是可以製造工具的物種,我們經常使用手來感受這個世界,故手部的觸覺比其他部分敏感。因此,人類的大腦演化出更多的空間分析來自於手部的感覺訊號。

觸覺在嬰兒發展上扮演特殊的角色,新生兒的觸覺比視覺、嗅覺、聽覺靈敏(Eliot, 2001)。新生女嬰比男嬰對觸覺更敏感,此性別差異持續一生。心理學家相信,觸覺專門幫助嬰兒去偵測與探索物質世界,並且發現嘴唇上的觸覺是能夠激發起副交感神經系統的運作。這可以說明母親親吻嬰兒是一件多麼美好的事情。

溫度

除了需要感覺皮膚的身體壓力,我們也需要偵測溫度,即使缺乏直接的皮膚接觸。**溫感接受細胞(thermoreceptor)**位於皮膚下方,對鄰近於皮膚的溫度升高或下降作反應,並提供所需的溫度進入,以維持攝氏37度的身體恆溫。

溫感接受細胞有兩種類型:「熱感接受細胞」對皮膚熱的感覺作反應,而「冷感接受細胞」對皮膚冷的感覺作反應。令人驚訝地,當皮膚同時接受到刺激,使得熱感與冷感接受細胞互相緊鄰時,我們會感覺非常炙熱,請見圖4.27的「燙」實驗。

痛覺

當我們被捏時,我們對於物理壓力的轉變由觸覺變為痛覺;當灼

溫感接受細胞
位於皮膚下方的接受細胞,對鄰近於皮膚的溫度升高或下降作反應。

第 **4** 章　感覺與知覺
Sensation and Perception

熱的水壺把手燙傷你的手指時，你對溫度的感覺會變為痛覺。當任何一種感覺出現強烈刺激時都能變成痛覺，例如，光線太明亮、聲音太大聲、食物太辣。**痛覺（pain）**是一種感覺，用來警告我們身體出現危機，痛覺是延續物種生存的能力之一。快速反應系統的功能告訴大腦中的動作系統必須行動，以減輕或將危機減至最小。當手碰到高溫的火爐時會馬上抽離，當走過聲響非常大的鑽孔機旁會掩住耳朵。

痛覺接受細胞分布在全身每一處肌膚，覆蓋在肌肉的表面，若在身體內部則覆蓋在骨頭外圍（Beatty, 1995）。雖然所有的痛覺接受細胞在結構上相似，但它們對於身體刺激的反應形式不同。物理痛覺接受細胞只對壓力作反應，例如，碰到堅硬的物體。熱感痛覺接受細胞只對熱覺作反應，例如，身體組織碰到灼燒。其他的痛覺接受細胞則混合這兩種功能，對壓力與熱作反應。大多數痛覺接受細胞對化學機制敏感，並反應實體的痛覺範圍。

痛覺接受細胞較觸覺或溫度接受細胞，被激發的閾值更高（Bloom & others, 2001），要到達某種程度的傷害才會有痛覺，如：扭到。關節處紅腫或疼痛、肌肉拉傷時，會分泌**前列腺素（prostaglandin）**刺激細胞引起痛覺。藥物（如阿斯匹靈）會經由降低前列腺素來減輕疼痛的感覺。

痛覺訊息傳遞到大腦有兩種神經通路：快速通路與慢速通路（Bloom & others, 2001）。在**快速通路**，神經纖維直接與視丘連接，並傳遞到感覺與動作皮質。這個通路傳遞關於形狀或位置的疼痛訊息，例如，切到手指頭。在此通路中的訊息以少於 1 秒鐘的速度傳遞到大腦皮質，讓身體快速遠離傷害。在**慢速通路**，痛覺訊息經由邊緣系統傳遞，訊息抵達大腦皮質的旅程約 1 秒鐘。經由慢速通路的痛覺讓大腦知道傷害正在發生，然後採取後續的止痛行動。

證據顯示大腦的化學歷程包含**腦內啡（endorphin）**，腦內

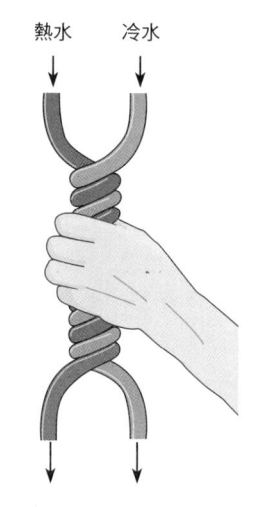

┃圖 4.27　「燙」實驗
將熱水管與冷水管纏繞在一起，當人們用手碰到管子時會感覺「燙」。因為知覺到管子傳遞出強度熱量，使得我們沒辦法繼續碰觸管子。

痛覺
一種感覺，用來警告我們身體出現危機。

啡啟動痛覺訊息並關掉痛覺。腦內啡是一種神經傳導素，為天然的鎮定劑。它會製造愉快的感覺與痛覺，主要由慢速通路的突觸釋放（Bloom & others, 2001）。痛覺的知覺非常複雜且每個人有不同變化，有些人很少感覺痛；另一些人即使經歷微小的撞擊或擦傷也會感覺巨大疼痛。每個人心理上的變化差異不同，如果某人因小傷口就會感覺巨大疼痛，有可能是神經傳導系統中的腦內啡製造不足。

以下教你一些減輕疼痛的策略：

- **注意力分散**：當你受傷時，你會注意受傷的傷口，或是將注意力放在其他事物上？分散注意力通常是減輕痛覺的最好方法，因為感覺的注意可以調整，例如，你可以將焦點放在你喜歡的影片上。
- **集中呼吸法**：當你碰撞到腳趾頭時，試著用短促、快速的呼吸（類似分娩時的拉梅茲呼吸練習），集中呼吸法能成功地減輕痛楚。
- **對立刺激**：在割傷之後用力捏你的臉頰來減輕痛覺。在扭傷或腫脹處冰敷，不但可以減輕痛覺，也可以稍微消腫。

4.4.2 化學感覺

訊息以多種形式衝撞我們的感覺：視覺的電磁能、聽覺的聲波、皮膚感覺的物理壓力與溫度。本節所述的兩種感覺對環境中的化學歷程作反應（Doty, 2001）：嗅覺偵測空氣中傳播的化學分子，味覺偵測在唾液中溶解的化學分子。味覺與嗅覺常常是同時刺激，當我們感冒或鼻塞影響食慾時，便會明白這兩種感覺有很強的連結。因為沒有嗅覺來描繪，我們喜歡的食物變得黯淡無味。即使有此連結，味覺與嗅覺事實上也是兩種不同的感覺系統。

味覺

每個人都喜歡美味的東西，我們是透過味覺來選擇食物，但對於食物味覺愉快的連結，來自於身體在特別的時間需要特別的食物（Bartoshuk & Beauchamp, 1994）。當我們肚子餓時吃蛋糕會感覺非常愉悅，但當喝了一大罐牛奶，再吃一大塊蛋糕則會感覺非常反胃。早上刷牙

時，伸出你的舌頭，仔細觀察舌頭表面，你會看到圓形的突起物。這些突起物稱為**乳突（papilla）**，乳突包含味蕾，味蕾是味覺的接受細胞，舌頭上大約有 1 萬個味蕾。味覺訊息由這些接受細胞傳遞到大腦進行分析，當必要時，則產生回應（例如，把東西從嘴裡吐出來）。

乳突
位於舌頭上的突起物，包含味蕾，味蕾是味覺的接受細胞。

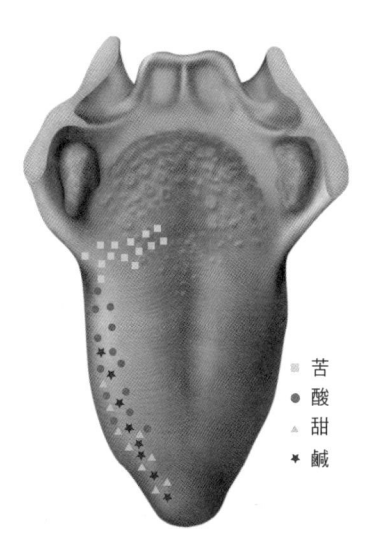

我們所反應的味覺可以分為甜、酸、苦、鹹（Scott, 2000）。雖然舌頭上所有區域都可以分辨出這四種味覺，但不同的區域卻比其他區域對某一種味覺更敏感（Temple & others, 2002）。舌頭的頂端對甜與鹹的物質敏感，側邊是酸，後面是苦（圖 4.28；Bloom & others, 2001）。味蕾的味覺神經傳遞到腦部，通常反應包括多種元素的化學範圍，如：鹹與酸（Smith & Margolskee, 2001）。大腦處理這些有點含糊不清的訊號，並把它們整合為味覺知覺。當你吃著鹽酥雞時，是否會感受到其中豐富的味道呢？

圖 4.28　舌頭知覺甜、鹹、酸、苦物質的位置

嗅覺

為了理解嗅覺的重要，請想像比人類擁有更精緻嗅覺的動物。例如，狗能利用嗅覺尋找回家的路、辨識敵友，或經由訓練去偵察隱藏於手提箱中的不法毒品。狗可以偵測到的氣味濃度比人類低 100 倍。

我們使用嗅覺做什麼？第一，人類需要嗅覺去決定要吃什麼，我們可以區分出腐爛的水果，聞到這個食物會不舒服，並讓我們有作嘔的感覺。第二，嗅覺的追蹤功能通常讓我們聯想到動物，但人類卻是個氣味追蹤者。我們能聞出瓦斯漏氣、廚房飄出的香味、他人身上的香水味。

就像眼睛會掃描視覺區域裡引人注意的物體，或是我們會豎起耳朵朝向想要傾聽的聲音，鼻子也參與在嗅覺裡。**嗅覺表皮細胞（olfactory epithelium）**位於鼻腔頂端，包含整片嗅覺接受細胞（圖 4.29），所以吸氣會影響到偵測氣味的最大範圍（Doty & Muller-Schwarze,

嗅覺表皮細胞
位於鼻腔頂端，包含整片嗅覺接受細胞。

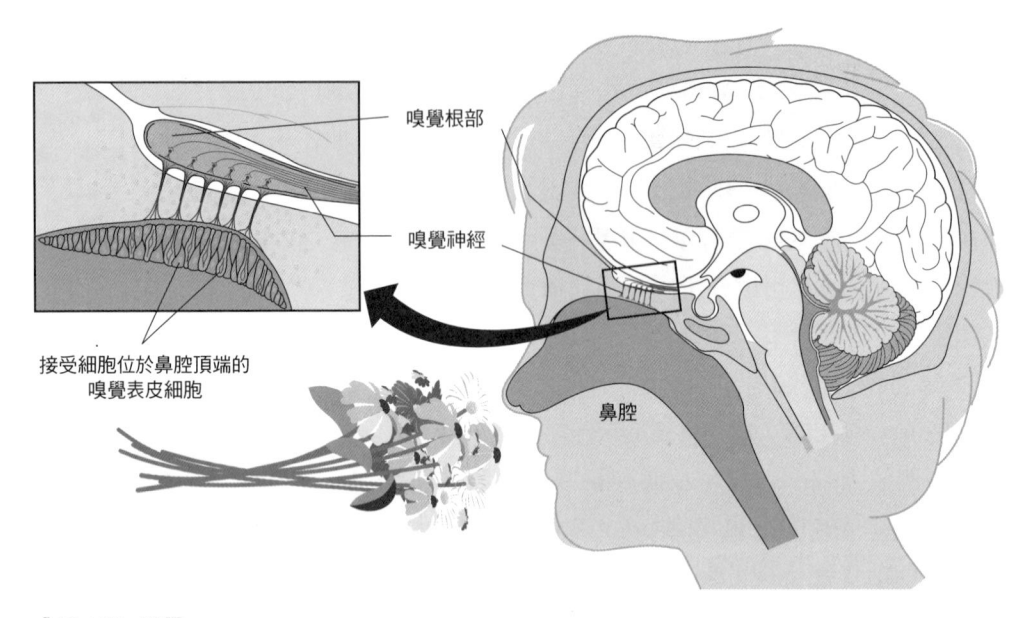

圖 4.29　嗅覺
風媒分子攜帶氣味接觸到鼻腔頂端微小的接受細胞，鼻腔黏膜的接受細胞稱為嗅覺表皮細胞。氣味訊息經由嗅覺神經往大腦傳遞。

1992）。接受細胞覆蓋百萬個細小絨毛似的觸角，會把黏液送至鼻孔上方並與喉嚨及肺部的空氣接觸（Laurent & others, 2001; Yau, 2002）。

在嗅覺上，神經通路一開始經由顳葉大腦皮質的嗅覺區，然後經過許多的腦區，特別是包含情緒與記憶的邊緣系統。對許多人而言，嗅覺通常包含記憶或裝滿情緒，這是因為嗅覺神經通路經過邊緣系統（Bloom & others, 2001）。

動動腦

香味與心理感受──芳香療法的效果

氣味對於我們的心理感受影響很大，迷人的花香會讓人感到舒服自在，垃圾的腐臭味會讓人感到不適、想逃避。你可以靜下心，細心地感受一下。現在的你感覺到哪些氣味呢？近年來流行的芳香療法，是透過植物自然的芳香氣味來調整人的心理狀態。以下是芳療師推薦在生活中用來改善心情的香味：

第 4 章 感覺與知覺
Sensation and Perception

- 洋甘菊：冷靜你的心。
- 鼠尾草：快樂的一天。
- 尤加利：開朗的心情。
- 茉莉花：找回熱情。
- 薰衣草：放鬆你的腦。
- 檸檬：開闊你的心胸。
- 香蜂草：穩定你的心。
- 橙花：修復你的身心。
- 玫瑰花：安定你的心靈。

思考一下

1. 在生活中，哪些植物的氣味會讓你感到放鬆呢？
2. 在你的房間裡，是否也使用了一些芳香劑來改善氣味呢？
3. 噴香水（古龍水）可以改善你的心情與人際嗎？

建議閱讀

- Gabriel Mojay 著，陳麗芳譯（2009）。《花草能量——芳香療法》（*Aromatherapy for Healing the Spirit*）。生命潛能出版。

4.4.3 動感知覺與前庭感覺

　　即使是最簡單的動作調節表現，例如，從書架上取書或離開座位，大腦都必須從身體各部位連續接收與調整訊息。你的身體提供兩種關於移動的感覺：**動感知覺**（kinesthetic sense，提供移動、姿勢與方向的訊息）以及**前庭感覺**（vestibular senses，提供平衡與移動的訊息）。沒有任何的器官包含**動感知覺**，它們位於肌肉神經與關節處。當我們伸展或移動時，接受細胞傳遞肌肉狀態。動感知覺通常不會引起注意，除非產生變化。試著趁室友熟睡時移動其雙腿，看看他有什麼反應。在生活中，你用電腦打字、投球、騎腳踏車等等的運動都是需要動感知覺。

　　前庭感覺告訴我們頭部或身體需要抬起、移動、減速或加速，並

動感知覺
提供移動、姿勢與方向的訊息。

前庭感覺
提供平衡與移動的訊息。

半規管
位於內耳，包含感覺接受細胞，會偵測頭部位置與移動。

與動感知覺一起運作，協調回饋四肢的位置與身體各部分的關聯。當你在打籃球時，要將球傳給左後方的隊友時，這時你的前庭感覺就產生作用，讓你能夠平衡你的身體，轉身傳球。

半規管（semicircular canal） 位於內耳，當我們的頭部傾斜或移動身體時，感覺接受細胞會偵測頭部的移動起因（圖4.30）。半規管由三個充滿液體的圓形管組成，表示身體的三個面向——左右、前後、上下。我們可以把它們想像為三個相交的呼拉圈。當你轉動頭部時，半規管內的液體流動到不同的位置，液體流動依頭部移動的力道而有不同的速度。我們對於頭部移動與位置的知覺，決定於動作接受細胞。使用管內液體流動去感覺頭部移動位置的精密系統，不同於內耳的聽覺系統。耳蝸的液體反應卵圓窗的壓力，半規管的液體移動反應頭部或身體的物體移動。就像耳蝸的聽覺毛細胞激發聽覺脈衝至腦部，半規管的聽覺毛細胞則傳遞平衡與移動的訊息。

前庭感覺的大腦通路起於聽覺神經，並包含耳蝸神經（有關於聲音的訊息）與前庭神經（平衡與移動的訊息）。大多數前庭神經的軸突與延腦連接，一部分與小腦連接，把前庭訊息投射至顳葉皮質。多數神經學者相信，投射到大腦皮質會反應昏眩；反之，連接到較低的腦幹則會產生噁心與嘔吐感（Carlson, 2001）。

圖 4.30　半規管與前庭感覺
半規管提供體操選手頭部與身體在不同方向傾斜的回饋。（小圖）半規管位於內耳，三個管線大約與彼此成垂直，成為三個平面空間，頭部任何角度的轉動都經由雙耳中一個或多個管線的聽覺毛細胞調節。

第 4 章 感覺與知覺
Sensation and Perception

課堂活動

主題：盲人走路。

目標：
- 體會失去視覺的心情。

步驟：
1. 兩兩一組。
2. 其中一人把眼睛閉上當作盲人。
3. 另一個人則是引導者。
4. 引導者牽著盲人的手去探索這個世界。
5. 走出教室，引導盲人去觸摸某個物品。
6. 然後走回教室。
7. 雙方交換角色。

回家作業

探索心理第四課──放鬆你的感官

我們透過五種管道與外界接觸，分別是視覺、聽覺、嗅覺、味覺以及觸覺。而所有外在刺激的物理特性也透過我們的感官轉換為心理特性。我們總是透過感官接觸這個世界，但是卻時常忘記了透過感官回到我們內在的世界，我們總是不斷地在追求新的刺激，導致自己迷失在外在的世界中。

找個安靜的時間，放鬆地坐在椅子上，透過第一課的呼吸做以下的練習：

吸氣，我覺察到我的眼睛。感謝你讓我看見美麗的花朵、開闊的天空。
呼氣，我讓眼睛微笑。

吸氣，我覺察到我的鼻子。感謝你讓我可以聞到青草的味道。
呼氣，我讓鼻子微笑。

吸氣，我覺察到我的耳朵。感謝你讓我可以深深地傾聽他人。
呼氣，我讓耳朵微笑。

吸氣，我覺察到我的嘴巴。感謝你讓我可以與人溝通。
呼氣，我的嘴角生起微笑。

吸氣，我覺察到我的雙手。感謝你讓我可以書寫。
呼氣，我讓雙手微笑。

吸氣，我覺察到我的雙腳。感謝你讓我可以自由地走每一步。
呼氣，我讓雙腳微笑。

讓正念的呼吸帶你回到自身，發現自己身上已經滿溢了愛，生命本身就是愛，我的眼睛、耳朵、鼻子、嘴巴，我的手、腳，甚至是頭髮，它們愛著我，為了我而在此。

吸氣，我知道你們在那兒。
呼氣，我為你們在此，我會照顧你們。

每一次呼吸，就注意你的一個感官器官，會讓你更加強化你的知覺系統。

本章摘要

這一章帶你進入了奇妙的感官世界，你發現到原來我們的五官知覺是這麼地奇妙。我們如何看待這個世界——以視覺、聽覺、嗅覺、味覺、觸覺等，這些感覺的產生是很奇妙的過程。

1. 感覺與知覺的基本原則。
   - 了解「感覺」與「知覺」。感覺是我們感官系統對於外界刺激的接收，知覺是我們大腦對外界刺激的解釋過程。透過感覺，我們能夠感受外在世界；透過知覺，我們可以理解外在世界。
   - 我們對於外在刺激的感覺，是一個適應的過程。
2. 視覺的產生。
   - 了解眼睛的構造，也知道眼睛就好像照相機，照下你所看到的影像。
   - 我們透過視神經系統來接收外在的刺激。透過神經系統的傳遞，由大腦來解釋這些刺激的產生。
   - 三原色理論說明了我們如何知覺外在的色彩。

- 可以區辨物體與背景的不同。透過神經系統的運作,我們產生了三度空間的物體知覺。
3. 聽覺的產生。
    - 聲音透過聲波傳遞,我們的耳朵可以接受這些聲波而產生聽覺。
    - 了解耳朵的構造。
    - 透過聽神經的傳遞,我們可以聽到聲音。
4. 其他感覺的產生。
    - 觸覺是人體很重要的物理感覺。
    - 嗅覺與味覺是生活中化學物質的感覺。
    - 動感知覺與前庭感覺讓我們知道自己身體的姿態與位置。

第 5 章

意識的狀態
States of Consciousness

章節內容

5.1 意識的本質
5.1.1 意識的層次
5.1.2 意識與大腦

5.2 睡眠與做夢
5.2.1 生理週期與睡眠
5.2.2 睡眠的需求
5.2.3 睡眠階段
5.2.4 睡眠困擾
5.2.5 做夢

5.3 心理作用藥物
5.3.1 心理作用藥物的使用
5.3.2 鎮定劑
5.3.3 興奮劑
5.3.4 迷幻劑

5.1 意識的本質

在 19 世紀末與 20 世紀初，心理學的先驅佛洛依德與 William James 開始探索人類的意識與潛意識。本章將**意識（consciousness）** 定義為對外在事件與內在感覺的覺察，其中包含對於自我的認知以及對於個人經驗的想法。就外在世界而言，你會發現你的好友在討論髮型、你走在校園有隻野狗跑過來。就內在世界而言，如果你沒吃早餐，你就覺得飢腸轆轆、上到無趣的課程你會想打瞌睡。

意識
對外在事件與內在感覺的覺察，其中包含對於自我的認知以及對於個人經驗的想法。

5.1.1 意識的層次

意識流
心中的感覺、想像、想法與情感會在不同的意識層次中流動著。

James 認為心理如同**意識流**（stream of consciousness）：心中的感覺、想像、想法與情感會在不同的意識層次中流動著。隨著警覺程度不同，我們的心理狀態會有五種意識狀態：專注狀態、自動化狀態、意識狀態轉變、下意識狀態與潛意識（圖 5.1）。

掌控歷程

掌控歷程
意識狀態中最警覺狀態下的認知活動。

掌控歷程（controlled process）代表人類所有意識狀態中最警覺的狀態。在這個歷程中，個人會努力達成他的目標（Cooper & others, 2002; Monsell & Driver, 2000）。你的室友正努力地打報告，他聽不見你所哼的曲子，也不會注意到外面正在下雨。他這種專心的意識狀態，就是所謂的掌控歷程。掌控歷程需要**選擇性注意**（selective attention），這可以讓人將注意力集中在特定的體驗上，同時忽略周遭發生的其他事件（Pashler, Johnston, & Ruthruff, 2001）。在生活中，需要費心

意識的層次	描述		
掌控歷程	這是一種掌控歷程，在這個歷程中，個人會努力達成他的目標，所有意識狀態中警覺度最高的狀態。		讀書就是一種專注的狀態，需要集中注意力。
自動化歷程	只需要一點點注意力的自動化歷程。		這名婦女是位經驗豐富的電腦操作員。她對打字，只需要投入一點點的意識。
意識狀態轉變	因為疲勞或者是使用外在物質來改變自己的覺察狀態。		這些正在喝酒的人正在經歷覺察狀態的改變。
下意識狀態	下意識狀態會發生在人們清醒時，同樣也發生在人們睡眠與做夢時。		我們在睡眠中都會做夢，但是有些人做的夢卻比較多。
潛意識	佛洛依德相信某些潛意識的想法蘊藏著焦慮與其他負面情緒，這些是人們有意識時難以接受的。		躺椅上的這位婦女正在進行心理分析治療，藉以揭露潛意識的想法。

▌圖 5.1　意識的層次

思的活動都在掌控歷程中，如：上課抄筆記、讀書。

自動化歷程

當你室友打好報告後，開始上網玩網路遊戲，這時，他可以邊上網邊跟你聊天。對他而言，上網玩遊戲是一種**自動化歷程（automatic process）**；也就是只需要一點點注意力的意識狀態，不會干涉到進行中的活動。自動化歷程不像掌控歷程需要刻意投入專注力（Trainor, McDonald, & Alain, 2002），它讓我們可以輕鬆地完成許多任務。在生活中，很多行動都是自動化歷程，如：騎腳踏車、帶球上籃、用電腦打字。

自動化歷程
只需要一點點注意力的意識狀態，不會干涉到進行中的活動。

意識狀態轉變

意識狀態轉變是因為外在物質（如：藥物）或內在生理因素（如：疲勞）而產生意識狀態的改變。我們偶爾會使用一些物質來改變自己當下的意識狀態。例如使用咖啡與其他含咖啡因（一種興奮劑藥物）的提神飲料，可以提高警覺性；或透過喝酒來降低意識層次的作用。

下意識狀態

創造力專家 Mihaly Csikszentmihalyi 相信創意構想在浮現之前，通常會在覺察層之下「孵化」一陣子。等到概念孵化成熟時，我們的大腦就會開始處理這些訊息，連我們都不會察覺。在生活中，經常會有這種「靈光乍現」的感覺。原先無法解決的問題，突然在腦海中閃出答案。這說明了我們的大腦默默地思考這些難題。即使當我們醒著，往往也不會察覺到大腦裡正在處理訊息。例如一位罹患神經損傷（neurological damage）的婦女，雖然她可以描述身體的感受，但她無法說明所看到的物體形狀或大小（Milner & Goodale, 1995）。而當她碰到某個物體時，她卻可以準確地拿取該物體。這表示在她的下意識中，她仍具有關於物體形狀與大小的知識，只是她沒有覺察到自己具有這項知識罷了。

下意識（subconscious）的訊息處理會同時以多軌進行。例如，當

你看到一隻小狗在街上吠叫，你會有意識地覺察到「有隻狗在叫」，但是你不會感覺到下意識正在處理物體的身分（一隻小狗）、物體的顏色（黑色）、物體的動作（吠叫）、物體的意圖（想攻擊你）——這時的你即使坐在汽車裡，也會不由自主地把腳抬起來。

做夢也可以視為一種下意識狀態，因為此時我們的警覺度比做白日夢時更低。想想德國化學家 August Kekule 在 1865 年提出苯分子是環狀的主張，他一邊看著壁爐中的火花在空中繞圈圈，一邊進入夢鄉，他夢到苯分子可能是環狀的。如果 Kekule 一直保持清醒，他很可能不會注意到火花與苯分子形狀間的關聯。但是他的下意識卻不會壓抑此種關聯，所以當他醒來後，他注意到苯分子可能是環狀的（Csikszentmihalyi, 1995）。研究也發現，當人們睡著時，仍舊會察覺外在的刺激，例如，在睡眠實驗室中，當受試者確實睡著後（根據生理監測裝置進行判斷），仍舊對微弱的聲音有反應而按下掌上型的按鈕（Ogilvie & Wilkinson, 1988）。另一項研究顯示，聲音會活化受試者腦部聽覺處理的區域；而呼喊受試者姓名的聲音，則會活化受試者腦部的語言區域、杏仁核和前額葉皮質（Stickgold, 2001）。想一想，在生活中你是否也會有一些下意識的行動呢？如：在疲勞的一天後，你自己都忘了自己是怎麼換衣服、洗好澡上床睡覺；或者，一回家就不自主地打開電腦等等。

潛意識

潛意識的想法
佛洛依德提出的概念，認為潛意識的想法是無法被自我接納的期望、情感與想法的倉庫，是超出意識覺察的層次。

佛洛依德（Freud, 1917）認為**潛意識的想法（unconscious thought）**是無法被自我接納的期望、情感與想法的倉庫。根據佛洛依德的看法，潛意識的想法蘊藏著焦慮與其他負面情緒，這些是人在有意識時難以接受的。例如，電視影集《宅男行不行》(*The Big Bang Theory*) 中的羅傑，他無法開口對女生說話；他可能不會意識到他對女性的恐懼是源自孩童時期，母親對他冷酷嚴厲的管教所致。跟羅傑一樣，我們都有一些目前無法面對的想法與感受隱藏在潛意識之中。

5.1.2 意識與大腦

根據一個人在某一時間點察覺到的事物，其腦部的不同區域會「亮起」或被活化（Alkire, Haier, & James, 1998; Kosslyn, 1994）。那可能是來自感官的訊息整合了大腦皮質相關區域中的情緒和記憶訊息，進而產生意識（Bloom, Nelson, & Lazerson, 2001）。大多數的神經病理學家相信，意識是由許多個別的處理系統相互連接所產生的。

5.2 睡眠與做夢

睡眠占據我們生活三分之一的時間，但很多人都因為缺乏睡眠而深感困擾。什麼是睡眠？為何睡眠如此重要？本節將探討這些問題的答案，且會了解夢境這個迷人的世界。

5.2.1 生理週期與睡眠

生理週期（biological rhythm）是指身體週期性的生理變化。我們不會覺察到大部分的生理週期，例如，血液中荷爾蒙的起伏、大腦活動週期變快或變慢，以及體溫的升降，但這些確實都會影響我們的行為。這些週期都是由**生理時鐘**（biological clocks）所控制，生理時鐘包含：

- **以年或季節為週期**：例如，候鳥的遷移、人類隨季節改變的飲食習慣等。
- **28 天的週期**：例如，女性的月經週期。
- **24 小時的週期**：包含睡眠／清醒的週期，以及體溫、血壓和血糖濃度的改變。

24 小時的週期是指**日夜節律**（circadian rhythm），即每天行為或心理的週期。circadian 這個詞彙來自拉丁文 circa（表示「大約」）以及 dies（表示「一天」）。例如，人的體溫 24 小時的變化，在中午時的體溫最高，在清晨 2～5 點時的體溫最低。研究者發現，大腦中的一個小結構會監視從白天到夜晚的變化，它是根據視網膜輸入的光

生理週期
身體週期性的生理變化。

日夜節律
每天行為或心理的週期。

線，讓生理週期與每天光線明暗的週期同步化（Zisapel, 2001）。許多盲人一輩子都被睡眠問題所困擾，因為他們的視網膜無法偵測到光線（National Institute of Neurological Disorders and Stroke, 2001）。

時差與生理時鐘

在生活中，我們會有所謂的時差問題，也就是生理時鐘因為外在因素而被打亂。例如，如果你從臺灣飛到紐約。到了紐約，在晚上 11 點要上床睡覺時，你會發現根本睡不著，因為你的生理時鐘還停留在臺灣時間（大約是下午 3 點）；這之間的落差就是所謂的時差。如果你在紐約停留幾天，你的身體就會適應新的時間表，產生合乎環境的生理時鐘。

生理時鐘的混亂也同樣會發生在輪班的工作者身上（Ahasan & others, 2001）。最近發生的一些飛安事故都與駕駛員無法適應新的輪班時間有關，因為輪班讓他們的效率不如以往。輪班的問題往往會影響夜班的工作者，因為他們尚未完全適應在白天睡覺，所以可能會在晚上工作時打瞌睡，這也提高心臟病與胃腸疾病的風險（Quinlin, Mayhew, & Bohle, 2001）。雖然輪班會造成身心上的傷害，但有些工作是必須要輪班的，如醫護工作、工廠工作。有些人會很快地適應輪班，而有些人則會受到干擾（如：早睡早起型的人）。

重新設定生理時鐘

如果睡眠與清醒的生理時鐘被打亂了，要如何重設呢？以時差為例，如果你在白天到達目的地，建議你盡可能地暴露在日光下。因為白天明亮的光線能讓你保持清醒，晚上的明亮光線反而會讓你睡不著（Oren & Terman, 1998）。褪黑激素（melatonin）是人體在夜晚分泌的荷爾蒙，已有研究開始探討它能否改變時差（Sharkey & Eastman, 2002）。最近有許多研究表示，微量的褪黑激素可以加速生理時鐘，改善從西半球飛到東半球旅客的時差問題，但是對於從東半球飛到西半球的旅客卻無效（Herxheimer & Petrie, 2001; Suhner & others, 2001）。值得注意的是，雖然褪黑激素容易取得，但每個人需要的劑量並不相

同，況且褪黑激素可能產生許多副作用（National Institute of Neurological Disorders and Stroke, 2001）。

輪班工作者重新設定生理時鐘的方式，包含將睡眠時間分割，在下班後的早晨小睡片刻，並在上班前的黃昏假寐，如此可以增加睡眠時間；或是提高工作場所的亮度；或在完全黑暗的環境中睡覺。

5.2.2 睡眠的需求

每個人都需要睡眠，當睡眠不足時，我們的身心狀況都會受到影響。基本上睡眠有以下四種優點：

- **體力恢復**：科學家認為經過一天的活動而感到筋疲力竭時，睡眠可以讓我們的大腦與身體復原、體力恢復與重建。這個概念與我們的經驗相符，在上床睡覺前我們覺得「累壞了」，但醒來後會覺得體力恢復。在熟睡時，許多人體的細胞確實會增加蛋白質的產生，降低蛋白質的耗損（National Institute of Neurological Disorders and Stroke, 2001）。
- **適應**：動物都必須自我保護，因此發展出睡眠。例如，某些動物在白天比較容易尋找食物和水，天黑之後牠們便習慣藏匿。一方面可以儲備能量；另一方面也避免被其他動物吃掉，或避免因為視線不佳而摔落懸崖。一般而言，睡眠最少的動物會成為其他動物的食物。圖 5.2 描述多種動物每天平均的睡眠時間。
- **成長**：睡眠有助於嬰兒與孩童的身體成長與腦部發育。例如，深層睡眠可以使孩童身體釋出生長荷爾蒙（National Institute of Neurological Disorders and Stroke, 2001）。
- **記憶**：目前研究顯示，睡眠在長期記憶的儲存與維持扮演相當重要的角色。REM（活動）睡眠與人類情緒記憶的訊息有關（Wagner, Gais, & Born, 2001）。研究顯示，好好睡一覺可以幫助大腦將白天所學的儲存到記憶中（Stickgold & Hobson, 2000）。研究顯示，整夜熬夜的人所背誦的內容不及每晚都睡眠充足的人。所以，熬夜讀書並不能增加你的學習效果。

圖 5.2　動物的睡眠

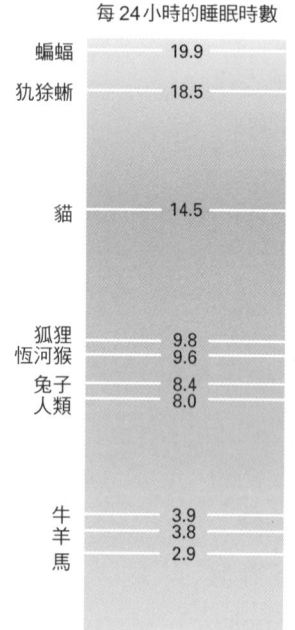

每 24 小時的睡眠時數

蝙蝠	19.9
犰狳蜥	18.5
貓	14.5
狐狸	9.8
恆河猴	9.6
兔子	8.4
人類	8.0
牛	3.9
羊	3.8
馬	2.9

Randy Gardner 在 264 個小時馬拉松式的睡眠剝奪期間，睡眠研究者都在一旁記錄他的行為（包含伏地挺身）。多數人覺得即使一個晚上不睡覺都很困難。為何你不該效法 Gardner 睡眠剝奪的例子呢？

長期睡眠剝奪的影響

Randy Gardner 是一位 17 歲的高中生，他想測試自己不睡覺的極限是多久，結果是 264 個小時（大約 11 天）。這是目前發現最長的睡眠剝奪紀錄，他是在一項科學展覽計畫中進行此項測試（Dement, 1978）。在睡眠研究人員仔細的監測下，Randy 確實有恍神的時候，語言和行動也出現問題。在最後一晚，當 Randy 和睡眠研究人員 William Dement 一起玩線上電玩時，Randy 在遊戲中竟不斷地攻擊對方。之後，在儀器監測下，Randy 經過 14 小時又 40 分鐘的睡眠，體力終於完全恢復。在一般情況下，要人們整晚保持清醒是很困難的，尤其是在凌晨 3～6 點之間。雖然 Randy Gardner 可以 11 天不睡覺，但晚上少睡 60～90 分鐘，都可能讓你隔天效率不彰，無法有最好的表現（Dement, 1999）。

睡眠專家 James Maas（1998）強調，睡眠剝奪會降低我們的生活品質。當你筋疲力竭時，睡眠債（sleep debt）會快速累積，就像逾期未付的信用卡債務一樣。有一位醫療技術員試著晚上只睡 4 個小時（諷刺的是，她是睡眠失調中心的員工），如此才能在白天照顧年幼的女兒。長期下來，她產生了心悸、暈眩、開

車恐懼症以及劇烈的情緒起伏。

睡眠剝奪會降低視丘與前額葉皮質的腦部活動（Thomas & others, 2001），警覺性與認知的表現也會降低，還會導致注意力不集中（Doran, Van Dongen, & Dinges, 2001）。此外，研究也說明 24 小時完全不睡覺的人，其腦部掃描顯示複雜的腦部活動開始減緩（Jeong & others, 2001）。睡眠剝奪也會影響決策，研究期刊歸納睡眠剝奪對決策的負面效果，包含無法處理突發狀況、無法創新、無法修正計畫、無法與他人溝通（Harrison & Horne, 2000）。

> **在地人的心理學**
>
> ### 你的睡眠充足嗎？
>
> 想一想，現在的你是否也是受到失眠所困擾呢？許多大學生在半夜上網而白天睡覺，這是否也是一種失眠的困擾呢？許多大學生都睡眠不足，在一項調查中發現，臺灣大學生有 66.2% 反映睡眠品質差，而有 58.6% 有中度到重度的嗜睡狀態，睡眠習慣不良的同學高達 84.6%（黃有慶、吳侖瑾、陳青浩、隋安莉，2009）。你可以試著回答下列問題，評估自己的睡眠是否充足。
>
> | 是 | 否 | |
> |---|---|---|
> | ☐ | ☐ | 我需要鬧鐘才能準時起床。 |
> | ☐ | ☐ | 每天起床時都掙扎很久。 |
> | ☐ | ☐ | 週一到週五，我都覺得很累、很煩躁與緊張。 |
> | ☐ | ☐ | 我無法集中注意力。 |
> | ☐ | ☐ | 我的記憶力很差。 |
> | ☐ | ☐ | 對於需要深入思考的課題，我的反應很慢。 |
> | ☐ | ☐ | 我常看電視看到睡著。 |
> | ☐ | ☐ | 上無聊的課會令我想睡。 |
> | ☐ | ☐ | 在吃過飯後我會覺得想睡。 |
> | ☐ | ☐ | 我躺在床上 5 分鐘就能入睡。 |
> | ☐ | ☐ | 我開車時常覺得昏昏欲睡。 |
> | ☐ | ☐ | 我常在週末時睡久一點。 |
> | ☐ | ☐ | 我需要午睡，才有體力撐過一天。 |
> | ☐ | ☐ | 我有黑眼圈。 |
>
> 這是睡眠專家 James Maas（1998）所發展的問卷，如果你有三個項目（或更多項目）中回答「是」，則代表你可能睡眠不足。
>
> 政治大學心理學系的楊建銘教授是臺灣的睡眠專家，他致力於睡眠研究與改善人們的睡眠問題。在他所著作的《失眠可以自療》一書中，他提供了許多好眠

技巧，幫助我們入眠。有睡眠困擾的你，可以閱讀此書，或者到學生輔導中心尋求協助。

參考資料
- 黃有慶、吳侖瑾、陳青浩、隋安莉（2009）。〈南部大專生的睡眠習慣與睡眠品質〉。《嘉南學報》，35，572-581。
- 楊建銘（2010）。《失眠可以自療》。時報出版。

5.2.3 睡眠階段

你是否曾經從夢中驚醒，完全搞不清楚狀況？或是曾經做夢做到一半突然醒來，之後又重回夢境，彷彿意識裡正播放一部電影呢？這兩種情況反映出睡眠週期中兩個不同的階段。使用腦波圖（electroencephalogram, EEG）來監測腦部在清醒與睡眠狀態下的電位活動，科學家已經發現五個不同的睡眠階段以及兩個不同的清醒階段。當人們清醒的時候，他們的 EEG 模式存在兩種波長。β 波（beta waves）的頻率最高，振幅最低，但不會形成一致的模式。這些不一致的模式會隨著我們在清醒時經歷的感官輸入與活動而有所不同。當我們放輕鬆但仍保持清醒時，腦部活動會減緩，振幅不只提高且更有規律，這就是 α 波（alpha waves）。

睡眠的五個階段，會隨睡眠的深度與 EEG 偵測到的腦波模式而有所不同（圖 5.3）。

- **第 1 階段睡眠**：此階段的特色是 θ 波（theta waves），它比 α 波的頻率更低，但振幅更大。從放鬆身體到第 1 階段睡眠是逐步漸進的。

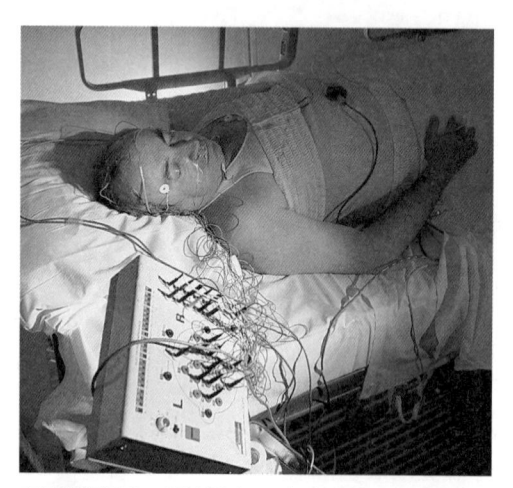

在睡眠實驗中，腦波圖（EEG）會進行人體的監測。而 EEG 究竟在監測什麼呢？

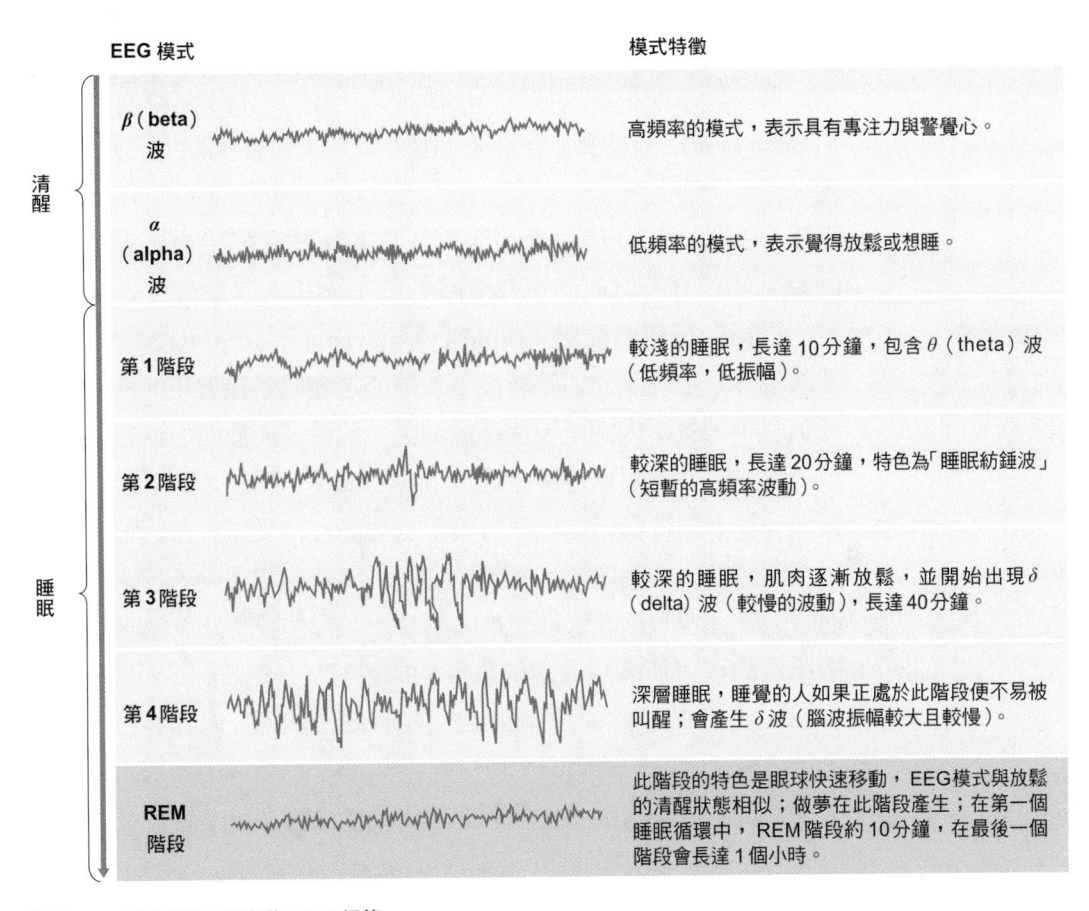

第 5 章 意識的狀態
States of Consciousness

EEG 模式		模式特徵
β（beta）波		高頻率的模式，表示具有專注力與警覺心。
α（alpha）波		低頻率的模式，表示覺得放鬆或想睡。
第 1 階段		較淺的睡眠，長達 10 分鐘，包含 θ（theta）波（低頻率，低振幅）。
第 2 階段		較深的睡眠，長達 20 分鐘，特色為「睡眠紡錘波」（短暫的高頻率波動）。
第 3 階段		較深的睡眠，肌肉逐漸放鬆，並開始出現 δ（delta）波（較慢的波動），長達 40 分鐘。
第 4 階段		深層睡眠，睡覺的人如果正處於此階段便不易被叫醒；會產生 δ 波（腦波振幅較大且較慢）。
REM 階段		此階段的特色是眼球快速移動，EEG 模式與放鬆的清醒狀態相似；做夢在此階段產生；在第一個睡眠循環中，REM 階段約 10 分鐘，在最後一個階段會長達 1 小時。

（清醒：β 波、α 波；睡眠：第 1～4 階段、REM 階段）

圖 5.3　清醒與睡眠階段的 EEG 紀錄

- **第 2 階段睡眠**：θ 波會持續，但是第 2 階段睡眠的特色是穿插**睡眠紡錘波**（sleep spindles）或波頻突然上升（Gottselig, Bassetti, & Ackermann, 2002）。相對於其他睡眠階段，第 1 階段睡眠與第 2 階段睡眠都是較淺的睡眠階段。如果叫醒處於這兩個階段的人，他們通常會說自己根本還沒睡著。

- **第 3 階段睡眠與第 4 階段睡眠**：這兩個階段的特色是 **δ 波**（delta waves），是腦波最緩慢但振幅最大的階段。這兩個階段也稱為 **delta 睡眠**（delta sleep）。儘管第 3 階段睡眠的特色是有一半以下的時間是 δ 波；而第 4 階段睡眠有一半以上的時間是 δ 波。但要嚴格區分

第 3 階段與第 4 階段睡眠是有困難的。delta 睡眠是最深的睡眠階段，此時的腦波與我們清醒時的腦波大不相同。睡覺的人如果正處於 delta 睡眠的階段便不容易被叫醒；如果叫醒他，他也是迷迷糊糊地。

- **速眼動睡眠**：經過第 1 階段到第 4 階段，睡覺的人會逐漸從睡眠階段開始甦醒，但他們不會重回到第 1 階段，而是會進入第 5 階段，又稱為**速眼動睡眠**（rapid-eye-movement sleep, REM sleep）。速眼動睡眠是睡眠的活動階段，做夢即是在此階段發生的。在速眼動睡眠中，EEG 模式呈現快速的波動，此模式與放鬆的清醒狀態相似。睡覺的人的眼球會快速地上下移動或左右移動。此階段時間愈長，受試者記得自己曾做夢的機率也愈高。當受試者在速眼動睡眠中被叫醒時，他們所記得的夢通常較長，較鮮明生動、具情緒性，而且跟在非速眼動睡眠期間被叫醒時所記得的夢相比，速眼動睡眠中所做的夢與清醒時遭遇的事件關聯較低（Hobson, Pace-Schott, & Stickgold, 2000）。速眼動睡眠也可能有助於記憶。研究者在受試者上床睡覺之前，給他們一些特殊的詞彙（Empson & Clarke, 1970），若讓他們睡到隔天早上，他們能記得的詞彙較多；若在一進入速眼動睡眠時就立即叫醒他們，能記得的詞彙則較少。

> **速眼動睡眠**
> 第 5 階段睡眠，做夢是在此階段發生的。

此處討論的五個睡眠階段形成一個普通的睡眠循環，如圖 5.4 所示。一個循環需要 90～100 分鐘，而這個循環在一個夜晚會多次重複。若將一晚的睡眠分為前後兩段，則前半段的深層睡眠（第 3 階段與第 4 階段）會比後半段的深層睡眠更長。整晚的睡眠中都會產生速眼動睡眠，而且速眼動睡眠會愈來愈長。每晚的第一個速眼動睡眠只有 10 分鐘，最後一次的速眼動睡眠則可能長達 1 小時。在一晚的睡眠中，每個人一般都有 60% 的睡眠是處於淺層睡眠階段（第 1 階段和第 2 階段）；20% 的睡眠是處於 delta 睡眠或深層睡眠；而有 20% 的睡眠是處於速眼動睡眠（Webb, 2000）。

5.2.4 睡眠困擾

臺灣睡眠醫學學會自 2000 年起，每三年進行一次國人睡眠品質調查。在 2006 年失眠症的盛行率為 11.5%，在 2009 年失眠症盛行率提高為 21.8%，顯現臺灣人深受失眠所困擾。為了改善睡眠的問題，臺灣睡眠醫學會推廣 321 新睡眠運動，包括「每天約花三分之一時間睡覺」、「心理環境要兼顧」、「提醒親友一起睡好覺」。以下整理出常見的睡眠困擾：

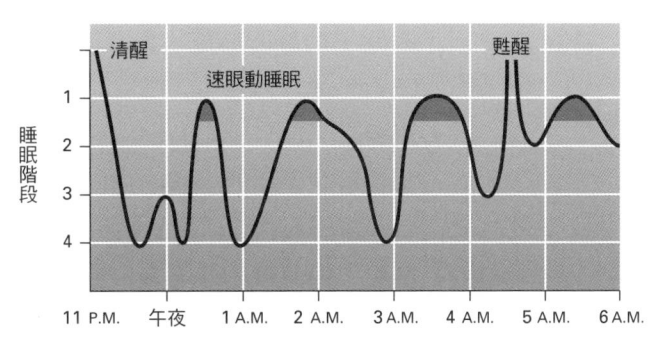

▌圖 5.4　一晚的睡眠循環
我們在一個晚上會經歷數個睡眠循環。睡眠深度隨著時間而遞減，但速眼動睡眠（以灰底表示）的時間卻會增加。圖中，受試者在清晨 5 點清醒，之後又多睡了 1 小時。

- **失眠（睡不著）**：有三種狀況：(1) 很難入睡；(2) 半夜易醒；或 (3) 太早起床（Harvey, 2001; Mahendran, 2001）。若是短期的失眠患者，大多數醫生會開立安眠藥的處方箋（Ramesh & Roberts, 2002）。如果每晚都服用安眠藥，幾週後將不再有明顯的效果，並且長期服用會產生一些副作用。輕度的失眠通常可以透過調整睡眠習慣來治療；而針對較嚴重的失眠個案，研究者正在研究以光照治療（light therapy）、補充褪黑激素與其他方式來改變病患的生理週期（Cohen, 2002; Kennaway & Wright, 2002）。行為的改變可以讓失眠患者增加睡眠的時間，並減少在半夜醒過來的頻率。有一項研究是限制失眠患者不管多累，整天都不能打盹，而且他們必須設定鬧鐘，強迫自己在早上準時起床（Edinger & others, 2001）。研究結果發現，失眠患者在白天清醒的時間愈長，晚上的睡眠品質會更好。
- **夢遊**：會發生在最深的睡眠階段。在過去幾年，專家相信夢遊患者正在表現夢境中的動作。但是夢遊是在第 3 階段與第 4 階段發生的，這時剛睡著不久，人們不太可能開始做夢（Stein & Ferber, 2001）。夢遊其實不需要大驚小怪，儘管有些人對夢遊有迷信的看法，擔心叫醒他們就會魂魄飛散。事實上，夢遊患者也可能是

處於半清醒的狀態，為了避免在行走時受傷，叫醒是最好的方法（Swanson, 1999）。

- **說夢話**：你是不是有聽過室友說夢話呢？在壓力大的時期，許多人都會有說夢話的經驗。這時，說夢話的人雖然可以與你交談，而且言談還能連貫，但是醒來卻不清楚與你談過些什麼。

- **夢魘**：做惡夢（夢魘）指很恐怖的夢境，讓睡覺的人從速眼動睡眠中突然清醒過來。夢魘的內容都是一些危險的情況，例如，做夢的人被追殺、被鬼抓或摔下懸崖。3～6歲這段期間是夢魘的高峰期，之後夢魘的機率會減少，至於大學生，一年平均的夢魘次數為4～8次（Hartmann, 1993）。目前所知關於夢魘次數的增加或夢魘情況惡化，大多與生活壓力增加有關。

- **夜驚**：夜驚其特色是突然驚醒，並覺得極度恐懼。夜驚通常伴隨許多生理反應，例如，心跳與呼吸加速、大叫、盜汗和身體移動（Thiedke, 2001）。夜驚比夢魘更罕見，夜驚與夢魘的不同之處，在於夜驚通常發生在慢速波動的非速眼動睡眠階段。5～7歲這段期間是夜驚的高峰期，之後夜驚的機率會減少。

- **猝睡**：坐火車時，你有沒有在車上突然睡著的經驗。猝睡是無法抗拒的睡意，這股睡意非常強烈，即使在說話或站立時都會入睡。猝睡病患會立即進入速眼動睡眠階段，而不是從前四個睡眠階段逐步進入（Mignot, 2001; Mignot & Thorsby, 2001）。

5.2.5 做夢

佛洛依德（Freud, 1900/1953）對夢的理論認為，我們會做夢是因為想獲得**願望的達成（wish fulfillment）**，潛意識地想要嘗試滿足需求（尤其是性與攻擊的需求），在清醒時，這些需求都是無法表達或滿足的。根據佛洛依德的理論，一個有強烈攻擊傾向的人，他在清醒時會壓抑自己的憤怒，但極可能藉由做夢來宣洩暴力與仇恨。這就是所謂的「日有所思，夜有所夢」。

佛洛依德強調夢境通常包含嬰幼兒與孩童時期的經歷與記憶，尤其是與父母親有關的事件。每個夢都有為表面意義與潛藏意義。**表面**

願望的達成
做夢是潛意識地想嘗試滿足需求（尤其是性與攻擊的需求），在清醒時，這些需求都是無法表達或滿足的。

表面意義
根據佛洛依德的理論，是夢表面的意義，包含了扭曲或掩飾夢之真實意義的象徵。

幾個世紀以來,藝術家們對於表現夢境既迷人又可怕的特質,技巧上已經相當熟練。(左圖)荷蘭畫家波希(Hieronymus Bosch, 1450～1516)在他的畫作《享樂的花園》(Garden of Earthly Delights)中捕捉了夢境既迷人又嚇人的特質。(右圖)夏卡爾(Marc Chagall, 1887～1985)在畫作《我與鄉村》(I and the Village)中描繪的夢境。你相信這些畫作中的影像都具有象徵意義嗎?又象徵什麼呢?

意義(manifest content)是夢表面的意義,包含了扭曲或掩飾夢之真實意義的象徵,例如:夢到蛇出現,表示你面對危險。**潛藏意義**(latent content)是夢隱藏的意義,是潛意識的意義。例如,夢到蛇,代表你對男性權威者的恐懼。佛洛依德認為,如果治療師可以了解病患夢中的象徵,就能解釋夢的本質(Scalzone & Zontoni, 2001)。

潛藏意義
根據佛洛依德的理論,是夢隱藏的意義,是潛意識的意義。

動動腦

催眠術的使用

催眠(hypnosis)是一種心理狀態,也可能是移轉注意力與意識的一種狀態,人們在這種狀態下,變得相當容易接受聽到的建議。從有歷史紀錄開始,就已經出現基礎的催眠技巧。催眠大多與宗教儀式、魔術、超自然有關。在19世紀末期,一位奧地利的醫師 Friedrich Anton Mesmer 用磁鐵劃過病人的身體,成功地治癒各種疾病。Mesmer 說這些疾病是透過「動物磁性」(animal magnetism)治癒的。這股磁性是一股無形的力量,可以從治療師傳導至病人。但事實上,這也是一種催眠的形式。法國國家科學院(French Academy of Science)指派委員會來調查 Mesmer 的說詞,這個委員會同意 Mesmer 的治療確實有效,但是對於「動物磁性」的理論則頗有疑義,因此禁止 Mesmer 在巴黎行醫。Mesmer 的學說又稱為「催眠術」(mesmerism),直到今日,我們仍用 mesmerized 來表示被催眠或被迷惑。

在臺灣，早年流行使用催眠來探索個人的前世今生，近期，開始使用催眠來改善心理困擾。臺灣催眠研究學會的成立就是要透過專業的力量，來推展催眠在心理健康的應用，並且減少不當的催眠使用。

根據個體在催眠狀態下的 EEG 研究顯示出大量的 α 波與 β 波，這表示一個人正處於放鬆的清醒狀態（De Benedittis & Sironi, 1985; Graffin, Ray, & Lundy, 1995; Williams & Gruzelier, 2001）。

催眠包含下列步驟：

1. 催眠師降低接受催眠者的焦慮，讓他覺得舒適。
2. 催眠師要求接受催眠者將注意力集中在某個特定的事物上。例如，一個想像的景色或時鐘的指針。
3. 催眠師告訴接受催眠者在催眠狀態下會產生的感覺。例如，感覺放鬆或愉悅的飄浮感。
4. 催眠師告訴接受催眠者將發生或正在發生的事件或感覺。例如，「你的眼皮變得愈來愈沉重。」當催眠師所說的狀況發生時，接受催眠者便會認為這正與催眠師所說的相符，接受催眠者變得更容易接受催眠師的指示。

催眠已被廣泛地應用在醫學與牙醫界、罪犯的偵訊以及運動中。在心理治療中，催眠也被用來治療酗酒、失眠、自殺傾向、暴食與抽菸（Eimer, 2000; Yapko, 2001）。長期的研究與臨床經驗已經證實，催眠可以減少疼痛的感覺（Crasilneck 1995; De Pascalis & others, 2001; Langenfeld, Cipani, & Borckardt, 2002）。此外，研究顯示，催眠也可以提高肌力、耐力或感覺的臨界值（Druckman & Bjork, 1994）。催眠有時會用來喚醒人們對過去事件的記憶（Coleman, Stevens, & Reeder, 2001）。例如，警察有時會安排犯罪現場的目擊者接受催眠，就是希望藉由目擊者的回憶以釐清膠著的案情。

思考一下

1. 催眠是一種意識狀態的改變嗎？
2. 催眠可以當作一種警方蒐證的策略嗎？
3. 你覺得催眠可以當作心理治療的策略嗎？

建議閱讀

- 張雲傑（2007）。《催眠心理治療奧祕：治療方法與實例精選》。元氣齋出版社有限公司。

5.3 心理作用藥物

非法用藥是全球性的問題，全球超過 2 億人有藥物濫用的問題（UNDCP, 2001）。藥物濫用的情況散布在社會各階層：城市裡的內行人會到鬧區的俱樂部吸食古柯鹼、農夫吸食自己種植的鴉片、青少年則在郊區的家中快樂地吃著搖頭丸（Ecstasy）。在臺灣，娛樂性用藥（搖頭丸與 K 他命等）問題也日漸嚴重，在最近的調查中發現有 1.6% 的青少年曾經注射或吸食毒品。其中以高職組學生藥物使用盛行率為 2.7% 最高，高中組 1.0% 最低（周思源等人，2006）。這些非法的用藥都是種心理作用藥物。

何謂心理作用藥物？此種藥物如何影響人的行為？有一陣子，佛洛依德嘗試用古柯鹼為病患進行治療。當時他正在尋找古柯鹼可能的醫療用途，例如，在眼科手術當作止痛藥。他很快就發現有些藥物會讓人覺得狂喜。在佛洛依德寫給未婚妻的信中，他提到只要微量的古柯鹼就能產生美好的飄浮感。本節將為你介紹各種常見的心理作用藥物。

5.3.1 心理作用藥物的使用

心理作用藥物（psychoactive drug）是指在神經系統中作用的物質，可以造成意識狀態的改變、調整感覺，以及改變心情。這些物質之所以受歡迎，是因為這種物質可以協助人們適應不斷變動的環境。喝酒、抽菸與使用 K 他命等違法藥物，可以放鬆身體、排遣無聊與消除疲勞，有時還能讓人逃脫殘酷的現實環境。有些人嘗試服用藥物，單純是對藥物的效果感到好奇；其他人則是基於某些社會因素而服用藥物，例如，使用搖頭丸來增進人際親和感。但為了個人滿足與暫時適應環境而服用心理作用藥物，要付出昂貴的代價——藥物依賴、生活脫序，同時也容易造成身體傷害（Goldberg, 2003）。一開始覺得愉悅與適應，但是最後卻變得難過與不適應。例如，飲酒一開始可以讓人放鬆並遺忘煩惱，但若是逐漸依賴酒精來逃離現實，就會造成依賴，進而威脅人際關係、事業與健康。

心理作用藥物
在神經系統中作用的物質，可以造成意識狀態的改變、調整感覺，以及改變心情。

耐受性
必須提高藥物的使用量，才能達到相同的效果。

生理依賴
生理上對藥物的需求，不繼續服用藥物會導致不舒服的戒斷症狀。

心理依賴
基於情緒因素，有一股不斷想要服用藥物的強烈慾望。

成癮
完全無法脫離藥物，並不顧一切想取得藥物的行為模式。

鎮定劑
一種心理作用藥物，可以減緩心理或身體的活動。

不斷使用心理作用藥物會產生**耐受性**（tolerance）的問題。這表示必須提高藥物的使用量，才能達到相同的效果。例如，有個人第一次用掉半顆的安眠藥可以幫助入睡，但是連續 6 個月每天服用此種藥丸，他便必須將用量增加到 1 顆，才能達到相同的鎮定效果。

不斷使用藥物還會造成**生理依賴**（physical dependence）。這是指生理上對藥物的需求，不繼續服用藥物會導致不舒服的**戒斷**（withdrawal）症狀。例如，身體不適並渴望服用藥物以減少不適。**心理依賴**（psychological dependence）是基於情緒因素，有一股不斷想要服用藥物的強烈慾望，例如，追求快感以及減輕壓力。當你**成癮**（addiction）了就表示你完全無法脫離藥物，並不顧一切想取得藥物，也就是對藥物產生生理依賴或心理依賴（Carroll, 2003）。

從神經生物學的角度觀察，心理作用藥物會提高大腦報償通路（reward pathway）中多巴胺的數量（圖 5.5，National Institute on Drug Abuse (NIDA), 2001），但是只有大腦的邊緣系統與前額葉皮質區會受到多巴胺的影響（Kandel, Schwartz, & Jessell, 2003）。雖然不同的藥物對人的行為有不同的影響方式，但每種藥物都會增加多巴胺的傳導，進而增加報償通路的活動，讓你感到樂此不疲。

5.3.2 鎮定劑

鎮定劑（depressant）是一種心理作用藥物，可以減緩心理或身體的活動。最常用的鎮定劑有酒精、巴比妥酸鹽、鎮靜劑與鴉片。

酒精

在臺灣，曾經有飲酒習慣者占 8.3%，約有 108 萬人，現在有飲酒者約 6.6%（約 94 萬人）。我們通常不會把酒精當作藥物，但它確實是一種相當有效的心理作用藥物。酒精對人

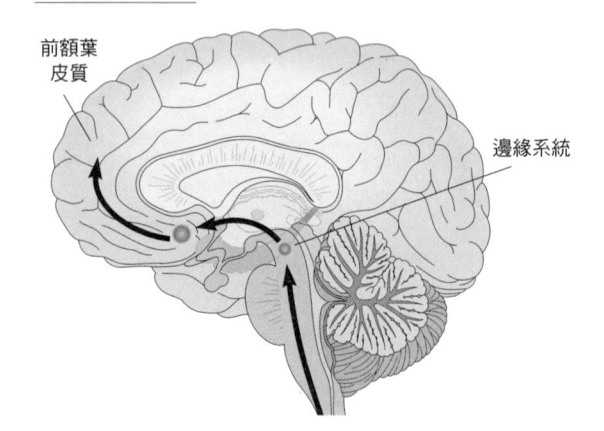

圖 5.5　大腦對心理作用藥物的報償通路
神經傳導素多巴胺會影響睡眠、情緒與注意力，若使用精神藥物，報償通路中的神經傳導素多巴胺會增加，然而，多巴胺只會影響邊緣系統與前額葉皮質區。

體而言是種鎮定劑，它可以減緩大腦的活動。這種說法出乎很多人的意料，因為平常很害羞的人，在喝下幾杯酒後，就會開始聊天、跳舞或進行社交活動。人們喝酒後會覺得「放鬆」，是因為大腦負責抑制與判斷的區域活動減緩。人們喝愈多酒，他們抑制的能力就會降低，判斷力也會降低。喝愈多酒，愈不適合從事需要智力與運動技能的活動（如：開車）。而喝酒過量（酒醉）會造成許多嚴重的傷害（圖5.6）。

酒精就像其他心理作用藥物一樣，都會經過大腦的報償通路（NIDA, 2001）。酒精也會增加廣布在大腦許多區域中的神經傳導素GABA的聚合（Melis & others, 2002）。研究者相信前額葉皮質這個掌管決策與記憶的區域，會記住上次飲酒時的愉悅感（放鬆、沒壓力、不會害羞），導致不斷有飲酒的念頭。飲酒也可能會影響前額葉皮質中掌管判斷與衝動控制的區域（Mantere & others, 2002）。大腦中的基底核會產生強迫行為，讓人不顧一切地想喝酒（Brink, 2001）。

其他鎮定劑藥物

因為酒精是最廣泛使用且最容易被濫用的物質，因此前面討論許多酒精使用及其作用的問題。但還有許多其他鎮定劑藥物也可能會遭

經常性的狂喝濫飲對飲酒者本身以及他人都會造成困擾

對本身[1]		對他人[2]	
（承認具有以下問題的受試者百分比）		（受飲酒者影響的受試者百分比）	
忘記上課	61	造成學習與睡眠困擾	68
不知道自己在做什麼	54	必須照顧喝醉的同學	54
無計畫地發生性行為	41	受到辱罵與羞辱	34
受傷	23	遭到令人厭惡的性示好	26
在沒有使用避孕措施的情況下進行性行為	22	產生激烈的爭執	20
摔東西	22	東西被摔壞	15
與校警或地方警察發生衝突	11	受到推打或攻擊	13
一學年內涉及5次以上與飲酒相關的問題	47	上述的問題有兩項以上	87

[1] 有經常性的狂喝濫飲行為，是指在過去2週內，至少一次在至少三個場合內喝了4～5杯酒。
[2] 提供這些數據的大學，都有50%的學生有狂喝濫飲行為。

圖 5.6　酒醉的後果

到濫用：

- **巴比妥酸鹽（barbiturate）**：例如，寧必妥（Nembutal）與紅中（Seconal），都是用來降低中樞神經系統活動的鎮定劑藥物。這些藥物一度被用來治療失眠，但如果過量，會導致記憶力衰退與決策力降低。巴比妥酸鹽若與酒精混合（如：在狂喝濫飲之後服用安眠藥）可能會致命，過量的巴比妥酸鹽也會致命。基於這些原因，巴比妥酸鹽最常被用於自殺。

- **鎮靜劑（tranquilizer）**：是用來消除焦慮與放鬆心情的鎮定劑藥物。它與巴比妥酸鹽不同，並非是用來治療失眠問題的藥物，而是用來消除焦慮與緊張（Rosenbloom, 2002）。

- **鴉片（opiate）**：或稱為麻醉劑（narcotics），包含鴉片及它的衍生物，都是用來抑制中樞神經系統的活動。最常見的鴉片藥物有嗎啡和海洛因，都是使用腦內啡做為神經傳導素，進而影響大腦的突觸。吸食鴉片的幾個小時後，吸食者會覺得心情愉快、毫無痛苦、對性與食物的興趣提高。但當這些藥物從大腦中消失時，突觸就失去刺激。因此，鴉片是極度容易成癮的藥物，若無法繼續吸食鴉片，會造成非常痛苦的戒斷症狀。鴉片成癮的另一項風險是暴露在後天免疫不全症候群（AIDS）病毒下的危險，因為大部分施打海洛因的人都採取靜脈注射，使用的針頭如果不進行消毒，針頭上的病毒便會傳染給其他人。

5.3.3 興奮劑

興奮劑（stimulant）是可以提高中樞神經系統活動的心理作用藥物，最常用的興奮劑有安非他命、古柯鹼、MDMA（快樂丸、搖頭丸）、MDA（另類搖頭丸）、咖啡因與尼古丁。

- **安非他命**：是一種興奮劑藥物，可以讓人提高能量、保持清醒、或達到減重的效果。過去的青少年會使用安非他命來提神，現在開始流行在聚會活動中用來增加樂趣。由於成癮性高並且會造成腦部永久的傷害，目前為二級管制藥品。

第 5 章　意識的狀態
States of Consciousness

- **古柯鹼**：是一種法令禁止使用的藥物，它是由古柯樹（coca）製成，原產地是玻利維亞與祕魯。幾個世紀以來，玻利維亞人與祕魯人都會咀嚼古柯樹的葉子來提振精神。但是，古柯鹼一般常見的用法是做成結晶或粉末，再用吸食或注射的方式進入人體。吸食或注射古柯鹼會導致心臟病、中風或腦部痙攣驟發症（brain seizure）。吸入或注射提煉後的古柯鹼，它會快速地進入血液中，產生一陣可以長達 15～30 分鐘的愉悅感。因為古柯鹼會耗盡神經傳導素多巴胺、血清素、正腎上腺素的供給，因此藥效退去後會出現激動或沮喪的情緒。圖 5.7 顯示古柯鹼如何影響腦部多巴胺的多寡。
- **MDMA（快樂丸，Ecstasy）**：是非法的合成藥物，它具有興奮劑與迷幻劑的特質。 MDMA 俗稱**快樂丸**、**衣服**、**糖**以及**愛的小藥丸**（love drug）。在臺灣，搖頭丸盛行於年輕族群，主要流行在夜店文化中，透過使用搖頭丸讓自己更「high」。大腦影像的研究顯示，MDMA 會造成腦部傷害，特別是用血清素與其他神經元溝通的那些

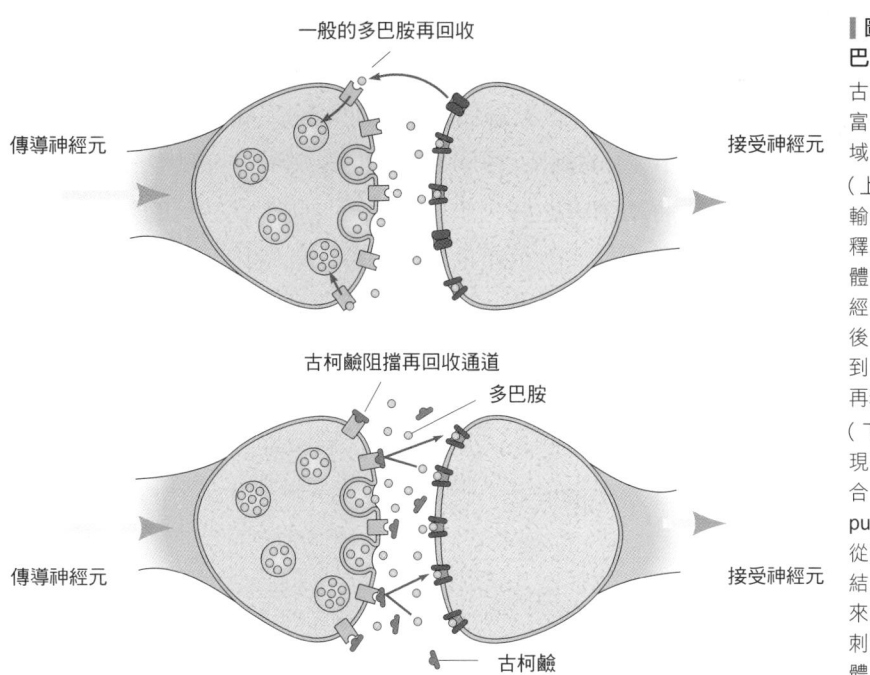

圖 5.7　古柯鹼與多巴胺

古柯鹼會聚集在腦中富含多巴胺的突觸區域。

（上圖）這是普通的運輸過程。傳導神經元釋放多巴胺，結合受體部位來刺激接受神經元。結合受體部位後，部分多巴胺會回到傳導神經元，之後再釋出。

（下圖）當古柯鹼出現在突觸時，它會結合回收幫浦（uptake pump），阻止多巴胺從回收幫浦離開突觸。結果，突觸中聚集愈來愈多的多巴胺，也刺激更多多巴胺的受體。

神經元。只使用 4 天 MDMA，即足以造成腦部傷害，而且傷害會延續 6～7 年（NIDA, 2001）。

- **咖啡因**：是全世界最常用的心理作用藥物。它是一種興奮劑，來自植物的一種天然物質，也是咖啡、茶與可樂的主要成分。巧克力與一些不需要處方箋的藥物也含有咖啡因。咖啡因興奮的作用通常被用來提振能量與警覺性，但有許多人會產生身體不適的副作用。**咖啡因中毒**（caffeinism）是用來形容過度依賴咖啡因的人，出現情緒改變、焦慮以及睡眠失調等問題。每天喝下 5 杯或更多咖啡的人容易產生咖啡因中毒，而咖啡因中毒最常見的症狀是失眠、易怒、頭痛、耳鳴、口乾舌燥、血壓過高或消化問題（Hogan, Hornick, & Bouchoux, 2002）。一個時常飲用含有咖啡因飲料的人，當他的飲食中缺少咖啡因時，通常會感覺頭痛、昏睡、冷淡與注意力不集中。這些戒斷的症狀通常是輕微的，幾天後就會消除。

- **尼古丁**：是所有無煙或有煙的菸草中都具有的心理作用性成分，即使已有許多公開的報告指出菸草對健康會造成危害，我們有時仍忽略尼古丁極容易成癮的本質。尼古丁會提高腦中的多巴胺數量，進而刺激報償中樞（reward centers）。尼古丁對行為的影響包含提升注意力與警覺性、降低食慾與焦慮，並消除疼痛（Rezvani & Levin, 2001）。對尼古丁的耐受性可以從長期觀察，也可以從一天進行觀察。在一天將結束時抽菸的效果，比一早起來就抽菸的效果更小。戒斷尼古丁通常很快就會產生極度不舒服的症狀，例如，易怒、渴望抽菸、無法集中注意力、睡眠失調與食慾提高。戒斷的症狀會持續數個月，甚至更久。儘管尼古丁會帶來短期的效用（如：提振能量與警覺性），但大多數的吸菸者都認知吸菸對健康的嚴重威脅，他們希望自己能戒菸。想戒菸的人，可以打電話到戒菸專線——0800-636-363，尋求專業的協助。

5.3.4 迷幻劑

迷幻劑（hallucinogen）是一種心理作用藥物，可以改變人們的知覺經驗與產生不真實的視覺影像。迷幻劑常被稱為「迷幻藥」〔psychedelic，表示「讓意識狀態改變」（mind-altering）的藥物〕。大麻的迷幻效果較弱，但麥角酸二乙氨（LSD）的效果則很強。

- **大麻**：是一種名叫**大麻**（Cannabis sativa）植物的葉子和花製成的藥物，主要產地在中亞。目前在全世界有許多地方都種植大麻，這種植物曬乾的樹脂也稱為大麻脂（hashish）。大麻中的有效成分是 THC（四氫大麻酚，delta-9-tetrahydrocannabinol），與其他心理作用性物質不同，它並不會影響特定的神經傳導素。大麻會阻斷神經薄膜，並影響多種神經傳導素與荷爾蒙的功能。大麻對人體的影響包含心跳加快、血壓升高、眼睛充血、咳嗽與口乾舌燥，心理上的反應融合興奮、沮喪與輕微的幻覺，因此這種藥物很難分類。大麻會觸發自主且不相關的想法以及對時空認知的錯亂，對聲音、味道、氣味與顏色極度敏感，並且有古怪的言語行為。大麻也會造成注意力與記憶力受損。若每天都使用大量的大麻，會降低精子數量，並改變荷爾蒙的週期（Close, Roberts, & Berger, 1990），也可能造成胎兒畸形。

- **麥角酸二乙氨（LSD）**：是一種迷幻劑，即使是很低的劑量也會造成劇烈的知覺改變。所見的物體會變換形狀並發光，顏色變化像萬花筒一般，展開美麗的影像。LSD 也會影響使用者對時間的概念。時間好像變得很慢，對物體匆匆一瞥，就像盯著它看了好幾個小時或一整天似的，好像可以透視這個物體。LSD 產生的影像有時令人愉悅、有時令人覺得詭異。使用 LSD 最糟糕的情況，是會感到極度焦慮、偏執。

在生活中，我們或多或少會接觸到一些心理作用藥物，在圖 5.8 中，整理了常見的心理作用藥物的效果與傷害，當你有相關的困擾時，可以尋求學生輔導中心的協助，幫助你度過難關。

迷幻劑
一種心理作用藥物，可以改變人們的知覺經驗與產生不真實的視覺影像。

藥物分類	醫療用途	短期功效	過量的傷害	對健康的危害	依賴性
鎮定劑					
酒精	減輕疼痛	放鬆、抑制腦部活動、動作減緩、減少害羞心理	失去方向感、失去意識、血液中的酒精濃度太高時甚至會死亡	發生意外、大腦受損、肝病、心臟病、潰瘍、胎兒畸形	中度的生理依賴與心理依賴
巴比妥酸鹽	幫助睡眠	放鬆、幫助睡眠	呼吸困難、昏迷、可能會死亡	發生意外、昏迷、死亡	中度到高度的生理依賴與心理依賴
鎮靜劑	降低焦慮	放鬆、動作減緩	呼吸困難、昏迷、可能會死亡	發生意外、昏迷、可能會死亡	低度到中度的生理依賴、中度到高度的心理依賴
鴉片（麻醉劑）	減輕疼痛	愉悅感、昏昏欲睡、噁心	抽搐、昏迷、可能會死亡	發生意外、傳染性疾病如：AIDS	高度的生理依賴、中度到高度的心理依賴
興奮劑					
安非他命	控制體重	提高警覺性、變得激動、降低疲勞、易怒	極度易怒、被迫害感、抽搐	失眠、高血壓、營養不良、可能會死亡	可能會生理依賴、中度到高度的心理依賴
古柯鹼	局部麻醉	提高警覺性、變得激動、愉悅、降低疲勞、易怒	極度易怒、被迫害感、抽搐、心跳停止、可能會死亡	失眠、高血壓、營養不良、可能會死亡	可能會生理依賴、中度（用咀嚼的方式）到非常高度（用注射或抽菸的方式）的心理依賴
MDMA（快樂丸）	無	輕微的興奮與迷幻作用、體溫升高與脫水、幸福感與聯繫感	大腦受損，尤其是記憶與思考能力受損	心血管疾病、死亡	可能會生理依賴、中度的心理依賴
咖啡因	無	警覺與幸福感，但隨後會出現疲勞感	緊張、焦慮、睡眠中斷	心血管疾病	中度的生理依賴與心理依賴
尼古丁	無	興奮與壓力消除，但隨後會出現疲勞感與憤怒	緊張、睡眠中斷	癌症、心血管疾病	高度的生理依賴與心理依賴
迷幻劑					
大麻	治療青光眼	愉悅感、放鬆、輕微的幻覺、時間錯亂、注意力與記憶力受損	疲勞、不知道自己的行為	發生意外、呼吸道疾病	非常低度的生理依賴、中度的心理依賴
LSD	無	很強的幻覺、時間與知覺錯亂	精神異常、脫離現實	發生意外	不會產生生理依賴、低度的心理依賴

圖 5.8　*心理作用藥物的分類*

第 5 章　意識的狀態
States of Consciousness

課堂活動

主題：靜坐呼吸。

目標：
- 覺察專注於呼吸的意識狀態。

步驟：
1. 每個人輕鬆地坐在位子上。
2. 將雙眼閉上。
3. 慢慢地深呼吸。
4. 將專注力放在你的呼吸上。
5. 吸氣的時候，想像著空氣填飽你的身體。
6. 吐氣的時候，告訴自己將壓力吐出去。
7. 就這樣保持呼吸，讓你感覺到全身輕鬆。

回家作業

探索心理第五課——安心好眠

　　睡眠會受到睡前的起心動念影響，不管心念是善、是惡、是中性，都一樣會有影響。所以在睡前生起善心就很重要。

——達賴喇嘛

　　為了能夠睡個好覺，最好能夠在平靜的心中入睡。如何在睡前保持平靜的心呢？

　　仔細觀看一下你睡前的習慣，你就能夠發現，有一些會決定你睡眠狀態的習慣。睡覺前你會做什麼？在 MSN 上與人聊天？盲目地在網路上四處瀏覽？大吃大喝？沉溺在孤獨的感受中？懊悔一天發生的事？煩惱明天？或甚至煩惱著今天會不會睡不著……。還是你會慢慢地洗個放鬆的澡，開盞溫暖昏暗的燈，看一本令人平靜的書，或做個幫助睡眠的深度放鬆活動……。

　　所謂正念的生活，最重要的事就是「現在」正在做的事。如果現在正要做的事是睡覺，那麼睡覺就是最重要的事。如果你把睡覺當成當下最重要的事，那你就不會在睡前生起煩惱、生氣、亢奮的心。

睡覺的時候，覺知「我現在正在睡覺」。如果你在意周圍的吵雜聲，不需要排斥它，因為排斥會產生憤怒的心，只要覺知「我已經在睡覺了，那些聲音不重要」。打開自己的耳朵，讓自己在聲音中入睡。閉上眼睛，輕柔地呼吸，並跟隨著你的腹部及胸部起伏上下。覺知「我現在正躺在這裡，在這張床上，這個身體裡」。

如果你觀照了自己的睡眠後，你會發現，要睡得好不只是這樣而已。俗話說：「睡眠是留給那些在白天揮汗付出的人」，浪費生命的人沒有資格好好睡覺。所以，如果要睡個好覺，不只是睡前的狀態而已，而是你有沒有好好善用這一天。你哪些事做對了？哪些事做錯了？如果做對了，一定要好好讚美自己；若是做錯了，要真心地承認自己的錯誤，並且決心不再做錯。這樣，你就能夠安心地入睡。

本章摘要

這章你了解「意識」這個課題，你會知道從「清醒」到「睡著」都有特別的意義。

1. 意識的本質。
   - 意識是對外在事件與內在感覺的覺察，其中包含對於自我的認知，以及對於個人經驗的想法。
2. 說明睡眠與做夢的本質。
   - 生理週期是指身體週期性的生理變化。調節每天睡眠與清醒循環的生理週期稱為日夜節律。大腦中保持生理時鐘與日夜同步化的部分是下視丘，它可以感應光線。生理時鐘會因為旅行時差與輪班而被打亂，重設生理時鐘的方式是回復正常的睡眠模式。
   - 我們需要睡眠才能恢復體力、適應、成長與記憶，有愈來愈多的研究顯示人們效率不彰的原因在於睡眠被剝奪。美國人通常都有睡眠不足的問題，青少年與老年人也面臨相同的問題。
   - 睡眠階段會對應到腦部電生理學的變化，這些變化可以透過 EEG 來評估。人們的睡眠會經過四個非 REM 睡眠階段以及一個 REM（或稱為速眼動）睡眠階段。大多數的夢都出現在 REM 睡眠中，這五個睡眠階段形成一個睡眠週期，此週期長達 90～100 分鐘。一般的睡眠會多次重複這個週期，愈接近睡眠的尾聲，REM 愈長。
   - 許多美國人都有慢性且長期的睡眠失調，這會對一天的做事效率造成影響。睡眠失調包含失眠、夢遊、說夢話、夢魘、夜驚與猝睡。

- 佛洛依德主張人們之所以會做夢，是為了想獲得願望的達成。他將夢的意義區分為表面與潛藏的意義。
3. 評估心理作用藥物的使用與類型。
 - 心理作用藥物是指會在神經系統中作用的物質，可以造成意識狀態的改變、調整感覺，以及改變心情。心理作用藥物之所以受歡迎，是因為這種物質可以協助人們適應不斷變動的環境。不斷使用心理作用藥物會產生耐受性，以及生理或心理依賴的問題。
 - 鎮定劑會減緩心理或身體的活動。最常用的鎮定劑有酒精、巴比妥酸鹽、鎮靜劑與鴉片。酒精僅次於咖啡因，在美國是最廣泛使用的藥物。很高比例的高中生與大學生都有酒精濫用的問題，這尤其是重大的警訊。
 - 興奮劑是可以提高中樞神經系統活動的精神作用性藥物，包含安非他命、古柯鹼、MDMA（搖頭丸、快樂丸）、咖啡因、尼古丁。
 - 迷幻劑是一種心理作用性藥物，可以改變人們的知覺經驗與產生不真實的視覺影像。大麻的迷幻效果較弱，但 LSD 的效果則很強。

第6章

學習
Learning

章節內容

6.1 學習
6.1.1 學習的型態
6.1.2 學習的生物因素

6.2 古典制約
6.2.1 Pavlov 的研究
6.2.2 古典制約的應用

6.3 操作制約
6.3.1 Thorndike 的效果律
6.3.2 Skinner 的操作制約理論
6.3.3 增強原則
6.3.4 操作制約的應用

6.4 觀察學習

6.5 學習的認知因素
6.5.1 目的性行為
6.5.2 頓悟學習

6.1 學習

　　學習任何新的事物都包含了改變，也對你的行為產生了永久性的影響。就像學會了一個字以後，就不會輕易地忘記；或是學會開車之後，就不用每次開車還要思考車要怎麼開。透過經驗，你可以了解棒球比賽是如何進行、交通號誌的意義、做壞事會被處罰等。將上面這些特性結合在一起，**學習**（learning）的定義就是：透過經驗而造成行為永久性的改變。

學習
透過經驗而造成行為永久性的改變。

6.1.1 學習的型態

在我們日常生活的經驗中，其實就有一些基本的學習型態持續在運作。小朋友可藉由觀察幼幼台節目中哥哥、姊姊來進行**觀察學習**。另一種學習型態稱作**關聯學習**（associative learning），主要是將兩個事件由**制約**（conditioning）的方式作連結，而進行學習（Kazdin, 2000; Pearce & Bouton, 2001）。

> **關聯學習**
> 藉由古典制約或是操作制約將兩件事物作連結的學習方式。

制約可分為兩種：古典制約和操作制約（圖6.1）。在**古典制約**中，人們所學習到的是刺激和刺激之間的連結，因此人們開始對事件產生預期效果。舉個例子，打雷的時候，雷聲通常都伴隨著閃電出現（Purdy & others, 2001）。所以當你看到閃電時，就知道接著會有雷聲出現。在**操作制約**中，人們從行為與結果之間的連結去習得啟發。經由這種連結，就可以用獎賞或懲罰去增強或削弱人們的行為。例如，父母親對小孩良好的行為給予鼓勵和獎賞，讓這個行為可以被保持；同樣地，父母會對小孩不良的行為給予責罵和懲罰，讓不好的行為不再重複出現。

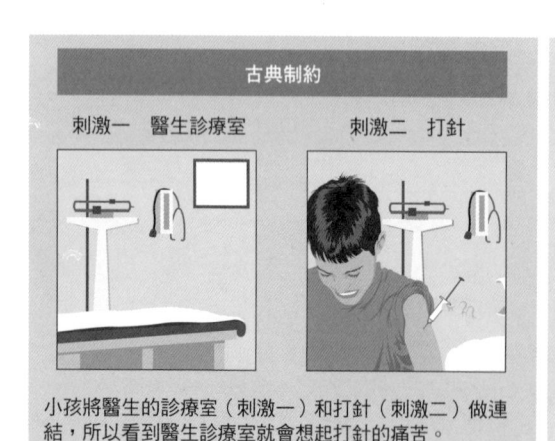

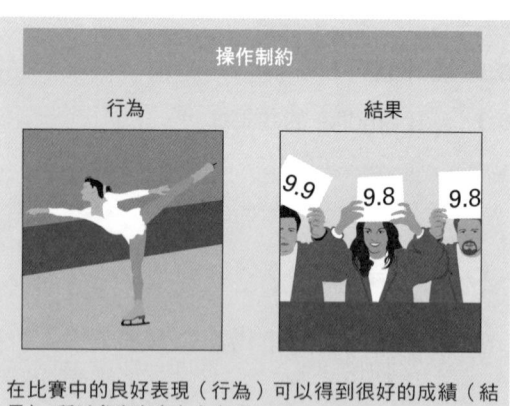

圖6.1 古典制約和操作制約的不同
（左圖）在古典制約中，小孩將兩個刺激作連結：醫生診療室和打針。
（右圖）在操作制約中，參賽者將行為和結果作連結：好的表現和好的成績。

6.1.2 學習的生物因素

生物學家認為，生物性讓人類具有比其他動物更多的準備，讓人們可以去學習更多的事物。舉例來說，魚不能打桌球，牛不會寫字，人體結構卻可以讓我們學習許多其他動物不能學習的事物（Chance, 2003; Morgan, 2002）。我們知道生物因素確實會對許多動物的學習產生影響。其中一個明顯的例子就是生物的**本能趨勢（instinctive drift）**，動物的學習會受其本能行為的干涉。我們看一下 Keller Breland 和 Marion Breland（1961）的經驗，他們利用操作制約訓練動物作表演，訓練小豬把硬幣存到小豬撲滿裡，也訓練浣熊把硬幣從地上撿起來放到金屬盤子裡。

雖然小豬、浣熊以及小雞和其他動物都可以在這類技巧上發揮得很好（例如，浣熊被訓練成知道要把籃球放進籃框裡），但是有一些動物會開始出現奇怪的行為。小豬不再把硬幣放進撲滿裡，取而代之的是，不斷把這些硬幣丟在地上，然後用鼻子推硬幣，或是把硬幣甩到空中。浣熊也不再把硬幣丟到金屬盤子裡，牠們把硬幣握在手裡，當第二個硬幣出現時，浣熊就會把兩個硬幣握在一起摩擦。因為某些因素，這些行為蓋過了訓練的強度。

為什麼小豬和浣熊會出現這些奇怪的行為呢？其實小豬的奇怪行為，是牠們尋找食物的方式，也是牠們最原始及本能的行為。而浣熊會有這樣的行為出現，則反映了牠們清洗食物的本能行為。

有些動物在某些環境很容易學習到某些行為，但是只要環境稍有改變，這些行為就很難學習到。這種結果並不全然是環境的影響，很多時候都是來自生物的準備性（Seligman, 1970）。這就是除了本能趨勢會影響動物學習外，另有一種影響學習的生物因素，我們稱為**準備論（preparedness）**。動物本身因物種所具備的生物性，使其容易習得某種特殊反應。例如：兔子在進食後經歷低程度的放射（radiation），就這麼一次，因為放射讓牠感到痛苦，因而產生嚴重的**味覺嫌惡**，這個味覺嫌惡情形可能得持續至少 32 天（Garcia, Ervin, & Koelling, 1966）。

本能趨勢
動物的學習會受到其本能行為的干涉。

準備論
物種所具備的生物性，使其容易習得某種特殊反應。

> **動動腦**

正向心理學與教育

我們許多的學習都來自於學校的教育,從幼稚園、國小、國中、高中到大學,甚至研究所,這些教育場域提供了我們許多知識的學習。當正向心理學發展的時候,學校體系也開始探討如何讓學生學到一些正向心理特質,如:希望感(hope)、心流經驗(flowing)、感恩能力(gratitude)、復原力(resilience)等,以增加環境的適應能力。

正向情緒與學習效果有密切的關係,快樂的學習確實會產生更好的學習效果。例如李新民教授所提出的「融入學校課程的正向情緒方案」,目的是希望能夠增加正向的學業情緒。在此方案中,將「回想快樂」、「優勢認證」、「淨心活動」、「細數幸福」、「感恩拜訪」、「樂觀想像」等增進正向情緒的主題融入課程中。希望透過這樣的過程,讓學生擁有正向的學習情緒以增加學習效能。

在本章結束的課程活動中,我們將「優勢認證」融入課程中,讓你了解正增強對人的行為影響,並且了解自己的優勢特性。

思考一下
1. 情緒會影響到你的學習效果嗎?
2. 你如何讓自己在學習中增加正向情緒呢?

建議閱讀
- 李新民(2010)。《正向心理學在學校教育的應用》。麗文文化事業。
- 李新民(2010)。《正向心理學教學活動設計》。麗文文化事業。

6.2 古典制約

古典制約
一種學習模式,中性刺激和非制約刺激連結之後,中性刺激也能引起類似於非制約刺激所產生的反應。

這是一個晴朗的好天氣,爸爸帶著小朋友出去散步。小朋友看到一些漂亮的粉紅色花朵,忍不住靠近去摸了一下,結果被停在花瓣上的蜜蜂螫了。隔天,小孩的母親從外面帶回來一些粉紅色的花朵,哪知道小孩一看到這些花朵便開始嚎啕大哭。小朋友的這種反應就是**古典制約(classical conditioning)**的學習過程,當一個中性刺激(花朵)和一個產生影響的刺激(被蜜蜂螫的痛楚)連結在一起,在另一個和中性刺激相似的刺激(母親帶回來的花朵)出現時,就激發起相似的

第 6 章 學習
Learning

反應（害怕被蜜蜂螫）。

6.2.1 Pavlov 的研究

在 1900 年代初期，俄國科學家 Ivan Pavlov 對消化食物的研究很感興趣，在他的實驗中，他把肉末粉放在狗的嘴巴裡以促進狗的唾液分泌。他發現到，在實驗的過程中，不只是肉末粉才會讓狗分泌唾液的量增加，像是看到裝食物的盤子、看到帶食物進來的人、當食物送達門關起來的聲音，都會增加狗的唾液分泌量。Pavlov 認為，狗把食物和這些情形連結起來。這是一種很重要的學習模式，後來就被稱為**古典制約**。

Pavlov（中間的白髮紳士）正在向俄國 Military Medical Academy 的學生展示古典制約的歷程。Pavlov 對於我們在了解學習上有什麼樣的貢獻？

Pavlov 想要知道為什麼狗在還沒吃到肉末粉前，就會因為看到一些景象或聽到某些聲音而增加唾液分泌量。他觀察了狗的行為，包括學習以及未經學習的部分。習得（古典制約）藉由古典制約產生的學習效果；未經學習的部分也就是天生的行為，對刺激會產生自動化的反應，例如，吃到食物會分泌唾液、吃到壞掉的食物會噁心、氣溫低的時候會發抖、喉嚨不舒服會咳嗽、瞳孔遇到光會縮小等。

非制約刺激（unconditioned stimulus, UCS）是不需要學習就能產生反應的刺激；在 Pavlov 的實驗中，食物就是一種非制約刺激。**非制約反應**（unconditioned response, UCR）就是對於非制約刺激所產生的反應，同樣不需經過學習。Pavlov 的實驗中，狗對食物產生唾液分泌就是非制約反應。在本節一開始提到的例子中，小朋友被蜜蜂螫到後哭了，哭是不用經過學習就能產生的自然反應。所以蜜蜂螫是非制約刺激，而哭則是非制約反應。

在實驗中，狗對不同的刺激有反應。Pavlov 在讓狗進食之前會先響鈴。在這之前，響鈴並不會對狗有什麼影響，只用來叫狗起來吃飯了。鈴聲是中性刺激，但是狗卻開始將食物和鈴聲連結在一起，

非制約刺激
不需要學習就能產生反應的刺激。

非制約反應
對於非制約刺激所產生的反應，同樣不需經過學習。

制約刺激
和非制約刺激連結之後能夠產生制約反應的刺激。

制約反應
由制約刺激所引起的反應，且類似於非制約反應。

習得
（古典制約）
藉由古典制約產生的學習效果：一個中性刺激和非制約刺激連結之後，形成制約刺激並激發制約反應。

並且在聽到鈴聲後，就會開始分泌唾液。在古典制約中，**制約刺激**（conditioned stimulus, CS）是和非制約刺激連結之後能夠產生制約反應的刺激；而**制約反應**（conditioned response, CR）則是制約刺激和非制約刺激連結之後由制約刺激所引起的反應，且類似於非制約反應（Pavlov, 1927）。對狗而言，鈴聲變成制約刺激，因為聽到鈴聲而分泌唾液的反應就是制約反應。對小朋友而言，花跟鈴聲一樣是制約刺激，而哭就是被蜜蜂螫（非制約刺激）和花（制約刺激）配對後所產生的制約反應（圖 6.2）。

習得

習得（acquisition）是指藉由古典制約產生的學習效果：一個中性刺激和非制約刺激連結之後，形成制約刺激並激發制約反應。習得的兩個重要觀點，分別是時間及可預測性。

制約刺激和非制約刺激兩者出現的時間差，在古典制約中有很重

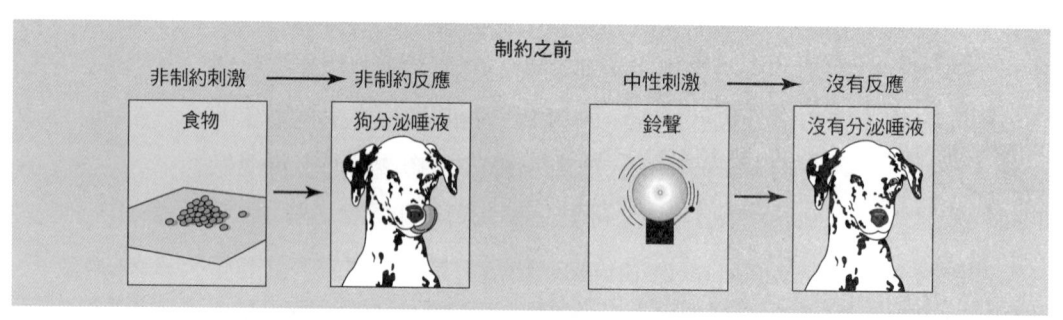

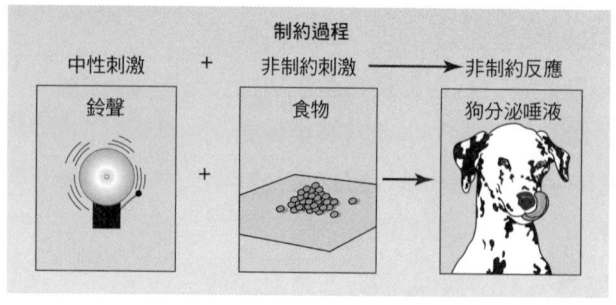

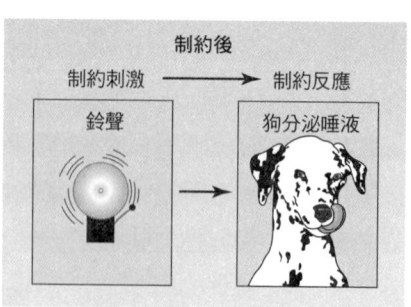

圖 6.2　Pavlov 的古典制約
在實驗中，Pavlov 在非制約刺激（食物）之前呈現一個中性刺激（鈴聲），該中性刺激和非制約刺激連結後變成制約刺激。伴隨制約刺激（鈴聲）發生的就是制約反應，造成了狗分泌唾液。

要的影響力（Kotani, Kawahara, & Kirino, 2002; Weidemann, Georgilas, & Kehoe, 1999）。制約反應是在制約刺激和非制約刺激的出現時間接近時所產生的。通常最理想的時間差被認為是幾分之幾秒（Kimble, 1961）。在 Pavlov 的實驗中，如果鈴聲在給予食物 20 秒之後才開始響起，那麼狗兒就很難將鈴聲與食物作連結了。

Robert Rescorla（1966, 1988）相信，除了時間之外，另一個對古典制約有著重大影響的是刺激的可預測性。制約刺激必須伴隨著非制約刺激的出現。像先前所提到打雷的例子，閃電之後都會有雷聲出現，所以雷聲是可預測的。當你看到閃電時，你就可以用手搗住耳朵以避免被雷聲嚇到。

類化和區辨

Pavlov 發現，狗除了對鈴聲，也會對於其他頻率相近的聲音產生制約反應，即使之前 Pavlov 沒有將這個聲音和制約刺激作連結。他還發現，聲音愈相似，狗兒產生的反應愈強。**類化（generalization）** 是指對於類似的刺激會產生同樣的制約反應（Jones, Kemenes, & Benjamin, 2001）。類化的價值在於能將學習到的行為應用至不同情況。

古典制約中還有另一種區辨機制，**區辨（discrimination）** 可以幫助我們了解到不同的制約刺激會產生不同的反應（Murphy, Baker, & Fouquet, 2001）。Pavlov 給狗聽不同的聲音，但是只有在鈴響時才會給狗食物。很快地，狗兒就學會區辨和鈴聲不同的聲音。

削弱和自發性恢復

在制約之後，狗開始對鈴聲產生反應，Pavlov 在好幾次響鈴後都沒有給狗食物，結果狗兒就停止分泌唾液了，這就是**削弱（extinction）** 現象──非制約刺激（食物）並未伴隨制約刺激（鈴聲）出現，造成制約反應（分泌唾液）開始減少。

削弱不一定能夠完全終止制約反應（Brooks, 2000）。就在 Pavlov 讓狗產生削弱現象的隔一天，他把狗帶到實驗室並且響鈴，結果狗兒還是流口水了。這說明了制約影響力能夠**自發性恢復（spontaneous**

類化
（古典制約）
對於類似的刺激會產生同樣的制約反應。

區辨
（古典制約）
知道不同的制約刺激會產生不同的反應。

削弱
（古典制約）
非制約刺激並未伴隨制約刺激出現，造成制約反應開始減少。

自發性恢復
即使有一段時間沒有持續制約，仍能恢復某種程度的制約反應。

recovery）。也就是說，即使有一段時間沒有持續制約，仍能恢復某種程度的制約反應。回想一位很久沒見面的好朋友，即使已經很久沒有跟他聯絡，你心中還是能夠馬上浮現曾經和他相處時的快樂景象，這就是自發性恢復。

接下來參照圖 6.3，整理一下你在古典制約中所學到的概念：

- **習得**：有一個小朋友很害怕（CR）去牙科診所（CS），因為他把在牙科診所裡填補蛀牙（UCS）的痛苦經驗（UCR）和牙科診所連結起來。
- **類化**：這個小孩開始害怕牙科診所及類似的地方，包括普通醫師診所，或是穿著白袍的人，或是聽起來類似牙醫儀器發出來的聲音。
- **區辨**：這個小孩的母親也是一位醫生，她常會帶著孩子去自己上班的醫院。小朋友去了很多次都沒有遇到任何對他產生威脅的事物，他開始了解到醫院和牙科診所並不一樣。
- **削弱**：後來有幾次小孩陪著媽媽去看牙醫，而他自己並沒有痛苦經驗產生，他對牙科診所的恐懼也就逐漸消失，至少到他下一次再去牙醫那裡補牙之前，他都不會再對牙科診所感到恐懼。

6.2.2　古典制約的應用

古典制約對於生物生存占有非常重要的地位（Vernoy, 1995）。因

圖 6.3　習得、削弱以及自發性恢復

在 CS 與 UCS 反覆配對後，習得就產生。當習得發生時，制約反應就會開始增強。在削弱的過程中，制約刺激不斷單獨出現，然後造成了制約反應的下降。經過一段休息時間，自發性恢復產生，但是它的反應不像制約剛形成時那麼強烈，而且在這個階段，如果還是只有制約刺激單獨出現，那麼制約反應就會漸漸轉弱以至於終止。

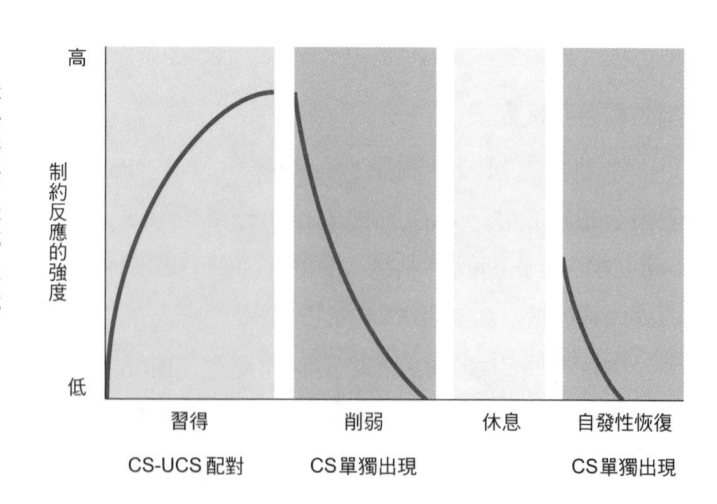

為古典制約的關係，我們會學到如何躲避一些危險。例如：看到狗靠近，我們就會不自主地躲避。也因為古典制約，我們可以藉由一段描述寧靜沙灘美景的文字而得到放鬆（想像放鬆）。在 Pavlov 的實驗裡，狗兒則對蜂鳴聲、閃光、氣體或人手的接觸會產生制約反應（Woodruff-Pak, 1999）。

心理和生理健康

John Watson 和 Rosalie Rayner（1920）透過實驗，說明**恐懼症**（對某種物體特別害怕）來自古典制約。他們拿一隻兔子給名叫 Albert 的小嬰兒看，觀察他會不會怕那隻兔子，結果並不會。正當 Albert 跟那隻兔子玩得起勁的時候，有一個巨大聲響從他的背後發出。你可以想像得到，Albert 被嚇哭了。經過 7 次配對（兔子與巨大聲響）後，即使沒有聲音出現，Albert 一樣會對兔子感到恐懼。他的恐懼也開始類化到其他的兔子、小狗，甚至是有毛邊的外套。Watson 下了一個正確的結論：我們許多的恐懼都是經由古典制約所習得。

既然我們可以用古典制約形成恐懼，同樣也可以用古典制約的方式消除恐懼。**反制約（counterconditioning）**就是一個例子，主要是把制約刺激和另一個非制約刺激作連結，產生了和原本制約反應不相容的新制約反應，進而削弱原本的古典制約。Mary Cover Jones（1924）成功消除了一名叫做 Peter 的 3 歲小孩的恐懼，Peter 和 Albert 一樣害怕覆有毛皮的物體，但 Peter 不是因為實驗而產生恐懼。Peter 害怕的東西是白兔、絨毛外套、青蛙、魚以及機械玩具。為了消除這項恐懼，Jones 在 Peter 可接受的視線距離範圍之內放了一隻白兔，並慢慢地接近他；同時，Peter 也被給予他喜愛的餅乾和牛奶。之後的每一天，Peter 吃著餅乾和牛奶的同時，兔子的距離也愈來愈近。終於，Peter 可以一邊吃著點心並一邊摸著兔子。點心所帶來的歡娛感是用來對抗原先對於兔子的恐懼，而 Peter 的恐懼就藉著反制約的方式被消除。

在我們生活中，有些事物也可以因為其他美好的事物（看到美麗的彩虹、聽到美妙的音樂）而產生愉悅的制約反應。如果你有一個正

反制約
把制約刺激和另一個非制約刺激作連結，產生了和原本制約反應不相容的新制約反應，進而削弱原本的古典制約。

向的浪漫經驗，那麼產生經驗的地點就能變成一個制約刺激，因為你把它和你的美好經驗作連結。

生理上的病症如：氣喘、頭痛、潰瘍以及高血壓，有部分可能是古典制約的結果。我們常說這類病症大多是壓力所引起的，壓力可能源自於上司的刁難或離婚的痛苦，而類似的經驗都變成了讓身體產生病症的制約刺激。時間一久，這些身體的制約反應就可能引起生理或心理的不適。像是上司挑剔的態度及行為可能造成員工的肌肉緊繃、頭痛、高血壓等症狀，因而造成任何有關上司的事，甚至於工作本身也會引起員工壓力的情況（圖 6.4）。

6.3 操作制約

古典制約說明個體對於環境的**反應**，但是並沒有說明個體本身的行為以及該行為對於環境的影響。學習的另一個主題——操作制約，又稱工具制約，著重於個體在環境之中的**行為**與其意義（Hergenhahn & Olson, 2001）。古典制約在於解釋一個中性刺激，如：一個聲音，如

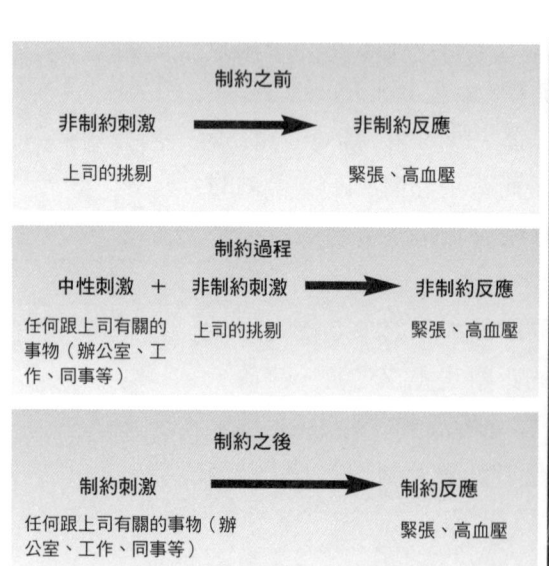

制約之前
非制約刺激 → 非制約反應
上司的挑剔　　緊張、高血壓

制約過程
中性刺激 ＋ 非制約刺激 → 非制約反應
任何跟上司有關的　上司的挑剔　　緊張、高血壓
事物（辦公室、工
作、同事等）

制約之後
制約刺激 → 制約反應
任何跟上司有關的事物（辦　　緊張、高血壓
公室、工作、同事等）

圖 6.4　健康問題的古典制約

何與個體本身的**自然反應**形成連結；但它並不能說明**有意志的行為**，如：用功讀書或是買樂透，而操作制約就是用來解釋這種行為的學習方式。

操作制約的概念是由美國心理學家 B. F. Skinner（1938）所建立。**操作制約（operant conditioning）** 也是關聯學習的一種，討論個體的行為與行為結果之間的連結。Skinner 選擇以**操作**這個詞彙來描述個體的行為——個體行為對於環境的操作，以及環境如何反過來操作個體的行為。舉個例子，在某個比賽中力求表現（行為），就有可能獲得優良的成績（結果），這鼓勵選手們要更努力地練習並且參加比賽。古典制約是對於先天反應的應用，而操作制約則是由自我意識的行為與環境作用，並得到獎賞或懲罰。

操作制約
藉由行為所產生的結果進而去改變行為的發生率；又稱作工具制約。

6.3.1 Thorndike 的效果律

E. L. Thorndike（1874～1949）曾做過一個想了解貓咪與解謎箱子的實驗。Thorndike 把一隻飢餓的小貓放進經過設計的箱子，並在箱子外放了一盤鮮魚。為了吃到箱子外的食物，小貓必須學習如何離開這個箱子。第一次實驗時，貓咪做了很多無效的行為。牠對踏板或抓或咬，後來意外地踏上了踏板，把門開啟。當貓咪重新回到箱子裡，牠一樣隨機重複了之前無效的行為，直到牠又一次成功地踩踏板開門。在接下來幾次實驗裡，小貓無效的行為愈來愈少，直到後來牠可以迅速地把門打開（圖 6.5）。Thorndike 所提出的**效果律（law of effect）**，又稱效能法則，主要說明行為如果能夠產生正向結果，該行為就會被增強；反之，如果伴隨的是負向結果，行為則會被減弱。

效果律
Thorndike 的概念，行為的正負向結果會分別增強或消退原本的行為。

6.3.2 Skinner 的操作制約理論

Skinner 強烈相信所有物種的學習機制都是一樣的。這個信念讓他開始研究動物，希望可以從行為模式較單純的動物身上找出學習的基本機制。在第二次世界大戰期間，Skinner 嘗試了一個不尋常的實驗，其中包括由鴿子導引飛彈。當飛彈飛行時，有隻鴿子在飛彈彈頭裡，

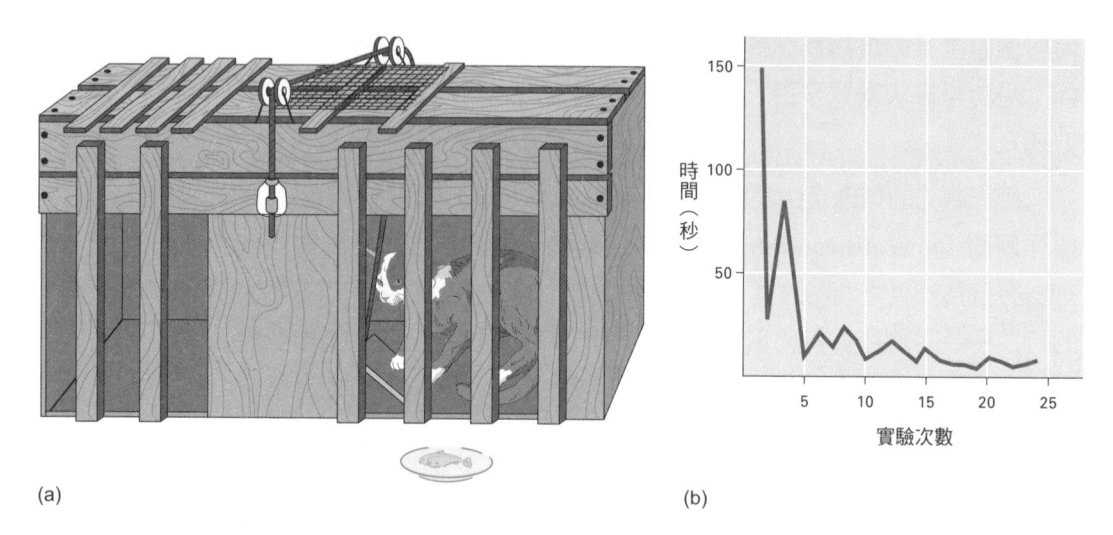

圖 6.5 Thorndike 的解謎箱子和效果律

(a) 是一個 Thorndike 典型的解謎箱子，利用貓咪和這個箱子來研究效果律。踩在踏板上就能打開門閂讓門開啟，貓咪即可以出來吃外面的食物。在一次意外地開啟那扇門之後，貓咪便學會踩踏板來開門了。

(b) 是這隻貓咪 24 次實驗的學習曲線。注意看，貓咪在第 5 次實驗後開門的速度明顯變快了。牠已經學習到踩踏板（行為）就能開門（結果）了。

用鳥喙瞄準螢幕上正在移動的目標。如果鴿子能夠讓指定目標一直保持在螢幕中央，就能得到食物，也就是獎賞。飛彈也使用這種方式維持正確的路線（圖 6.6）。

繼鴿子的實驗之後，Skinner 寫了一本名為《桃源二村》（*Walden Two*）的小說，書中呈現了一個由科學管理社會的想法。Skinner 想像藉由操作制約，將社會改造成一個烏托邦的社會。Skinner 認為當時社會缺乏管理，主要是因為人們相信自由意志這個虛幻的假象。他指出人們其實也沒有比鴿子自由到哪裡去，還否認自己的行為是由環境所控制，忽略了科學以及現實。簡單來說，我們的行為不過就是受到環境的增強，而不是自由意志。

Skinner 和其他行為學家盡力研究在精確的控制變項下的個體（Klein, 2002）。Skinner 在 1930 年代的一項創舉是 Skinner 盒（圖 6.7）。在盒子中有可以供給食物的裝置，當老鼠適應了盒子之後，Skinner 便在盒中安裝一個壓桿並觀察老鼠的行為。那隻飢餓的老鼠

第 6 章 學習
Learning

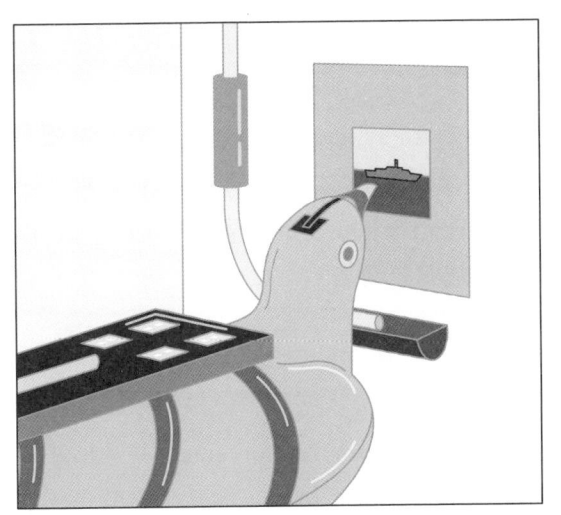

圖 6.6　Skinner 的鴿子導航飛彈
Skinner 想要藉由鴿子的追蹤行為在第二次世界大戰中幫助軍隊。有一條金色電極覆在鴿子鳥喙的尖端，並連結到可以投射目標物體的螢幕上，藉由這條電極，就能靠著鴿子在螢幕上搜尋目標並控制飛彈的路徑。同時必須偶爾給予鴿子一點食物以維持牠追蹤的行為。

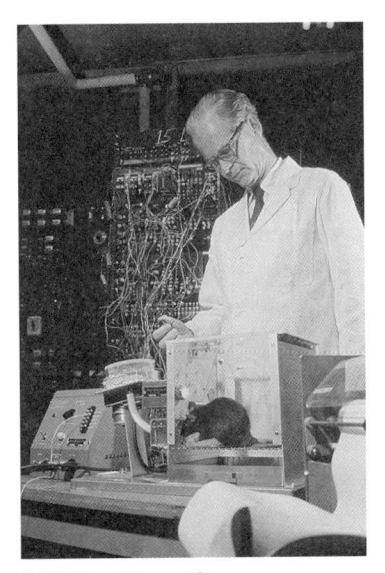

圖 6.7　Skinner 盒
B. F. Skinner 使用 Skinner 盒和老鼠來完成他在行為實驗室裡操作制約的研究。

在探索盒子的過程中，有時候會不小心壓到壓桿，然後就會有食物出現。很快地老鼠就知道，壓了壓桿會有好的結果：有食物可以吃。為了避免實驗的誤差，整個裝置採消音處理，而老鼠壓桿的次數和食物的提供都由電腦來記錄及自動化分配。

6.3.3　增強原則

正增強與負增強

在**正增強**（positive reinforcement）中，行為頻率的增加是因為行為可以獲得獎賞。例如，當你遇到某個人並對他說：「嗨，你好嗎？」而對方向你微笑。這個微笑就會增強你開啟下一個話題的意願。這與教狗握手並在牠伸出前腳時給予獎賞，是同樣的道理。

相反地，**負增強**（negative reinforcement）是藉由去除負向刺激以提高行為反應的發生率。例如，你的母親不斷叨念要你去整理房

正增強
藉由正向刺激以提高行為反應的發生率。

負增強
藉由去除負向刺激以提高行為反應的發生率。

間，而且直到你整理好房間之前都會不斷地嘮叨，你的行為反應（整理房間）便是消除了負向的刺激（嘮叨）。頭痛時吃阿斯匹靈也是一樣的道理，為了消除疼痛，就會增強吃阿斯匹靈的行為。了解正增強與負增強的同時必須記住，正向刺激與負向刺激並不完全代表好與壞，它們只是你覺得想要（正增強）或是不想要（負增強）的刺激。圖 6.8 提供一些例子，幫助你分辨正增強與負增強。

初級增強與次級增強

正增強可以被分類為初級增強或是次級增強，分類的依歸則視該行為是天性或是習得。**初級增強（primary reinforcement）**是指使用不需學習的正增強物（天性）來進行增強，例如，你肚子餓就會想吃食物。對你而言，這是天生的行為，是不需經過學習的，這個時候食物就是你的正增強物。其他像是食物、水、性滿足感等基本生理需求，也是屬於你的初級增強物。

次級增強（secondary reinforcement）是使用透過經驗習得的正增強物來進行增強。在我們的生活中，每天都會遇到數以百計的次級增強物，例如，別人的讚美、眼神交會、金錢等。如：有一名學生只要

初級增強
使用不需學習的正增強物來進行增強，例如，基本生理滿足。

次級增強
使用透過經驗習得的正增強物來進行增強，例如，金錢。

正增強

行為	獎賞出現	未來行為
準時交作業	老師稱讚你	固定準時交作業
幫滑板上油	滑板速度變快	下次玩滑板前會先上油
在朋友車內的儀表板隨便按了一個按鍵	出現好聽的音樂	下次坐朋友的車就會再按那個按鍵

負增強

行為	懲罰消失	未來行為
準時交作業	老師不再扣分	固定準時交作業
幫滑板上油	輪子不再卡住	下次玩滑板前會先上油
在朋友車內的儀表板隨便按了一個按鍵	一個惱人的聲音消失	下次坐朋友的車就會再按那個按鍵

圖 6.8　正增強與負增強

考試考滿分，父母親便給予額外的零用錢，這個零用錢就是次級增強物（錢是我們經過學習知道可以用來購物的東西，並不屬於我們天生所必要的），而它增強了這名學生繼續努力考滿分的可能性。某些東西可以被用來交換其他增強物，例如，錢可以拿來買食物，也因此增強了該增強物的價值，我們通常又稱這類增強物為**代幣型增強物**。錢、禮券、籌碼就是常見的代幣型增強物。

增強計畫

增強計畫（schedule of reinforcement）是用來觀察行為在何時會被增強的規劃，主要分成四大類。其中兩種是根據反應次數分類，而另外兩種是根據反應時間來做分類：

> **增強計畫**
> 用來觀察行為在何時會被增強的規劃。

- **固定比率計畫**：當行為反應到達一定次數時才會獲得增強物。假設你玩吃角子老虎，而這台吃角子老虎以固定比率來設計，可能是每玩 20 次都會固定得到 50 元。當你看到有人只玩了 18、19 次沒贏到錢就不玩了，你就應該站起來走到機器面前投入硬幣把那 50 元贏走。固定比率計畫常用在職場上以提高生產率，也就是常見的按件計酬。

- **變動比率計畫**：行為反應在達到變動比例的次數時才會獲得增強物。例如，吃角子老虎大概每 20 次左右會中獎（這是個平均值，並不能確定正確次數）。有可能你玩了 2 次就中獎，也有可能你把口袋裡的硬幣全部掏光後還是什麼也沒得到，你會在哪一次中獎是無法預測的。變動比率計畫能夠產生很高的反應率，且效果十分持久，因為無法預測哪一次行為反應可以獲得增強，所以會拚了命去做。在職場上，常用的就是獎勵金制度或抽成。

- **固定時距計畫**：當第一次行為出現之後，在固定的時間間隔給予增強。吃角子老虎每 10 分鐘

吃角子老虎是屬於一種變動比率的增強計畫。為什麼這種增強計畫可以為賭場帶來很好的收益？

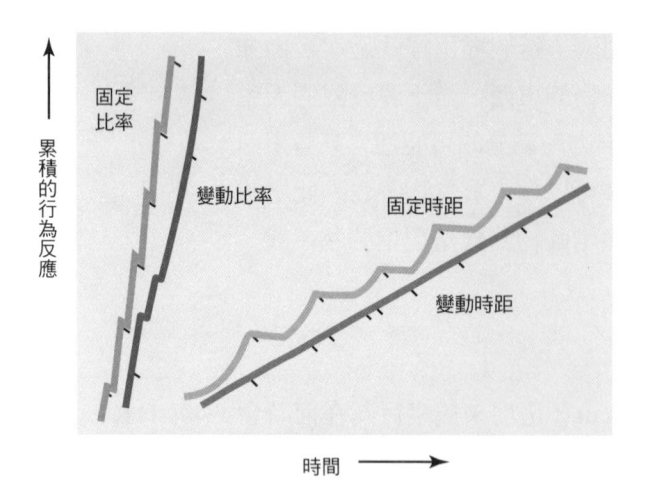

圖 6.9 不同的增強計畫及其反應

圖中標示了四種增強計畫。仔細看固定比率的反應次數在每次增強物出現後都有滑落的現象。變動比率則呈現高反應次數且穩定的現象。固定時距在增強物出現之前才會提高反應次數，並且在獲得增強物後又會下降。變動時距則呈現緩慢穩定的現象。

就會中獎一次，那麼你會每隔 10 分鐘才開始去玩。選舉是一個很好的例子。每當選舉將近時，各候選人就會出來開始拉票，而且愈靠近投票日拉票拉得愈凶。對候選人而言，選票就是增強物。選舉結束後，他們紛紛消失，直到下次選舉時才會再出現。在固定時距計畫中，行為的反應次數只有在快到特定時間時才會增加。在職場上，常用的就是月薪制或時薪制。

- **變動時距計畫**：當第一次行為出現之後，在變動的時間間隔獲得增強物（Stadden, Chelaru, & Higa, 2002）。在這種計畫中，吃角子老虎不一定什麼時候中獎，有可能 2 分鐘，也有可能 20 分鐘。就如看流星，當你看到流星，也很難確定下一顆什麼時候會出現，所以你會目不轉睛地盯著天空。釣魚也是如此，你不知道魚在什麼時候會上鉤。因為無法預測增強物什麼時候會出現，所以行為反應率就會變得緩慢而持久。在職場上，常用的就是年節獎金或額外的紅利。

圖 6.9 顯示四種增強計畫及其反應。

懲罰

懲罰
行為產生的結果會造成行為發生率的降低。

在操作制約中，行為產生的結果反而會造成行為發生率的降低，稱為**懲罰**（punishment）。例如，一個小朋友開心地玩著打火機，結果不小心燒到自己的手（懲罰），那麼他以後就不太可能會去玩打火機了（行為減少）。懲罰容易與負增強搞混。接下來的例子能幫你區別懲罰和負增強的不同處。主要區辨在於懲罰會造成行為的減少，而負增強則會造成行為的增加。圖 6.10 提供了其他例子來幫你了解懲罰與負增強。

第 6 章 學習
Learning

懲罰		
行為	嫌惡刺激出現	未來行為
使用藥物治療頭疼	產生嚴重過敏	避免使用藥物
開車超速	收到高額罰單	停止超速

負增強		
行為	嫌惡刺激移除	未來行為
使用藥物治療頭疼	頭疼沒了	增加使用藥物次數
開車超速	測速照相機沒照到	增強超速

圖 6.10　懲罰和負增強

　　在**正懲罰**中，行為反應會在嫌惡刺激出現後開始消退。在**負懲罰**中，行為反應會在正向刺激消失後開始消退。當一個小孩子調皮搗蛋的時候，父母親處罰小孩不准看卡通。卡通這個正向刺激被移除了，小孩子就不再調皮搗蛋，這是負懲罰的一個例子。圖 6.11 也比較了正增強、負增強、正懲罰以及負懲罰，讓你更清楚這些差異。

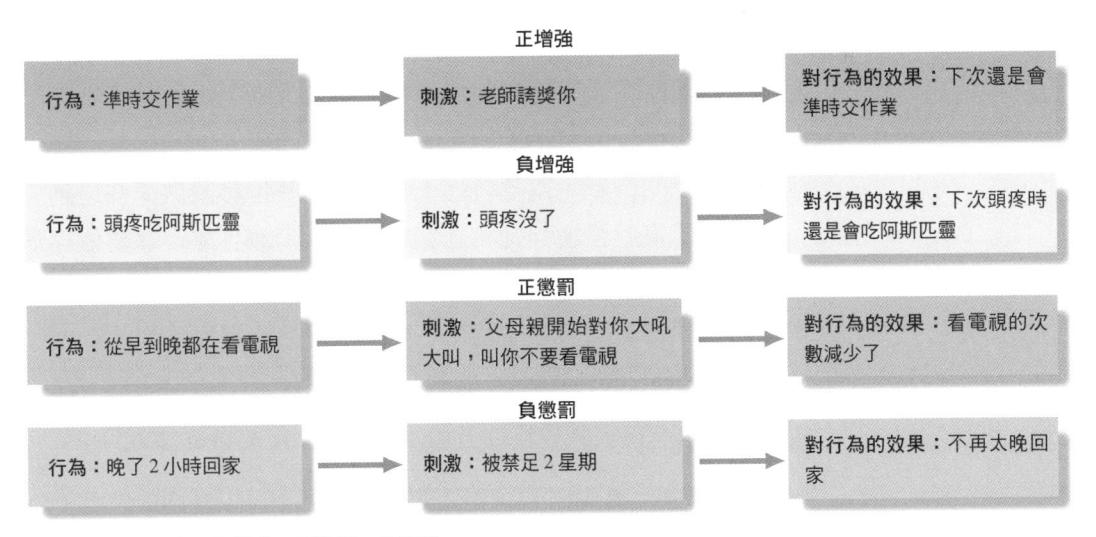

正增強
行為：準時交作業 → 刺激：老師誇獎你 → 對行為的效果：下次還是會準時交作業

負增強
行為：頭疼吃阿斯匹靈 → 刺激：頭疼沒了 → 對行為的效果：下次頭疼時還是會吃阿斯匹靈

正懲罰
行為：從早到晚都在看電視 → 刺激：父母親開始對你大吼大叫，叫你不要看電視 → 對行為的效果：看電視的次數減少了

負懲罰
行為：晚了 2 小時回家 → 刺激：被禁足 2 星期 → 對行為的效果：不再太晚回家

圖 6.11　正增強、負增強、正懲罰、負懲罰

173

6.3.4 操作制約的應用

操作制約可以幫助我們改變行為問題，如：小孩亂丟東西、青少年愛頂嘴（Sussman, 2001）。**行為改變（behavior modification）**是運用操作制約的原理來改變人類的行為。行為改變的結果，會讓人增強正向行為而減少負面行為（Powell & Symbaluk, 2002）。行為改變的擁護者相信，許多情緒及行為上的問題是因為不當的增強所造成（Alberto & Throutman, 1999; Petry & others, 2001）。喜歡亂丟東西的小孩，可能是因為丟東西會被媽媽注意而增強這個行為。以這個例子來看，老師及家長會被教導不要把太多注意力放在這種破壞性行為上，應該把注意力轉移到正向行為上，像是安靜做事、和其他小朋友合作等（Harris, Wolf, & Baer, 1964）。

行為改變
運用操作制約的原理來改變人類的行為。

心理及生理健康

阿山是一個 19 歲的大學生，最近因為與交往 2 年的女朋友分手而變得十分憂鬱，成績也一落千丈。他決定去找心理師幫忙。阿山學到每天監控自己的情緒，以及增強生活中的正向情緒。那位心理師訓練阿山更多有效的因應策略，並要求他簽一份行為合約，讓自己的生活步入正軌。

阿美是一個住在看護之家的中年婦女，最近她開始無法控制自己的行為，必須靠別人的幫忙才能完成日常生活起居。她的行為治療包括教她監控自己的行為，以及自己上廁所，同時也必須做一些運動。她的行為改變計畫就是增強她獨立完成的行為，並且忽視需要依靠別人的行為。這樣的策略有效提升她的自主行為，並且降低依賴程度。行為改變可以用來幫助人們增進在心理與生理上的自我控制（Kazdin, 2001; Miltenberger, 2001; Watson & Tharp, 2002）。

以下是用來改善自我控制的五個步驟（Martin & Pear, 2002）：

1. **量化你的問題**：首先需要量化你的問題，肥胖可以轉換成體重（公斤）、浪費時間轉換成浪費幾分鐘、關係不佳轉換成吵架次數等。
2. **做出承諾**：承諾可以幫助你堅定行為改變的決心，也能增加成功的

機會。

3. **記錄問題行為**：做個記錄表，記錄每天該行為產生的次數／數量。當一開始在記錄行為頻率的同時，要檢視環境中有哪些因素是造成問題產生的主因（Martin & Pear, 2002）。

4. **執行計畫**：針對目標行為開始你的改善行動，並且透過好的自我增強計畫來增強自己的行動。例如，有個人的目標是一個星期中有 5 天慢跑 30 分鐘，他可能會對自己說：「我從來沒有試過，不可能辦得到。」他可以改變對自己的說法：「我知道這很困難，但是我一定辦得到。」在計畫進行時還可以自我鼓勵：「我做得很好，已經慢慢步上軌道了。」也可以在完成某些進度時，買一些自己喜歡的東西來犒賞自己。

5. **訂定一個維持計畫**：以減重為例，當你的減重計畫結束之後，你必須訂定一個維持計畫，例如，每星期量一次體重。如果你的體重超過訂定標準，你就得馬上回到你的減重計畫。另一種方法是去找個有相同問題的朋友，為彼此訂立一個維持的目標，可能每 2 週你們就聚在一起檢視彼此，如果兩個人都達成維持的目標，便想個方式一起慶祝。其他有關行為改變技術的運用，端視你的需求。要找出適合自己的自我控制計畫，你可以向學校輔導中心諮詢，也可以到醫院尋求協助，或是閱讀相關書籍。

教育

行為改變也可以應用在教育上（Charles, 2002; Evertson, Emmer, & Worsham, 2003; Kaufmann & others, 2002），之前已經討論過許多概念，像是正增強、忽視、合約、自我控制等方式，都已被應用到教室的學習環境中。

電腦也變成另一種行為改變的工具。過去，Skinner 發展了一套機器安排學生的學習活動，測驗學生的學習效果，並且馬上給予答案正確與否的回饋。Skinner 希望這部機器能夠改革學校裡的學習，但是並沒有成功。今天，這部機器的原理已經被運用到電腦上。研究發現，

在某些領域（如：演練數學習題），電腦教育可以提供比傳統教育更好的教學成果（Kulik, Kulik, & Bangert-Drowns, 1985）。

行為科學家也比較了不同增強物之間的效能，他們發現並不是所有的兒童都對相同的增強物有反應。有的小孩喜歡被稱讚，有的小孩則想以玩自己喜歡的東西當作獎勵。自然增強物像是稱讚或某些權利，會比其他物質增強物（糖果、玩具）更受推薦（Hall & Hall, 1998）。

老師最常將活動作為增強物。以心理學家 David Premack 命名的 **Premack 原則**說明，可以用小朋友喜歡的活動去增強他們參與不喜歡活動的意願。對許多小朋友而言，玩遊戲一定比寫作業更有趣，所以老師會對小朋友說：「當你完成課堂作業，就可以去玩遊戲了。」這個理論不只對單獨一個兒童有效，它甚至對整個教室的小朋友都行得通，例如，老師說：「只要你們星期五之前全部都能寫完作業，我們下個星期就出去郊遊。」

在地人的心理學

習慣心理學的誕生

古典制約與操作制約說明了我們是如何產生學習經驗，也反映出我們生活習慣是如何透過制約學習而產生。基本上，不論是古典制約或操作制約，都是依據**刺激（S）會引發反應（R）**——S → R 這樣的基礎。古典制約著重在刺激與刺激之間的連結，操作制約則著重在反應與反應後果之間的連結學習，也透過這樣的連結學習，讓我們產生許多習慣。

台灣臨床心理學之父——柯永河教授，花了 50 年的心血，建構了一個屬於台灣本土的習慣心理學，讓我們能夠更清楚知道習慣的產生歷程。在柯教授的深入思維下，將 S → R 的自動化連結轉變成 $_sH_R$，中間的「H」就代表著習慣（habit）。換句話說，我們的習慣就是一種「刺激」、「反應」以及「兩者間的穩定關係」。這也是過去古典制約與操作制約的立基點。透過柯教授的深入分析，我們可以了解生活習慣是如何養成的。

想一想，你是否有一些固定的生活習慣呢？如：回房間，看到電視（刺激）

就打開電視（反應）；坐在電腦（刺激）前面就上網（反應）；老師一講課（刺激）就開始想睡覺（反應）。這些刺激─反應之間的習慣產生，是否能夠更清楚地說明我們的生活狀態呢？

在 2010 年，柯永河教授延續了過去的想法，從正向心理的角度出發，來思考一些「好習慣」。他統整了以下的許多好習慣，你也可以想想，這學期你要讓自己增加哪個好習慣呢？

- 思考習慣
- 時間分配
- 人際習慣
- 運動習慣
- 讀書習慣
- 睡眠習慣
- 飲食習慣
- 工作習慣

參考資料

- 柯永河（2004）。《習慣心理學：應用篇──習慣改變 新的治療理論與方法》。張老師出版社。
- 柯永河（2010）。〈走在學術與服務不斷交織的生涯路上五十年〉。《中華心理學刊》，52，345-365。

6.4 觀察學習

Albert Bandura（1986, 2000）相信，我們許多複雜的行為都是長期學習他人行為模式（問題解決、因應策略）之結果（Striefel, 1998）。Bandura 最經典的研究就是兒童的暴力行為，在實驗中，他發現觀察到其他小孩打不倒翁的孩子，當他們進入實驗室時，也會打不倒翁。這種**觀察學習（observational learning）**又稱為**模仿**，是藉由觀察或模仿他人行為來進行學習的方式。

Bandura（1986）說明四個觀察學習的主要過程：

1. **注意**：首先你必須注意你要學習的行為，例如：看到同學在跳街舞。
2. **保留**：接下來你要記住你所看到的行為，例如：記住同學的動作。

觀察學習
藉由觀察或模仿他人行為來進行學習的方式。

3. **產生**：然後練習相關動作，例如：回到房間來練習一下那些動作。
4. **增強**：最後完成動作後的增強是很重要的，例如：在同學面前表演被讚美。

藉著觀察他人，我們可以獲得知識、技能，並了解規則、策略、信念以及態度等抽象概念（Schunk, 2000）。就好像每個人心中都有一個想追求的典範一樣，你會觀察他的一言一行，希望自己能夠跟他一樣。想一想，你目前有哪些典範想追隨呢？

6.5 學習的認知因素

行為主義將人的認知因素當成是一個黑盒子，他們只著重在黑盒子的輸入（外在刺激）與輸出（行為反應）的關係。但許多當代的心理學家，已開始探索這個黑盒子的祕密。

6.5.1 目的性行為

E. C. Tolman（1932）曾經強調行為之**目的性**（purposiveness），他相信許多行為都是目的取向，並非只是操約制約後的結果。在教室裡用功念書的高中生，如果我們只注意到他們用功念書，便會錯過這種行為背後的理由。他們不是一生下來就用功讀書的，一定是這個行為曾經被增強。念書的目的是為了達成某些目標（學習知識、好成績），也有可能是更長遠的目標（進入理想的大學）（Schunk, 2000）。

期望、訊息與學習

在研究目的性行為中，Tolman 注意到古典制約與操作制約所忽略的認知機制，像是期望。在古典制約中，害怕兔子的小男孩是因為他預期那隻兔子會傷害他。在操作制約中，工人努力工作是預期月底可以領到薪水。預期是從環境中所習得。

由 Leon Kamin 所提出的經典實驗說明，在古典制約中，訊息如何提供以及何時提供是很重要的。有人使用單音（CS）和驚嚇（UCS）

制約一隻老鼠,只要聲音產生,老鼠就會感到恐懼。接著,單音持續和驚嚇作配對,而在每次單音出現時也同時呈現一道光(第二個CS)。儘管這樣持續配對,但是當光單獨出現時,老鼠卻沒有驚嚇反應。可能是光在形成制約的過程被阻礙了,因為老鼠的注意力持續在單音上,因而忽略光的刺激。老鼠明顯把單音當作預期驚嚇即將出現的訊號;當老鼠已經習得單音與驚嚇配對的訊息後,光與驚嚇配對的訊息似乎就沒有什麼作用。在這個實驗中,制約並非受到制約刺激與非制約刺激之間一致性的控制,而是受到老鼠較早習得的訊息影響。

現今已有古典制約研究者探討訊息在個體學習中所扮演的角色(Domjan, 1996; Fanselow, DeCola, & Young, 1993)。Tolman(1948)認為,個體對於行為產生的預期是藉由認知地圖來形成。**認知地圖**是指個體對於空間結構所產生的心理知覺。老鼠走迷津的實驗,讓 Tolman 認為老鼠是以學習到食物與出發點相對位置的訊息建構出認知地圖,讓牠可以很快地在迷津中找到食物。

Tolman 的認知地圖概念沿用至今。當我們走在一個熟悉的環境中,就會發展出認知地圖,會知道附近有什麼建築物且其坐落在何處。我們會有自己房間的認知地圖,也會有台灣的認知地圖。試著將你常去的地方,畫出一個地圖,這就是你目前腦中對於你生活周遭地點的認知地圖。你會發現,這個地圖會與實際的狀況有所落差,主要來自於你主觀的距離與方位認定。但有趣的是,這樣失真的地圖不會讓你迷路。

潛在學習

另一個支持認知地圖的證據,則出現在潛在學習的實驗中。**潛在學習(latent learning)** 指出,即使沒有增強也是能夠學習的,只是不會馬上表現在行為之中。在一個實驗中,有兩組飢餓的老鼠被放在一個迷津,而牠們必須找到終點(Tolman & Honzik, 1930)。第一組的老鼠會在終點發現食物(增強物),第二組的終點則什麼也沒放。以操作制約的觀點來看,第一組應該會學習得比第二組好,事實也是如此。

潛在學習
即使沒有增強也是能夠學習的,只是不會馬上表現在行為之中。

「你將會發現牠們的理解能力、評估及處理訊息的速度，將會在 Podhertz 教授把貓丟進去之後戲劇化地上升。」© Leo Cullum

Tolman 繼續把沒有被增強的這組老鼠放在迷津中，並且開始在終點放置食物作為增強物，牠們的反應開始跟之前那組老鼠一樣好。很明顯地，這群老鼠在徘徊及探索的過程中，已經對迷津有相當的了解。但牠們的學習是潛在性的，對於迷津的構造已經儲存在記憶中，只是行為還沒表現出來。當這些老鼠有了充分的原因（被食物增強）之後，在迷津中的速度也隨之提升。潛在學習也幫助牠們更快地抵達終點。在實驗室之外，動物對於環境的探索也是潛在學習的證據。學習環境的情況並不會馬上對動物帶來好處，卻是未來提供動物尋找食物或是避難的關鍵。這個道理同樣能運用在人類身上。

6.5.2 頓悟學習

德國心理學家 Wolfgang Köhler 在第一次世界大戰期間，在加那利群島上花了 4 個月的時間觀察大猩猩。他曾做兩個有趣的實驗，其中一個稱為「棍子問題」，另一個則是「箱子問題」。這兩個實驗的基本涵義是一樣的，只是問題解決的方法不同。在兩個情境中，猩猩都發現牠們拿不到的好吃食物——不是因為太高，就是因為離猩猩的籠子太遠。為了解決棍子問題，猩猩必須先用手邊的短棍子把牠拿不到的長棍子撥過來，再用長棍子把食物撥過來。在箱子問題中，猩猩必須把幾個箱子疊起來，達到牠可以拿到食物的高度（圖 6.12）。

根據 Köhler（1925）的看法，這種問題解決並不包含刺激與反應連結這種關聯學習的方式。當猩猩知道自己原本的方式沒辦法幫助牠拿到食物，通常牠會坐在原地一陣子，仔細思考解決問題的方法，然後很快地站起來，彷彿靈機一動，動手解決問題並拿到自己想吃的食物。這就是**頓悟學習（insight learning）**，藉由突然的體悟或察覺到事物的新關係，進而產生認知的改變，並想出解決問題的方法。

頓悟學習
藉由突然的體悟或察覺到事物的新關係，進而產生認知的改變，並想出解決問題的方法。

第 6 章 學習
Learning

圖 6.12 頓悟學習
Sultan 是 Köhler 的一隻黑猩猩，他正面對著如何拿到頭上那串香蕉的難題。他把箱子疊起來達到足以拿到香蕉的高度，因而解決了這個問題。Köhler 將這種問題解決的學習方式命名為頓悟學習。

課堂活動

主題：正向特質回饋。

目標：

- 學習給予他人正向的回饋（增強）。

步驟：

1. 每人拿出一張白紙。
2. 將白紙折成八等分。
3. 將白紙貼到背後。
4. 每個同學找八個同學，在他人身上的白紙寫下對方的優點。
5. 每個格子只能寫一個優點。
6. 完成任務後，每個同學把背後的填滿優點的白紙拿下。
7. 看看自己有哪些優點，並且感謝大家的正向回饋。

回家作業

探索心理第六課——找到專心的你

我們來談談什麼是正念的讀書。一般說來，如果你在讀一本你很喜歡的書時，你自然會捨不得放下它。但如果是一本你不喜歡但又不得不讀的書（希望不是這本書）時，這時候就得運用一些技巧。如何「專注」地讀書？幾乎是每個學生心中的疑問。

正念就是時時把心放在當下正在做的事。所以在正念讀書時，心中會升起許多的感受，比如歡喜、煩躁、挫折、緊張、懷疑等。身體也會有許多的感受，眼睛模糊、頭痛、肩膀緊張等。腦中也可能出現許多的念頭，比如說「我怎麼讀都不懂」、「明天一定會考不好」、「讀這些有用嗎」等。當你注意到這些感受而無法繼續讀書的時候，請在心中留一個空間給它們，並提醒自己「我現在正在讀書」。如此一來，你就能夠帶著這些感受繼續做事。但如果這些讓你難以專注的感受非常強烈，或者心中有很多煩憂時，那就試著出去走走，放下不愉快的感受。再回來讀書時，相信你已經能夠平靜許多。

接著，我們再來談談「專注」。專注是一種放鬆的狀態，注意當下我正在從事的事。專注並非把你百分之百的注意力和資源全部投入一個狹隘的注意力範圍中，如此一來，你必定無法持久。因為在演化的過程中，這種狹窄的注意力是為了鎖定一個目標，即為了因應生存的危險而來。它會伴隨著肌肉的用力及能量的消耗（還記得腎上腺素的效果嗎？）。但是，請記住，讀書並不是一件要命的事，不需要投注如此大量的注意力資源。當我們認為讀書是一件有壓力甚至是要命的事時，我們就會採用這種狹窄的注意力。所以，首先要將讀書的態度準備好，讀書之目並不是為了更高的分數、更美好的未來或更好的工作，讀書之目的就是讀書本身（這也是一種正念的態度）。如此一來，你便不會因為過度的投注而無法持續地專注。

現在，請練習看看，注意你身體的所有部位，是否在閱讀此文時使用了不必要的力氣，造成了緊繃。如果是這樣，請放掉這些緊張的部位。再來，重新閱讀此文，並且在注意內文的時候，同時將你的視覺注意力放大到書本的四個角落。接著再慢慢同時注意到書背後的背景（如後面的牆壁或桌面），讓背景（牆壁）與你的目標（內文）融為一體。最後，閱讀時再同時注意到你的全身，感覺自己與書本合為一體。

試試看——相信你也可以正念又放鬆地讀書。

本章摘要

這章討論人的學習過程，讓你了解你是如何學會一些行為與思考能力。

第 6 章 學 習

1. 解釋學習是什麼。
   - 學習是透過經驗所產生永久性的行為改變。觀察學習是一種靠著觀察別人的行為所進行的學習方式。關聯學習則是將兩個事件由制約的方式作連結而進行學習。制約是關聯學習發生的過程。在古典制約中，個體學習的是兩個刺激之間的連結；而操作制約則是學習與結果之間的連結。
   - 生物因素影響個體的學習。這些因素包括本能趨勢（動物的學習易受到其本能行為的干擾）、準備論（物種所擁有的生物性，會使其容易習得某種特殊反應）、味覺嫌惡（因生物準備性習得，而避免某些令人感到噁心或是不舒服的味道）。

2. 描述古典制約。
   - 古典制約刺激發生在一個中性刺激和另一個有意義的刺激配對後，激發出相同的反應。Pavlov發現，個體可以藉由連結非制約刺激（UCS）與制約刺激（CS）來進行學習。非制約刺機會自動化產生非制約反應（UCR），當制約刺激與非制約刺激配對後，制約刺激就會激發出類似於非制約反應的制約反應（CR）。習得是指藉由古典制約產生的學習效果。古典制約中的類化，是指對於類似制約刺激的刺激會產生同樣的制約反應。古典制約中的區辨，則是指對於不同制約刺激會產生不同的反應。制約中的削弱是：當非制約刺激並未伴隨制約刺激出現，造成制約反應開始減少。即使有一段時間沒有持續制約，仍能恢復某種程度的制約反應的現象，稱為自發性恢復。
   - 對人類而言，古典制約可以被應用來消除恐懼。反制約用新的制約刺激與原先惱人的制約刺激配對，而弱化原本的制約反應。古典制約也可以用來解釋滿足情緒。我們將某些行為與健康問題或是心理困擾用古典制約連結在一起，像是藥物使用等。

3. 討論操作制約。
   - 操作制約是藉由行為所產生的結果，進而去改變行為的發生率，又稱為工具制約。B. F. Skinner說明了個體操作性的行為要素：行為操作在環境之上，接著環境反過來操作個體。不同的是，古典制約描述個體如何對環境做出反應，忽略了個體行為對環境的影響。在許多例子中，操作制約比古典制約更適合用來解釋有意志的行為。
   - 增強原則包括正增強（藉由正向刺激去提高行為反應的發生率），以及負增強（藉由去除負向刺激而提高行為反應的發生率）。正增強可以被分類為初級增強（使用不需學習的正增強物來進行增強）和次級增強（使用透過經驗習得的正增強物來進行增強）。增強計畫（用來觀察行為在何時會被增強的計畫）有四種，分別為固定比率、變動比率、固定時距，以及變動時距計畫。

- 行為改變是運用操作制約的原理去修正人類的行為。操作制約也被應用到生理問題、心理困擾方面以及教育上。
4. 了解觀察學習。
   - 觀察學習是指一個人藉由觀察或模仿他人行為來學習的方式。Bandura 提出觀察學習包含四個步驟，分別是注意、保留、產生，以及增強。
5. 說明認知因素在學習中所扮演的角色。
   - **Tolman** 強調行為之目的性，並指出我們許多行為都是目的導向。在研究目的性行為時，**Tolman** 跳脫刺激和反應去探討認知機制。**Tolman** 相信，期望（從環境中習得的經驗）是學習過程中一個重要的認知機制。認知地圖是指個體對於空間結構所產生的心理知覺，包括預期達成目標所需的動作。其他支持學習認知因素的證據，像是潛在學習（即使沒有增強也是能夠學習的，只是不會馬上表現在行為之中）。
   - **Köhler** 發展了頓悟學習的概念，即藉由突然的體悟或察覺到事物的新關係，進而產生認知的改變，主要用來解決問題。

第 7 章

記 憶
Memory

章節內容

7.1 記憶的本質

7.2 記憶的編碼
7.2.1 注意力
7.2.2 處理層次
7.2.3 精緻化
7.2.4 想像力

7.3 記憶的儲存
7.3.1 感官記憶
7.3.2 短期記憶
7.3.3 長期記憶
7.3.4 記憶的組織方式
7.3.5 記憶的儲存位置

7.4 記憶的提取
7.4.1 序列位置效應
7.4.2 提取提示和提取工作
7.4.3 記憶提取的準確性

7.5 遺忘
7.5.1 編碼失敗
7.5.2 提取失敗

7.6 記憶與學習策略
7.6.1 編碼策略
7.6.2 儲存策略
7.6.3 提取策略

7.1 記憶的本質

假設你與高中同學相約要在餐廳裡見面。一開始你必須先記得這位同學的姓名與電話號碼。你必須想起所有需要的資訊，然後去打電話。和這位朋友通電話時，必須提取記憶中關於字形、字音、字義及

語法的知識。有時你還要搜尋腦中對要造訪餐廳的記憶，或推薦另一個新的見面場所。你還必須記得如何前往這家餐廳，以及確認之前是否有別的計畫，以免與約定見面的時間衝突。同時，到了約定的時間，你還要「記得」這個約會，以免到時候因為忘記而爽約。想一想，我們在記憶中放入多少資訊，我們得從記憶中提取多少資訊，才能應付日常生活中的活動。人們記憶的方式與電腦不同，並非只是讀存資料（Schacter, 1996, 1999, 2001）。

簡單來說，**記憶（memory）**是指在一段時間內，透過編碼、儲存與提取，將資訊保留在腦中。我們記憶的運作方式是將資訊接收進來，進行儲存，或用特定的方式來代表，日後若有需要再提取這些資訊（圖 7.1）。

記憶
在一段時間內，透過編碼、儲存與提取，將資訊保留在腦中。

7.2 記憶的編碼

編碼（encoding）是對資訊進行處理，最後存進記憶的方式。當你在聽演講、看電影或與朋友說話時，你都將這些資訊編進記憶裡。就像背英文單字一樣，有些資訊會自動成為記憶的一部分，但有些資訊很難記住。心理學家感興趣的是如何有效地接收資訊、如何處理這些資訊、如何將資訊精緻地劃分為多項細節，以及我們如何使用心理意象來編碼資訊。

編碼
對資訊進行處理，最後存進記憶的方式。

圖 7.1 處理記憶中的資訊
當你在閱讀本章對記憶的各種介紹時，試著從這三種活動中，想想記憶是如何組織的。

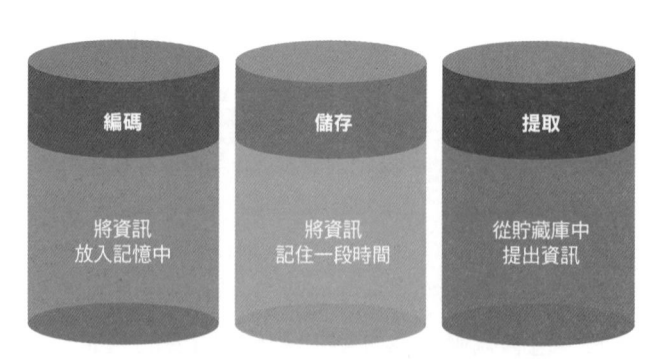

編碼：將資訊放入記憶中
儲存：將資訊記住一段時間
提取：從貯藏庫中提出資訊

7.2.1 注意力

花幾秒鐘看看圖 7.2 的三張個人照，繼續讀下去之前，先陳述你記得的照片內容。這些其實是三位名人的臉龐，分別是喬治・華盛頓（George Washington）、蒙娜・麗莎（Mona Lisa）與老布希（George H. W. Bush），但是他們都被冠上「貓王」（Elvis Presley）的髮型。因為這個獨特的髮型，你可能無法一眼就認出這三個人。當我們試著記住某人的長相時，通常會先注意對方的某一項特徵，而忽略其他部分。因此，當你看著這些照片時，你可能先會注意到髮型，而非臉部的特徵。

我們若要開始處理記憶編碼，需先接收資訊（Mangels, Picton, & Craik, 2001）。回憶一下第 4 章討論過的**選擇性注意**，它在感知方面扮演重要的角色——你必須將注意力集中在特定的經驗上，同時也必須忽略其他部分。因為腦部的容量有限，人的注意力本來就具有選擇性（O'Donnell, 2002; Macaluso, Frith, & Driver, 2002）。

分散性注意（divided attention）也會影響記憶的編碼。當一個人必須將注意力同時放在很多事情上，就會用到分散性注意（Brouwer & others, 2002）。在研究分散性注意的實驗中，研究者通常會要求受試者背誦一些單字或一個故事，但是同時又必須進行其他工作，目的是分散受試者的注意力（Schacter, 2001）。例如，受試者必須仔細聽著一系列的音調，並報告這些音調的高低起伏，但他們還必須同時背誦一些單字或一個故事。許多類似的研究都顯示，能夠專心背誦單字與故事的受試者，其記憶測驗的表現比那些分散注意力的受試者更好（Pomplum, Reingold, & Shen, 2001; Reinitz & others, 1994）。

圖 7.2　編碼記憶
花幾秒鐘看看這三張個人照，接著，讓視線離開圖片，陳述你記得的照片內容。

7.2.2 處理層次

單純對刺激給予注意力，並無法完整解釋編碼的過程。例如，你

將注意力放在「boat」（船）這個英文單字，你會從以下三個不同的層次來處理：在最淺層，你會注意到字形；其次，你會注意到這個字的特色（如：boat 與 coat 押韻）；最深層，你可能會想到自己想要擁有的船是何種形狀，以及最近釣魚時所搭的船。編碼的模式一開始是由 Fergus Craik 和 Robert Lockhart（1972）提出，他們主張編碼是一個連續的過程，從淺層處理開始，一直到可以產生較佳記憶的深度處理為止（圖 7.3）：

- **淺層處理**：分析刺激的物理特性與可觀察的特性。例如，針對一個字，我們可以觀察它的筆畫、部首，或是觀察發音的頻率、長度與音量。
- **中間處理**：辨識刺激並貼上標籤。例如，我們將有四條腿並汪汪叫的物體，稱做「狗」。
- **深度處理**：從語義的層面處理資訊，亦即討論它的意義。在這個最深的處理層次中，我們會運用聯想。例如，我們會將狗叫聲聯想成危險訊號，也會聯想到與寵物相處的美好時光。愈多聯想，表示處理的深度愈深（Lee, Cheung, & Wurm, 2000; Otten, Henson, & Rugg, 2001）。

許多研究者發現，如果人們可以對刺激進行聯想與深度處理，則可以改善記憶（Baddeley, 1998）。研究者發現，如果我們可以將一個人的長相轉換成有意義的編碼，再加上聯想，則較容易記住（Harris &

圖 7.3　處理的深度
根據一項記憶的理論，對於刺激進行較深層的處理確實有助於記憶。

處理的深度			
	淺層處理	分析物理特性與可觀察的特性。	觀察構成一個物體（如：車子）的實體外觀，如：線條、角度與輪廓。
	中間處理	辨識刺激並貼上標籤。	辨識此物體為一部車。
	深度處理	使用語義、意義象徵的特性。	想起與「車子」相關的事情：你幻想擁有一部保時捷或法拉利，或是想起你與朋友在春假時開車到海邊玩的事。

Kay, 1995）。在「心理學概論」的課堂上，你可能會對某個女生的長相有印象，因為她長得很像某個電視明星；而你又會將她的長相與心理學的課程聯想在一起。

你對事件處理得愈詳細，則你的記憶也會更深刻。如果參加一場露天的搖滾演唱會，你會將哪些關於這個事件的訊息進行編碼，幫你更清楚地記住這場演唱會呢？

7.2.3　精緻化

認知心理學家發現，處理訊息的層面愈廣，愈能夠記得住（Craik & Tulving, 1975）。**精緻化（elaboration）**是指在各種層次針對資訊進行廣泛的處理（圖 7.4）。如何將一個概念精緻化，最好的方法是想想它有哪些例子。將資訊精緻化的另一個有效方法是自我參照（self-reference）（Czienkowski & Giljohann, 2002）。例如，如果要背 win（勝利）這個單字，你或許會想到上次在自行車比賽中勝利的事；或者，當你在背 cook（烹煮）這個字時，或許會想到上次煮晚餐時發生的事。一般而言，能將資訊深度精緻化，表示對資訊的意義進行精緻的處理，這是幫助記憶最好的方式。

精緻化
在各種層次針對資訊進行廣泛的處理。

精緻化有助於記憶的另一項原因，是它能增加記憶編碼（memory code）的**特殊性**（Ellis, 1987）。若要記得一項資訊，你必須先從長期記憶的眾多編碼中搜尋包含這項資訊的編碼。記憶編碼愈特殊，搜尋的過程愈容易（Hunt & Kelly, 1996）。這種情況就像在人潮擁擠的機場尋找自己的朋友一樣，如果你的朋友有 185 公分高，而且又染著一頭金髮，便可以很容易地找到他。

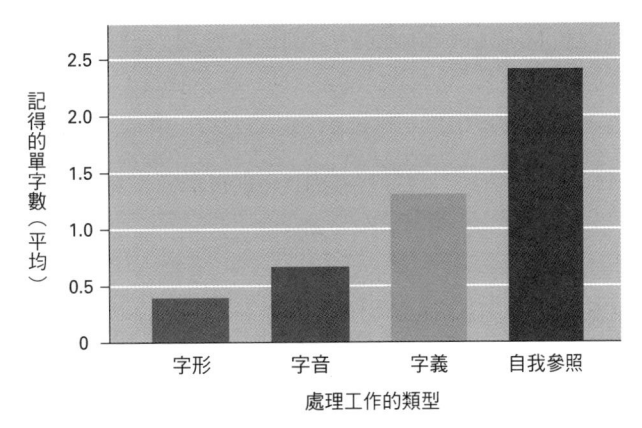

圖 7.4　各種形式的精緻化之效率

在一項研究中，研究者要求受試者根據字形、字音、字義或自我參照的特質來背一些單字。研究結果顯示，當個人對單字進行自我參照時，受試者能記住最多的單字。

如果他身高 170 公分，又是一頭黑髮，相較之下便不容易找到。同樣地，記憶編碼若有高度的特殊性，則較容易與其他記憶區別。

7.2.4 想像力

你對背單字感到苦惱嗎？最近正流行一種圖像記憶法，就是透過想像力來協助你背單字。Allan Paivio（1971, 1986）的研究，證實想像力可以改善記憶力。Paivio 認為記憶是用兩種方式儲存的：一種是文字編碼（verbal code，文字或標籤），一種是影像編碼（image code）。Paivio 認為影像編碼是極詳細且鮮明的，比文字編碼更能幫助記憶。因為對影像的記憶可以儲存成文字編碼和影像編碼，所以可用兩種方法來提取資訊。儘管大多數的人都同意想像力確實有助於記憶，心理學家對於是否需要區分文字編碼與影像編碼仍有爭議。無論如何，想像力對記憶是有幫助的，尤其是記住相關的事物。

7.3 記憶的儲存

儲存
資訊能保存多久，以及在記憶中的表現方式。

編碼的品質不是決定記憶品質的唯一因素，因為記憶經過編碼之後，仍需要適當的儲存。**儲存（storage）**包含這些資訊能保存多久，以及在記憶中的表現方式。有些資訊只能記住幾秒鐘，有些可以記得半分鐘，但有些卻可以記住好幾分鐘、幾個小時、幾年，甚至一輩子。Richard Atkinson 和 Richard Shiffrin（1968）是最早針對記憶的時間長度提出理論的學者，他們根據記憶的時間長度來區分以下三套記憶系統（圖 7.5）：

- 感官記憶：時間只有 1 秒或數秒。
- 短期記憶：時間不超過 30 秒。
- 長期記憶：時間長達一輩子。

7.3.1 感官記憶

想一想，你每天早上走路上學時看到的景象及聽到的聲音。實際

第 7 章 記憶
Memory

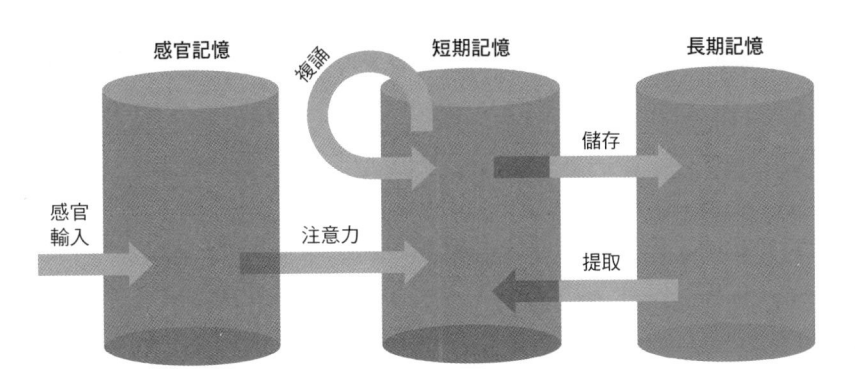

圖 7.5　Atkinson 與 Shiffrin 的記憶理論
在這套模型中，感官輸入會先全部進入感官記憶中。經過注意力的處理，資訊會進入短期記憶，但除非不斷地複誦，否則這時的記憶不會超過 30 秒。如果資訊進入長期記憶儲存區，則一輩子都會記得。

上有幾千種刺激進入你的視覺及聽覺感官，如：你踩到落葉、鳥叫聲、吵雜的摩托車聲、藍天、幾百張臉孔。這些都透過感官系統進入你的心理世界，那又有哪些訊息被留下來了呢？

感官記憶（sensory memory）是指人們暴露在視覺、聽覺及其他感官刺激下，外來資訊以原始感官的方式進行暫時的儲存（Rainer & Miller, 2002）。感官記憶除非轉換為短期記憶或長期記憶，否則很快就會消失。

在 George Sperling（1960）對感官記憶典型的研究中，他向受試者展示一組類似圖 7.6 的刺激。 Sperling 讓這些字母快速地閃過受試者眼前的畫面，圖片顯示的時間大約只有 0.05 秒，當畫面閃過這些字母之後，受試者只能回憶出 4～5 個字母。但在 Sperling 的研究中，有些受試者表示他們感覺有一瞬間能**看到**全部 9 個字母，對於這種經驗的解釋是：這 9 個字母一開始經過處理，進入感官記憶的層次，但是卻忘得快，以致受試者只能說出幾個字母，其他的則從感官記憶中消失了。

感官記憶
人們暴露在視覺、聽覺及其他感官刺激下，外來資訊以原始感官的方式進行暫時的儲存。

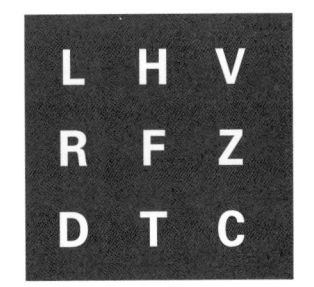

圖 7.6　感官記憶的實驗
這個刺激的陣列，與 Sperling 在感官記憶研究中，讓受試者看 0.05 秒時間的圖卡是類似的。

7.3.2　短期記憶

許多資訊會停留在聽覺與視覺的感官記憶中，但是有些

短期記憶
容量有限的記憶系統，其中的資訊只能保留大約30秒，除非藉助其他策略，才能記得更多。

記憶廣度
在一組數字出現一次後，個人所能記住的數字個數。

組塊化
將超過7±2之記憶廣度的資訊分組或「打包」，成為數個具有高度組織的小單位，再形成單一的大單位。

複誦
刻意讓資訊不斷重複，以延長記憶的期間。

資訊卻能轉換為短期記憶，因為我們曾經注意過這些資訊。**短期記憶（short-term memory）**是容量有限的記憶系統，其中的資訊只能保留大約30秒，除非藉助其他策略，才能記得更多。

George Miller（1956）在他經典的研究報告中，曾測試短期記憶的容量究竟多大。這篇研究報告的標題非常吸引人：「神奇數字7±2」（The Magic Number Seven, Plus or Minus Two）。Miller指出，人們**記憶廣度（memory span）**為7±2，也就是指在一組數字出現一次後，個人所能記住的數字個數為5～9個。

組塊化與複誦

雖然短期記憶只有7±2的記憶廣度，而組塊化與複誦這兩種策略可以讓儲存內容增加。**組塊化（chunking）**是將超過7±2之記憶廣度的資訊分組或「打包」，成為數個具有高度組織的小單位，再形成單一的大單位。組塊化在本質上算是一種記憶編碼的形式，主要是讓大量的資訊變得更有條理。

這個例子可以讓你了解組塊化的運作方式。看看下列一排簡單的單字：hot、city、book、forget、tomorrow與smile。試著背誦這幾個單字，然後寫下記得的單字。如果你能記得所有的單字，表示你的記憶可以一次記住34個字母，這些字母又分成7個組塊。

現在試著背誦下列字串，並寫下記得的字串：

O LDH ARO LDAN DYO UNGB EN

你記得多少呢？如果你只能記得幾個字母也別洩氣，因為這串字母即使已經分成幾個組塊了，仍舊很難記。但是，你可以將這些字母組成有意義的句子「Old Harold and Young Ben」，這樣就好記多了。在編碼時進行這種語義上的深度處理，可以提高記憶的效率。

另一個可以改善短期記憶的方法是**複誦（rehearsal）**，即刻意讓資訊不斷重複。儲存在短期記憶中的資訊若沒有經過複誦，無法持續超過半分鐘。如果複誦的過程不受到打擾，資訊可以保留很長一段時間。

複誦通常是以言語的方式，用內心的聲音來加深印象。但是複誦也可以是視覺或空間式的，用自身內在的眼睛來加深印象。運用視覺技巧是指在看過物件或景象的影像之後，將它記在腦海中，能用這種方法進行記憶的人，我們稱他具有「過目不忘」的記憶力（photographic memory）。我們多多少少有這方面的記憶能力，但少數人確實有超乎常人的記憶力，當他們在考試時，回想書上的內容時，彷彿能「看到」教科書上某段文字的影像。但是過目不忘是相當罕見的，因此很難對它進行研究，有些心理學家甚至懷疑是否真的有人能過目不忘（Gray & Gummerman, 1975）。

當我們必須在短時間內背誦一列數字或項目時，複誦就特別有用。但是，如果我們必須長時間記住一些資訊（例如，準備下週、明天，甚至是 1 小時後的考試），則其他的策略會比複誦更有效。為何複誦無法長時間發揮作用呢？因為複誦只是不斷重複死背一些資訊，但卻沒有賦予意義；若要長時間記住一些資訊，就必須賦予意義。這個例子再度顯示語義上的深度處理有多麼重要。

工作記憶

英國心理學家 Alan Baddeley（1993, 1998, 2000, 2001）提出**工作記憶（working memory）**的概念，這套系統可以在人們處理認知活動時暫時儲存資訊。工作記憶是一種心智的「工作站」，可以處理與集合資訊，協助我們理解書面與口說的語言、做決策並解決問題。要注意的是，工作記憶並非一座單純儲存資訊的倉庫，之後會被動地移到長期記憶中，它其實是一套主動的記憶系統（Nyberg & others, 2002）。Baddeley（1998）相信，阿茲海默症是因為工作記憶模型中的中央執行器異常所導致的，因為病患無法協調不同的心智活動，而這正是中央執行器應發揮卻未發揮的效用。

圖 7.7 顯示，Baddeley 提出工作記憶三大要素的主張，這套模型有主管（中央執行器）、兩個助手（語音迴路與視覺空間工作記憶）來協助它正常運作。

工作記憶
一套包含三大要素的系統，這套系統可以在人們處理認知活動時暫時儲存資訊。它也是一種心智的「工作站」，可以處理與集合資訊，以便執行其他認知工作。

▎圖 7.7 工作記憶

在 Baddeley 的工作記憶模型中，工作記憶就像一座心智的工作站，許多資訊都在此進行處理。工作記憶包含三大部分：語音迴路與視覺空間工作記憶，協助中央執行器充分運作。來自感官記憶的輸入資訊會進入語音迴路，這裡儲存言詞方面的資訊，進行複誦，再進入視覺空間工作記憶。視覺空間工作記憶儲存視覺與空間的資訊，包含運用想像力。工作記憶是容量有限的系統，資訊只會在這裡進行短時間的儲存。工作記憶也可以與長期記憶進行互動，方法是借用長期記憶中的資訊，之後再將處理過的資訊轉換回到長期記憶中進行儲存。

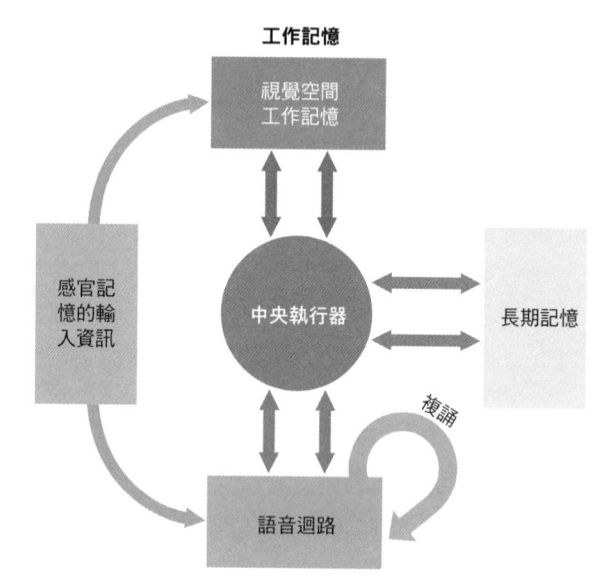

- **語音迴路**：專門用來暫時儲存有語言聲音的資訊。包含兩個不同的要素：一個是聲碼（acoustic code），在幾秒鐘內就會消失；另一個是複誦功能，可以讓個人在語音迴路中不斷重複單字。
- **視覺空間工作記憶**：儲存視覺與空間的資訊，包含視覺想像力（Logie, 1995）。視覺空間工作記憶又稱**視覺空間暫存**（visuospatial scratch pad）。視覺空間工作記憶如同語音迴路，容量有限。基本上，語音迴路與視覺空間記憶功能是獨立運作的（Reed, 2000）。你可以在語音迴路中複誦數字，同時在視覺空間工作記憶中進行字母的位置組合（Baddeley & Hitch, 1974）。
- **中央執行器**：不僅整合來自語音迴路與視覺空間工作記憶的資訊，也處理來自長期記憶的資訊。根據 Baddeley（2000, 2001）的主張，中央執行器的作用就像主管，它負責監視哪些資訊需要給予注意力，哪些資訊可以略過。它也會選取處理資訊與解決問題的策略。中央執行器與其他兩個工作記憶的要素（語音迴路與視覺空間工作記憶）一樣，容量都是有限的。

7.3.3 長期記憶

長期記憶（long-term memory）與其他記憶階段相比，是時間相對較長的記憶，可以長時間記住大量的資訊。長期記憶的容量確實驚人，John von Neumann 是一位傑出的電腦科學家，他提出長期記憶的容量有 2.8×10^{20}（2.8 億的三次方）位元。簡單地說，我們的記憶儲存容量其實是無限量的。Von Neumann 假設我們絕不會忘記事情，我們腦中能保留的資訊是大型電腦的幾百萬倍。

如圖 7.8 所示，長期記憶是非常複雜的。由最上層看起，又分為兩個子項：外顯記憶與內隱記憶。簡單地說，外顯記憶記得人、事、時、地、原因；而內隱記憶記得處理事情的方法。

從以下 H. M. 的例子，我們可以發現長期記憶的其他特性。H. M. 患有嚴重的癲癇，他在 1953 年接受手術，切除大腦的海馬回、左腦與右腦各一部分的顳葉（本書第 2 章有這些腦部區域的位置與功能介紹）。雖然 H. M. 的癲癇症狀獲得改善，但是他的記憶力卻大幅下降。最大的問題是，他的記憶長度不及工作記憶的長度，他的記憶時間最多只有幾分鐘。所以從 1953 年開始，生活中所發生的事情對他而言都是新奇的，他無法記住過去曾發生的事。但是，他對於處理事情的方法卻不太受到影響。例如，他可以學會全新的體能工作。其中有項工作是要 H. M. 描出星形的圖案，但他必須透過鏡子看著圖案與自己的手來描。到了訓練的第 2 天與第 3 天，他開始從前一天的基礎上做進一步的練習（表示他的內隱記憶是正常的），縱使他完全不記得前一天

> **長期記憶**
> 可以長時間記住大量的資訊的記憶系統。

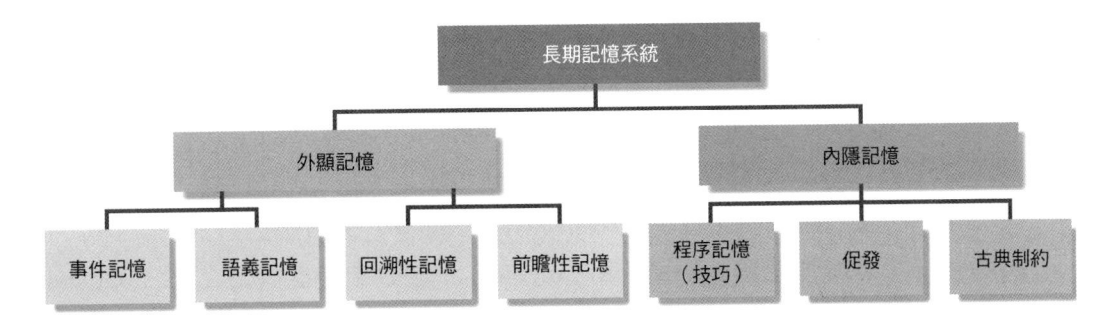

▌圖 7.8　**長期記憶系統**

已經練習過這項工作了（表示他的外顯記憶是失敗的）。

外顯記憶

外顯記憶

刻意回憶出的資訊，如：對特定的事實或事件。對人類而言，資訊指的是能以言語溝通表達的訊息。

事件記憶

對生活中發生事件的地點與時間之記憶。

語義記憶

個人對這個世界的知識。

回溯性記憶

對過去事件的記憶。

前瞻性記憶

對未來計畫的記憶。

外顯記憶（explicit memory）是刻意回憶出的資訊，如：對特定的事實或事件。對人類而言，資訊指的是能以言語溝通表達的訊息（Tulving, 1989, 2000）。外顯記憶的例子，包括描述看過的電影情節或向某人介紹心理學的基本原理。

加拿大的認知心理學家 Endel Tulving（1972, 1989, 2000）最早倡導將外顯記憶再區分為事件記憶與語義記憶。**事件記憶（episodic memory）**是對生活中發生事件的地點與時間之記憶（Fortini, Agster, & Eichenbaum, 2002），它是自傳式的。例如，你第一次約會時發生的事，以及你今天早餐吃些什麼。**語義記憶（semantic memory）**則是個人對這個世界的知識，包含你的專業知識、在學校學到的通識課程、每天都會學到的單字，以及知道一些名人軼事、重要的地點以及一些普通的事情。例如，一個人會下西洋棋、幾何學以及知道佛洛依德與甘地是誰，這都算是語義記憶。

Tulving（1989）發現一位名叫 K. C. 的年輕人，他曾經因為騎摩托車而車禍受傷，失去了幾乎所有的事件記憶，即使刻意回想過去曾經發生過的任何一件事也想不起來。然而，K. C. 的語義記憶卻完好地保存著，因此，他必須將過去發生的事當成歷史事件來背誦，就像了解其他人的生平。

雖然在圖 7.9 中摘要整理出一些事件記憶與語義記憶的不同，但 Tulving（1983, 2000）主張語義記憶與事件記憶必須共同合作，才能形成新的記憶，這種情形下形成的記憶，最後都會包含自傳式的事件資訊**與**語義資訊。

從時間向度來看，外顯記憶也可以分成回溯性記憶與前瞻性記憶。**回溯性記憶（retrospective memory）**是對過去事件的記憶；而**前瞻性記憶（prospective memory）**是對未來計畫的記憶（Burgess, Quayle, & Frith, 2001; Kliegel & others, 2001; McDaniel & Einstein,

圖 7.9 事件記憶與語義記憶之間的差異

特性	事件記憶	語義記憶
單位	事件	事實、想法、概念
組織方式	時間	概念
情緒的介入	較重要	較不重要
提取過程	刻意的	自動化
提取報告	「我想起來了」	「我知道」
與教育程度的關聯	無關	有關
與智能的關聯	無關	有關
法律上的證詞	法庭允許	法庭不允許

2000），也包含對目的與意向的記憶。許多人想必都有前瞻性記憶不管用的尷尬經驗，這種感覺確實很糟，例如，我們可能會忘記採買食物、忘記與某人的約會或忘記交作業。前瞻性記憶包含**時間**與**內容**（在「何時」做「何事」），當然我們會因為「心不在焉」而造成一些失誤。

內隱記憶

內隱記憶（implicit memory）使我們的行為自然受到之前經驗的影響，而不需要刻意回憶一些事情，如：打網球、騎單車與打字。另一個例子是，你在超市聽到一首歌，儘管你不會刻意地聆聽音樂的內容，但在你的腦中會不斷重複這首歌，這就是內隱記憶。

內隱記憶又分為三個子系統，雖然你不會意識到這些記憶的存在，但這些記憶卻會影響你的行為方式（Schacter, 2000）：

- **程序記憶（procedural memory）**：指對技能的記憶。例如，學會開車之後，自然會記得如何開車，你會自然地插入鑰匙來發動車子、轉動方向盤、踩油門、踩煞車等。生活中的許多技能都是這種程序記憶。

- **促發（priming）**：是指人們活化儲存的資訊，以便自己能以更有效率的方式記住新的資訊（Badgaiyan, Schacter, & Alpert, 2001; Huber & others, 2001）。促發最常見的形式是讓一個人背一串字詞（如：**汽笛**、**散步**和**蛋糕**）。然後，為了評估受試者的外顯記憶，我們會要

內隱記憶
我們的行為自然會受到之前經驗的影響，而不需要刻意回憶一些事情。

程序記憶
對技能的記憶。

促發
內隱記憶的一種。指人們活化儲存的資訊，以便自己能以更有效率的方式記住新的資訊。

求受試者挑出這份字詞表中出現的所有字詞，例如，我們會問受試者「你有看到**汽笛**這個詞嗎？你有看到**房屋**這個詞嗎？」接著，我們要評估受試者的內隱記憶，讓他們在空格處填下任何所知道的字：**汽 __ 、散 __ 、蛋 __** ）。大部分的受試者會在空格處填下之前背過的單字，而較不會任意地填入其他單字。例如，受試者將**汽 __** 填成**汽笛**的機率會比填入**汽車**更高，即使受試者對於汽笛的熟悉度低於對汽車的熟悉度，但他還是會填入汽笛。因為儘管外顯記憶中沒有累積之前的資訊，但我們的腦中仍會進行促發，且促發是一種自動化的過程（Hauptmann & Karni, 2002）。

- **古典制約**：是一種學習的形式，在第 6 章已經討論過。回想一下之前學的，古典制約是藉由建立刺激之間的關聯，產生自動學習的方式。例如，一個時常遭到批評的人可能罹患高血壓或其他生理疾病。古典制約產生的關聯就像本章提到的內隱記憶或不自覺的記憶。

7.3.4 記憶的組織方式

以下有個示範。快速地回想一下 12 個月份的英文單字？你需要多少時間回想？回憶的順序是怎樣的？你有可能在幾秒鐘內就能想起，而且是以「合乎自然」且依照時間先後的順序背出的（January、February、March 等）。現在試著依照字首字母的順序背出 12 個月份，你會出錯嗎？需要多少時間回想？如此就能很明顯地看出你對月份的記憶是以何種特殊方式組織的。

記憶最明顯的特徵就是它的組織方式。根據研究顯示，如果鼓勵人們將一些資料重新組織，即使我們事先並未通知他們要進行測驗，但他們對這些資料的記憶也會加深（Mandler, 1980）。關於長期記憶是如何組織而成的，心理學家有以下四種主要的理論，分別為階層、語義網絡、基模以及連結網絡。

階層

早期的研究中，Gordon Bower 等人（1969）指出，階層結構對記

憶的重要性，比起將單字隨機編組的受試者，能將單字排列成不同階層的受試者確實能背下較多單字。從很多例子都可以證明，當我們將一些事實組織成不同的階層時，可以記得更多（Bruning, Schraw, & Ronning, 1999）。**階層**是指有系統地將項目由常見的類別組織成特殊的類別。最常見的例子是學校的組織架構圖，在圖表的頂端是校長，下一層則是學務長等一級主管，院長則在第三層，再來是系主任。

語義網絡

我們通常會使用網絡架構將資料組織成事件記憶（外顯記憶的一種形式）。最早出現的網絡學說中，有一派主張將我們的記憶視為一個複雜的節點網絡，而每個節點則代表一個標籤或概念（圖 7.10）。網絡基本上是根據階層排列的，較為抽象的概念（鳥類）之下則有更為具體的概念（如：金絲雀）。

直到最近，認知心理學家才了解到，用這種階層網絡來解釋人們認知實際的運作方式太過簡單（Shanks, 1991）。例如，人們在回答「駝鳥是不是鳥類」這種是非題時，所花的時間會比回答「金絲雀是不是鳥類」的時間更久。記憶研究專家現在將語義網絡修改為更不規則與更複雜的形式。與非典型的鳥類「駝鳥」相比，典型的鳥類「金絲雀」更接近**鳥類**這個節點或核心。

圖 7.11 顯示一個修正過的模型，不僅讓我們知道何謂典型的資訊，也讓我們

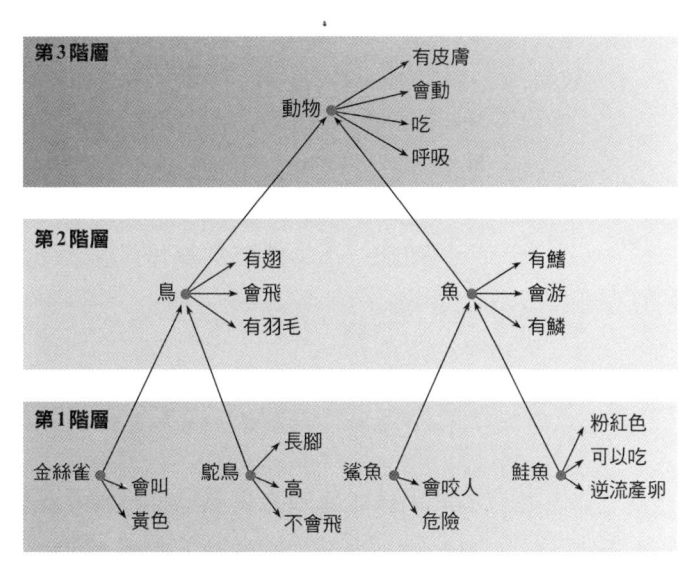

圖 7.10　長期記憶組織方式中的語義網絡

語義網絡這種學說一開始是將長期記憶視為概念階層，不同階層的節點代表不同的抽象程度。當你觀看這個模型中的階層時，請注意資料是如何變得更詳細與更具體。

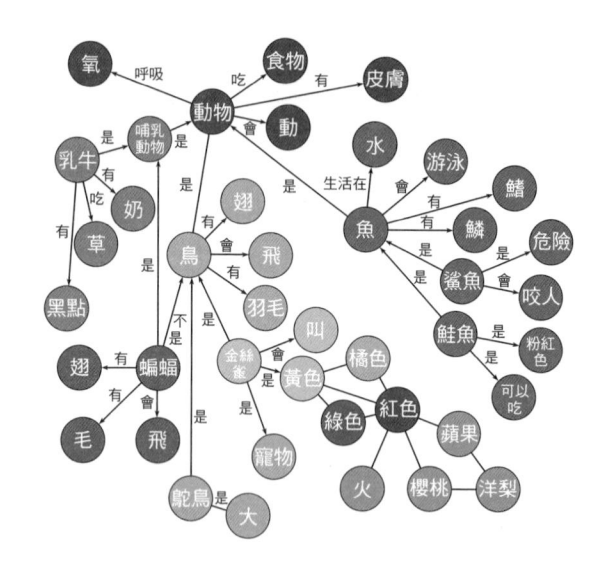

▎圖 7.11 從語義網絡觀點來看長期記憶

許多心理學家批評語義網絡原先的表現方式太過簡略，無法反映出記憶處理程序的複雜性，他們認為圖中的表現方式更為精確。

知道這些資料是如何連在一起的。我們將新的資料放進記憶的適當位置，就表示將資料放進一個語義網絡中，新的資料會逐漸與鄰近語義網絡中的相關節點進行連結。這個模型可以解釋你為了考試囫圇吞棗地背了一堆資料，但經過很長一段時間後卻都忘光了，因為這些新的資料並未納入長期記憶的網絡中。相反地，透過討論或撰寫報告，這些資料便可以納入長期記憶的網絡中，也可以與你既有的知識相連結。

基模

想像一下，你在宿舍不小心聽到以下兩位大學生的對話：

小華：你訂了沒？
小明：訂啦！45 分鐘前就應該送到的啊！
小華：好吧！我要先出去一下，記得留幾片給我喔。

你知道這兩名學生在談論什麼嗎？你可能會猜他們在討論披薩，但你是如何判斷的呢？**披薩**這個詞並未出現在對話中，你之所以知道他們談論的內容，是因為你啟用對「披薩」或「外送披薩」的概念，藉由這些概念來理解整個情況。

在第 3 章中曾學到，當我們將資訊儲存在記憶中時，通常會將它

放在現有的資訊集合中的適當位置,這道理就像你能理解外送披薩的情況。事先存在的心理概念或架構能協助人們組織和解釋資訊,這些概念或架構就稱為**基模(schema)**。從之前的環境中建立的基模,會影響我們編碼的方式、推論和提取資訊的方式(Jou, Shanteau, & Harris, 1996)。

> **基模**
> 事先存在的心理概念或架構,能協助人們組織和解釋資訊。

記憶的基模理論首先由 Frederick Bartlett(1932)提出,他從人們記住故事的方式進行研究,因而推論一個人所處的背景不僅會編碼成為基模,當其在重建故事內容時也會顯露出來(修改或扭曲)。Bartlett 編造了一個「魔鬼的戰爭」(War of the Ghosts)的故事,他將美國印地安人的傳說翻譯成英文,故事描述的事件對於來自中高收入家庭的受試者而言是完全陌生的。受試者讀兩次這篇故事,15 分鐘後再寫出背下來的故事,受試者都會以日常經驗當作基模,並用自己對恐怖鬼故事的特殊基模來重建「魔鬼的戰爭」這個故事。受試者較容易想起與本身基模類似的故事情節,但是與本身基模毫不相干的細節則往往會極度扭曲。

我們對故事、場景或空間擺設(如:海灘、浴室)以及一般活動(如:上館子、踢足球、寫報告)都有一套基模,而**腳本(script)**就是指事件的基模(Schank & Abelson, 1977)。腳本通常包含物質特徵、人員以及出場次數等資訊,當人們想了解周遭究竟發生什麼事,腳本的資訊就相當有用。例如,你在餐廳裡正喝著餐後的咖啡,這時有個穿著燕尾服的男人走過來,將一張紙放在你的桌上,你的腳本會顯示這個男人可能是位服務生,放在桌上的是帳單。

> **腳本**
> 事件的基模。

連結論

連結論(connectionism)是一種記憶理論,主張記憶透過大腦神經元的連結而儲存在腦中,要處理一項記憶可能需要很多神經元彼此合作(Dehaene & Naccache, 2001; Haumphreys & others, 2000)。回想一下第 2 章介紹的神經網絡概念,以及第 4 章有關平行歷程通路的概念,這個小節將繼續這些討論主題,並將這些概念應用到記憶中。

> **連結論**
> 一種記憶理論,主張記憶透過大腦神經元的連結而儲存在腦中,要處理一項記憶可能需要很多神經元彼此合作。

在連結論的觀點，記憶既不是語義網絡理論所主張的抽象概念，也不是基模理論所主張的大型知識結構。相對地，記憶反倒像是電脈衝，只有在神經元彼此連結與活動時才會開始組織。每一項知識都透過數以萬計的神經元連結所構成，而且不局限於某一處的神經元。圖7.12是語義網絡、基模與連結論這三種記憶理論的比較。

連結論是如何運作的呢？例如，要記得你養的小狗名字是小黑，神經活動會涉及大腦皮質的許多區域。神經活動進行的位置稱為**節點**（node），節點又彼此連結。當某一個節點達到觸發的臨界值，就會透過突觸影響下一個節點。我們都知道人的大腦皮質有幾百萬個神經元，這些神經元透過幾億個突觸彼此連結。因為有突觸的連結，一個神經元的活動會受到許多其他神經元的影響。連結論主張突觸的連結強度是構成記憶的基礎（O'Brien & Opie, 1999）。

連結論之所以吸引人，在於它與我們熟悉的大腦功能一致。另一個原因是，透過電腦的程式設計，連結論可以順利預測某些記憶實驗的結果（Marcus, 2001; McClelland & Rumelhart, 1986）。連結論有關記憶組織的主張，同樣地有助於目前正在進行的大腦研究，可以協助判斷記憶在腦中的儲存位置。

7.3.5 記憶的儲存位置

Karl Lashley（1950）花了一輩子的時間研究記憶在腦中的儲存位置。他訓練一批老鼠，讓牠們可以在迷宮中找到正確的路徑，之後再切除老鼠腦部的某些部位，重新測試牠們對迷宮路徑的記憶。 Lashley

圖7.12 語義網絡、基模與連結論的主要特徵

	語義網絡	基模	連結論
記憶單元的本質	抽象概念（例如前述「鳥類」的例子）	大型知識結構（例如前述「在餐廳」的例子）	小單元，神經元之間的連結
單元個數	幾萬個	不明	幾千萬個
新記憶的形成方式	新的節點	新的基模或修改舊的基模	增加神經元之間的連結強度
對大腦結構的研究	很少	很少	廣泛

第 7 章 記憶

用幾千隻的老鼠作實驗，終於發現老鼠即使失去部分的皮質區域，牠們對迷宮路徑的記憶卻不受影響，因此，他推論記憶並非儲存在腦部的特定區域。Lashley 之後的研究者都同意記憶的儲存是擴散式的，但也提出一些新的觀點。加拿大心理學家 Donald Hebb（1949, 1980）主張，散布在大腦皮質各個區域的細胞群會彼此合作以呈現資訊，Hebb 對於分散式記憶的觀點是很有遠見的。

今日，有許多神經科學家相信腦部的化學物質就如同墨水一般，會記下記憶，而記憶就儲存在特定的神經元組中。例如，腦部研究人員 Larry Squire（1990）主張大多數的記憶可能是分別由 1,000 個神經元組成的群組所構成，單獨的神經元同樣也可以構成記憶。測量單一細胞電位活動的研究員曾發現，有些細胞會對臉部長相有反應，有些則對眼睛的顏色或頭髮的顏色有反應。如果要能認出你的叔叔或伯伯，就需要每個神經元彼此合作，將神經元提供有關頭髮顏色、身高以及其他特徵組合在一起。

長期增益作用（long-term potentiation）與連結論一致，都主張當兩個神經元同時啟動時，兩者之間的連結會增強，進而加深記憶（Shakesby, Anwyl, & Rowan, 2002; Squire & Kandel, 2000）。圖 7.13 顯示與不同類型的長期記憶有關的腦部結構圖，例如，外顯記憶與內隱記憶分別位於腦部的不同區域。

- **外顯記憶**：神經科學家發現，海馬回、顳葉以及其他邊緣系統都與外顯記憶有關（Gomez Beldarrain & others, 2002; Zola & Squire, 2001）。對外顯記憶而言，資訊會從海馬回傳遞到額葉，這與回溯性記憶與前瞻性記憶有關（Burgess & others, 2001）。當我們將新的資訊編碼進入記憶時，左

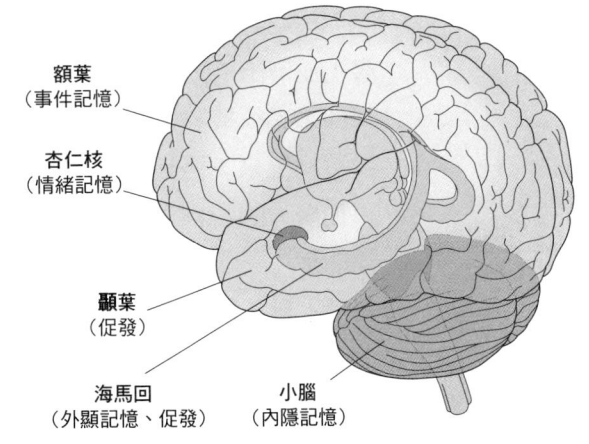

圖 7.13　與不同類型的長期記憶有關的腦部結構圖

額葉（事件記憶）
杏仁核（情緒記憶）
顳葉（促發）
海馬回（外顯記憶、促發）
小腦（內隱記憶）

額葉會特別活躍；當我們之後再提取資訊時，右額葉則會變得活躍（Otten, Henson, & Rugg, 2001）。杏仁核屬於邊緣系統，掌管情緒記憶（Siegle & others, 2002）。

- **內隱記憶**：小腦與執行技能時所需的內隱記憶有關（Krupa, Thompson, & Thompson, 1993）。大腦皮質中有許多區域都與促發功能有關，如：顳葉和海馬回（Jernigan, Ostergaard, & Fennema-Notestine, 2001; Yasuno & others, 2000）。

對於記憶的研究，神經科學利用從核磁共振掃描（MRI scans）來探索在認知歷程中的腦神經運作。在一項研究中，讓受試者進入 MRI 儀器中，接著讓他們觀看室內與室外某些場景的彩色圖片（Brewer & others, 1998），但是並未事先通知他們稍後會進行有關於這些場景的記憶測驗。經過 MRI 掃描之後，詢問這些受試者哪些圖片記得最清楚、哪些印象模糊、哪些則根本忘記了。我們將受試者的記憶與腦部掃描比較，發現前額葉與海馬回的某些區域在核磁共振掃描中亮起的時間愈久，受試者對該場景的記憶也愈深刻。倘若在觀看某些照片時，這些區域的腦部活動很微弱，就表示受試者容易遺忘這些照片的內容。

7.4 記憶的提取

長期記憶像一座圖書館，我們提取資訊的方式就像從圖書館找到書，並借出來一樣。我們如果想從心智的「資料庫」（data bank）找到東西，必須搜尋儲存的記憶，以便找到相關的資料。將記憶從儲存的位置找出來，稱為記憶**提取**（**retrieval**）。通常只需要一點時間，就可以從廣大的資料庫找到我們想要的資訊。但是，從長期記憶中提取資訊的程序不像在圖書館找書一樣精準。當我們在長期記憶的倉庫中搜尋時，無法每次都能精確地找到想要的「書」，因為會影響我們記憶的因素很多，例如，我們記得的資訊類型、與記憶有關的情境，以及周圍的人與當下的情緒。有時我們可以找到想要的書，但是卻發現只有幾頁是完整的，其他的部分必須重建。

提取
將記憶從儲存的位置找出來。

7.4.1 序列位置效應

如果要了解提取的運作方式，我們需要認識**序列位置效應**（**serial position effect**）的概念。它表示在清單一開始與最後的項目較容易被想起，而清單中間的項目則較不容易記得（圖 7.14；Howard & Kahana, 1999; Surprenant, 2001）。如果有人告訴你下列方向：「在麥當勞左轉、在肯德基右轉、在摩斯漢堡右轉、在 85 度 C 左轉、在 7-ELEVEN 右轉。」你大概只會記得「在麥當勞左轉」和「在 7-ELEVEN 右轉」，而對其他路名與方向印象模糊。**初始效果**（primacy effect）表示較容易回憶清單一開始的項目；**新近效果**（recency effect）則表示較容易回憶清單結尾的項目。初始效果與新近效果可以應用在求職時，一般都會建議求職者爭取當第一位面試者，要不然就當最後一位，才能令人印象深刻。

> **序列位置效應**
> 在清單一開始與最後的項目較容易被想起。

如何解釋初始效果與新近效果呢？首先，關於初始效果，清單一開始的項目較容易被記住，是因為它們比稍後的項目更常被複誦（Atkinson & Shiffrin, 1968）。輸入這些初始的項目時，工作記憶是空白的，因此在複誦時不會遇到太大的阻礙。此外，因為這些項目不斷經過複誦，會在工作記憶中待得較久，也更有可能順利編碼而進入長期記憶中。相反地，清單中間的許多項目則很容易在編碼進入長期記憶之前，就從工作記憶中被刪除。

至於新近效果，有許多理由可以解釋為何最後幾個項目容易背誦。首先，當我們在回憶這些項目時，它們都在工作記憶中。其次，即使這些項目不在工作記憶中，與其他項目相比，它們還是相對較新的，這讓它們更容易背誦。

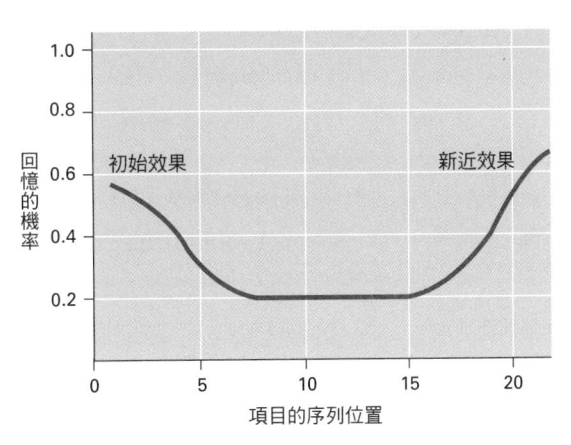

圖 7.14　序列位置效應
當我們要求某人背誦一串單字，通常最後背誦的幾個字較容易記得，其次是一開始的幾個字，中間幾個單字則是最容易忘記的。

7.4.2 提取提示和提取工作

與提取相關的其他兩項要素是：(1) 可以提示記憶的提取提示；以及 (2) 為自己設定的提取工作。對於嘗試回憶的事情，如果缺乏有效的提示，你便必須創造提示，而這會在工作記憶中進行。例如，想不起來一位新朋友的名字，你或許會依字母的順序，想想每個字母開頭的名字可能有哪些。如果碰巧猜到正確的名字，你或許就能想起這個朋友的名字了。

我們可以學習創造提取提示（Allan & others, 2001; Halpern, 1996）。一項好的策略是使用不同的子類別做為提取提示。例如，將你記得的國中同班同學的名字寫下來。當想不起任何名字時，想想你在國中時期參加過的所有活動，如：體育課、社團、畢業旅行等，這些提示能不能幫你想起更多同班同學的名字呢？

雖然提示有助於記憶，但是能否順利提取資訊，也取決於你為自己設定的提取工作。例如，如果只是要判斷之前是否見過某項東西，提取的時間只是一瞬間的事。如果你看到一位黑色短髮的女性走向你，你很快就能判斷她是不是住在隔壁寢室的人。但是如果要想起更細微或精確的細節（如：何時見過她），就很困難了。警察辦案也面臨相同的問題：目擊者可能非常確定某張臉孔是之前看過的，但是卻無法判斷這張臉孔是在犯罪現場或嫌犯檔案的臉部照片中見到的。

以下是會影響提取記憶的一些工作與提示：

- **回憶和再確認**：進行的工作究竟是回憶或再確認，確實值得考慮（Nobel & Shiffrin, 2001）。**回憶（recall）**這種記憶工作表示個人必須提取之前學到的資訊，例如，回答申論題。**再確認（recognition）**這種記憶工作表示個人只需要在看到某樣東西時，判斷（確認）之前是否學過，例如，回答選擇題。「回憶」的測試（如：回答申論題）具有的提取提示較少，例如，要求你回憶某一類的資訊（討論第二次世界大戰爆發的原因）。「再確認」的測試（如：回答選擇題）中，你只需要判斷之前是否見過某個刺激物，亦即這個刺激物是否

回憶
一種記憶工作，個人必須提取之前學到的資訊。

再確認
一種記憶工作，個人只需要在看到某樣東西時，判斷之前是否學過。

與你過去的經驗吻合。同樣地，有些人會說自己記性不好，總是記不住人名，但是他們不會忘記人的臉孔，或許這些人再確認的能力（自己知道之前曾經看過某張臉孔）比回憶的能力（在心裡重建某個人的臉部特徵）更強。

- **編碼的特定性**：要了解提取的另一項考量，是在編碼或學習時所掌握的資訊量多寡（可以做為提取提示）（Hanna & Remington, 2001; Hannon & Craik, 2001; Tulving & Thomson, 1973）。想像一下，你遇到了一位專業的網球選手。如果你將這項資訊連同「這個人身材纖細，手臂很長」的觀感一起編碼到記憶中，當你下次再遇到這個人時，你就會想起他的職業了。要注意的是，這個概念與之前提過的精緻化相符，針對要回憶的資訊，如果之前的編碼過程愈精緻，你對該資訊的記憶就會愈深刻。

- **促發**：促發式的回憶表示當人們以類似的資訊（提示）來回憶某些資訊時，他能夠更快且更完整地想起這項資訊。如：當你在賣場閒逛，卻想不起來需要買哪些東西。這時如果你聽到走道上有兩個人正在討論水果，就會促發你的記憶，想起自己需要買些水蜜桃。亦即聽到「水果」，就會促發你對「水蜜桃」的記憶。

- **舌尖現象**：提取資訊時，相信大家都會犯一種毛病，那就是**舌尖現象**，或稱為**舌尖狀態**（TOT state）。發生在當人們確信自己知道某件事，但卻又無法從記憶中完整地提取出來（Kikyo, Ohki, & Sekihara, 2001; Schwartz, 2002）。例如，考試時，你知道你讀過那個章節，也知道自己知道答案，但卻無法立即想起正確答案。

7.4.3 記憶提取的準確性

我們的記憶通常是被情緒、偏見和其他造成扭曲的影響力所包圍，結果造成編碼錯誤、記憶儲存錯誤以及提取失敗。研究者對於許多記憶現象的精確性感興趣，這些記憶現象可以在大眾的生活中發現：

- **鎂光燈記憶**：是指人們對情緒上重大事件的記憶，會比日常事件的記憶更精確與鮮明（Davidson & Glisky, 2002）。如：分手的那一幕，

永難忘懷。
- **個人創傷**：是另一種由情緒引發的經驗，比普通的經驗能建立更詳細且持久的記憶（Langer, 1991）。如：考試被當。
- **壓抑的記憶**：是指將記憶推向潛意識中無法觸及的角落，通常是由個人創傷所產生情緒上的衝擊所致。如：幼年被家暴。

動動腦

是挖掘出的記憶，或是假記憶？

George Franklin 是加州人，因為在 1969 年謀殺一位年輕女子而入獄服刑 6 年。他的女兒記得這起攻擊事件，於是出庭作證，她的證詞成為起訴 Franklin 的主要關鍵。這個案例之所以特殊，是因為有人說她的記憶是長大後進行心理治療時才挖掘出來的（Loftus & Ketcham, 1994）。Franklin 成為美國第一位根據壓抑的記憶被定罪的人，但是判決之後卻被推翻，因為他的女兒在出庭作證前曾經接受催眠，證詞可能有說謊的嫌疑。

佛洛依德是最早指出，兒時受虐的記憶（尤其是受到性侵害）可以完全被壓抑，但卻會導致成人期的心理異常。現今還是有很多心理治療師認為，成人心理異常（如：沮喪、自殺傾向、飲食失調、缺乏自信、性功能障礙，以及無法維持良好人際關係）都與兒時遭到性侵害有關。治療通常是將這些長期壓抑下的兒時創傷帶回意識層次，這樣才能將病患從自己都察覺不到的創傷中解放出來。如果無法挖掘出這些記憶，治療師通常會鼓勵病患面對加害者（通常是自己的父母親）。因此許多案例的治療過程都包含指控（Pezdek & Banks, 1996）。在 1990 年代，藉由心理治療所挖掘出的記憶，成為指控許多肢體傷害與性侵害的證據。絕大部分受到指控的父母，都會極力否認自己曾在孩子年幼時虐待他。1992 年，假記憶症候群基金會〔False Memory Syndrome（FMS）Foundation〕組成父母的支援團體。顧名思義，這個團體主張兒童的記憶並非是挖掘出來的，而是用其他方式植入的假記憶，而心理治療的過程正是元凶。

思考一下
1. 我們的創傷記憶真的可靠嗎？
2. 在心理治療中，被激發的記憶是可靠的嗎？

建議閱讀

- Elizabeth Loftus & Katherine Ketcham 著，洪蘭譯（2010）。《記憶 vs. 創憶：尋找迷失的真相》(*The Myth of Repressed Memory*)。遠流出版社。

7.5 遺忘

心理學家的開路先鋒之一── Hermann Ebbinghaus（1850 ～ 1909）是第一位針對遺忘進行科學研究的人。他在 1885 年時，編出 13 個無意義的音節，如：zeq、xid、lek、vut 和 riy，並將這些音節背下來，然後評估自己在經過一段時間之後能記得多少。但是只過了 1 小時，他便發現自己記得的音節寥寥可數。圖 7.15 顯示 Ebbinghaus 對無意義音節的遺忘曲線。他根據這項研究，推論出我們往往在學到一些東西之後就立刻將它忘記了。

如果這麼快就會遺忘，我們為何還大費周章地學習事物呢？幸好，研究者發現遺忘的範圍不如 Ebbinghaus 所言那麼廣泛（Baddeley, 1992）。Ebbinghaus 研究的是無意義的音節，但是當我們在背誦有意義的內容（如：詩歌、歷史或這本書的內容）時，我們不會很快就忘記，而且也不會全部忘記。

7.5.1 編碼失敗

有時候人們會說自己忘記某些事情，但他們不是真的將事情忘了，而是一開始根本就沒有將資訊進行編碼。**編碼失敗**（encoding failure）是指資訊從未進入長期記憶中。

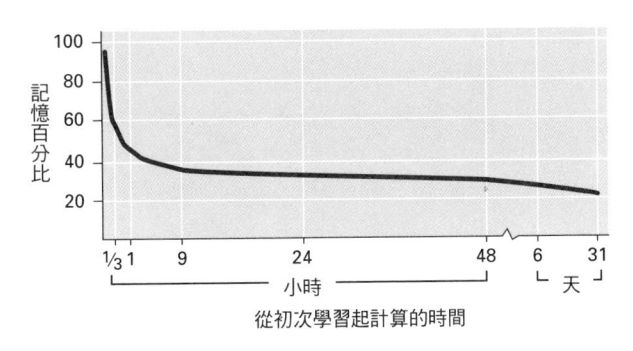

▎圖 7.15　Ebbinghaus 的遺忘曲線

為了解釋編碼失敗，想一想，你記得一千元的鈔票上有幾個男孩和幾個女孩呢？在一項研究中，研究人員將 15 種版本的 1 美分硬幣放在受試者眼前，並問他們哪一個版本才是真的硬幣（Nickerson & Adams, 1979）。看看圖 7.16 中的硬幣（先不要看圖說），你能不能分辨哪個才是真正的硬幣。很多人都會猜錯，除非你是硬幣收藏家，否則你的記憶編碼中不太可能包含許多關於 1 美分硬幣的特殊細節。你的記憶編碼只能夠讓你分辨 1 美分與其他幣值硬幣的差別（1 美分是銅色的，1 角和 5 美分是銀色的；1 美分的硬幣大小介於 1 角和 25 美分之間）。這個練習說明，我們的日常經驗會經過編碼並進入長期記憶的，其實只有一小部分。因此，編碼失敗在某種程度上不算遺忘，而是根本不曾記住。

7.5.2 提取失敗

從記憶提取資訊時發生問題都算是遺忘（Williams & Zacks, 2001），心理學家將提取失敗的原因歸納為以下四種：

- **干擾**：有些心理學家認為人們之所以會遺忘，不是因為某項記憶真的從貯藏庫中消失，而是提取的過程中有其他資訊干擾（Altmann

▎圖 7.16　哪一個是真正的 1 美分硬幣？
在最初的實驗中，讓受試者看 15 種不同的硬幣版本，但只有一個才是真正的 1 美分。此處只有列出 7 種不同的版本，雖然你可能可以分辨出真正的硬幣，但是要一眼認出還真是不容易呢！真正的 1 分硬幣是 (c)。

& Gray, 2002)。**前涉干擾（proactive interference）**表示較晚學到的資料會受到其他更早學到的資料干擾（Humphreys, 2001）。假設 10 年前，你有一個朋友名叫「曉云」，而昨晚你遇到一個人名叫「曉玲」，則你有可能會稱呼這個新朋友為曉云，因為舊資訊（曉云）會干擾新資訊（曉玲）的提取。**後涉干擾（retroactive interference）**正好相反，它表示較早學到的資料會受到其他更晚學到的資料干擾。想想，如果你之後又認識一個名叫慶安的人，當你要寫信給你的老朋友信安時，你可能會將收件者的名字寫成慶安，因為新資訊（慶安）會干擾舊資訊（信安）的提取。圖 7.17 介紹另一個有關前涉干擾和後涉干擾的例子。

- **衰退和健忘**：造成遺忘的另一個原因是事隔太久。在學習新事物時會形成神經化學物質的記憶軌跡，但是**衰退**（decay）會使這些記憶軌跡無法整合。記憶研究專家 Daniel Schacter（2001）認為隨著時間的遞移，記憶會逐漸淡忘，這稱為**健忘**（transience）。在生活中，你是否也會忘記某些重要時刻呢？
- **刻意遺忘**：人們通常會蓄意忘記某些事情，因為這些事情的記憶是

> **前涉干擾**
> 較晚學到的資料會受到其他更早學到的資料干擾。
>
> **後涉干擾**
> 較早學到的資料會受到其他更晚學到的資料干擾。

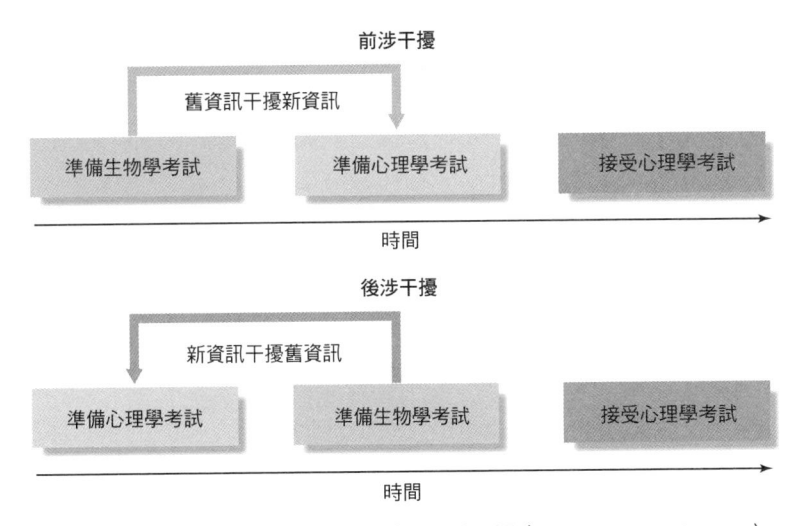

圖 7.17　前涉干擾（proactive interference）和後涉干擾（retroactive interference）
「pro-」這個字根代表「往前」，在前涉干擾下，舊資訊對於新事物的學習會構成干擾。「retro-」這個字根代表「向後」，在後涉干擾下，新資訊對於以前學到的舊事物會構成干擾。

痛苦或焦慮的,記得這些事情並不好受。這種類型的遺忘通常是因為某種個人的情緒創傷所造成,例如,性侵害或肢體虐待的受害者、戰後的老兵、地震、墜機及其他恐怖事件的生還者,都容易產生刻意遺忘。這些情緒創傷的陰影可能會籠罩這些人多年,除非他們能夠忘記這些細節。即使沒有經歷創傷的人同樣也會用刻意遺忘來自我保護,不受痛苦、緊張和不愉快回憶的傷害。**壓抑**(repression)是一種刻意遺忘的形式,之前提到提取正確記憶的困難度時已經介紹過。從心理動力學的角度來看,不愉快的記憶會壓抑在潛意識中,讓我們不會注意到它的存在。

- **失憶症**:回想一下在介紹外顯記憶與內隱記憶時提到的 H. M. 之例子。在 H. M. 的手術過程中,他腦部負責儲存新記憶的部分(海馬回和相關結構)受損,根本無法修復,結果造成**失憶症**(amnesia);也就是喪失記憶。雖然失憶症經過一段時間會復原,但 H. M. 的失憶症卻是無法治癒的。H. M. 罹患的順進式失憶症(anterograde amnesia)會影響新資訊和新事件的記憶,而他在手術前的記憶卻不受影響。H. M. 在手術後發生的事情未曾經過編碼,因此無法進入長期記憶中。逆退式失憶症(retrograde amnesia)正好相反,它會忘記過去發生 的事情,但是卻不會忘記新的事件,這種失憶症比 H. M. 罹患的失憶症更普遍(Dutton & others, 2002),它通常發生在腦部受到電擊或重擊時,如:足球員的頭部受傷。這兩種失憶症最大的差別在於遺忘的資訊是新的或舊的,以及對病患獲得新記憶的影響程度。有時,病患會同時罹患這兩種類型的失憶症。

失憶症
喪失記憶。

7.6 記憶與學習策略

許多人所面臨的記憶問題是比失憶症與壓抑更輕微的。以下簡單的記憶策略可以協助你更有效率地編碼、儲存和提取資訊。在讀書時運用這些記憶策略,可以幫你改善課業表現。

請記住,即使在最佳的讀書環境下也不能完全記住讀過的內容。

在地人的心理學

明日的記憶：失智症

你有看過《明日的記憶》這部電影嗎？這部感人的影片正好刻畫出「失智症」患者及其家人的故事。臺灣有多少家庭受到「失智症」的影響呢？在劉景寬等人（2000）的調查中發現，65 歲以上的老年人口約占 2%～3%。這樣的比例說明有不少的家庭正受到這樣的疾病困擾。

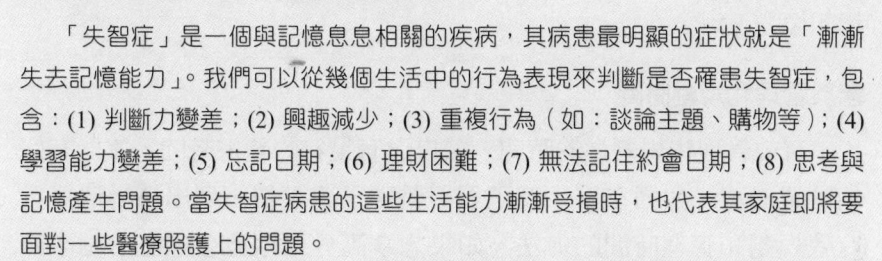

「失智症」是一個與記憶息息相關的疾病，其病患最明顯的症狀就是「漸漸失去記憶能力」。我們可以從幾個生活中的行為表現來判斷是否罹患失智症，包含：(1) 判斷力變差；(2) 興趣減少；(3) 重複行為（如：談論主題、購物等）；(4) 學習能力變差；(5) 忘記日期；(6) 理財困難；(7) 無法記住約會日期；(8) 思考與記憶產生問題。當失智症病患的這些生活能力漸漸受損時，也代表其家庭即將要面對一些醫療照護上的問題。

那我們該如何協助失智症的病患呢？簡單的方式，就是協助病患注意到當下的「自我」，讓他可以活在當下，記住當下的想法與感受，也就可以增加生活的適應能力。Lipinska（2009）提供的策略是：(1) 支持他；(2) 包容他；(3) 了解他；(4) 給予舒適的環境；(5) 提供活動。透過這樣的方式，來「關懷」這些「漸漸失去生活能力」的「失智症」家人。在《失智症居家照護指南》一書中，提供許多關懷這些病患的策略與方向。

參考資料

- 劉景寬、戴志達、林瑞泰、賴秋蓮（2000）。〈臺灣失智症的流行病學〉。《應用心理研究》，7，57-169。
- Mace, N. L. & Rabins, P. V. 著，陳美君譯（2010）。《失智症居家照護指南》(*The 36-Hour Day: A Family Guide to Caring for People with Alzheimer Disease, Other Dementias, and Memory Loss in Later Life*)。書泉出版社。
- Lipinska, D. (2009). *Person-Centred Counseling for People with Dementia*. JKP: New York.

此外，如果你有學習上的壞習慣，如：睡眠不足、嗑藥或不能準時上課，這些壞習慣也會影響記憶力，使你無法好好準備考試。

7.6.1 編碼策略

改善課業表現的第一步,是有效率地將你學到的知識進行編碼,確定知識已進入長期記憶中。雖然有些類型的資訊會自動編碼,但要處理課堂上學到的知識通常需要相當大的努力。回想一下,編碼的技巧有哪些呢?它包含專注、在適當的層級處理資訊、精緻化,以及運用想像力。

善於管理和規劃時間

有效管理和規劃你的時間,讓自己有足夠的讀書時間,才能有好的課業表現。我們在第 1 章已經討論過讀書習慣,列出待辦清單是有效規劃和管理時間的方法。如果想拿高分,你勢必得在 1 個小時的上課時間以外,再撥出 2～3 個小時來念書(Santrock & Halonen, 2002)。因此,如果你一週有 15 個小時的課,則一週在課外讀書的時間應該是 30～45 個小時。善於規劃的另一個意義是運用正確的資源,並為工作預留充足的時間。當你正在準備考試時,需確定手邊有教科書和上課抄寫的筆記。如果準備寫報告,則必須計畫用充足的時間撰寫初稿,之後再進行修改。

提升專注力並減少分心

一旦下定決心要在課業上花更多時間,你就必須確定自己在讀書時,不會有其他事情分散你的注意力。如果想要記住某些事情,則必須投注百分之百的專注力。

你可以監控自己的專注力。當你分心的時候,就用句子來提醒自己專心,如:「注意!」或「專心一點!」

理解要背誦的內容,而非囫圇吞棗

如果能理解要背誦的資訊,而不是囫圇吞棗地死背或複誦,則你對這些資訊的記憶會比較持久。能夠完全複誦資訊是屬於短期記憶,但是你還需要經過編碼、儲存和提取,才表示這些資訊已經進入長期記憶。因此,複誦是較沒效率的方式。大部分的資訊都需要經過以下

步驟：理解、賦予意義、進行精緻化和擬人化。

你可以運用**認知監控**（cognitive monitoring）的技巧來理解這些材料。這表示你在閱讀或準備考試的過程中，必須視察進度。例如，你可以將讀過的資料作摘要，之後再次閱讀時只要讀那些概念不清楚的部分，便可確定自己已經理解這些資訊。

自問自答

自問自答的策略可以幫助你記憶。當你在閱讀的時候，每隔一段時間就必須先暫停，問自己一些問題，像是「我剛才讀過的那段話是什麼意思？」、「為什麼這段話重要？」和「我剛才讀過的概念有什麼例子嗎？」，當你努力針對上課學到的知識問自己問題時，表示你正在擴充對這項知識的聯想，這有助於日後提取這些知識。

作筆記

在聽課與閱讀時作筆記，同樣有助於你的記憶。關於作筆記，正確的策略應該包含下列幾點：

- **摘要**：在聽課或讀書時，每隔幾分鐘就要將剛才講師或書本作者想要傳達的主要概念記下來。之後繼續聽、繼續讀，再將重點記下來。
- **大綱**：將老師所說的內容列出大綱，運用條列式列出這些概念的關聯性，以及這些概念是一般性的或是特殊性的。你可以學習教科書章節的整理方式，第一層是大標題，第二層是這些大標題的子標題，而第三層則是第二層的子標題。
- **概念關係圖**：如果你無法藉由大綱掌握整個思路過程，就試著將講師所說的與書本所述的內容整理成概念關係圖。概念關係圖的功能就像大綱，但是以圖表的方式來顯示資訊，能讓你一目了然。
- **康乃爾筆記法**：在一張紙上向下畫一條線，分成兩欄，左邊那一欄的寬度大約占全部的三分之一到四分之一。將你的筆記寫在那三分之二或四分之三的右半邊，當你下次讀筆記時，可以將筆記的註解抄在左欄，讓這些注解有助於你理解和稍後提取。

- **複習筆記**：養成定期複習筆記的習慣，而不是在考試前幾分鐘才讀筆記。時間充足的話，記得在聽完一堂課或讀完一節教科書的內容後，花幾分鐘讀一下筆記。如果有遺漏任何部分，還可以補上，因為此時印象仍然深刻。這項策略還能強化你的學習。

使用記憶術策略

記憶術（mnemonic）是指某些視覺上或口頭上的記憶輔助，以下是三種不同類型的記憶術技巧：

- **場所記憶法**：你可以將記得的事物影像化，然後將這些影像儲存在你對類似場所的記憶中。屋子裡的每個房間或是街上的商店，都是這種策略會用到的常用場所。假設你要背誦大腦的結構圖，你心裡可以將這些腦部結構放到你熟悉的房間位置圖中，例如，將每個部分想像成大廳、客廳、餐廳、廚房等。之後，當你要提取這些資訊時，只要想像一下屋子，在心裡想一次這些房間，自然能提取大腦結構的概念。
- **關鍵字方法**：你可以將重要的字詞加上生動的想像。例如，回想一下第 2 章提到的邊緣系統（limbic system），它包含兩個主要區域：杏仁核（amygdala）和海馬回（hippocampus）。如果你要記住這三個大腦區域，你可以想像一下：兩條腿（limb，代表 limbic system）→ 緩慢行走（ambling，代表 amygdala）像隻河馬（hippo，代表 hippocampus）。
- **縮寫**：將要背誦項目的第一個字抽出，創造成一個新的詞。例如，要背出五大人格特質時，可以將每個特質的單字的字首組成 OCEAN（Openness、Conscientiouness、Extroversion、Aggreeableness 以及 Neuroticism）

7.6.2 儲存策略

如果要改善記憶儲存的效率，最好的方法或許是確保大腦的容量夠大，這表示你必須睡眠充足、營養充足，並且不吸食迷幻藥。此

第 7 章 記憶
Memory

外,還可以嘗試以下的策略。

整理你的記憶

如果你在吸收資訊的同時也一邊進行整理,你會記得更快。整理資訊、重新處理資訊,再將這些資訊整理出一個架構,這套方法可以協助記憶。一種整理的技巧是畫出階層,就像列大綱一樣。你可以根據語義網絡理論,運用概念關係圖,也可以利用事先存在的基模來進行類推(就像是之前用在圖書館找書,來比喻在腦中提取長期記憶一樣)。

分散你的學習時間,並強化你的學習

如果要將工作記憶中的資訊移到長期記憶中,你就必須定期複習自己所學到的。將學習的時間分散在較長一段期間,會比在考前臨時抱佛腳更有效。考前臨時抱佛腳是在淺層處理資訊,而不是深層處理,因此只會產生短期記憶。如果你分散讀書的時間,你就可以在考前做最後一次且專注的準備,而不是在最後一刻囫圇吞棗地死背所有資訊(Santrock & Halonen, 2002)。

7.6.3 提取策略

假設你已經有效地將所需的資訊進行編碼和儲存,那麼在課堂討論、接受考試或撰寫報告時要提取這些資訊就相對較容易。以下是一些可以讓你更快提取資訊的好策略,並確保所提取的資訊是正確的。

運用好的提取提示

Tatiana Cooley 是 1999 年全美記憶冠軍得主,她打敗眾多參賽者,背誦數千個數字和單字、臉孔和姓名,還背出冗長的詩歌(Schacter, 2001)。她運用精緻化的編碼策略、建立視覺影像、編出與她剛學到的新資訊相關的故事和聯想。此處會提到 Tatiana 這個例子,是因為她抱怨自己每天都非常心不在焉,擔心自己會忘記許多該做的事,如:跑腿、赴約等。因此她會在便利貼大略記下待辦事項與記

事，當作自我提醒。她曾說過：「我的生活就靠便利貼。」你也可以學習 Tatiana，運用好的提取提示來建立前瞻性記憶。但前提是在編碼過程中有集中注意力，並進行精緻化的處理。

運用 PQ4R 方法

有許多學習系統正在開發中，就是為了幫助學生背誦更多資訊。其中一套系統稱為 PQ4R，它是六個學習步驟（P、Q，以及四個 R）的縮寫。

1. 預習（preview）。
2. 提問（question）。
3. 閱讀（read）。
4. 回應（reflect）。
5. 朗誦（recite）。
6. 複習（review）。

這套系統藉由讓你整理資訊、針對這些資訊提問、回應並思考這些資訊，以及複習，而產生助益。這些步驟整合在一起，會讓你在需要提取資訊時更加快速，也可以更有效率地將資訊進行編碼。

課堂活動

主題：圖像記憶。

目標：
- 了解自己的圖像記憶能力。

步驟：
1. 每人拿出一張白紙。
2. 試著畫出你今早書桌上物品的擺設。
3. 然後回房間時，對照一下你桌上的擺設狀態。
4. 看看你的記憶有多少程度是正確的。

第 7 章 記憶
Memory

回家作業

探索心理第七課——感恩日記

　　找一位在你生命中對你而言很重要的人，也許是你的親人、朋友、老師，甚至是一個陌生人。再看看你自己，這個人為你帶來了什麼？他或她在你身上留下了什麼？你身上有什麼地方是他或她的延續？

　　只要深入向內看自己，你就會發現，你的身上有很多除了自己之外的，來自於他人的延續。比如說，我的行動力是我母親的延續；我的沉著是父親的延續；我的知識是某本書的作者的延續，甚至是整個社會為了教育而努力的延續。再看得更仔細一點，你就會發現，你也是陽光、雨水還有土壤的延續。因為陽光照耀了稻米，土壤及雨水滋潤了蔬果，而你吃進了這一些，等於是延續了陽光、土壤和雨水的生命。有各種各樣的東西都是為了延續我的存在而存在；再更深入地想，你會發現，你的存在也是為了延續他人的存在。他人為我帶來延續，而我也為他人帶來延續。我們就是這樣同時接受，也同時付出而生活著。不管你想不想接受這一點，這個事實都不會改變。如果你深深地了解到這一點，你就不會驕傲自大，你也不會自卑或輕視自己。因為你不可能不靠任何人、事、物而活著，也不可能完全不為他人帶來助益。

　　感恩這一切，這真是個奇蹟。

本章摘要

　　記憶是人類最有趣的心理歷程，我們為何能夠記住，但很多時候卻會遺忘？我們以幾個面向探討諸如此類的問題。

1. 記憶過程。記憶是指在一段時間內，透過編碼、儲存與提取，將資訊儲存在腦中。編碼、儲存與提取分別為三個記憶的領域。編碼是將資訊放入記憶中，儲存將資訊記住一段時間，而提取則從貯藏庫中提出資訊。
2. 我們如何記住。
   - 我們若要開始處理記憶編碼，需先接收資訊。選擇性注意是編碼時的必備要素，而分散性注意對記憶有負面影響。
   - 資訊的處理由淺入深會經歷三個層次。淺層處理是將物理特性與可觀察的特性進行編碼。中間處理是辨識刺激並貼上標籤。深度處理是了解刺激的意涵，以及它與其他處理過的事物的關聯。愈深度的處理，印象愈深刻。
   - 運用想像力來處理資訊，可以改善記憶力。

3. 討論記憶儲存的方式。
   Richard Atkinson 與 Richard Shiffrin 將記憶視為三階段的處理過程：感官記憶、短期記憶和長期記憶。
   - 感官記憶保存對外在世界一瞬間的認知，保存的時間只有人們暴露在視覺、聽覺及其他感官刺激下的短暫時間而已。
   - 短期記憶是容量有限的記憶系統，其中的資訊只能保留大約 30 秒，而短期記憶的限制是 7 ± 2 位元的資訊。組塊化與複誦是有助於改善短期記憶的兩種方法。Baddeley 對工作記憶的概念包含三大要素：一個中央主管（中央執行器）與兩個助手（語音迴路與視覺空間工作記憶）。
   - 長期記憶是相對較長的記憶，可以長時間記住大量的資訊。它又分為兩個子項：外顯記憶與內隱記憶。外顯記憶是指刻意回想特定事實或事件的資訊；而內隱記憶不必刻意回想，之前的經驗就會自動影響目前的行為。外顯記憶可以進一步分為事件記憶、語義記憶，或是分為回溯性記憶與前瞻性記憶。內隱記憶同樣是多層次的，其系統包含程序記憶、促發與古典制約。

4. 簡述記憶提取的方式。
   - 序列位置效應是指在清單一開始與最後的項目較容易被想起，而清單中間的項目則較不容易記得。初始效果表示較容易回憶清單一開始的項目；新近效果表示較容易回憶清單結尾的項目。
   - 記憶的提取取決於有效的提取提示和提取工作的本質。透過提示，再確認一些之前記得的資訊，會比回憶這些資訊更容易。在編碼和學習過程中的所有資訊，都可以成為有效的提取提示。「促發」同樣也有助於提取資訊，促發會啟動記憶中的連結或聯想。舌尖現象是指人們確信自己知道某件事，但卻又無法從記憶中完整地提取出來。
   - 鎂光燈記憶是指人們對情緒上重大事件的記憶，雖然會隨著時間而淡忘和改變，但它終究會比日常事件的記憶更精確與鮮明。個人創傷的記憶同樣比普通的事件更能建立詳細且持久的記憶，但是隨著時間的經過，有些人會扭曲創傷記憶的細節。

5. 說明遺忘與編碼和提取的關係。
   - 編碼失敗是指資訊從未進入長期記憶中，所以有些人忘記事情並不是真的忘記，而是一開始根本就沒有將資訊進行編碼。
   - 提取失敗是從記憶提取資訊時發生問題，原因可歸類為干擾、衰退和健忘、刻意遺忘、失憶症。干擾又可分為前涉干擾和後涉干擾，分別為較晚或較早學習的資料受到更早或更晚學習到的資料所影響。

6. 運用關於記憶的知識成為學習策略。
   - 編碼策略是改善課業表現的第一步，可以有效率地將你學到的知識進行編碼，確定知識已經進入長期記憶中。編碼策略包含善於管理和規劃時間、提升專注力並減少分心、理解要背誦的內容、自問自答、作筆記、記憶術策略。
   - 儲存策略是改善記憶儲存的效率，以確保大腦的容量夠大。除了睡眠充足、營養充足外，還可以嘗試整理記憶、分散學習時間等策略。
   - 提取策略能夠更快提取資訊，並確保所提取資訊是正確的。提取策略如：運用好的提取提示以及 PQ4R 方法。

第 8 章

思考、語言與智力
Thinking, Language, and Intelligence

章節內容

8.1 心理學的認知革命

8.2 思考
8.2.1 概念的形成
8.2.2 問題解決
8.2.3 批判性思考
8.2.4 推理
8.2.5 決策

8.3 語言
8.3.1 語言與認知
8.3.2 語言的獲得與發展

8.4 智力
8.4.1 智力測驗
8.4.2 多元智力

8.1 心理學的認知革命

　　行為主義著重在外顯行為的探討，而認知心理學之目的則是要研究與建構我們內在的心理歷程（Sternberg, 2003; Willingham, 2001）。所謂的**認知（cognition）**，即是在探討知覺、注意力、記憶與思考的運作歷程。1940 年代晚期，John von Neumann 發明了世界上第一部電腦，它能夠表現簡單的邏輯操作。而在 1950 年代，有些研究者推測心理歷程的模式可能跟電腦的運作控制類似，也許可以從這個觀點來推敲人類的心理運作（Marcus, 2001）。認知心理學家 Herbert Simon（1969）

認知
人類內在的思考歷程，包含知覺、思考、記憶等內容。

圖 8.1　電腦與認知
心理學家常利用電腦來比擬我們的認知系統。

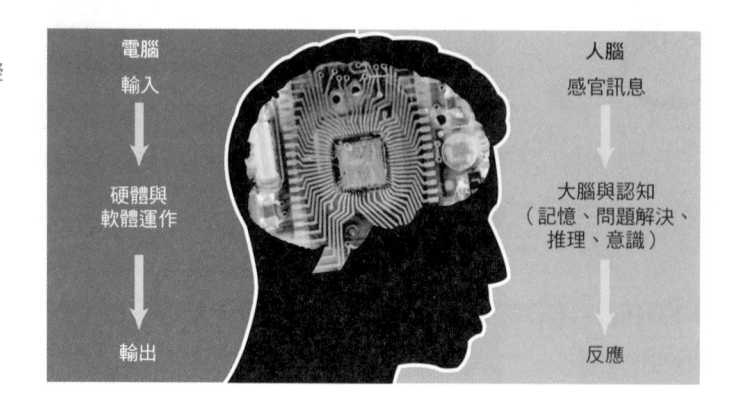

也常運用電腦的運作模式來說明認知歷程。例如，大腦被比喻為電腦的硬碟；認知功能像是軟體；而感覺與知覺系統則提供一個「輸入管道」，就像將資料輸入電腦一樣（圖 8.1）。東西（資訊）輸入我們腦中，運作（心理歷程）開始進行，如同電腦軟體處理輸入的資料；而轉換輸入的資料引起記憶的提取，就好像電腦的運作過程。最後，從記憶裡提取出來的資訊再「輸出」或者「顯示」出來（例如，說出口）。

8.2　思考

思考
包括了處理訊息，如：概念的形成、問題解決、批判性思考、推理，以及決策。

思考（thinking）包括了處理訊息，如：概念的形成、問題解決、批判性思考、推理，以及決策。你將會學習到之前章節所提及的歷程，例如，人們如何接收訊息（第 4 章），以及訊息如何編碼、儲存、提取（第 7 章），這些都是思考的一部分。

8.2.1　概念的形成

概念
將事物、結果、特質組合起來的特定心理類型。

概念（concept）是將事物、結果、特質組合起來的特定心理類型。人類有產生概念的能力，讓我們將接收到的訊息變得有意義（Hahn & Ramscar, 2001; Zacks & Tversky, 2001）。我們了解蘋果和橘子都是水果，即使它們的味道與顏色不一樣。由於我們對「水果是什麼」

有明確的**概念**，所以也知道「香蕉」、「芒果」都是水果。

關於概念的重要性有以下推論：

- 概念讓我們能夠歸納。如果沒有概念的形成，那麼世界上的任何東西對我們來說都是獨一無二的。
- 概念使我們對所見的事物與經驗做連結。籃球、冰上曲棍球、慢跑都是運動項目，**運動項目**這個概念讓我們對上述活動有了對照與比較。
- 概念潤滑了記憶的輪子，讓它變得很有效率。例如，當我們每天看報紙時，不需要重複學習「道瓊工業指數」，即能了解其涵義，因為我們已經有這項概念。
- 概念提供我們如何回應特殊事物或經驗的線索。例如，我們看到一盤餅乾，概念告訴我們這是可以吃的食物。

8.2.2 問題解決

概念也是「問題解決」這項認知技能的基礎。**問題解決**是嘗試找出一個適當的方法來達成不易完成的目標，所以沒有概念架構就無法解決問題。例如，William Eno 出生在 1858 年的紐約市。他很擔心當時可怕的交通壅塞問題，馬車讓街道的交通更加危險。於是 Eno 發表了一篇關於交通改革急迫性的文章，所提供的解決方案建立了一個新的概念，如：停止符號、單行道、行人專用道，而這些都是沿用至今的重要交通概念（Bransford & Stein, 1993）。

解決問題的步驟

心理學家提出解決問題時的思考歷程，有下列四個步驟：

1. **設定問題**：首先，你要有想要解決的問題（Mayer, 2000）。Fred Smith〔聯邦快遞（Federal Express）創始人〕曾提出一個問題：為什麼沒有可靠的隔夜郵遞服務呢？Godfrey Hounsfield〔電腦斷層造影（CAT）掃描的發明人〕也問：為什麼不解剖人體就無法了解內部構造呢？一開始，這些問題都被人們所嘲笑，Fred Smith 念

19世紀，紐約市開始經歷交通阻塞，馬車使道路交通更加危險。William Eno 當時如何解決這個問題？

耶魯大學時在論文裡提出了聯邦快遞的構想，結果被老師評分為 C 等；Godfrey Hounsfield 的 CAT 掃描也曾經被批評為不切實際。最後這些看似好笑的疑問都成就了偉大的事業。現在就先想想你的疑問何在，並且具體地設定好要解決的問題。

2. **培養良好的問題解決策略**：有效的策略包含設立子目標、規則系統與捷思。**子目標**（subgoal）是一個中間的目標，讓你能夠以更適當的位置達成最終的目標（解決問題）。讓我們回到剛剛的問題——完成心理學的小研究，你需要設定一個子目標——先完成研究計畫書，其他的子目標有蒐集資料、分析資料以及撰寫文章。設定好子目標後，就要開始解決問題，另一種解決問題的策略是**規則系統（algorithm）**，即一種確保能解決問題的策略，如：公式、一組指示、嘗試錯誤法（Alexander & others, 2002）。我們通常在烹調（按照食譜）或開車（參照路標指示）時運用規則系統這個策略來達成目標。然而，試驗所有可能答案的這種規則系統，通常只能使用在少部分簡單的問題。另一種較好的解決策略是**捷思（heuristic）**，它提供解決問題的建議，但不保證能解決問題（Oaksford, Roberts, & Chater, 2000）。熱衷於字謎的人就能了解某些單字的組合是比較行得通的，例如，c_nt_ _ner，需要一個母音放在 c 跟 n 之間，所以 b 跟 q 等其他很多字母都不適合；我們也知道只有某些組合在 t 跟 n 之間比較適合，所以我們可能考慮「cantroner」與「contarner」，最後會找出最正確的組合為「container」。而在我們日常生活中使用捷思的情況，比使用規則系統的情況要來得多，使用捷思可以幫助我們釐清哪些方法是最適合解決某些問題的（Hall, 2002; Snook, Canter, & Bennell, 2002; Stanovich & West, 2000; Todd & Gigenrenzer, 2001）。

3. **評估決策**：解決問題時，我們通常都不太清楚哪種方法才是正確

規則系統
一種確保能解決問題的策略。

捷思
它提供解決問題的建議，但不保證能解決問題。

的，直到用對了方法使問題解決。評估決策使我們對於問題的解決，有一個大概的思考方向與準則。例如，對於有效完成心理學報告，你會如何訂標準呢？是及格就好，還是要得到好成績？

4. **隨時重新思考及定義問題與解決方法**：解決問題的最後一個步驟便是重新思考與定義問題（Bereiter & Scardamalia, 1993）。問題解決能力較強的人，比一般人更能將過去的表現加以改善，這使他們自身解決問題的能力有創新的貢獻。

解決問題時的障礙

固著（fixation）是指我們使用先前的策略來解決新發生的問題而導致失敗，心理學家定義了幾種有關固著的型態。常見的固著為**機能固著（functional fixedness）**，也就是習慣以某種方式來處理這類問題，但卻沒能成功解決新的挑戰。簡單來說，就是你習慣用鐵鎚來鎚釘子；當手邊沒有鐵鎚時，你就不知道可使用石頭或磚頭來代替鐵鎚。**心理設定（mental set）**也有可能是使問題解決失敗的其中一個原因。它也是一種固著類型，個體試著使用以前成功過的特殊方法來解決問題，但並不見得適用在新遇到的問題上。每個人偶爾都會運用已在心中成形的老舊策略，來解決新遇到的問題。圖 8.2 可以讓你發現固著對問題解決的影響。

固著
使用先前解決問題的策略來處理新發生的問題而導致失敗。

機能固著
個體固定解決問題的策略。

心理設定
一種固著類型，個體試著使用以前成功過的特殊方法來解決問題。

8.2.3 批判性思考

具批判性思考的人，對想法會有更深一層的探究，面對問題保持開放的心胸，接受不同角度的透視與方法（Halpern, 2002; Kamin & others, 2001）。我們在接觸某些議題時，常只用一個角度去思考，沒有深思熟慮地評估，或者用不同角度去思考。人們通常不曉得要去觀察一個議題的不同角度，或是反向證明他們原本深信不疑的道理（Slife & Yanchar, 2000）。如同蘇格拉底（Socrates）所言，去了解你所不知道的事情，有時才是得到真實智慧的第一步。在第 1 章裡，曾建議要對心理學的知識具有批判性思考。心理學知識如此廣泛的原因，是因為

蠟燭問題
你如何將蠟燭固定在牆壁上呢？

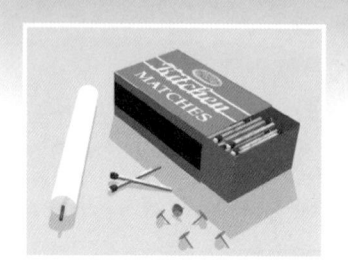

9個點問題
你如何一筆連好這9個點呢？

6根火柴棒問題
你如何使用這6根火柴棒排出4個三角形？

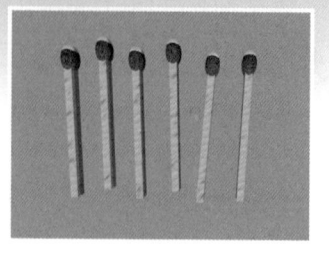

問題解答請見本書第245頁。

圖 8.2　固著阻礙問題解決的範例

心理學家深入地思考具爭論性的議題、大肆研究這些議題、找出支持的證據，並且對研究結果保持開放的態度（歡迎各界討論，提出不一樣的聲音）。

8.2.4　推理

推理是一種轉換所得資訊以整理出結論的心智能力運用，這是一種與批判性思考緊緊相連的技巧（Hunt, 2002; Markman & Gentner, 2001）。推理有兩種形式——歸納或演繹（圖 8.3）。**歸納推理（inductive reasoning）**傾向由特殊推論到一般性（Rips, 2000），也就是觀察一些推論的要素，然後再藉由這些要素去建構（形成概念）一個可能的結論。心理學研究也常是推理的，歸納參與者所表現出來的結果而建構一個結論，並將人們依此研究結果歸類。

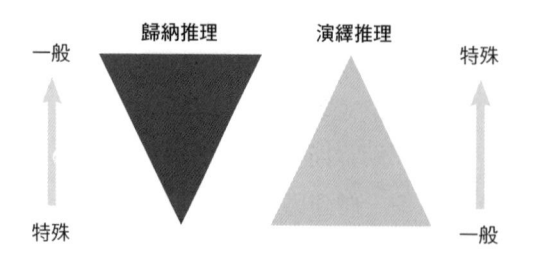

歸納推理
由特殊推論到一般性。

演繹推理
由一般性推論至特殊。

演繹推理（deductive reasoning）傾向由一般性推論至特殊（Knauff & others, 2002）。當你學到一個一般性的規則，接著能夠了解某些情況才適用某些一般性規則，這便是演繹推理。當心理學家或科學家使用理論與直觀的感覺去預測某件事情，並利用長遠的觀察來驗證自己的

圖 8.3　歸納推理與演繹推理

第 8 章　思考、語言與智力
Thinking, Language, and Intelligence

在地人的心理學

華人的智慧

高智商就是有智慧的人嗎？在生活中，經常會遇到高智商的「生活白癡」，或是很聰明但人際關係不好的人。你覺得智商可以反映一個人的「智慧」嗎？

暨南大學教授楊世英（2007）特別針對「智慧」這個主題進行系列研究。她在訪談 66 名被公認有智慧的人之後，發現智慧的展現包含三個層面：統整、行動實踐以及正面影響。一位有智慧的人可以統整資訊，並且將知識轉為行動，最後可以化行動為力量，對他人與社會產生正面的影響力。

「智慧」對一個人也有相當多層面的功能，包含幫助他人、改善環境、對自己感到滿意、有成就感、可決定人生方向、解決生活的難題，以及個體的抗壓性。由此看來，智慧可以幫助一個人過得更好。

思考一下
1. 你認識有智慧的人嗎？
2. 你覺得怎樣的人是有智慧？

參考資料
- 楊世英（2007）。〈日常生活中智慧的形式與功能〉。《中華心理學刊》，96，185-204。

預測，這些科學家們使用的就是演繹推理。演繹推理常常令人感到可靠，如果一開始的規則或假定是真的，接下來的結論便會依照著邏輯推理而來。例如，你知道狗會「汪汪叫」、貓會「喵喵叫」這個一般的通則（以及假定它們通常為真），便可藉由叫聲推論住家隔壁那隻長相奇特的寵物是貓或是狗。當一位心理學家利用既定理論的通則中推論出一個特殊的假設，如果既定的理論是正確的，那麼推論出來的特殊假設也同樣為真。

8.2.5　決策

想想這一生中你所下過的決定。我要跟他在一起嗎？我應該在大學畢業後念研究所，還是先找工作？我應該要買一棟房子，還是用租

的？**決策**就是從許多個可以選擇的項目中挑選一個，以作為最後的決定（Galotti, 2002）。作決策不是一件容易的事。想一想，你是否曾經做錯一些決定呢？以下是容易在決策時所犯的錯誤：

- **認證偏誤**：這是一種傾向於尋找支持自己意見之資訊的偏誤（Betch & others, 2001）。我們宣稱對某件事情已經有一個假設的解決路徑，接著找了很多證據來支持原先的假定。於是便會下一個結論——我們的假設一定比其他的方法好，其他的不一定適用——而這樣的決定也助長認證偏誤，因為我們傾向於尋找和傾聽能堅定我們觀點的人，而且避免接觸跟我們意見相左的人。例如，政論節目的「名嘴」往往只找支持自己的證據。
- **深信不疑**：即使出現了矛盾的證據，依然堅信之前的結論。
- **自負認知**：意指下決定時太過自信而沒有參考以前的經驗。人們對於重症病人的存活時間、哪些企業即將破產、被告是否真的有罪、哪些學生在畢業後有好的成就等，都會過分相信自己的評估（Kahneman & Tversky, 1995）。相較於有統計作為基礎的決策判斷，人們還是比較相信自己的判斷與決策（Flannelly, 2001）。
- **後見之明**：我們傾向於在知道了正確結果後，便說我們之前的預測是正確的。想想看，電視上的命理學家是否也常出現這種後見之明呢？
- **可利用的捷思**：利用某事件在過去發生的頻率所做的預測。回想可利用的捷思是一種經驗法則，它建議了一個問題的解決方式但不保證正確。而錯誤的思考很有可能出現在這樣的捷思運用之中。當有一項事件最近很常發生，我們則傾向高估它未來發生的次數（McKelvie & Drumheller, 2001）。
- **代表性的捷思**：有時候決策的缺陷或不完美，端看事件相較於我們心中的典型（最能代表某事件的例子）的差異程度，而不是它們之間相關聯的特殊性。如果告訴你，待會兒將遇見一個人——他有木匠的木工技巧、精通摔角、養了一隻蛇當作寵物、知道如何修理摩托車，並且有前科。這些特徵大部分都符合你對一位男性的認知典

型，所以大概有九成的機率會估計他是一名男性。這樣的典型讓你在下判斷時很方便，因為符合這種典型的男性遠多過於女性，不過我們的典型原則通常沒有考慮到事件占整體人口的比例。

8.3 語言

語言（language）是一種溝通形式，無論說話、書寫或符號，都是以象徵系統為基礎。想想語言在我們生活中占了多麼重要的地位，我們需要利用語言與他人交談、傾聽他人、說與寫（de Boysson-Bardies, 2001）。

語言
一種溝通形式，無論說話、書寫或符號，都是以象徵系統為基礎。

8.3.1 語言與認知

我們並非時常以文字當作思考的媒介，但如果沒有了文字，我們的思考將會變得非常貧瘠。語言幫助我們思考、推論、應付困難的決定，以及解決問題（Amsel & Byrnes, 2001）。語言可視為代表想法的工具（Gentner & Lowenstein, 2001）。語言學家 Benjamin Whorf（1956）將語言學議題推至更高的層次，他認為語言主導了我們的思考。Whorf 跟他的學生 Edward Sapir 皆是美洲原住民語言研究的權威，他們認為使用不同語言的人對世界的解讀會有所不同。例如，阿拉斯加的 Inuit 原住民對於雪的質地、顏色、結晶狀態有多達 12 種解釋，但是英語卻相對只能用較少的言詞來形容雪。在 Whorf 的見解裡，英語使用者較無法體會 Inuit 人對雪的了解。美國霍皮族印地安人沒有過去式與未來式的用詞，所以 Whorf 便推論他們生活中所著重的部分只有現在。

然而，Eleanor Rosch（1973）的研究指出，對較缺乏文字描述的事物，並不影響一個人對這樣事物的感覺與思考。他進行一項關於語言對色彩知覺影響的研究，Dani 是新幾內亞人，他對顏色只有兩個文字可以描述，有一個幾乎等於我們說的白色，另一個幾乎等於黑色。如果語言相關性假設是正確的，那麼 Dani 便缺乏了對顏色的辨認能力，例如，他不能感覺綠色、藍色、紅色、黃色和紫色。但是 Rosch

發現 Dani 的顏色知覺能力與一般人並無二致，就像我們所知道的，對於顏色的知覺是屬於生物的層次，視網膜上不同的細胞接受器接收不同顏色頻率的訊息。

8.3.2 語言的獲得與發展

1799 年時，在法國境內發現了一名年約 11 歲的赤裸小男孩，獨自在森林中生活，他被命名為亞維農野男孩（Wild Boy of Aveyron），專家認為他至少在森林裡面生活了 6 年（Lane, 1976）。在他被找到的時候，一開始在溝通上極為困難，即使幾年之後，在學習有效溝通方面仍然失敗。這個「野男孩」的案例，讓我們不禁提出一些問題：人們如何獲得語言？人類發展語言規則，進而衍生無限多文字的能力，是否為生物因素或演化的結果？或者語言的學習與影響是受環境影響？能否精確地說出語言何時發展？如何發展？如你所見，這些問題的答案都是非常複雜且依然持續研究的議題。

影響語言的生物因素

科學家們相信，語言早在 10 萬年前就已經開始發展，漸漸地，語言已經是人類的基本能力。無論如何，不少專家認為，生物演化在語言發展之前就已經種下了人類的語言因子（Chomsky, 1975）。我們祖先的大腦、神經系統、發音器官經過了長久的演化。**智人**（homo sapiens，現代人種）除了嘀咕及喊叫，已發展出抽象的語言。而語言的發展也使人類與其他動物之間有極大的差異，語言溝通提高了人類存活的機率（Lieberman, 2002; Pinker, 1994）。

語言心理學家 Noam Chomsky（1975）認為，語言的生物因子使人類在特定的時間與特定的情境下習得語言。根據 Chomsky 以及其他語言專家的觀點，語言之生物基礎最有力的證據，在於全球兒童習得語言的時間與情境都是相當接近與特定的，即使他們接觸到語言的環境差異相當大。例如，在某些文化裡，成人在嬰兒足歲以前是不教導學習語言的，但這些嬰兒仍能成功獲得語言的技能。而且，除

了生物因素之外，沒有其他原因能夠解釋為何兒童學習語言極為快速（Locke, 1999; Maratsos, 1999）。Chomsky 認為只靠生物因素可能無法學會所有的文法規則，但天生就擁有某些一般性文法來幫助日後的語言學習以及運用。兒童學習語言的時候，並沒有牽涉到邏輯的基礎意識。

有強大的證據指出，學習語言有生物因素的基礎。關於神經系統的研究顯示，大腦有特定的區域行使語言功能（Grodzinsky, 2001; Nocentini & others, 2001），語言的處理主要發生在大腦的左半球（Gazzaniga & others, 2001）。利用大腦成像技術，我們可以發現嬰兒在 9 個月大的時候，儲存與索引各種記憶的功能已經發展完整（Bloom, Nelson, & Lazerson, 2001），這也剛好是嬰兒開始能夠將單字賦予意義的時間，顯示語言、認知和大腦發展之間的連結。

環境對語言的影響

行為學家反駁語言學習是由生物因素決定的觀點，他們提倡環境才是影響語言學習的主要因素。B. F. Skinner（1957）說，語言就是一種行為，跟坐、走或跑一樣，其學習同樣受到強化（reinforcement）的影響。Albert Bandura（1977）更強調語言的學習是透過模仿。

Roger Brown（1973）花了很多時間觀察父母與他們的孩子，尋找兒童學習語言規則時，父母所給予的增強行為（微笑、擁抱、輕拍背部、糾正性的回饋）。他發現父母有時以微笑與稱讚來增強小孩說出他們喜歡的句子，但同時也增強了不正確的用法，所以 Brown 斷定沒有明顯的證據說明兒童的語言學習系統是靠強化作用而來的。

在一個典型的語言學習研究中，研究者仔細地檢驗母親與嬰兒對話的水準（Huttenlocher & others, 1991）。研究發現如圖 8.4 所示，如果母親與嬰兒互動時使用較高水準的語言，則嬰兒將學習到較多的語彙，1 年之後的語彙差距是很明顯。

有關語言發展最令人感興趣的是：孩子與父母或其他既定規則在語言上的互動（MacWhinney, 1999）。兒童在年幼時習得語彙與概念，

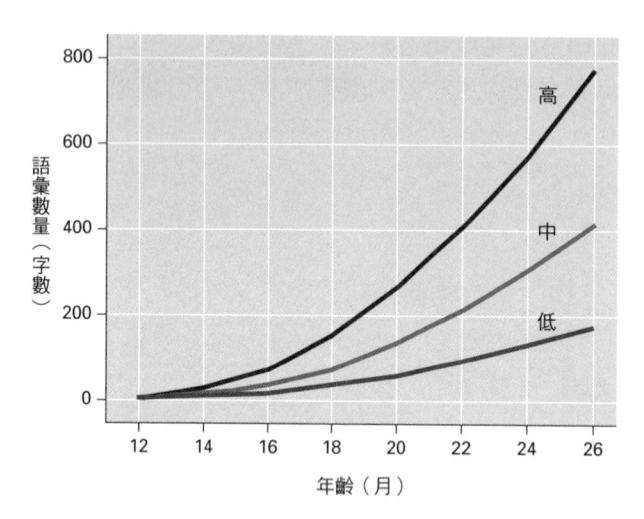

圖 8.4　母親與小孩說話量與小孩語彙量
由圖中可以發現，母親跟小孩說話愈多，小孩的語彙也就愈多。

圖 8.5　兒童的語言規則
Jean Berko 的經典實驗，利用動物的圖片以及名稱，讓兒童回答空格部分，確定他是否能夠理解這個語彙。

也學習句子是怎麼組成的。由上述概念，Jean Berko（1958）測量一位學齡前兒童與一位國小 1 年級兒童對於圖 8.5 卡片的判讀，兩位兒童皆被要求看著卡片，當主試者大聲地說出卡片上的意義時，兒童便提供空格處該有的答案。「wugs」是這題填空的正確答案，回答 wugs 是輕而易舉的，但是需要理解它為複數形式。這個實驗讓人印象深刻的原因是 Berko 虛構了單字，wugs 其實只是為了實驗而被創造出來的單字，所以兒童不可能用以前的經驗來回答，因為以前根本沒有可能聽過；而他們的回答便傾向參考過去所習得的某些規則。

語言學習的關鍵時期

在 1960 年代，Eric Lenneberg（1967）提出了一個觀點，學習第一種語言的**關鍵期**在於 18 個月大到青春期之間，而且此語言的文法規則也必須在這段期間獲得。Lenneberg 為了證明此一關鍵期的存在，於是進行左半球腦傷的兒童與成人、失聰兒童、心智發展遲緩兒童，以及其他沒有按照典型學習語言模式者的研究（Tager-Flusberg, 1994, 1999）。他發現兒童在關鍵期之前都還有習得語言的可能，而成人已經沒有辦法。Lenneberg 相信兒童的大腦具有可塑性，能夠將學習語言的功能再次分配到未損壞的區域。由於成人的大腦架構已經成熟且已不易改變，所以他們的腦神經無法具有再次學習語言的能力。

有個類似亞維農野男孩語言學習受阻的個案，研究發現，這樣的例子在學習語言時仍然依循「關鍵期」的觀點。在 1970 年，一名加州社工人員發現一位 13 歲小女孩 Genie，自幼兒開始便完全與外界隔離，Genie 幾乎不能站立、也不會說話。每當 Genie 發出聲音的時候，她的父親便毆打她，父親從未用語言、單字與她溝通，取而代之的是大聲咆哮。Genie 經過了長久的恢復治療，如：物理治療、語言教導（Curtiss, 1977; Rymer, 1993），最後她終於學會了辨認單字以及簡單的語言結構。然而，與一般正常小孩不同的是，她不能分辨代詞，或是區分主動式與被動式之間的差異。相較於一名正常成年人，她使用簡短且不完整的句子，如：爸爸打腳、大木頭、Genie 痛等。她不幸的故事，也證實了學習語言規則的時間點應該是在兒童期，如果錯過即無法完全精通此種語言。

Genie 童年失去很多應有的經驗，她還可以跟其他小孩一樣學會語言嗎？

幸好，大多數的人都可以在童年時清楚理解語言結構，也習得大量字彙，例如，美國成年人認識的單字大約為 5 萬個。這方面的研究數量非常豐富，透過眾多的研究，我們對語言發展的認識，已經可以制定一個語言發展的里程碑。

語言的學習

在嬰兒說第一句話之前，他們是喃喃自語，模糊不清地發音。3～6 個月大的時候，常喋喋不休地發出像 bababa 或 dadada 的聲音，這些聲音的發出是基於生物發展因素，而非增強行為或者經常聽見的模仿行為（Locke, 1993），即使失聰的嬰兒也會在這個時期發出聲音（Lenneberg, Rebelsky, & Nichols, 1965）。而喋喋不休的主要因素是要訓練聲帶，並發展發出不同聲音的能力。

早在嬰兒開始學習單字以前，他們可以歸類聲音，並且讓聲音具有一點意義。Patricia Kuhl（1993, 2000）提出新生兒至 6 個月大以前

是「廣博的語言學家」，他們可以區分各種構成人類語言的聲音；而 6 個月大之後，他們便開始專注於母語的發音上。

小孩的第一個字會在 10～13 個月時說出，命名重要的人（爸爸）、熟悉的動物（小貓）、車輛（車）、玩具（球）、食品（牛奶）、身體部位（眼睛）、衣服（帽子）、家庭用品（鐘），以及問候語（再見）。50 年前的嬰兒是這樣開始的，現在的嬰兒依然如此（Clark, 1983）。

當孩子到達 18～24 個月的時候，他們通常會說出 2 個以上的字彙，迅速地掌握表達概念、了解語言在與他人溝通裡扮演的角色，以及其中的重要性（Schafer, 1999）。為了使用 2 個字表達意思，小孩極為倚賴手勢、聲調以及文句的前後關係。儘管如此，小孩仍能用 2 個字表達大量的意思，例如（Slobin, 1972）：

辨認：狗狗。
位置：這邊。
重複：要要（還要牛奶）。
不存在：莫莫（沒有，不見了）。
否定：不是。
擁有：我的。
歸因：車車（大台車子）。
代替行動：媽媽（叫媽媽幫他做某事）。
直接行動：壞壞（直接打狗狗）。
間接行動：爸爸，給給（請爸爸給他東西）。
問題：球球？

每一種語言裡，小孩在初步的語言合併中，都會出現這種簡化的童言童語。當小孩度過了這個簡化語句的時期後，他們將會相當快速地發展出更多字組成的句子（3 個字、4 個字，甚至 5 個字），如：給我糖糖。小孩與父母，以及其他家族成員的非正式互動，是語言發展中重要的一環。不過，正式的學校教育也很重要，在學校中孩子可以學到更多複雜的語言架構、增加詞彙的量，並且用語言技能學習更多

的觀念。

圖 8.6 點出了語言發展的里程碑，正常孩子的語言發展階段大概都出現在這個里程碑的前後。

8.4 智力

心理學家口中的**智力**是什麼？有些專家把智力解釋為解決問題的能力，有些人則解釋為適應能力以及學習經驗的能力。其他人則認為在這些智力的解釋中，並沒有考慮到智力的其他方面，如：創造性、實用性、人際方面的智力。測量智力有個問題，就是不能像身高、體重、年齡一樣被直接看見或測量。

年紀	能力
0～6個月	發出聲音。
6～12個月	開始發出與母語相關的音。
12～18個月	開始會說一些常用字。
18～24個月	會講出完整的字詞。
2歲	快速發展，愛說話。
3～4歲	開始說簡單的句子。
5～6歲	開始創造句子。
6～8歲	開始學習良好溝通。
9～11歲	改善溝通策略。
11～14歲	了解語法，使用譬喻法。
15～20歲	了解成人的語言。

▌圖 8.6　語言發展的里程碑

我們並不能打開一個人的腦來直接測出他（她）的智力有多少，所以只能間接地評價智力、透過研究，以及與其他人的表現來比較。智力的組成類似於問題解決、思考，以及記憶等認知歷程的運作，它們的區別在於個別差異與評價。**個別差異**是與其他人區別之穩定且一致的方式。個別差異在智力上的表現，可以藉由測量此人在推理方面勝過幾個已經測量的樣本而分辨出來。

8.4.1　智力測驗

英國心理學家 Frances Galton 被譽為智力測驗之父。19 世紀末，Galton 證明了人在各種心理歷程上有系統性的個別差異。雖然他的研究很少提供令人確信的結果，但 Galton 提出了有關智力的重要議題——智力應該如何測量、組成智力的元素是哪些、智力遺傳的程度。

比西測驗

1904 年，法國教育部要求心理學家 Alfred Binet（1857～1911）設計一個方法，測量哪些學生沒有受益於現有的教學課程。教育工作

者想藉著安置無法受益於現有教學課程的學生（到特殊學校），來降低學生過多的程度。Binet 和他的學生 Theophile Simon 便發展了一種智力測驗以達到其目的。這個測驗由 30 個項目組成，包括接觸一個人的耳朵或眼睛、畫出記憶中的事物、定義抽象概念等能力。

心智年齡
個體與其他人比較下的心智發展程度。

Binet 發展了**心智年齡（mental age, MA）**的概念，是個體與其他人比較下的心智發展程度。Binet 解釋心智遲緩的兒童，所測得的心智年齡將會等同於年紀較小的兒童。他藉由 50 位 3～11 歲不等的兒童建立起一個標準，讓被懷疑為智力發展遲緩的兒童做試驗，以與同年齡正常兒童相比較。結果顯示，一位聰明的兒童，平均心智年齡（MA）高於實際生理年齡（chronological age, CA）；換言之，一位愚笨的兒童，他的 MA 便會低於 CA。

智力商數
一個人的心智年齡除以實際生理年齡再乘以 100。

智力商數（intelligence quotient, IQ）在 1912 年被 William Stern 訂定出來。智商是一個人的心智年齡除以實際生理年齡再乘以 100：

$$IQ = \frac{MA}{CA} \times 100$$

如果心智年齡與實際生理年齡相同，他的 IQ 是 100（平均）；如果 MA 大於 CA，IQ 便會大於 100（平均以上）；如果 MA 小於 CA，那麼 IQ 便會小於 100（平均以下）。例如，一個 6 歲的小孩擁有 5 歲的心智年齡，則他的 IQ 便是 83。

比西測驗（Binet test）經由 Lewis Terman 做了很多次修正，主要是將 Stern 的 IQ 概念加入測驗裡，訂立廣泛的準則，並對於每個測驗上的問題，提供精細且清楚的解釋。1985 年，此測驗更名為 Stanford-Binet（因為最後的修正是在史丹佛大學完成的），將個人的反應分析歸納出四個主要的領域：文字推理、數學推理、抽象推理、短期記憶。這四個領域的分數綜合起來，便表示了一個人的智力表現。

現今 Stanford-Binet 測驗多提供給 2 歲至成年人使用，它包含多種項目，有些需要語文回應，其他則是非語文回應。例如，一個描述 6 歲兒童智力的題目是辨認 6 個字母以上的單字，如：orange 以及

envelope；以及非語文題目，如：找出迷宮路徑。另一種用來反映一般人智力的題目為分辨兩組文句的意義，如：相反詞、解釋諺語、相似詞的比較（如：idleness 和 laziness）。

比西測驗藉由對美國各地不同年齡層的小孩至成人施測，記錄下每個人測驗的結果並製成分布圖表，發現其分布圖接近常態分布（圖 8.7）。**常態分布（normal distribution）**為一條對稱的鐘型曲線，且大多數的人分布在較中間的區域，少數人落在兩旁較極端的區域。Stanford-Binet 便成為最廣泛使用的智力測驗之一。

常態分布
一條對稱的鐘型曲線，且大多數的人分布在較中間的區域，少數人落在兩旁較極端的區域。

魏氏智力量表

1939 年，David Wechsler 發展出第一個專門使用於成人的智力量表（Wechsler, 1939），現在魏氏成人智力量表（Wechsler Adult Intelligence Scale-III, WAIS-III）已發展到第三版。魏氏兒童智力量表（Wechsler Intelligence Scale for Children-III, WISC-III）主要是為 6～16 歲的小孩所設計，而魏氏幼兒智力量表（Wechsler Preschool and Primary Scale of Intelligence, WPPSI）則針對 4～6 歲半的小孩施測。

魏氏智力量表不僅提供一個綜合性的智力分數，更有 6 種語文以及 5 種非語文測驗的分數。測驗者可以分別查看語文以及非語文的 IQ 分數，以便快速了解個人在哪一方面的表現水準位於平均附近，或者

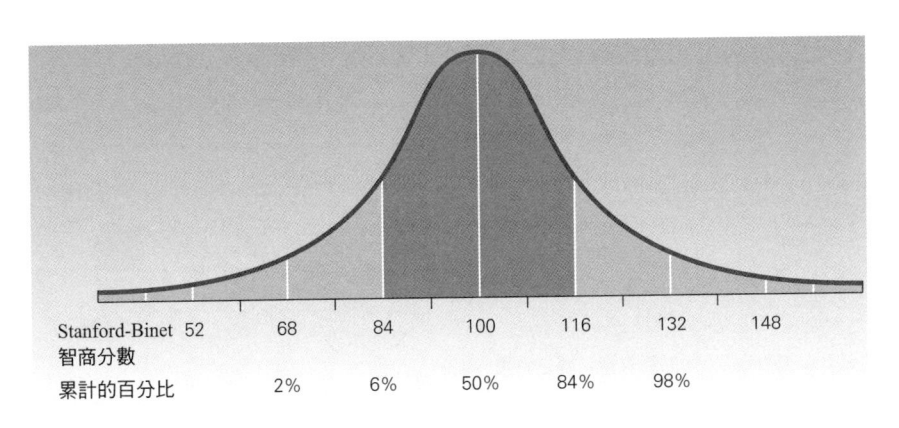

Stanford-Binet 智商分數	52	68	84	100	116	132	148
累計的百分比		2%	6%	50%	84%	98%	

圖 8.7 Stanford-Binet 智商分數的常態曲線
智力表現是一種常態曲線，大多數的人都集中在 100 分上下。

高／低於平均。魏氏智力量表的非語文測驗，在語文以及非語文的表現上較比西測驗更具代表性（圖 8.8）。

8.4.2 多元智力

心智年齡與 IQ 的概念源自於「智力」是一般性的能力。雖然早期的比西測驗測量了一些不同的認知技能（如：記憶力與理解能力），但仍然將各方面表現統整為個人表現的分數。而魏氏智力量表不但提供了不同技能的智力，也綜合性地做出評斷。

Charles Spearman（1927）提倡智力應該分成兩個向度：一般智力（稱作 g），以及特殊能力（稱作 s），Spearman 認為這兩種向度才是智力測驗所需要測得的個人表現。Spearman 藉由分析大量的智力測驗來發展他的論點。L. L. Thurstone（1938）則認為智力測驗應該分成多種

語文分量表

相似性測驗
請說說這兩者相似的地方。例如，火車跟船？

理解力測驗
評估你對於生活事件的了解狀況。例如，為何我們要買手機？

非語文分量表

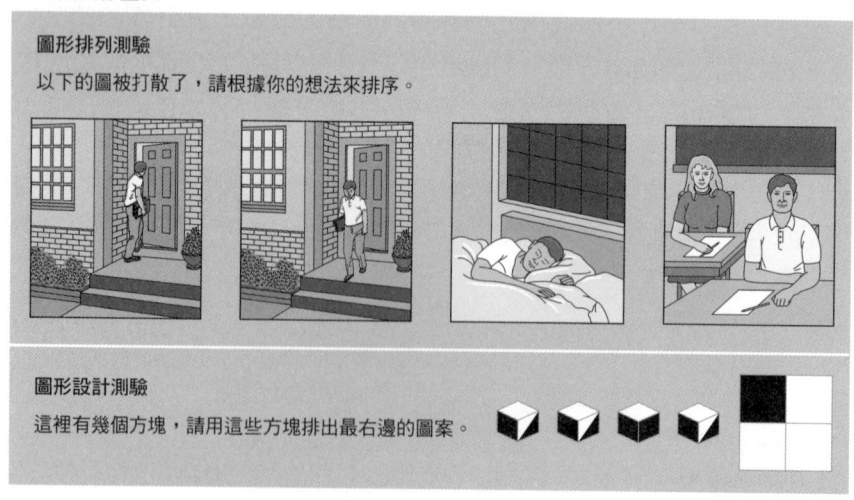

圖形排列測驗
以下的圖被打散了，請根據你的想法來排序。

圖形設計測驗
這裡有幾個方塊，請用這些方塊排出最右邊的圖案。

圖 8.8　魏氏成人智力量表修訂版之分量表範例
常用的智力測驗之一，包含 11 個分量表，可以評估語文與非語文的智力。若你對自己智力有興趣，可以到學生輔導中心進行測試。

特別的因素，而非一般智力。Thurstone 解釋智力的組成，甚至包含主要的心理功能：語言理解能力、數理能力、文字流暢程度、空間概念、聯想記憶、推理，以及知覺的速度。

很多當代心理學家持續地尋找構成智力的特殊元素，與魏氏以及其他早期智力測驗不同，他們不倚賴傳統的智力測驗作為尋找特殊因素的概念。這樣的多元智力理論時常出現，刺激了我們致力於尋求哪些因素才是構成人類智力與能力的因素。圖 8.9 簡單地比較以下的理論。

Gardner 的多元智力理論

試想一位擁有傑出音樂技能，卻在數學或者英語表現拙劣的人——貝多芬（Ludwig van Beethoven）。你會說貝多芬是個智能低下的人嗎？

Howard Gardner（1983, 1993, 2001, 2002）認為智力有 8½ 種型態，以此方式來評定音樂或其他方面的天才，而不用傳統的智力理論進行判斷。Gardner 的智力型態以職業類別舉例詳述如下（Campbell, Campbell, & Dickinson, 1999）：

- **語文技巧**：用語文思考與表達意思的能力。職業：作家、記者、發言人。

Gardner	Sternberg	Mayer/Salovy/Goleman
語文 數理	分析	
空間 動作 音樂		
知人 知己	實踐	情感
知天		
	創造	
知道		

圖 8.9　多元智力理論的比較

- **數理能力**：完成數學運算的能力。職業：科學家、工程師、會計師。
- **空間概念**：思考三維空間的能力。職業：建築師、藝術家、水手。
- **運動技能**：熟練運用器具或運動能力。職業：外科醫生、工匠、舞蹈家、運動員。
- **音樂技能**：對音調、節奏、聲音敏感的能力。職業：作曲家、音樂家、聽覺敏銳的人。
- **知人智能**：理解他人以及與他人互動的能力。職業：教師、心理健康專業人員。
- **知己智能**：了解自己的能力。職業：神學家、心理學家。
- **知天智能**：觀察與理解大自然以及人造系統的能力。職業：農夫、植物學家、生態學家、地理學家。
- **知道智能**：了解人生的意義、掌握生命價值的能力。職業：哲學家。

三元論
Sternberg 的理論中，智力的三個主要型態為：分析、創造、實踐智力。

Sternberg 的智力三元論

Robert J. Sternberg（1986, 2002）認為智力是**三元的**（triarchic），由三種成分組合：

- **分析智力**：Latisha 在傳統智力測驗（如：Stanford-Binet 測驗）得到很高的分數，並且專精於分析思考。Sternberg 稱 Latisha 的抽象思考能力為**分析智力**，這很接近傳統智力測驗中被稱為智力的部分。在 Sternberg 的觀點裡，分析智力是由數種訊息處理能力所組成，包括獲得與儲存訊息的能力；保留或重新取得訊息的能力；傳遞訊息的能力；計畫、決策和解決問題的能力；以及表達想法的能力。
- **創造智力**：Todd 並沒有很高的測驗得分，但卻擁有極具洞察力與創造力的心，Sternberg 稱 Todd 這類型的思考能力為**創造智力**。根據 Sternberg 的說法，具有創造智力的人能夠快速解決新問題，但他們也必須學習如何解決類似的問題，才能在遇到新問題的時候發揮洞察力與創造力。
- **實踐智力**：Emanuel 是一位懂得如何在陌生環境中生存的人，雖然他的 IQ 測驗分數很低。讓 Emanuel 能夠適應陌生環境與實踐所學生

第 8 章　思考、語言與智力
Thinking, Language, and Intelligence

活技能的這項能力，Sternberg 稱為**實踐智力**。實踐智力包含遠離困難的能力、與人相處的能力。

Sternberg（1999）認為很少有事情是單純地只需要分析智力、創造智力或實踐智力的運作，大部分的任務皆需這三者的合作。例如，當學生在寫一份閱讀報告時，可能要先分析此書的主題（分析智力），設想一個新的點子能讓此書寫得更好（創造智力），以及考慮書上的主題如何應用到日常生活中（實踐智力）。

情感智力

Gardner 與 Stenberg 的智力理論皆包含了不只一種的社會智力，Gardner 理論的社會智力是知人智力與知己智力，在 Stenberg 的理論裡則是實踐智力。除了這三項因素以外，另一個引起大家興趣的社會功能智力就是情感智力。**情感智力（emotional intelligence）** 由 Peter Salovy 和 John Mayer（1990）所定義，為察覺自身以及他人感覺與情緒、區辨這些感覺與情緒，並利用此資訊來引導個人思考與行動的能力。

Daniel Goleman（1995）認為情感智力應包括下列四項：

- **情緒覺察**（例如，把情緒與行為分開的能力）。
- **情緒管理**（例如，能夠控制憤怒）。
- **察顏觀色**（例如，察覺他人的感覺）。
- **處理關係**（例如，解決互動關係的能力）。

> **情感智力**
> 指察覺自身以及他人感覺與情緒、區辨這些感覺與情緒，並利用此資訊來引導個人思考與行動的能力。

動動腦

智力高的人創造力也高嗎？

創造力（creativity）就是用新穎的想法或特殊的方法來解決問題。一個富有創造力的人也擁有較高的智商，而擁有較高智商的人（智力測驗測得高智商）卻不一定有創造力（Sternberg & O'Hara, 2000）。

Mihaly Csikszentmihalyi（1996）認為創造性思考有下列五個步驟：

243

1. 準備：當遇到一個令你感興趣的問題，喚起你的好奇心。
2. 籌畫：在腦中攪動許多思考點子，這個步驟不同於你以往常思考的第一次接觸。
3. 洞察：在這個過程，當你的思考拼湊出一個很接近的結果，你會經驗一種「啊哈！」的頓悟。
4. 評估：現在你必須選擇哪一個點子或想法值得你繼續思考。這個點子真的是新穎的嗎？或者只是個顯而易見的答案？
5. 詳細闡述：最後這個步驟花的時間最多、也最難，這也是 20 世紀最著名的科學家愛迪生（Thomas Edison）所說，創造力是 1 分的靈感，以及 99 分的努力。也就是說，闡述、表達或呈現你的點子，都需要極大的努力。

　　Mihaly Csikszentmihalyi（1996）發現，要成為有創造力的人，可以先從豐富的生活開始，以下策略可讓你有豐富的生活：

1. 對日常生活中的事情感到好奇。
2. 每天發現一件新奇的事。
3. 記下每天讓你驚喜的事。
4. 探索讓你感到興趣的事。
5. 每天為自己設立一個目標。
6. 做好時間管理。
7. 留點時間給自己發揮創意。

　　準備好過有創意的生活了嗎？

思考一下

1. 你是一個有創造力的人嗎？
2. 今天，有什麼讓你感到驚喜的事？

建議閱讀

- Anna Craft、Howard Gardner、Guy Claxton 著，呂金燮等人譯（2010）。《創造力、智慧與信賴：教育可以做什麼》(*Creativity, Wisdom, and Trusteeship: Exploring the Role of Education*)。心理出版社。

第 **8** 章　思考、語言與智力
Thinking, Language, and Intelligence

蠟燭問題
把火柴盒釘在牆上即可。

9 個點問題
只要把線條跳出 9 個點的範圍即可。

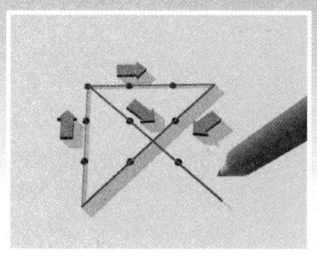

6 根火柴棒問題
跳脫平面,改成立體即可。

本書第 228 頁圖 8.2 的解答。

課堂活動

主題:合作創作。

目標:

● 了解概念在思考的重要性;學習概念是如何組織。

步驟:

1. 五個人一組。
2. 每個人說出目前生活中最重要的物品。
3. 拿出一張圖畫紙。
4. 將這些重要的物品當做圖畫中的物件,完成一幅有主題的畫。

回家作業

探索心理第八課──強化執行功能

你現在有什麼目標?

為什麼你想要達成這個目標?

你開始做些什麼來達成目標?

在你開始做些什麼的時候,有遇到什麼樣的困難呢?

遇到困難的時候,你該怎麼辦?

245

人們都想要變得更好，我們會設定目標，並且達成它。這也是為何我們會日益進步的原動力。我們不會只被動地對環境做反應，而是會不斷地改變自己，創造生活的主動者。讓我們來做做以下的練習。

- 請在下述的四個領域中選擇一個領域：
  健康／工作與個人成長／人際關係／休閒

  1. 回答你在此領域中，想要的理想狀態。
     我想要 ＿＿＿＿＿＿＿＿＿＿。
  2. 檢視現在的你。
     假設完全正中目標就是在 10 分的位置，距離靶心愈遠，表示你距離目標愈遠。

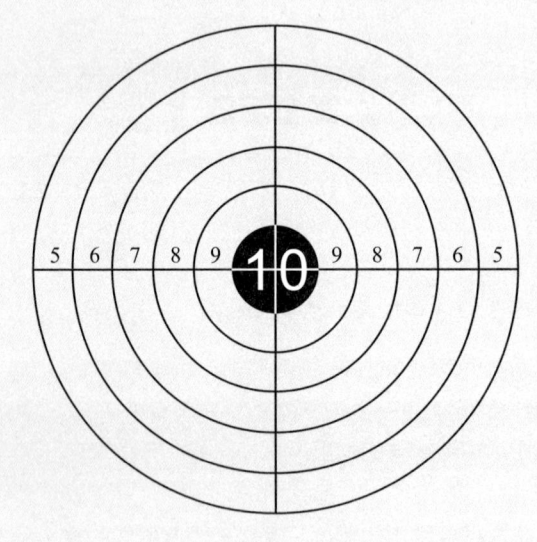

     5 6 7 8 9 10 9 8 7 6 5

     現在的你在什麼位置？
  3. 如果要往靶心再向前走一步，你要做什麼行動？
     我要做： ＿＿＿＿＿＿＿＿＿＿。
  4. 想一想，現在你做的哪些事會使你距離靶心愈來愈遠？
  5. 我要做哪些修正以排除這些困難，朝向靶心？

本章摘要

認知思考是當代心理學進步最快速的學科，透過本章的學習，你會發現認知心理學的微妙與功用。

第 8 章　思考、語言與智力
Thinking, Language, and Intelligence

1. 心理學「認知革命」的特色。
   - 認知是指利用記憶、思考、了解等技巧來操作與運用訊息。認知革命起始於 50 年前，著重於心理功能的研究與如何運用訊息。電腦在這場革命中扮演了很重要的角色，使心理學家發展出訊息處理系統的模型。
2. 基本思考因子。
   - 概念是將事物、結果、特質組合起來的特定心理類型。概念幫助我們歸納與改善記憶，也讓我們持續學習。
   - 問題解決是嘗試找出一個適當的方法來達成不易完成的目標，解決問題時的思考歷程，有四個步驟：(1) 設定問題；(2) 培養良好的問題解決策略；(3) 評估決策；(4) 隨時重新思考及定義問題與解決方法。在這些策略之間，可以先設定一個子目標（一個中間的目標，讓你能夠有更適當的位置達成最終的目標），使用規則系統（一種確保問題解決的策略）或捷思（一種解決問題的策略或方針，但不保證可以解決問題）。解決問題時的障礙包括固著，固著是指我們使用先前的策略來解決新發生的問題而導致失敗。
   - 推理是一種轉換所得資訊，整理出結論的心智能力運用。歸納推理傾向由特殊推論到一般性；演繹推理傾向由一般性推論至特殊。
   - 決策就是從兩個可以選擇的項目中挑選一個作為最後的決定。影響我們決策的偏誤包括：認證偏誤（傾向支持現有的想法）、深信不疑（相信即使出現矛盾的錯誤訊息）、自負認知（毫無根據地相信某個結果）、後見之明（在知道正確結果後，便說我們之前預測的是正確結果）、可利用的捷思（利用某事件在過去發生的頻率所做的預測）、代表性的捷思（使用共同或具有代表性的例子來決定某些事情）。
3. 解釋人類語言發展的重要性。
   - 語言是一種溝通形式，無論說話、書寫或符號，都是以象徵系統為基礎。思考與想法都是用文字串起來的。語言不完全決定想法，但會影響一個人的想法。例如，使用不同語言的人擁有不同的想法。語言在認知活動裡扮演了重要的角色，如：記憶。
4. 描述何謂智力，評估其測量方法。
   - 智力被解釋為解決問題的能力，或適應能力以及學習經驗的能力。
   - Spearman 提倡智力應該分成兩個向度：一般性智力（稱作 g），以及特殊能力（稱作 s）。Thurstone 提出七種主要的心理功能。
   - Gardner 的多元智力理論認為智力有 8½ 種型態：語文技巧、數理能力、空間概念、運動技能、音樂技能、知人智能、知己智能、知天智能和知道智能。Sternberg 的智力三元論提出三項主要的智力型態：分析智力、創造智力、實踐智力。

情感智力是指察覺自身以及他人感覺與情緒、區辨這些感覺與情緒,並用此資訊來引導個人思考與行動的能力。

第 9 章

動機與情緒
Motivation and Emotion

章節內容

9.1 認識動機

9.2 飢餓
9.2.1 飢餓的生理機制
9.2.2 飲食疾患

9.3 性
9.3.1 性的生理機制
9.3.2 性的非生理機制

9.4 成就需求
9.4.1 成就的認知因素
9.4.2 成就的社會文化因素

9.5 情緒
9.5.1 情緒的生理機制
9.5.2 情緒的非生理機制
9.5.3 情緒的分類

在本章,將探討我們的七情六慾,在「七情」上,將深入探討「情緒」的分類與產生過程,在「六慾」上,將探討「食慾」、「性慾」等基本動機與社會化後的動機「成就感」。

9.1 認識動機

動機(motivation)就是我們一般所稱的「六慾」,它是引導我們產生行動的原動力,以下就介紹心理學家常用的動機理論:

> **動機**
> 給予行為、想法和感覺一個意圖,使行為是充滿活力、方向性和持續的。

本能
天生的（未經學習的）、生理的行為模式，在跨種族間具有普遍性。

趨力
心理需求之下產生的激發狀態。

需求
透過增加趨力來消除和減弱匱乏狀態。

體內衡定
一種保持平衡或穩定狀態的身體趨勢。

內在動機
以內在因素（如：自主、好奇心、挑戰性和成就）為基礎的動機。

外在動機
以外在刺激（如：獎勵與處罰）為基礎的動機。

- **演化觀點：本能**（instinct）是天性，我們一出生就有許多先天的本能，演化心理學家主張性、攻擊、成就和其他的本能都是我們的天性（Buss, 2000; Cosmides & others, 2003）。
- **趨力減低理論：趨力**（drive）是在心理需求之下產生的激發狀態，**需求**（need）則是透過增加趨力來消除和減弱匱乏狀態。如，身體需要食物因而產生飢餓感，飢餓激起你去做某些事（如：吃個便當）而減少趨力和滿足需求。減少趨力的目標是達成**體內衡定**（homeostasis），一種保持平衡或穩定狀態的身體趨勢。
- **最適激發理論**：圖 9.1 表示激發狀態如何影響簡單、中度和困難的任務。有些人是**刺激尋求者**（sensation seeker），他們樂於追求刺激且享受高風險行為之下的興奮感。Zuckerman 等人（Zuckerman and colleagues 1994, 2000; Zuckerman & others, 1993）發現高刺激尋求者比起低刺激尋求者更可能從事高風險性運動，如：登山、跳傘、滑翔翼、潛水、汽車或摩托車競賽和滑雪；也可能受危險性工作吸引，如：消防員、急診室工作。
- **認知觀點**：認知觀點對於動機的重要概念是**內在動機**（intrinsic motivation）——以內在因素（如：自主、好奇心、挑戰性和成就）為基礎；與**外在動機**（extrinsic motivation）——以外在刺激（如：獎勵與處罰）為基礎。某些學生努力用功是因為內在的激勵而投注更多的努力，以及在課業達到更佳的表現（內在動機）；而有些學生用功是因為想要獲得好成績或避免父母的責難（外在動機）。

圖 9.1 激發和表現

最佳表現是在中度激發狀態時；對於熟練或簡單的作業，需要較高的激發；另外，對於新且困難的作業，放鬆則有益於表現。

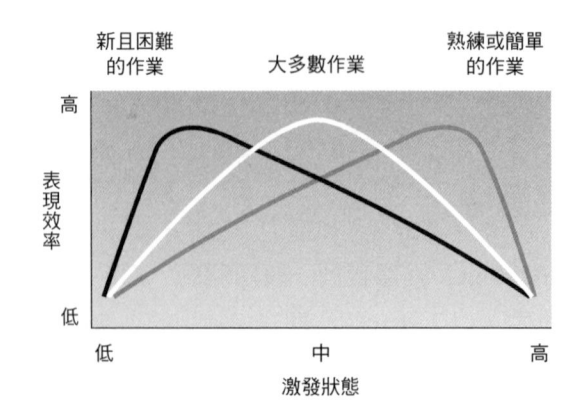

第 9 章 動機與情緒
Motivation and Emotion

圖 9.2　Maslow 的需求階層
Abraham Maslow 認為，人類的基本需求必須在更高階層需求形成之前獲得滿足。

自我實現
自尊
愛與歸屬
安全
生理

- **Maslow 的人類需求階層理論**：人本理論家 Abraham Maslow（1954, 1971）提出，我們的基本需求必須在更高階層的需求形成之前獲得滿足。圖 9.2 呈現 Maslow 的**需求階層（hierarchy of needs）**，說明人類主要的需求是漸進式獲得滿足。根據這個階層，人類有動機首先滿足食物的需求（生理需求），接著滿足安全的需求，再來滿足愛的需求，以此類推。**自我實現（self-actualization）**是 Maslow 需求階層理論中的最高階層，企圖發揮人類所有的潛能。

需求階層
Maslow 認為，人類主要的需求是漸進式獲得滿足：生理、安全、愛與歸屬、自尊，以及自我實現。

自我實現
Maslow 需求中的最高階層，企圖發揮人類所有的潛能。

9.2　飢餓

子曰：「食色性也」，接下來的兩節將探討「吃」與「性」這兩種基本的動機。首先，先來介紹與吃息息相關的「飢餓」問題。

9.2.1　飢餓的生理機制

感到肚子餓是多種生理因素所影響著？這也可以說明為何有時早起你會感到到肚子餓，而有時卻不會？

心理學概論：精簡版

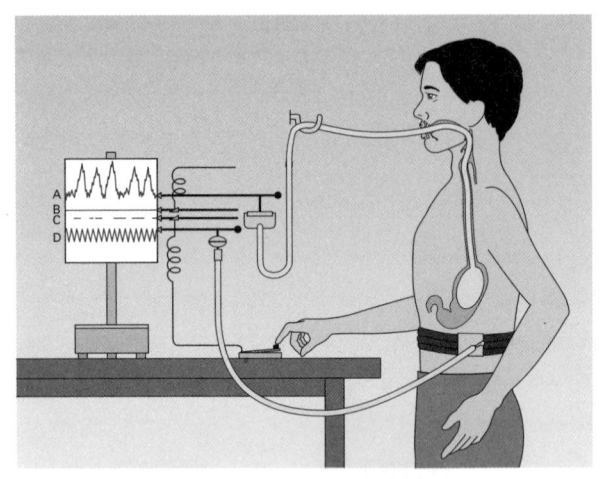

圖 9.3　Cannon 和 Washburn 飢餓的古典實驗
在這個研究中，證實胃的收縮（可由氣球內氣體壓力的變化偵測出來）伴隨著飢餓的感覺。圖中 A 曲線記錄受試者胃裡氣球的體積增加或減少；B 曲線記錄時間；C 曲線記錄受試者對飢餓感的按鈕訊號；D 曲線記錄纏繞在受試者腰部的腰帶以偵測腹部的變化，確認這變化不是胃部體積改變所造成的。

胃部訊息

在 1912 年，Walter Cannon 和 A. L. Washburn 進行一個實驗，揭露了胃收縮和飢餓的關聯性。程序上是把一個膨脹的氣球透過管子插入 Washburn 的嘴巴，進入到胃裡（圖 9.3），以一台連結到氣球的機器偵測空氣壓力來監控 Washburn 胃的收縮，每次 Washburn 報告感到飢餓疼痛時，他的胃同時也在收縮。簡單來說，當你胃空空的時候，你就會感到肚子餓。

血液裡的化學物質

除了空腹以外，還有三種化學物質的因素影響飢餓感：

- **葡萄糖**（glucose，血糖）：由於大腦極度依賴血糖產生能量，就有一套位在大腦裡的血糖接受器，當血糖濃度太低時將引發飢餓感；而另一套血糖接受器位於肝臟，用來儲存過剩的血糖，當有必要時會再釋放回血液裡。這些肝臟裡的血糖接受器會傳訊告知大腦，當其所能供給的血糖降低時，也會使你感到飢餓。
- **胰島素**（insulin）：是一種荷爾蒙，調節過量的血糖進入細胞，儲存成脂肪和碳水化合物（Laboure & others, 2002）。心理學家 Judith Rodin（1984）曾經研究胰島素和葡萄糖對於飢餓和飲食行為所扮演的角色。她指出，當我們吃下複合碳水化合物，如：麵包，胰島素濃度會上升然後漸漸降低；當食用單醣類，如：可樂，胰島素濃度會上升然後突降。簡單來說，食用單醣類會讓你容易事後感到飢餓。
- **瘦蛋白**（leptin，源自希臘文 leptos，意指「瘦的」）：瘦蛋白是一種脂肪細胞分泌的蛋白質，用來減少食物的攝取和增加能量的消

耗（Oberbauer & others, 2001）。瘦蛋白強烈影響新陳代謝和飲食，猶如一種抗肥胖的荷爾蒙（Misra & others, 2001）。因為基因突變的關係，癡肥老鼠的脂肪細胞沒辦法製造瘦蛋白（圖 9.4 左邊的老鼠）。癡肥老鼠每天被注射瘦蛋白，牠的新陳代謝速度增加、變得有活力，而且吃得比較少，也變瘦了（圖 9.4 右邊的老鼠）。

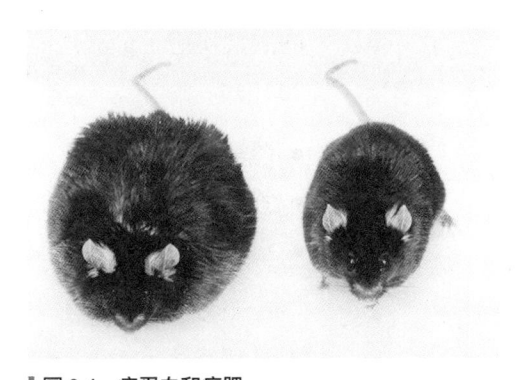

圖 9.4　瘦蛋白和癡肥
左邊是未接受治療的癡肥老鼠，右邊是已經接受注射瘦蛋白的老鼠。

腦部歷程

第 2 章描述下視丘是調節身體功能的重要角色，包括飢餓感。更特別的是，下視丘的兩個區域有助於我們了解飢餓感。**側下視丘**（lateral hypothalamus）與促進攝食有關，當它被電擊刺激時，有正常飲食的動物開始進食，而且假如下視丘這區塊受損，動物即使飢餓也會對食物沒興趣。**中腹側下視丘**（ventromedial hypothalamus）與減少飢餓感和停止進食有關，當動物腦內這塊區域受電擊將停止進食，而當這塊區域受損時，動物則會大量進食而且快速變胖。

瘦蛋白是藉由抑制側下視丘製造神經傳導素而影響飲食（Cowley & others, 2001; Sorensen & others, 2002），其中神經傳導素的血清素部分是負責飽足感，所以阻斷血清素回收的藥物通常被用來治療人類的肥胖（Halford & Blundell, 2000; Thrybom, Rooth, & Lindstrom, 2001）。

9.2.2　飲食疾患

「化悲憤為食量」，你是否有在心情不好的時候特別想大吃一頓呢？你是否跟電影《戀上愛情》的主角一樣，大吃一頓後會催吐呢？接下來將討論兩個與「吃」有關的心理困擾？

心因性厭食症

心因性厭食症（anorexia nervosa）是透過持續挨餓來追求瘦身

心因性厭食症
透過持續挨餓來追求瘦身的飲食疾患。

的飲食疾患，最終可能導致死亡，主要的特徵如下（Davison & Neale, 2001）：

- 體重過輕。
- 強烈地害怕體重增加，並且努力地控制自己的體重。
- 扭曲的身體意象（Dohm & others, 2001）——認為自己過胖。

大多數厭食症患者是年輕的女性，受過良好的教育，來自中高收入具競爭力和高成就的家庭。變成厭食症的女性常常設立高標準，因為往往無法達成而變得有壓力，且強烈地在意別人的眼光（Striegel-Moore, Silberstein, & Rodin, 1993）；當無法達成自我的高期待時，便轉向她們可以控制的體重。

心因性暴食症

心因性暴食症
個體持續地採用狂食和嘔吐模式的飲食疾患。

心因性暴食症（bulimia nervosa）是一種持續地採用狂食和嘔吐模式的飲食疾患。暴食症患者飲食過量後，會以催吐或使用瀉藥來清除食物；如同厭食症患者，大多數的暴食症患者全神貫注於食物，強烈害怕變得過重，而且感到憂鬱或焦慮（Byrne & Mclean, 2002; Cooley & Toray, 2001）。

暴食症典型開始於青春期後期或成年期早期（Levine, 2002）。很多暴食症的女性發病前是體重稍微過重的，而且常在減肥期間狂食，如同心因性厭食症患者，大約 70% 的暴食症患者最終是會恢復的（Keel & others, 1999）。

由於厭食症與暴食症常見於青春期與成年期初期（大學生階段），曾美智等人（2001）特別發展中文版的飲食障礙問卷，用以評估大學生的飲食障礙程度。若你或者周遭朋友有這方面的困擾，可以到學生輔導中心進行相關的評估。

9.3 性

性很重要嗎？壯陽祕方、藥物性愛、一夜情等等的盛行，說明了

大家對於「性」的需要,但是我們對性又有多少了解呢?本節將從心理學的角度來探討「性」這個基本動機。

9.3.1 性的生理機制

性和大腦

掌管性行為的中樞位在下視丘(Carter, 1998),而且就像其他動機的區域一樣,腦部功能有關於性的部分,向外擴散連結到邊緣系統和大腦皮質。電極刺激下視丘某區域會增加性行為(如:電極刺激男性下視丘可以導致 1 小時內多達 20 次的射精);反之,手術切除下視丘某區域會產生性抑制。另外,電極經過下視丘的邊緣系統可以造成男性陰莖勃起和女性高潮。

人類的顳葉皮質可以調節性的激發和選擇適當的性對象(Cheasty, Condren, & Cooney, 2002)。同樣地,公貓的顳葉損傷會造成選擇適當伴侶的能力喪失,顳葉受損的公貓會試著跟任何看得見的東西交配,如:泰迪熊、椅子,甚至研究者等。人類顳葉的損傷也與性活動改變有關(Mendez & others, 2002)。大腦組織藉由活躍各種神經傳導素連結性荷爾蒙來產生性的感覺和行為,高潮的強烈獎賞是因為多巴胺的大量湧現,隨後深度的放鬆感覺與荷爾蒙催產素(oxytocin)有關。

性荷爾蒙

性荷爾蒙是強效的化學物質,由腦中的腦下垂體所控制,兩種主要的性荷爾蒙是雌激素和雄激素。女性以**雌激素(estrogen)**為主,由卵巢分泌;男性以**雄激素(androgen)**為主,由男性睪丸和男女的腎上腺分泌。睪固酮是一種雄激素。雌激素和雄激素可以影響兩性的性動機。

性荷爾蒙的分泌是由回饋系統所調節,腦下垂體監控荷爾蒙濃度和發號施令給睪丸或卵巢製造性荷爾蒙,然後腦下垂體透過與下視丘的交互作用,察覺出理想的荷爾蒙濃度點並維持濃度。

雌激素
可以讓人有人際親和的一種女性荷爾蒙。

雄激素
可以讓人有成就感的一種男性荷爾蒙。

人類性反應模式

人類在經歷性活動時的生理有什麼變化？為了回答這問題，婦產科醫師 William Masters 和研究夥伴 Virginia Johnson（1966）小心地觀察和測量 382 位女性和 312 位男性自願者在手淫或性交時的生理反應，辨識出組成**人類性反應模式（human sexual response pattern）**的四個階段（圖 9.5）：

人類性反應模式
由 Masters 和 Johnson 辨識出的結果，包含四個階段：興奮期、高原期、高潮，以及恢復期。

1. **興奮期**：持續從幾分鐘到幾個小時，端視性挑逗的情形。生殖器的血管充血和血流加速，以及肌肉的緊繃是興奮期的特徵，在這階段最常見的現象是陰道溼潤和陰莖部分勃起。

2. **高原期**：從興奮期開始連續不斷地增加刺激，原本增加的呼吸、脈搏和血壓更加強烈，陰莖勃起和陰道溼潤更加完全，最後到達高潮。

3. **高潮**：持續大約只有 3 ～ 15 秒，高潮包含神經肌肉爆發性收縮將體液排出，以及強烈的愉快感，然而，高潮並非完全相同。舉例來說，女性呈現三種不同的高潮模式，如圖 9.5 所示：(A) 複合式高潮；(B) 沒有高潮；(C) 快速興奮到達高潮，跳過高原期。第三個模式非常符合男性的模式。

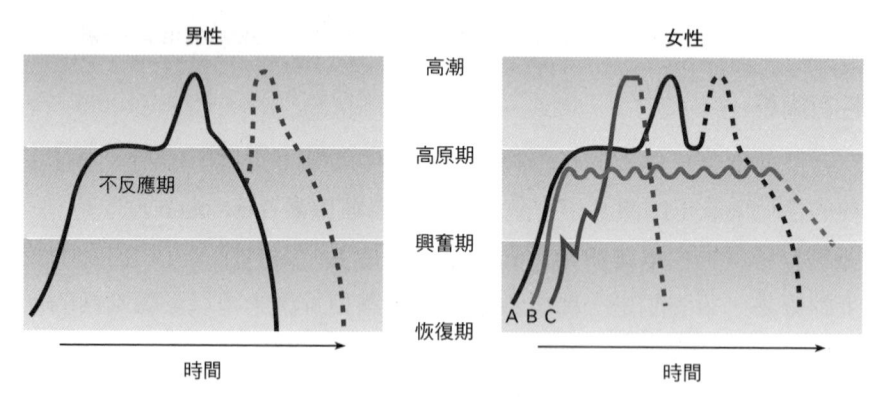

圖 9.5　Masters 和 Johnson 提出的男性和女性的性反應模式
（左圖）男性進入到不反應期，持續時間從幾分鐘到一整天不等，此時不能再出現高潮。
（右圖）女性有三種性反應模式：A 模式有點像男性的模式，除了它有多次高潮的可能性（第二個高峰）而沒有掉到高原期之下；B 模式沒有高潮的出現；C 模式呈現強烈的女性高潮，似乎像男性的模式有強烈的高潮及快速回復到原狀。

4. **恢復期**：血管恢復成正常狀態。男女在這時期的不同點是女性可能馬上再被刺激達到高潮，男性則進入到**不反應期**（refractory period），持續幾分鐘到一整天不能夠馬上有另一次高潮。不反應期的長度隨著男性的年齡增加。

9.3.2 性的非生理機制

除了生理因素以外，心理與社會文化因素也會影響我們的性，以下說明這些課題。

認知和性

認知和性是心理上做決定的角色。每個人都有自己喜歡的菜，也會有自己的偏好。性的動機會受到**性腳本**（sexual script）的影響。在**傳統宗教腳本**裡，性關係只有在婚姻之下才被接受，婚外性關係是被禁止的。在**羅曼蒂克腳本**裡，假如我們和某人發展出人際關係並墜入情網，不管有沒有結婚，發生性關係是可以被接受的。

對性活動的認知解釋也包含與我們發生性關係對象的感受，以及他或她對我們的感受。我們在察覺性行為上充滿著疑惑：他對我忠心嗎？未來我們的關係會變得怎樣？性對她有多重要？萬一她懷孕了怎麼辦？在荷爾蒙對性活動的催化過程中，認知能力是可以去控制、推理和理解這個行為的。

性腳本
一種既定的性行為模式。

感覺、知覺和性

感覺／知覺的因素也包含在性行為之內。例如：男性是視覺生物，而女性是觸覺生物。一般來說，女性較易受撫摸挑逗，男性則是易受視覺影響。在嗅覺層面，**費洛蒙**（pheromone）在某些動物裡是非常具吸引力的氣味物質（Beckman, 2002; Savic, 2002）。正值排卵期的母天竺鼠的尿液裡存在費洛蒙，用來吸引公天竺鼠；當公貓聞到費洛蒙的氣味，就知道附近有母貓正在發情。香水的發明也就是透過嗅覺來增加對他人的吸引力。

費洛蒙
一種由動物釋放出有顯著氣味的物質，具有強烈的性吸引力。

文化和性

有些文化認為性的滿足是「正常的」或「必需的」，有些文化則認為性的滿足是「神祕的」或「不正常的」。研究發現，愛爾蘭沿海 Ines Beag 小島的居民是世界上性壓抑最嚴重的族群，他們不知道舌吻或手淫，而且厭惡裸露。對男女來說，婚前性行為是不可能的，男性會避免性行為，因為他們認為性交會耗損能量，而且有害健康。在這些限制的情況下，性交只發生在晚上，愈快愈好，而且要穿衣服行房。就如預期，這種文化下的女性達到高潮是稀少的（Messinger, 1971）。

相對地，在南太平洋的 Mangaian 文化似乎是男女雜交的。年輕男孩被教導手淫，而且被鼓勵愈多次愈好。男孩在 13 歲經歷成年儀式時即對性有初步了解，首先，長輩教導他們一些性交技巧，包括如何增加女性伴侶的高潮；兩星期後，每個男孩和一位經驗豐富的女性交歡，她會抑制男孩射精直到雙方可以一起達到高潮為止。青春期結束後，幾乎每天都做愛，Mangaian 的女性達到高潮是相當頻繁的。

在地人的心理學

你的性取向——台灣校園內的同志與異性戀

隨著時代的演進，同性戀已經不再是一種禁忌話題，但是面對傳統價值與污名化的影響，同志還是無法自在地「出櫃」。在台灣，劉安真老師致力於同志平權運動。在她的調查中發現，推展同志學生的輔導工作的困難有：學生不願意曝光、同學霸凌同志學生、教師對於同志議題缺乏認識、教師缺乏相關技巧、學校缺乏相關資源。在輔導工作中，最重要的就是要了解同志學生的心理困擾以及處境。

你如何確定你的性取向？面對這樣的課題，我們可以轉個彎來思考——除了確認你是否為同性戀以外，也可以想想你是否為異性戀呢？

1. 你如何確定你是異性戀？
2. 你在何時發現你是異性戀？
3. 在異性戀的程度上，你是幾分（0～10 分）？
4. 你如何確定你不會喜歡上同性？

參考資料
- 劉安真、趙淑珠（2006）。〈看見！？校園同志輔導工作推展之現況與輔導教師對同志諮商之訓練需求調查〉。《中華輔導學報》，20，201-230。

9.4　成就需求

前兩節我們討論兩個基本的生理動機——食慾與性慾，接下來要討論的是社會化的動機——成就動機。

成就需求（need for achievement）是一種想要實現某些事、達到優秀的標準和努力勝出的渴望。每個人的成就需求有所不同，就像這門課一樣，有人想得高分，而有人只想求過關。

心理學家 David McClelland（1955）透過模稜兩可的圖片來評估成就動機。請參與者看圖說故事，依反應成就的強度給予評分。研究者發現，從故事中反映出有強烈成就動機的人，比較希望成功而不害怕失敗。而且當測驗變得困難時，會持續努力下去（Atkinson & Raynor, 1974）。

McClelland（1978）也想知道，增加成就動機是否可以鼓勵人們更努力追求成功。為了證明這一點，他訓練印地安村莊的商人更具成就取向，鼓勵他們增加成功的希望，減少對失敗的害怕，而且更堅強地面對困難。相較於附近村莊的商人，McClelland 所訓練的商人在其後 2 年之內，開始有較多的生意，而且僱用更多新的員工。

9.4.1　成就的認知因素

動機有兩個關鍵的認知因素：內在動機是基於內在的因素，像是自我決心、好奇心、挑戰性和努力；外在動機包含外在的刺激，像是獎勵和處罰。你的歸因就決定了你的成就動機是跟據內在因素還是外在因素。想一想，你要在這門課得高分是因為怕被當？還是為了獲得

成就需求
一種想要實現某些事、達到優秀的標準和努力勝出的渴望。

知識呢？

歸因

歸因理論（attribution theory）認為人像是直覺式的科學家，探索事情發生的背後原因。個體行為表現的原因有一個基本的區分標準——內外歸因：內在原因——人格特質或動機；外在原因——環境、刺激因素，如：獎賞或測驗的困難度（Heider, 1958）。假若學生考試沒考好，他們會歸因成績不好是因為老師題目出得不好、太難（外在因素），或者自己沒有用功準備（內在因素）？這問題的答案會影響到他們怎麼看待自己。若學生認為他們的表現是老師的問題，就不會在表現差時感覺不好，即使是自己沒有花時間在念書上。

成就的內在因素中，一個相當重要的面向就是**努力**。不像其他的外在因素，努力是可以由人來掌握控制、也可以做修正的，努力在成就中的重要性就連小孩子也知道。在一個研究中，3～6年級的學生感覺到，努力是獲得優秀學業表現最有效的策略（Skinner, Wellborn, & Connell, 1990）。

自我生成的目標

設定目標是可以幫助個體達成夢想、增加自律和保持興趣的一個認知因素。設立目標、計畫和自我監控是成功的關鍵（Pintrich & Schunk, 2002）。有清楚的目標，就會有動力前進。如電影《美麗的聲音》中的主角有了成立合唱團的目標。

研究發現當個體設立的目標有三項特點時，將會增進成就表現（Bandura,1997; Schunk, 2000）：

- **明確性**：模糊不明確的目標是「我想要成功」，具體明確的目標是「我想要得到平均 80 分的學期成績」。
- **短期性**：設立長期目標是可以的，像是「我想成為一位臨床心理學家」，但是如果你這麼做，則要確認你也設立了可以一步一步達成的短期目標。「我想在下一次心理學考試拿到 90 分」就是一個短期目標的例子，或者「我將在每週日下午 4 點研讀這本書」。

歸因理論
人有動機去發掘行為的根本原因，並致力於理解它。

- **挑戰性**：目標具挑戰性將激勵起強烈興趣和熱忱投入，目標太簡單只會引起一點點興趣和努力而已。相對地，不符實際的高目標可能帶來失敗和削弱自信心。

計畫如何才能達成目標並監控朝向目標的歷程，是成功的關鍵（Eccles, Wigfield, & Schiefele, 1998）。研究發現，高成就者比起低成就者較會自我監控學習，而且有系統地評估朝向目標的進展（Zimmerman, 2001; Zimmerman & Schunk, 2001）。

9.4.2 成就的社會文化因素

我們所生活的社會文化脈絡也有助於我們追求成就的動機（Wigfield & Eccles, 2002）。每種社會對於成就表現的需求不同，在個體主義的社會，會著重在個人的榮譽感；而集體主義的文化，如台灣，會重視「光耀門楣」、「光宗耀祖」。

跨文化比較

Harold Stevenson 等人（1992, 1995, 1997, 2000）針對美國、中國、台灣和日本的學生，進行五項跨文化研究。這些研究中，亞洲學生的表現一致勝過美國學生；而且在學校的時間也較長，差距範圍從 1 年級最少，到 11 年級（高二）最大。為了要了解為什麼跨文化間的差距這麼大，Stevenson 等人花了很多時間在教室做觀察，而且還面談與訪察老師、學生和家長。他們發現亞洲的老師花較多時間在教數學，例如，在日本，1 年級有超過四分之一的時間花在教授數學，相對於美國只花費十分之一的時間；同樣地，亞洲學生 1 年平均 240 天在學校，相較於美國只有 178 天而已。

Stevenson 等人也發現，亞洲家長和美國家長的不同。美國的家長對小孩在教育和成就上有較低的期待，而且美國的家長很可能相信小孩的數學成績跟天生能力有關；相對地，亞洲的家長較相信小孩的數學成績是努力和訓練的結果（圖 9.6）。亞洲的學生比起美國的學生較可能去寫數學作業，而且亞洲的家長也比美國的家長更可能去協助小孩做數學作業（Chen & Stevenson, 1989）。

圖 9.6　比較三個國家的母親對小孩數學成績表現的看法

在這個研究中，日本和台灣的母親較相信小孩的數學成績是努力後的結果，而不是天生的能力。相對地，美國的母親較相信小孩數學的成績是因為天生的能力（Stevenson, Lee, & Stigler, 1986）。

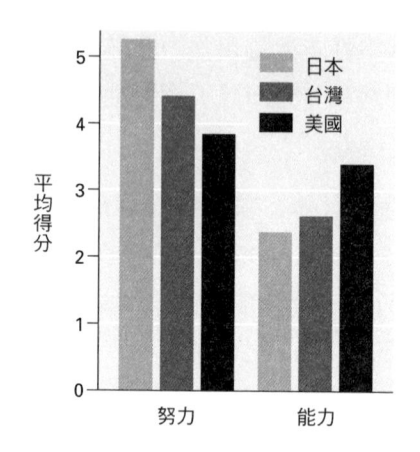

9.5　情緒

情緒
一種感覺或情感，牽涉到生理激發、認知判斷和行為表現。

　　動機（motivation）和**情緒**（emotion）都來自拉丁文 movere，意指「移動」。也就是說，我們的七情六慾會觸發我們的行動。仔細想一想，我們的一舉一動是否都跟我們的情緒與動機有關呢？前面的章節，我們談到了動機，接下來，我們將深入探討情緒。

9.5.1　情緒的生理機制

　　你今天的心情如何呢？一大早，鬧鐘把你叫醒，你從床鋪上跳了起來，很擔心會錯過今天早上的「心理學」。回顧這段歷程，你的心情是如何變化的？或許，你無法清楚地掌握到你的心情，但你很明顯知道，整個早晨就像打戰般的緊張。

激發

　　回顧第 2 章，我們知道自主神經系統分成交感神經系統和副交感神經系統（圖 9.7），**交感神經系統**牽涉身體的激發，它負責壓力的快速反應，有時候稱為戰或逃的反應（fight-or-flight response）。交感神經系統直接造成血壓增加、心跳加速、呼吸急促讓更多氧氣攝入，還有高效率地流動血液到大腦及主要肌肉群，所有的改變就是讓我們準備好去行動；同時，體內停止消化，因為對於直接行動沒有必要性（這

第 9 章 動機與情緒
Motivation and Emotion

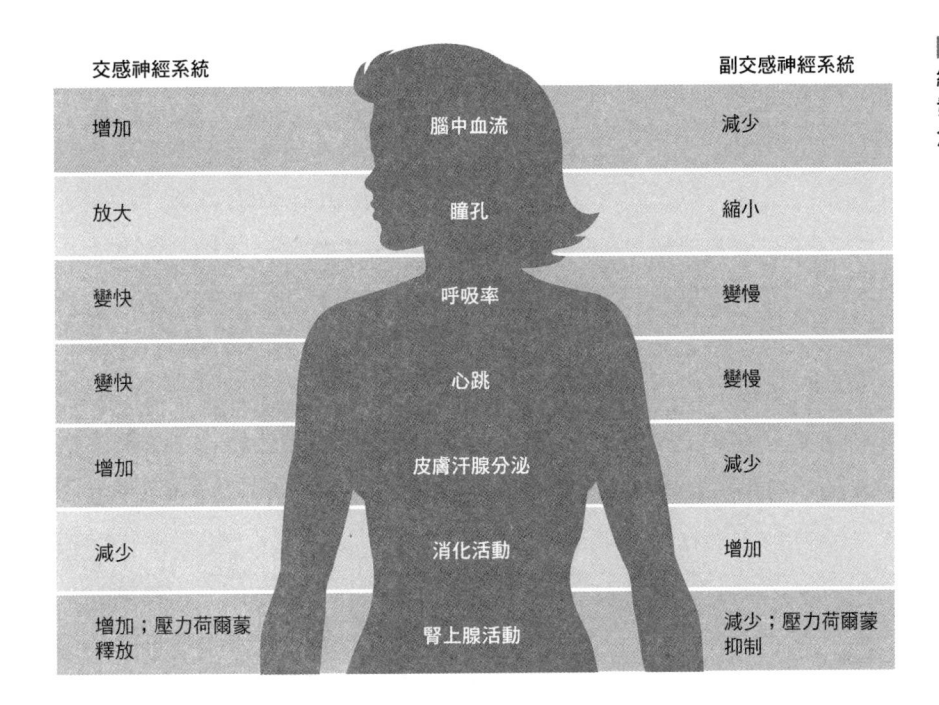

圖 9.7　自主神經系統和它在激發及鎮定身體的角色

交感神經系統		副交感神經系統
增加	腦中血流	減少
放大	瞳孔	縮小
變快	呼吸率	變慢
變快	心跳	變慢
增加	皮膚汗腺分泌	減少
減少	消化活動	增加
增加；壓力荷爾蒙釋放	腎上腺活動	減少；壓力荷爾蒙抑制

可以解釋為什麼學生在考試前不會覺得餓）。**副交感神經系統**可以鎮定身體和促進放鬆及恢復，當副交感神經系統開始活躍時，心跳和血壓會下降、胃部活動和食物消化增加、呼吸變緩慢。

回想一下，早上出門時你的交感神經系統正在迅速地運作著，讓你進入備戰狀態。等到進了教室，你放鬆了，並且開始打瞌睡。這時，你的副交感神經系統正在運作。

面對生理的激發狀態與情緒的關係，心理學家開始發展許多理論。首先是 James 與 Lange 提出的生理激發理論（James, 1890/1950; Lange, 1922）。這個理論認為每一種情緒的產生來自於身體不同部位變化的知覺，如：心跳數、呼吸狀態、流汗和其他生理反應，也就是生理反應決定你的情緒。回想一下，你踩空階梯時的狀況，是否先感受到心跳加快後，才感受到「害怕」的感覺。

神經迴路和神經傳導素

Joseph LeDoux（1996, 2000, 2001, 2002; LaBar & LeDoux, 2002）

深入研究恐懼的神經迴路。當杏仁核發現危險時，它會轉為備戰狀態，安排大腦的應變能力以保護個體不受到傷害。杏仁核接收來自所有感官的訊息：視覺、聽覺、嗅覺、觸覺。基本上，恐懼的系統由演化而來，是為了讓我們可以面對會威脅到生存和領域的自然危機。

腦部牽涉到恐懼情緒的通路有兩條：一條直接通路從視丘到杏仁核，另一條間接通路從視丘經過感覺皮質再到杏仁核（圖9.8）。直接通路不會傳遞有關刺激的詳細訊息，但它有速度上的優勢，這速度在個體遇到生存威脅時相當重要。間接通路夾帶感覺器官（如：眼或耳）的神經衝動到視丘，再從視丘把神經衝動傳送到視覺皮質，之後傳遞適當的訊息到杏仁核。

杏仁核也與情緒記憶有關，LeDoux（2000, 2001）說明杏仁核很難去遺忘，因為當我們學到某些事是危險的之後，就不用再重複學習。然而，我們也為這個能力付出代價，很多人想擺脫也擺脫不了恐懼和焦慮，這種進退兩難的困境，部分原因是杏仁核和主司思考和決策的大腦皮質連結（McGaugh & Cahill, 2002）。杏仁核比起大腦皮質的周

圖9.8　恐懼情緒在腦部的直接和間接通路

恐懼訊息在腦中有兩種通路，直接通路（虛線）快速地從視丘傳遞訊息到杏仁核，間接通路（實線）緩慢地從視丘傳到視覺皮質再到杏仁核。

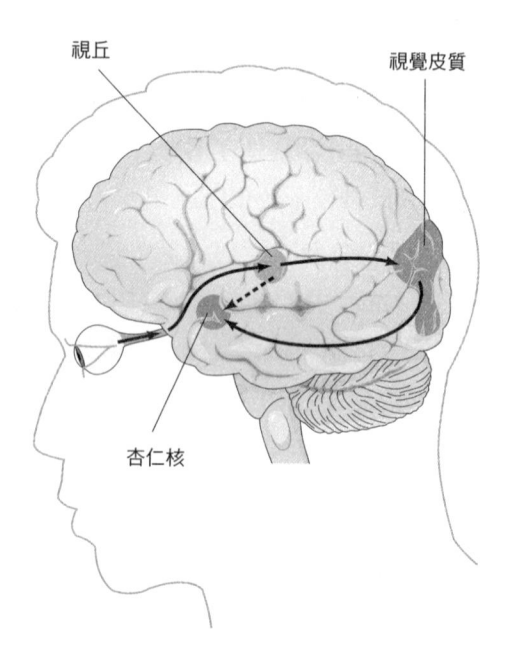

圍部位較具影響地位,因為它傳送到大腦皮質的連結比起接收到的還要多。這可以解釋為什麼我們很難控制情緒,還有為什麼一旦恐懼被建立之後就很難消除。

研究者也發現,大腦半球亦可能牽涉到情緒的處理。Richard Davidson 等人（2000; Davidson, Shackman, & Pizzagalli, 2002; Reuter-Lorenz & Davidson, 1981）已經發現**趨吉情緒**（approach-related emotions）,像是快樂,與左半腦活躍強烈有關;相對地,**避凶情緒**（withdrawal-related emotions）,像是厭惡,與右半腦活躍強烈有關。

除了繪製大腦結構裡的情緒神經通路,研究者也好奇於神經傳導素在這些通路中所扮演的角色。腦內啡和多巴胺與正向情緒如:快樂有關;正腎上腺素的功能則在於調節激發狀態（Berridge & O'Neil, 2001; Panskepp, 1993; Robbins, 2000）。

動動腦

覺察情緒——你笑世界跟著笑

在《人類和動物的情緒表達》(*The Expression of the Emotions in Man and Animals*) 裡,達爾文（Darwin, 1872/1965）說明人類臉部表情是天生的,而不是學習來的,世界上所有文化都有一致性,而且演化自動物的情緒。達爾文比較了人類憤怒的咆哮和狗吠叫及貓嘶叫聲的相似性,也比較了黑猩猩腋下被呵癢所發出的咯咯笑和人類的笑聲。

心理學家 Paul Ekman（1980, 1996）經過仔細的觀察,發現很多情緒的表情在跨文化裡沒有顯著差異。舉例來說,Ekman 等人拍攝人類情緒的表達如:快樂、恐懼、驚訝、厭惡和悲傷。當他們呈現照片給來自美國、智利、日本、巴西和婆羅洲（在西太平洋上的印尼島嶼）的人看時,所有人傾向在相同表情中標示出相同的情緒（Ekman & Friesen, 1968）。另一個研究找出新幾內亞過著石器時代生活的原住民來配對臉部表情的情緒類型（Ekman & Friesen, 1971）。在 Ekman 探訪之前,大部分原住民並沒看過高加索人的臉。新幾內亞和美國人相似的臉部情緒表情呈現在圖 9.9。

圖 9.9　美國人和新幾內亞人的情緒表達

左邊兩張圖是兩位美國女性，右邊兩張圖則是兩位來自新幾內亞原始部落的男性。注意到他們表現厭惡和快樂表情的相似處，心理學家相信臉部的情緒表達，在所有文化裡都是相同的。

　　Paul Ekman 是研究情緒表達的專家，他到世界各地去了解各種種族情緒表達的方法。經過數十年的努力，他整理出了世界共通的一些表情，並且發展一些辨識的技巧，以下整理出我們常有的表情，試著做做看，看你是否也因此產生這樣的心情：

驚：凝視前方、抬高眉毛。
怒：眼睛睜大、眉毛下壓。
哀：張嘴下垂、嘴角下拉、緊皺眉頭。
樂：開口微笑。

思考一下

1. 你如何辨識他人的表情？
2. 人類的表情會是一致的嗎？
3. 如果你無法察言觀色的話，你的生活會有怎樣的影響？

建議閱讀

- Paul Ekman 著，易之新譯（2006）。《心理學家的面相術：解讀情緒的密碼》（*Emotions Revealed—Understanding Faces and Feelings*）。心靈工坊。

9.5.2　情緒的非生理機制

　　回想我們對情緒的定義不只包含生理因素，也包括認知、行為和社會文化的因素。例如，一個不安的感覺可能解釋為焦慮、戀愛或消

化不良。一個人的反應變化性很大,端視個人因素,也參照個人的文化背景。

情緒的認知因素

情緒只取決與我們的生理反應嗎?「微笑」決定了「開心」?情緒的認知理論假設情緒總是有認知的成分(Derryberry & Reed, 2002; Ellsworth, 2002)。認知學者認同大腦和身體在情緒上的角色,但是他們認為認知歷程才是最主要的。

根據 Stanley Schachter 和 Jerome Singer(1962)所發展的**情緒二因論(two-factor theory of emotion)**,情緒是由生理激發和認知辨識所決定的(圖 9.10)。 他們說明為什麼當我們遇到外在刺激之後,情緒便會激發出來?舉例來說,假如某人對你有好的評論,你感受不錯,便會標示這個情緒為「快樂」;假如你做錯事之後感覺不好,可能就標

情緒二因論
說明情緒是由兩個主要的因素所決定:生理激發和認知辨識。

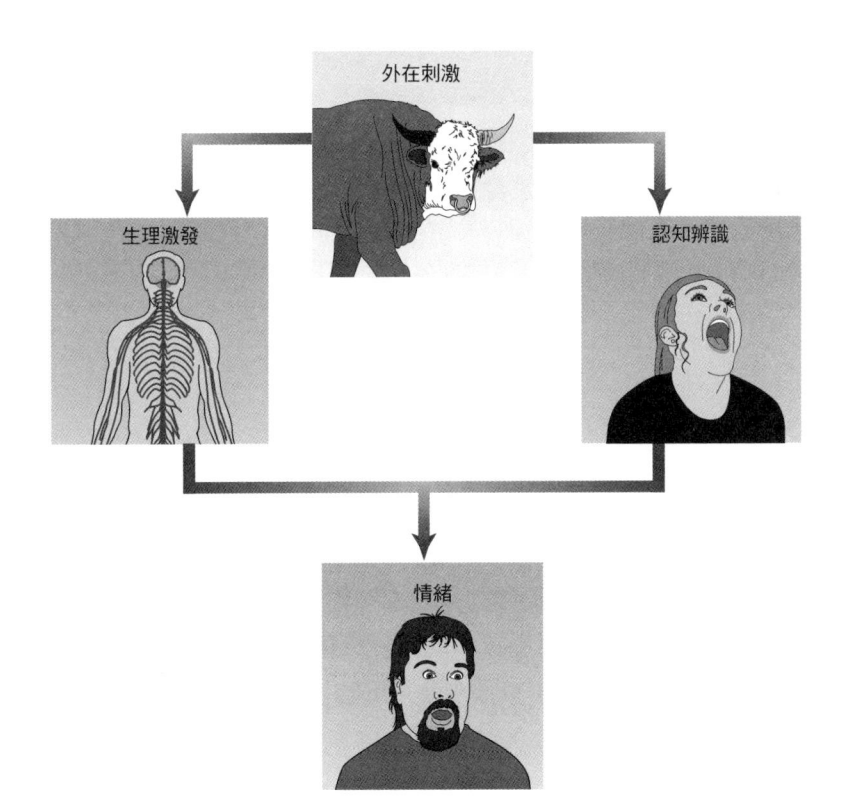

▎圖 9.10　情緒二因論
根據 Schachter 和 Singer 的理論,情緒同時包含生理和認知因素。

示為「厭惡」。

為了驗證這個理論，Schachter 和 Singer（1962）對受試者注射腎上腺素，這是一種會產生高度活躍的藥物，然後這些受試者觀察其他人的行為，一種是心情愉快的行為（投紙球到竹簍裡），另一種是生氣的行為（在房間裡踱步）。就如預期，愉快和生氣的行為會影響到受試者對自己激發狀態的認知解釋。當他們和愉快的人在一組時會說自己是開心的，跟生氣的人在一組時就會說情緒是生氣的。但是這個結果只出現在受試者未被告知注射後的真實效果時。當他們被告知這個藥物會使心跳加速和焦慮不安時，他們就會說激發狀態是因為藥物關係，而不是受其他人行為的影響。

Dutton 和 Aron（1974）以一個有趣的研究證實這個結論。在實驗中，請一位具吸引力的女性接近沒有女伴的男性，他們一起經過英國哥倫比亞省卡皮蘭諾河的一座橋，在超過 200 英呎高度、搖晃不定的卡皮蘭諾河橋上（圖 9.11），這位女性邀請男性編造一則短篇故事用來完成她對創造力的研究；而這位女性訪談者也在較低和較安全的橋上，對其他男性做同樣的要求。研究發現，在卡皮蘭諾河橋上的男性比起在較低和較安全橋上的男性，較會讚賞這位女性訪談者很吸引人。

圖 9.11　卡皮蘭諾河橋上的實驗
（左圖）英國哥倫比亞省搖晃的卡皮蘭諾河橋。
（右圖）實驗進行的過程。一位具吸引力的女性接近正要過橋的男性，並要求他們編造一則小故事來完成她的創造力研究。她也在較低和較安全的橋上，對其他男性做同樣的要求。研究發現，卡皮蘭諾河橋上的男性說出較多性方面的故事，原因可能是在這座又高又搖晃的橋上感到害怕而被激發，他們把這激發解釋成是受到女性訪談者的性吸引。

Richard Lazarus（1991）相信認知活動先於情緒。他認為，我們會先認知評估自己和社會環境，然後在這脈絡之下發展情緒。人們會感到快樂是因為有虔誠的宗教信仰，憤怒是因為沒有如預期獲得加薪，或者害怕是因為預期考試會失敗。

Robert Zajonc（1984）認為情緒是最初始的，然後才有自己的想法。到底誰說得對？兩者都有可能，有些情緒反應幾乎是瞬間的，而且可能沒有涉入到認知評估，像是看到蛇即尖叫。其他的情緒情境，特別是那些維持長時間像是憂鬱或者對某人有敵意，則可能涉入認知的評估。

感覺和思考之間有什麼關係呢？

你知道你的想法改變，心情也跟著改變嗎？你記得一個老故事，就是一個老婆婆有兩個小孩，一個賣傘，一個種稻，當她遇到下雨天時，她就產生矛盾的心情。當想起賣傘的孩子，她就想到「下雨天真好，孩子可以多賣點傘」，而感到開心。但若想起種稻的孩子，她就想到「下雨了怎麼辦，孩子不能曬稻穀」，因此而感到焦慮。我們的心情就這樣深深受到我們想法的影響。

Erber 和 Erber（2001）表示我們時常透過想法來調節情緒，例如，我們可以有意識地選擇獨處或聽悲傷音樂來保持難過的心情；同樣地，我們也可以試著看一場喜劇電影來保持開心的心情；有時候，我們決定跟朋友去海邊紓解煩悶的心情；相對地，我們心無旁騖地準備考試來平穩快樂的心情。一般來說，我們傾向轉移注意力到無關的事物來隔離情緒。在一項研究中（Erber & Tesser, 1992），受試者觀看悲劇或喜劇電影；緊接著，部分受試者解困難的數學題，部分受試者解簡單的數學題，另一些受試者則只是等待。過了 10 分鐘後，所有的受試者評分他們自己的心情，觀看悲劇電影的受試者、解困難數學題的人比起解簡單數學題或是等待的人，表現難過的心情較少；觀看喜劇電影的受試者，解困難數學題的人比起解簡單數學題或等待的人，表現愉快的心情較少。

根據推測，解困難數學題者的認知想法舒緩了情緒的強度。這項研究發現可以解釋為什麼當人感到難過時會埋頭於工作之中，或者當他們心情好時會試著避開工作。Erber 和 Erber（2001）同時也指出社會約束（social constraints）可以緩和心情，換句話說，往往是我們在想到什麼**人**時，而不是在想到什麼**事**時會導致我們調整自己的情緒。我們可能需要在朋友的慶生會中隱藏心裡的不愉快，或者當我們傳遞壞消息給某人時要抑制自己開心的感覺。Erber 和 Erber（2001）指出這是**冷靜效果**（coolness effect）。

在一項研究中探索社會約束可能造成人們調整他們的情緒，Erber、Wegner 和 Therriault（1996）讓受試者聽愉快或悲傷的音樂，然後請所有的受試者先等一會兒，再繼續第二項測驗。在這個等待的過程中，受試者可以選擇要看什麼性質的報紙，有幽默、災難或中性的文章。一些受試者被告知他們將獨自做第二項測驗時，這些受試者偏好與心情一致的文章：聽過悲傷音樂的受試者選擇災難文章；相對地，聽過愉快音樂的人就偏好幽默的文章。其他的受試者被告知要與一位陌生人一起做第二項測驗，這些受試者即偏好與情緒不一致的文章：聽過悲傷音樂的人則偏好開心的閱讀素材，反之亦然。顯然地，做出與情緒不一致抉擇的受試者，是要在與陌生人碰面之前先緩和自己的情緒。

即使受試者被告知另一個人與他們有相同的情緒時，他們仍會選擇緩和自己的情緒。一個有趣的例外是，心情愉快的受試者被告知將要和有些許憂鬱的人碰面之前，會選擇閱讀幽默的文章，這些受試者可能是想在與憂傷的人碰面前先緩衝一下，好有個心理準備；同樣地，假如受試者知道另一個人是個熱情的夥伴，而不是陌生人時，他們會維持自己的情緒，顯然地，他們想在接觸這位熱情的夥伴之前敞開心胸，而不是壓抑情緒。

情緒的行為因素

情緒的行為表現可以是口語的或非口語的。口語部分,可以罵髒話來表現憤怒;非口語部分,則可以是微笑、皺眉、害怕的表情、低頭或者垂頭喪氣。情緒研究者好奇於如何從一個人的臉部表情來判斷情緒,在一個典型的研究中,受試者呈現如圖 9.12 的情緒,通常都可以辨識出這六種表情:快樂、憤怒、悲傷、驚訝、厭惡和恐懼(Ekman & O'Sullivan, 1991)。

臉部回饋假說(facial feedback hypothesis) 解釋臉部表情會影響情緒,反映出情緒表現時的表情。臉部的肌肉會傳送訊息到大腦,來協助辨識現在正經驗的情緒(Keillor & others, 2002)。例如,當我們微笑時會感到快樂、當我們皺眉時會感到悲傷(可以回顧一下「動動腦」)。你每天帶著微笑出門,你就會擁有快樂的一天。

臉部回饋假說
臉部表情會影響情緒,反映出情緒表現時的表情。

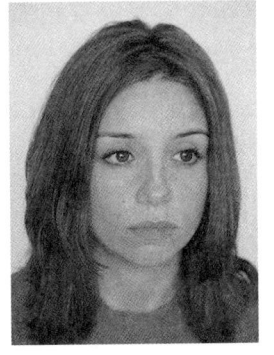

圖 9.12 辨認臉部表情的情緒
在閱讀文章之前,先看這六個表情並判斷他們各自所代表的情緒。(上排左起)快樂、憤怒、悲傷;(下排左起)驚訝、厭惡、恐懼。

9.5.3 情緒的分類

有超過 200 個英文單字描述情緒的複雜性和多樣性，很多心理學家已經把我們所表達的情緒歸類到一個輪盤裡，其中一個由 Robert Plutchik（1980）提出的模式，認為情緒有四個軸向：(1) 正向或負向；(2) 簡單的或複雜的；(3) 兩極、對立的；(4) 不同強度。例如，想像你在一項考試中意外地得到 100 分的那種驚喜感覺，或者對於週末夜唱的熱衷，這些都是正向的情緒；相對地，想一想負向的情緒，像是你摯愛的人過世了那種悲痛，或者某人用言語攻擊你的那種憤怒。正向情緒會提升我們的自尊，負向情緒降低我們的自尊；正向情緒會增進人際關係，負向情緒反而會削弱關係品質。Plutchik 認為情緒就像顏色一樣，光譜上的每一個顏色可以被基礎顏色所混合，快樂、厭惡、驚訝、悲傷、憤怒和恐懼皆是基礎情緒，結合悲傷和驚訝會產生沮喪，忌妒是由愛和憤怒所組成。圖 9.13 是 Plutchik 發展的情緒羅盤，用來呈現基礎情緒以及和鄰近情緒結合而形成其他情緒，同樣地，注意到有些情緒是對立的：愛與自責、樂觀與沮喪。認同 Plutchik 的學者們認為情緒是天生反應，僅需採演化觀點認知解釋。

另一個不同的分類方式是只把情緒分成兩大類：正向和負向。**正向情感（positive affectivity, PA）** 是指正向的情緒，像是喜悅、快樂、喜愛和好奇；**負向情感（negative affectivity, NA）** 是指負向的情緒，像是焦慮、憤怒、罪惡和悲傷。正向情緒會促使趨近的行為（Ca-

---

正向情感
指正向的情緒，像是喜悅、快樂、喜愛和好奇。

負向情感
指負向的情緒，像是焦慮、憤怒、罪惡和悲傷。

圖 9.13　情緒分類的羅盤
Plutchik 理論說明人們經驗八種基礎情緒，由線條區隔出八個區塊，交界線的情緒呈現在圓盤外側。

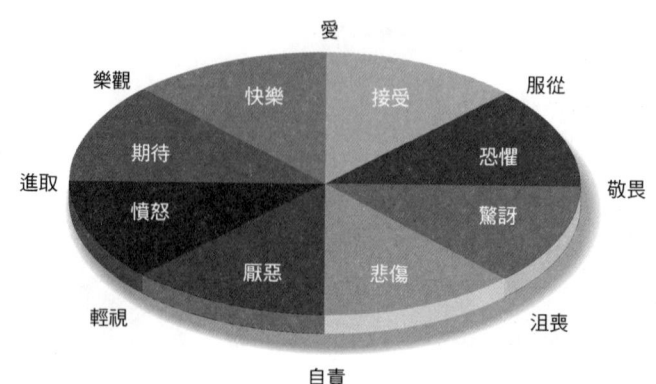

cioppo & Gardner, 1999; Davidson, 1993; Watson, 2001; Watson & others, 1999）。換句話說，正向情感增加個體與環境的互動、從事適合個體或種族的活動、擴大個人視野，以及建立應變能力。例如，喜悅會增進表演慾和挑戰極限，好奇會增加探索的動機、吸收新知和經驗並拓展自己（Csikzentmihalyi,1990; Ryan & Deci, 2000）。負向情緒（像是恐懼）有益於在威脅生存的情境中，促使逃脫的行為及立即性的適應，但是，相對於正向情緒拓展個人注意力，負向情緒——像焦慮和憂鬱——會使我們的注意力狹隘，即便是在沒有威脅性的環境中（Basso & others, 1996）。

　　研究者愈來愈好奇正向情感在幸福感中所扮演的角色（Frederickson, 2001）。例如，正向情緒似乎有助於因應能力。在一項研究中，正向情緒經驗愈多的人，愈能發展出廣泛的應變技巧，像是用不同的思考方式來解決問題和分析情境，且更加客觀（Frederickson & Joiner, 2000, 2002）。在一些個案中，正向情緒像是喜悅、快樂、喜愛和好奇心，或許可以撤銷或移除像悲傷、憤怒和絕望的負向情緒感覺（Diener, 1999; Frederickson, 2001），例如，輕微的喜悅和滿足感被發現可以消除影響心血管的負向情緒，像是悲傷（Frederickson & Levenson, 1998）。總而言之，正向情緒很可能提供個體在適應、成長及社會連結上重要的功能，藉由建立個人和社會的資源，正向情緒可以促進人們的幸福感。

課堂活動

主題：同理心。

目標：
- 學習使用同理心。

步驟：
1. 解釋同理心：同理心是設身處地、感同身受地表達你對對方的感受。
2. 說明同理心的步驟。

(1) 準備同理對方──告訴自己要使用同理心。
(2) 站在對方當時的立場（設身處地）。
(3) 感受對方當下的感覺（感同身受）。
(4) 表達你感受到的感覺：感覺上你現在……。
3. 分組：兩兩一組，一個說說最近的心情，另一個用同理心回應對方。
4. 回到班上，分享感覺。

回家作業

探索心理第九課──接納你的情緒

現代人似乎很害怕無聊，無所事事反而讓人不知所措，非得要馬上找些事做來逃開這種感覺。也許這正是為什麼各類的3C產品會大行其道的原因。我們利用飲食、購物來逃避內在的空虛；用各種保養品來掩飾自己本來的面目；用各種娛樂來逃開缺乏意義的人生。想要感覺舒服並沒有錯，但如果是為了逃避痛苦，你會失去一個經驗更有活力的人生的機會。

接納自己的情緒，其實就是接受你本來的面目。這種接受不是被動的、無奈的忍受，而是一種「悅納」──欣然的接受。承認自己就是一個膽小、情緒化、驕傲或善妒的人，並不是一件容易的事。一旦你接納這樣的自己，你會發現，任何情緒的背後都蘊藏著另一股能量：膽小→勇氣；情緒化→安詳；驕傲→謙遜；善妒→包容。學習接納自己任何的面目，就像是把垃圾轉變成花朵的過程。一朵美麗的花過幾天可能就會變成垃圾，但是如果你好好照料這些垃圾，把它埋在樹的旁邊。你很快就會發現，有一天垃圾會再轉變為花朵。

停下來，好好審視自己的情緒──自卑、寂寞、受挫、怨恨……。包容它們，接收它們是你生命的一部分。讓它們為你帶來更有活力的生命，這就是一種奇蹟。

本章摘要

本章讓你了解人類的七情六慾（動機與情緒）。
1. 動機理論。
   - 動機驅動了我們的行動。
   - 本節以幾個動機理論來說明動機的產生與運作：演化觀點、趨力減低理論、最適

激發理論、認知觀點，以及 Maslow 的人類需求階層理論。每個理論各有其特色，幫助你更了解人類為何會有這些「慾望」。

2. 口慾——吃的動機。
   - 本節讓你了解，由胃部訊息、血液裡的化學物質，以及腦部歷程等生理機制，會讓你感覺到飢餓與飽足。
   - 心因性厭食症和心因性暴食症是兩個主要的飲食疾患，分別為透過持續挨餓來追求瘦身，以及持續採用狂食和嘔吐模式。

3. 性慾——性的動機。
   - 性慾是人的本能，當你感受到有性慾時，是大腦、性荷爾蒙在驅動這些慾望。人類性反應模式呈現興奮期、高原期、高潮、恢復期四個階段。

4. 成就動機。
   - 成就需求是一種想要實現某些事、達到優秀的標準和努力勝出的渴望。每人的成就動機皆不同。

5. 情緒。
   - 我們每天都會經驗到不同的情緒感受。情緒包含三個成分——生理激發、認知反應以及行為表現。本節讓你了解情緒產生的過程以及相關的理論。
   - 認知理論認為情緒的產生有兩個成分——生理激發以及認知標籤。
   - 情緒可以根據兩個向度進行分類，透過這兩個向度，我們可以將生活中情緒經驗做分類整理，主要可以分成兩大類別——正向情感與負向情感。

第 10 章

人 格
Personality

章節內容

10.1 人格理論

10.2 心理動力論
10.2.1　佛洛依德的精神分析論
10.2.2　心理動力論的後起之秀

10.3 行為與社會認知論
10.3.1　Skinner 的行為論
10.3.2　Bandura 的社會認知論

10.4 人本論
10.4.1　Rogers 的理論
10.4.2　Maslow 的觀點
10.4.3　自尊

10.5 特質論
10.5.1　特質論
10.5.2　五大人格因素
10.5.3　特質─情境交互作用

10.1　人格理論

「我的個性很急躁」、「我是一個外向的人」、「他很機車」……這都是生活中常用的人格描述。在這一章，我們將**人格（personality）**定義為個人用以適應世界的穩定且獨特的想法、情緒和行為模式（在生活中，我們經常用個性、性格等詞彙來說明「人格」。為了撰寫上的統一與專業性，本章以「人格」這個詞彙貫穿全文）。

這一章將呈現有關人格的四種不同理論概念──心理動力論、行

人格
個人用以適應世界的穩定且獨特的想法、情緒和行為模式。

為與社會認知論、人本論，以及特質論——你將看到對於人格的解釋有多麼地不同。

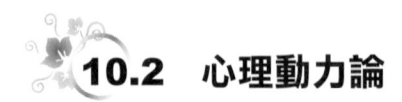

10.2 心理動力論

心理動力論
認為人格主要來自潛意識（沒有察覺到的層面），並且具有階段性的發展。大部分的心理動力論皆強調早期經驗對人格的影響。

心理動力論（psychodynamic perspective）認為人格主要來自潛意識（也就是沒有察覺到的層面），並且具有階段性的發展。大部分的心理動力論皆強調早期與父母相處的經驗是人格養成的主要因素。心理動力論相信行為不過是表面的特質，如果我們要真實地了解一個人的人格，必須探索行為潛在的象徵意義，以及在心理深處運作的部分（Feist & Feist, 2002）。這些概念皆是由精神分析論的創始者——佛洛依德透過多年的臨床觀察所精鍊出來的理論。就像你在第 1 章閱讀到的，許多原本跟隨佛洛依德的精神分析論者，後來都從他原本的理論分支出來，各自發展自己的理論，但是他們仍然接受佛洛依德對人格的核心觀點。

10.2.1 佛洛依德的精神分析論

對佛洛依德來說，潛意識心靈層面是外顯行為的關鍵因素。生命裡充斥著緊張與衝突，為了要減低對我們的影響，我們會將難以處理的訊息鎖在潛意識裡。佛洛依德相信人受到潛意識所驅使，即使是瑣碎的舉動也有特別的意義，一個隨手塗鴉、一個笑話、一個笑容，其呈現都可能隱藏著潛意識的因素。舉例來說，偉倫親吻又擁抱與他共度蜜月的老婆——小晨，他說：「喔，小琳，我最愛的是妳。」小晨將偉倫推開並且說：「為什麼你會叫我小琳？我以為你已經不會再想她了，我們需要好好談談！」這就是佛洛依德說的「說溜嘴」（指不經意間將潛意識的想法給說了出來），從嘴巴裡不小心洩漏出去。

佛洛依德認為夢是我們每天生活中潛意識裡緊張與衝突的表現，這些緊張與衝突都是我們在意識層面無法圓滿解決的。佛洛依德認為潛意識是了解人格的關鍵（Gedo, 2002），他將人格比做一座冰山，大

第 **10** 章 人格
Personality

部分都是存在於可以察覺到的層面之下，就像冰山的大部分都潛藏在水的表面之下一般（圖 10.1）。

人格結構

佛洛依德（Freud, 1917）相信人格有三種結構：本我、自我、超我（圖 10.1）。**本我（id）**包含了本能，並且是人儲藏心理能量的地方。在佛洛依德眼中，本我存在潛意識裡，它並不和現實做接觸。本我的運作遵循著**享樂原則**，佛洛依德認為本我總是在尋求快樂，並且逃避痛苦（趨吉避凶）。

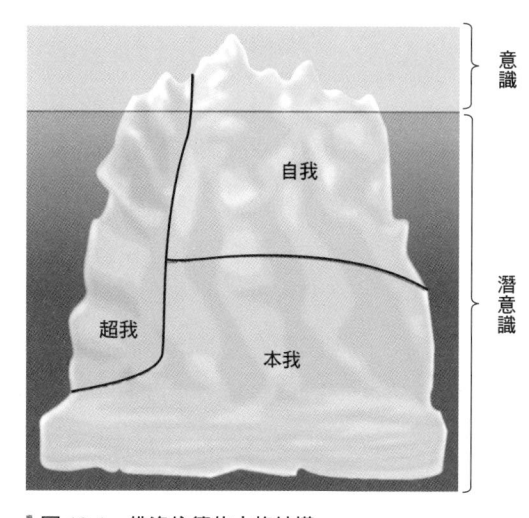

| 圖 10.1　**佛洛依德的人格結構**
意識心靈是冰山在水面上的部分，而潛意識心靈則是存在水面下。注意本我完全是潛意識的，而自我與超我可以在意識與潛意識層面運作。

當小孩長大後，經驗到現實的要求與約束之後，就產生了一種新的人格結構——**自我（ego）**，佛洛依德認為自我是專門處理現實層面的人格結構。根據佛洛依德所說，自我遵守著**現實原則**，嘗試在環境限制下帶給個人快樂的感覺。自我幫助我們測試現實，去探索我們可以做到什麼程度，不會惹麻煩且不會傷害到己。相較於本我全部存在潛意識之下，自我有某部分是在意識之上的，它穩固了我們更高層次的心靈功能——推理、問題解決，以及做決定。

超我（superego）是佛洛依德發展出來的第三個人格結構，是人格的道德層面，也就是我們常常提到的「良知」。就像本我一樣，超我不會去顧及現實層面，它只會考量高尚的道德標準。例如，在無車的鄉間小路上還是依照規矩地停紅燈。

想一想，當你早上被鬧鐘叫起床時，你的人格是如何運作呢？這時本我可能會說：「再睡一下吧！」超我會說：「翹課不好。」最後自我會做出決定來：「這門課老師不會當人，就繼續睡吧！」

本我
佛洛依德對人格定義的結構之一；包含了本能，並且是人儲藏心理能量的地方。

自我
佛洛依德對人格定義的結構之一；專門處理現實層面的要求。

超我
佛洛依德對人格定義的結構之一；專門處理道德層面。

防衛機轉

防衛機轉
一種自我保護的策略，藉著在潛意識中扭曲現實的方式來降低焦慮感。

自我會利用許多策略來解決它在現實要求、本我的慾望以及超我的約束中所產生的衝突。這些稱為**防衛機轉（defense mechanism）**的機制，藉著在潛意識中扭曲現實的方式來降低焦慮感。

壓抑是所有心理防衛機轉的共同特徵，它的目標是壓制衝動回到潛意識的層面。佛洛依德認為許多早期的童年經驗都和性有關，若我們要在意識層面解決這些經驗則太具威脅及壓力，所以在幼年時期我們會壓抑性的衝動以減少壓力。

第二個特性是，它們都是潛意識狀態的，我們無法知覺到自己正在使用它們；第三個特性是當我們適度使用它們，對我們是有幫助的。舉例來說，防衛機轉中有一個是**否認**，當你面臨一個痛苦經驗時，當下的否認可以幫助你度過危機。需要注意的是，如果讓防衛機轉完全控制我們的行為，會讓我們無法面對現實生活。在圖 10.2 描述許多佛洛依德提到的防衛機轉，你也可以想想你在生活中常用哪些防衛機轉

防衛機轉	運作方式	例子
壓抑	最主要的防衛機轉，自我將不能接受的衝動拋出可意識的範圍之外，讓它進入潛意識的心靈層面裡。	一名年輕女孩遭到叔叔的性虐待，當她長大後，她完全記不得那些有關痛苦經驗的任何事情。
合理化	自我利用一個較能被接受的動機去取代原先不能被接受的想法。	一名大學生無法進入校隊。他告訴自己：課業太重，參加校隊會浪費時間。
轉移	自我將想要發洩的情緒從一個較具威脅的客體轉移到較安全的客體上。	無法對老闆發脾氣，於是回家後把氣都出在太太或小孩身上。
昇華	自我將一個無法被接受的衝動轉化成一個社會大眾較能接受的形式。	一位具有強烈性衝動的男性成為裸體畫的藝術家。
投射	自我將自己的短處、問題以及錯誤，認為是其他人所擁有。	一名強烈想要出軌的男性指責他的妻子紅杏出牆。
反向操作	自我將不被接受的轉變為相反的行為。	一位母親害怕面對自己討厭孩子的事實，於是她表現出極為溺愛自己的孩子。
否認	自我拒絕承認引發焦慮的事件。	一名男性在醫生診斷出他罹患癌症的時候，不願意承認。
退化	當面對壓力的時候，自我尋求早期發展階段的安全感。	一名女性在每次跟老公吵架後，就跑回家找母親。

圖 10.2 防衛機轉
防衛機轉利用許多方式減少焦慮，但都是以扭曲現實的方式。

第 10 章 人格
Personality

來減低你的內在焦慮呢？

人格發展階段

佛洛依德認為人格可以區分為五個階段，每個階段都可以在身體的不同部位找到愉悅的感覺——**慾望區**。根據佛洛依德的說法，在發展的每個特殊階段裡，身體的某些部位擁有特別強烈的愉悅感，隨著年齡成長，透過不同區域來滿足自己內在慾望，而不同時期有不同的區域。人格的成長就在於這些區域慾望滿足的過程。以下就是佛洛依德界定的五個發展階段：

1. **口腔期（出生～18 個月）**：咀嚼、吸吮以及囓咬是口腔的主要功能，嬰兒透過口腔的運作來滿足內在的慾望，也消除內在的緊張感。
2. **肛門期（18～36 個月）**：孩童最大的愉悅感來自肛門或是跟清潔肛門有關的行為上，在佛洛依德的眼中，肛門肌肉的運動可以減少孩童內在的緊繃感。
3. **性蕾期（3～6 歲）**：性蕾（phallic）源自拉丁文 phallus，代表的意義是「陰莖」。快樂的感覺主要來自生殖器，兒童會發現自我刺激是一件享受的事。佛洛依德認為性蕾期對人格發展非常重要，最重要的就是**伊底帕斯情結（Oedipus complex）**。這個詞從希臘的神話而來，伊底帕斯在不知情的情況下殺死了自己的父親，並且娶了自己的母親。在大約 5～6 歲的年紀時，男孩會特別黏媽媽並且會仇恨父親。為了減少這種亂倫的衝突，男孩會慢慢轉向認同自己的父親。
4. **潛伏期（6 歲～青春期之前）**：兒童壓抑所有跟性有關的興趣，並且建立社會與智能的技巧，這些活動疏通了兒童的旺盛精力，轉換成較安全的形式，幫助兒童忘記在性蕾期的高壓迫感衝突。
5. **性器期（青少年時期與成年期）**：性感覺重新覺醒的時期，可以得到性愉悅感受的資源可能變成是家庭成員以外的人。佛洛依德相信和父母未解決的衝突在青少年時期會再度出現，而一旦這個衝突解

伊底帕斯情結
在佛洛依德的理論中，幼兒會發展出一種強烈想要取代相同性別父母的慾望，並且享受不同性別父母給予的情感。

決後，個體就會變得像個成年人般，有能力獨自發展成熟的親密關係及功能。

佛洛依德相信人都有可能會因為在任何一個階段中，無法解決衝突而變得固著。**固著**是一種心理上的防衛機轉，發生在個體因為需求沒有被滿足或是過分被滿足，而滯留在較早的發展階段。例如，父母也許會讓小孩太早斷奶，或是太嚴格要求他們的馬桶訓練，或是因為手淫而懲罰他們，或是太多的關注而讓他們感到窒息。圖 10.3 描述了一些可能跟口腔期、肛門期、性蕾期有關聯的成年人格特徵。

10.2.2　心理動力論的後起之秀

對佛洛依德理論有不同見解的三位學者——Horney、榮格（Carl Jung）以及阿德勒（Alfred Alder）——對心理動力論已經有特殊的影響力，他們成功地從佛洛依德的理論中發展出更創新的解釋。

Horney 的社會文化論

Karen Horney（1885～1952）認為需要注意社會文化對人格發展的影響力。她以佛洛依德的其中一個概念「陽具欽羨」為例：佛洛依德將一些女性病患的行為解釋成她們對陽具深刻的渴望，Horney 指出在佛洛依德的時代，男性扮演著主導的角色，女性就成為「疾病」的樣本。在人格成熟的論述中，大多是以男性的觀點出發。她對陽具欽羨抱持著相反的假設，性欽羨會同時發生在兩性身上，男生也會妄想著女性的生殖功能。她也表明了對陽具欽羨的女性，只是渴望男性在許多社會中擁有的地位而已（Gilman, 2001）。

階段	成人固著情形	昇華	反應方式
口腔期	抽菸、飲食、親吻、口腔衛生、嚼口香糖	追求知識、幽默、睿智、諷刺、成為食物或酒類的專家	講話潔癖、老饕、禁酒主義者、不喜歡牛奶
肛門期	注意自己的消化系統、喜歡廁所幽默、極端的髒亂	對繪畫或雕刻有興趣、過度的付出、對統計很有興趣	對排泄物極端厭惡、害怕汙物、一本正經、易怒
性蕾期	喜歡手淫、輕佻的、表現出男子氣概	喜歡詩文、對愛渴求、追求成功	對性的態度十分禁慾、過度的謙虛

圖 10.3　發展階段的固著與昇華

Horney 也相信相較於性與攻擊，從人際角度出發，認為人都有對安全感的渴求，那是人類存在的最原始動機。她認為人通常從三個策略中建立起自己對焦慮的一套因應方法：有些人會**轉移**到別人身上，尋求愛與支持；另一些人也許會**遠離**別人，變得較獨立；而還有一些人會對人產生**抵抗**，較具競爭性且盛氣凌人。安全的人會善加利用這三種策略，而不安全的人通常只使用一種或另一種策略，以致變得太依賴、太獨立或是太具侵略性。對於人際層面的需求，Nancy Chodorow（1978, 1989）強調女性比男性更傾向以她們的人際關係來定義自己，而且情緒對她們的生活來說，是很重要的成分。

榮格的分析論

與佛洛依德同一個時期的榮格（Carl Jung, 1875～1961）對精神分析論有一番不同的見解。榮格贊同佛洛依德對潛意識的詮釋，但是他認為佛洛依德不夠重視潛意識的心靈層面在人格中扮演的角色。事實上，榮格相信人格的根基應該回溯到人類存在的初期，他提出**集體潛意識（collective unconscious）**不是屬於個人的，而是在潛意識心靈的最深處，因為人類在過去擁有共同的祖先，所以是由所有人類共同分享。過去的經驗會在人類心裡形成一個深刻、長久的印象（Mayer, 2002）。

集體潛意識
榮格定義的詞彙，人類共同的經驗文化。

集體潛意識是透過榮格所謂的**原型（archetype）**表現出來，即情感上裝滿了對人類來說充滿豐富和象徵意義的想法和意象。榮格相信這些原型存在藝術、宗教以及夢境中，他利用原型這個詞彙來幫助人們了解自己（Knox, 2001; McDowell, 2001）。阿尼瑪（anima，女性）和阿尼馬斯（animus，男性）是兩個典型的原型，榮格認為任何一個人皆有被動的陰性面，也有獨斷的陽性面。另一個原型是陰影，人類自我的黑暗面，充滿了邪惡、不道德，並且已經被許多虛構的角色給表現出來，像是電影《星際大戰》（Star Wars）裡的 Darth Vader（Peterson, 1988）。曼陀羅（mandala）是另一個原型，為圓形的型態，榮格引用此意象表現人類的自我（圖 10.4）。

原型
榮格對集體潛意識中，在情感上具有豐富和象徵意義的想法和意象所下的定義。

圖 10.4 曼陀羅就是一種自我的原型
在榮格探索神話的過程中，他發現自我時常以曼陀羅的形式出現，他相信這是自我統合的表現。

個體心理學
阿德勒的基本理論，認為人為了目標和意圖而產生動機，是自己生活的創造者。

阿德勒的個體心理學

阿德勒（Alfred Alder, 1870～1937）是另一個與佛洛依德同時代的人。在阿德勒的**個體心理學（individual psychology）**裡，人為了目標和意圖而產生動機，是自己生活的創造者，不像佛洛依德如此相信潛意識有著壓倒性的力量，他認為人類還是能帶有意識地監控自己的生活。他也相信，對於人格的塑造，社會因素比性更為重要（Silverman & Corsini, 1984）。

阿德勒認為每個人都在為了卓越感而竭力奮鬥，尋找適應、改善和控制環境。當嬰兒及幼童時期與其他比自己年紀大且具有力量的人互動時，產生了自卑感；為了排解自卑帶來的不舒適感，我們會想要力求卓越。**補償（compensation）**是阿德勒對個體行為解釋的另一個詞彙，代表個體企圖克服想像或是真實的自卑感及軟弱，於是建立了其他能力。阿德勒相信補償是正常普遍的現象，例如，一位平凡普通的學生藉由在運動上的優異表現，來補償在學業上的不突出。

阿德勒又認為當個體企圖否認一個真實情境，或是誇大成就以隱藏自己的脆弱時，就是**過度補償（overcompensation）**。阿德勒描述兩種過度補償的狀況：**自卑情結**是對不適應的誇大感受；**卓越情結**則是藉由誇大自我的重要性，期望去掩飾自卑的感覺。

10.3 行為與社會認知論

偉明與淑美即將結婚，他們兩人皆有善良且溫和的人格，並且都很重視與對方相處的時光。心理動力論學者會解釋這兩人的人格是來自於長時間與其父母相處的結果，特別是從早期的童年經驗而來，也會說偉明與淑美的互相吸引是潛意識的，而不能意識到自己的生物遺傳和早期生命經驗是如何促使影響其成人人格。但是以行為與社會認

知論觀察偉明與淑美，則對某些方面會有不一樣的看法。他們會檢視兩人的經驗，特別是最近的經驗，去了解偉明與淑美互相吸引的原因。

行為與社會認知論（behavioral and social cognitive perspectives）強調環境經驗和人類可觀察到的行為，對了解其人格的重要性。而在這個前提下，行為論將焦點放在行為，社會認知論則研究認知因素對人格的影響。

> 行為與社會認知論
> 強調環境經驗在人格中的重要性。

10.3.1 Skinner 的行為論

對 Skinner 來說，人格就是個體可觀察到的、明顯的行為反應，主是透過操作制約而產生。行為主義者認為人不能夠正確表示出人格在哪裡或是如何決定的，你只能觀察到人們做了些什麼。舉例來說，觀察阿山之後，會發現他擁有害羞、成就取向及善於照顧人等的行為，根據 Skinner 的說法，這些行為就是他的人格。更甚者，阿山的這些行為是受到他所處環境的獎賞與懲罰而來，使他被塑造成為一位害羞、成就取向且善於照顧人的人。因為與家人成員、朋友、老師和其他人的互動，阿山學習到行使這些行為會受到歡迎。

Skinner 認為假如我們擁有一個新的經驗，我們的行為可以被改變。例如，害羞、認真、善於照顧人的阿山，星期六晚上與朋友在夜店的時候，可能不會顯現出害羞的特性；或是認真的他在上英文課時很混；善於照顧人的他會對妹妹發脾氣。Skinner 論者相信，行為的穩定性是人格的一個重要條件。假如一個行為受到恆常的獎賞，它就會變得穩定。

行為主義者相信人格是學習而來，並且會時常地因環境經驗及情境而改變。因此，當經驗及情境重新整理時，個體的人格就可以被改變。對行為主義者來說，害羞的行為可以變成外向的行為；攻擊行為可以變成溫馴行為；懶散的、無趣的行為也可以變成熱情、有趣的行為。

10.3.2 Bandura 的社會認知論

社會認知論（social cognitive theory） 認為，行為、環境以及認知因素是了解人格的重要因素。Bandura 相信觀察學習是我們如何學習的關鍵，透過觀察學習，我們對其他人的行為形成概念，並且可能內化這些行為。例如，一位小男孩可能看到自己的父親與別人互動的方式十分具攻擊性又有敵意。當這名男孩和他的玩伴在一起的時候，他也會以高攻擊性的方式與人相處，表現出和父親行為一樣的特質。

社會認知論者相信，我們藉由觀察別人的行為而學到各式各樣的行為、想法和感覺，這些觀察將成為我們人格中重要的一部分。社會認知論在另外一點上也跟行為論不同，它強調我們可以管理與控制自己的行為，儘管我們的環境一直在改變（Metcalfe & Mischel, 1999; Mischel & Shoda, 2001; Mischel, Shoda, & Mendoza-Denton, 2002）。想像有一個人企圖說服你參加校園裡一個特別的社團，你在評估自己的興趣與信念後決定不參加，在這個例子中，你的認知（你的想法）引導你控制自己的行為，並且抗拒環境的影響。

Bandura（2001）和其他社會認知學家強調心理健康——完全適應環境的——可以藉由測量人對自己在控制自我機能，以及環境事件上的能力而得知。那些可以將即時的滿足感延後，以成就未來更令人嚮往結果的人，也證明了個人／認知因素在決定他們的行為上是很重要的。重點在於我們有能力控制自己的行為，而不是只被他人所影響。

自我效能

自我效能（self-efficacy） 是指個體對自己可以掌控情境，並且形成正向結果的信念。Bandura（1997, 2000, 2001）和其他人展現了自我效能與一些人類生活中的正向發展有關聯，包括解決問題、變得較社會化、開始節食或是運動計畫並持之以恆、戒菸等（Borrelli & others, 2002; Fletcher & Banasik, 2001; Warnecke & others, 2001；圖 10.5）。自我效能對我們不管是試圖建立健康習慣，或是需要花費多少努力來因應壓力，以及我們面對阻礙時可以堅持多久，甚至是經驗多少壓力等

都有極大的影響（Clark & Dodge, 1999）。自我效能與人們是否使用心理療法來解決問題，並且判斷這些方法是否成功有關（Kavanaugh & Wilson, 1989; Longo, Lent, & Brown, 1992）。研究者也發現到，自我效能與成功的工作表現存在關聯性（Judge & Bono, 2001）。

自我效能藉由鼓舞而讓人們相信自己可以成功地度過令人不滿的情境（Rose & others, 2002）。過重的人若是相信自己可以控制飲食，他們便更容易在節食上成功。吸菸者若堅信他們不可能打破自己的習慣，可能甚至不會試著想要戒菸，雖然他們知道吸菸很有可能造成身體不健康並且縮短壽命。

你要怎麼增加自己的自我效能呢？下面的幾種策略可以幫助你（Watson & Tharp, 2002）：

- 列出一個待解決問題清單，這些清單裡包含有你認為最困難以及最不困難的部分。從較簡單的任務開始完成，在你已建立了一些自我效能之後，再開始著手較困難的部分。
- 將過去的表現和現在的計畫做個區別。你應該提醒自己過去的錯誤已經過去了，現在你可以擁有自信心以及成就感。
- 記錄每天的成功經驗，這樣你就可以具體地注意到自己的成功之處。

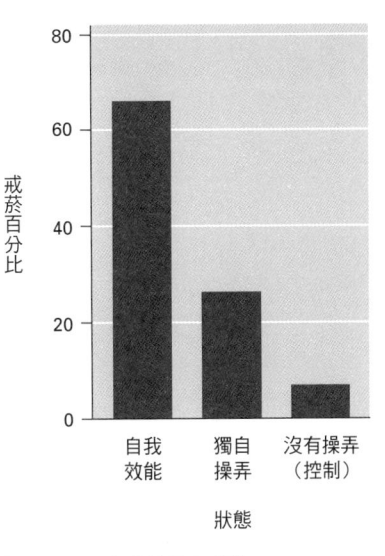

圖 10.5　**自我效能和戒菸**

在一項研究中，吸菸者被隨機地分配到三個組別中的一組。在自我效能組裡，告知個體被選進這個研究裡是因為他們有很大的可能性會戒菸，接著他們參加了一項 14 週的戒菸計畫。在獨自操弄的組別裡，個體也參加了 14 週的戒菸計畫，但是告知他們是被隨機地選到這個組別裡。在沒有操弄的控制組裡，個體沒有參加戒菸計畫。14 週後的結果顯示，自我效能組的個體與其他兩組比較，較能夠成功地戒菸。

控制感

許多心理學家現在的興趣在研究內在動機、自我決定和自我責任感（第 9 章曾討論的）會產生**控制感（locus of control）**的概念——內控與外控。這個概念探討個體對自己行為結果的信念，是取決於他們做了些什麼（內在控制），或是在非他們可控制的事件上（外在控制；Rotter, 1966）。內在控制感的人認為自己的行為與舉動對發生在他們身

控制感
個體對自己行為結果的信念，是取決於他們做了些什麼（內在控制），或是在非他們可控制的事件上（外在控制）。

上的事情是有責任的；外在控制感的人則相信不管他們怎麼行動，仍然受到命運、運氣或其他人的控制。

控制感已經在生理與心理健康兩個層面上做特別的探討。擁有內在控制感的人知道較多有關如何引導良好的生理與心理健康的條件，而且很可能會採取一些正向的策略來增進健康，像是戒菸、避免藥物濫用、規律的運動（Lindquist & Alberg, 2002; Powell, 1992）。外在控制感強的人較容易順應權威並且對權威毫不懷疑（Singh, 1984）。他們常常在解決問題的時候運用防衛策略，而不積極地尋找解決方法，因此也較常失敗（Lester, 1992）。

樂觀

Martin Seligman（1990）的研究引起心理學領域對於樂觀的興趣。他認為樂觀的人在面對挫敗事件時，會將事件的原因解釋成是外在的、不穩定的、特殊的；悲觀的人則會將挫敗事件歸論為內在的、穩定的、普遍的法則。

Seligman 說服一間保險公司僱用一些銷售人員，這些人可能不符合求職者的資格，但是他們十分地樂觀。在 130 位雇員中，有一位被認定為是樂觀主義者——Bob Dell 是 45 歲的包裝員，有一位妻子、兩個小孩，並且有一筆貸款。他在一個肉製食品包裝工廠工作 25 年之後，突然被解僱了，無預警被解僱且只有國中學歷的他，情況看起來非常糟糕。當保險推銷員聯繫上他，想要賣給他一份保險時，他告訴那位推銷員他正在待業中。推銷員告訴 Bob 他的公司最近在僱用推銷員，並且建議他或許可以去應徵。Bob 從來沒有賣過任何東西，但是憑著樂觀的態度，他決定去試試看。在不到 1 年的時間裡，他從一個香腸的製作人員變成一位超級保險業務員，賺了以前在肉製食品包裝工廠 2 倍的薪資。當 Bob 從雜誌上的文章得知有關他之前曾經參與過的實驗計畫，憑著自己樂觀的特質，他拜訪 Seligman 且做了自我介紹，最後還賣給他一份退休保險。

Seligman 會對樂觀產生興趣是來自於**習得無助**（learned helplessness）的研究，此研究最初聚焦在當動物經驗到不能控制的負向事件後，牠們會變得不反抗且沒有反應（1975）。在他的觀點裡，悲觀較容易習得無助且相信外在控制感；樂觀的人則是較具有自我效能且內在控制的。

許多的研究都顯示，樂觀主義者普遍產生較有效率的運作，且比悲觀主義者更健康：

- **身體健康**：在一項研究裡，在 25 歲時被歸類為樂觀主義的人，當他們到了 45～60 歲的時候，比那些被歸類為悲觀主義的人還要健康（Peterson, Seligman, & Vaillant, 1988）。另一項研究裡，悲觀的人容易有較無效率的免疫系統功能，且健康狀況比較糟。樂觀的人也被發現血壓比悲觀者較低（Raikkonen & others, 1999）。
- **心理健康**：一項研究發現，樂觀者在自我效能方面，較有能力去避免發生憂鬱的情況（Shnek & others, 2001）。另一項研究則發現，癌症患者若保持樂觀的心情，心理較健康（Cohen, de Moor, & Amato, 2001）。又有另一項研究指出，在老年人中，樂觀與較良好的心理健康以及較低的疼痛知覺有關（Achat & others, 2000）。

樂觀並非總是好的，尤其是當它鼓勵一個人過於不切實際的時候（Clarke & others, 2000; Peterson, 2000; Schneider, 2001）。但是當你有機會去影響未來時，樂觀是一個好的策略。

10.4 人本論

記得偉明與淑美這對情侶嗎？人本主義者會說偉明與淑美善良、溫和的人格特質是內在自我的反映。他們強調要了解偉明與淑美之間的互相吸引，彼此對對方的正向感受是關鍵因素，偉明與淑美並不試著控制對方；相反地，他們早已決定了自己行為的方向，並且雙方皆是自由地選擇結婚。根據人本論，未開化的生物本能以及潛意識想法都不是他們互相吸引的原因。

人本論
注重人類在個人成長方面的能力、選擇自己命運的自由，以及正向的人類品質。

人本論（humanistic perspective）注重人類在個人成長方面的能力、選擇自己命運的自由，以及正向的人類品質。人本主義者相信每個人都有能力因應壓力、控制生活以及達到我們所渴望的（Cain, 2001; O'Hara & Taylor, 2000; Smith, 2001）。我們每個人都有能力克服並了解自己和世界。

人本論對心理動力論提出了清楚的對照。心理動力論的論點時常根據衝突、毀滅性的趨力，並對人的天性悲觀。人本論也和極端視人為獎賞與懲罰下的傀儡的行為論相反；但是它確實和社會認知論有一些相似，特別是那些強調人格中個人控制以及樂觀成分的理論。

10.4.1 Rogers 的理論

和佛洛依德一樣，Carl Rogers（1920～1987）也是利用病人來開始對人性的研究。他的個案充滿焦慮、防衛想法，Rogers（1961）注意到，似乎有什麼阻止他們擁有正向的自我概念和成為一個完全運作的人的可能性。

Rogers 認為大部分的人都無法接納真實的自我。當我們成長時，那些存在我們生命中心的人，使我們遠離了這些正向的感覺。當做錯事情時，我們時常聽到父母、兄弟姐妹、老師和其他同伴說：「不行這麼做！」、「你犯錯了！」和「你怎麼可以這麼愚蠢？」我們常常受到懲罰。父母甚至利用剝奪他們的愛來強逼我們順應他們的標準，這樣的結果是使自尊更為低落。

這些強迫以及負向回饋在我們的成人生活中持續發生著，結果就是我們的人際關係因為衝突帶來陰影，或是我們順從別人所想要的。當我們努力地依照社會的標準生存時，也扭曲且貶低了真實的自我。我們也有可能為了要反映別人想要的樣子，而失去了對自我的感覺。

Carl Rogers 是人本論的先驅。他以哪三項概念而聞名？

Rogers 有三項概念最為著名：

- **自我**：**自我概念**（self-concept）是個體對自己能力、行為和人格的所有知覺和評價。Rogers 認為一個沒有正確自我概念的人很有可能會適應不良。「真實自我」代表經由我們經驗形成的自我；「理想自我」代表我們想要成為的樣子。若兩者之間的差距愈大，適應不良的情形就愈嚴重。為了增進我們的適應能力，我們對真實自我建立了許多正向的知覺，不必太擔心別人想要什麼，並且增加我們對這個世界的正向經驗。

- **無條件正向關懷、同理心、真誠一致**：Rogers 提出三種幫助別人建立更多正向自我概念的方法，他說我們都需要被他人所接受，不管我們做了些什麼。**無條件正向關懷**（unconditional positive regard）是 Rogers 用以描繪不管對方的行為如何，對他接受、賦予價值以及抱持正向態度的詞彙。他深深相信無條件正向關懷會提高個人的自我價值感。一個 Rogers 觀點取向的治療師可能會說：「我不同意你使用 K 他命，而我尊重你是一個人。」Rogers 也認為，假如我們富有**同理心**且**真誠一致**，就可以幫助別人建立更正向的自我概念。同理心的意思是設身處地與感同身受地回應對方的感受。真誠一致則是指敞開我們的感覺，除去掩飾以及外表。對 Rogers 而言，無條件正向關懷、同理心、真誠一致是人類關係的關鍵要素。它們幫助人們認為自己是好的，並且幫助我們與別人相處得更好（Bozarth, Zimring, & Tausch, 2001; La Vigna & others, 2002）。

- **充分發揮功能的人**：Rogers（1980）強調成為一個充分發揮功能的人之重要性──對經驗開放、不會過分防衛、對自我及外在世界覺知且敏感，最重要的是與他人擁有和諧關係的人。Rogers 相信我們是充滿彈性的，而且有能力成為一個完全發揮功能的人──不管是否經驗到「真實自我」與「理想自我」之間的差異，不管是否遇到一個試圖控制我們的人，也不管是否接受太少的無條件正向關懷。他相信人類最基本的傾向就是去實行、維持和增進自己的生活。他認為對實現的傾向──朝向實現一個人基本的天性與獲得潛能──對每個人而言都是天生的。

自我概念
Rogers 和其他人本論者的中心思想；是指個體對自己能力、行為和人格的所有知覺。

無條件正向關懷
是 Rogers 用以描繪不管對方的行為如何，對他接受、賦予價值以及抱持正向態度的詞彙。

10.4.2　Maslow 的觀點

　　Abraham Maslow（1908～1970）是心理學領域人本運動的重要人物之一。他認為人本論為心理學的「第三勢力」——意思是說，它對心理動力論以及行為論的勢力是一重要的替代。Maslow 認為心理動力論太過強調心理失常的人以及他們具有的衝突，行為論則是忽略了人的本質。Maslow 相信自我實現是人類想要達到的最高層次，作為一個人，擁有想要發展個人全部潛能的動機是 Maslow 的主要觀點。圖 10.6 描述了自我實現的個體擁有的主要特質。想想看，你是否朝向自我實現而努力呢？

10.4.3　自尊

> **自尊**
> 一個人對自我價值或自我意象的全面評價。

　　Rogers 和 Maslow 對自我的興趣，使得他們相信自尊是人格中重要的一部分。**自尊（self-esteem）**是指一個人對自我價值或自我意象的

Maslow 對自我實現的個體所做的特徵分析

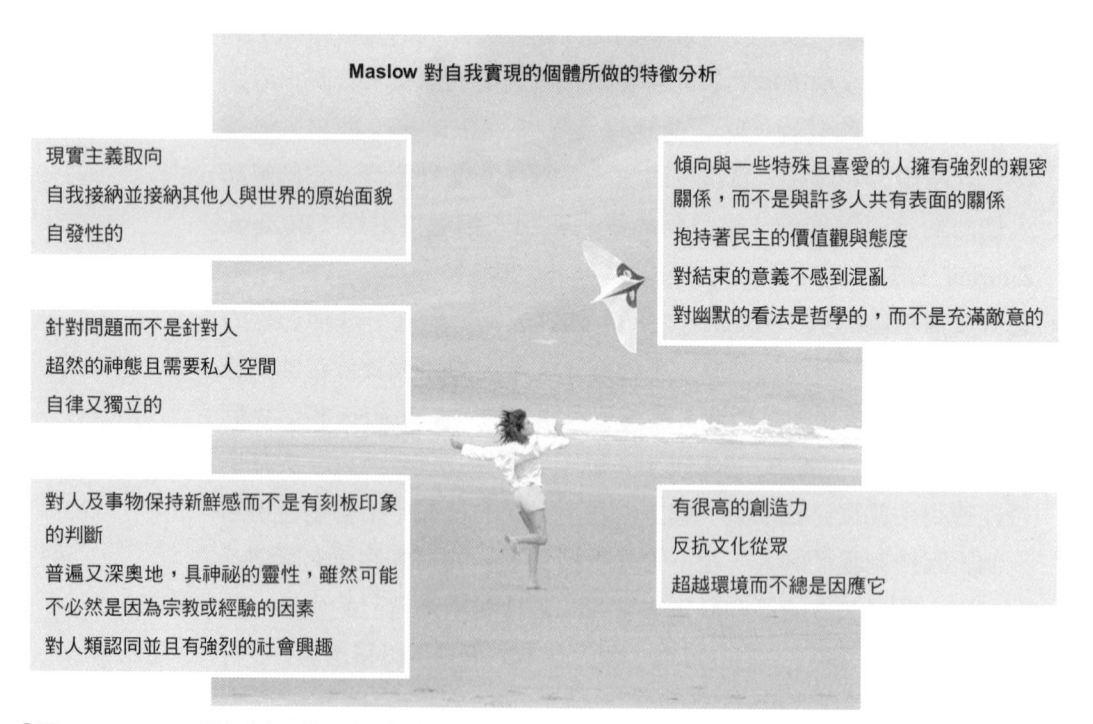

- 現實主義取向
- 自我接納並接納其他人與世界的原始面貌
- 自發性的

- 針對問題而不是針對人
- 超然的神態且需要私人空間
- 自律又獨立的

- 對人及事物保持新鮮感而不是有刻板印象的判斷
- 普遍又深奧地，具神祕的靈性，雖然可能不必然是因為宗教或經驗的因素
- 對人類認同並且有強烈的社會興趣

- 傾向與一些特殊且喜愛的人擁有強烈的親密關係，而不是與許多人共有表面的關係
- 抱持著民主的價值觀與態度
- 對結束的意義不感到混亂
- 對幽默的看法是哲學的，而不是充滿敵意的

- 有很高的創造力
- 反抗文化從眾
- 超越環境而不總是因應它

圖 10.6　Maslow 對自我實現的個體所做的特徵分析

全面評價。心理學家已提出對自尊的高度興趣,以及想了解自尊是如何建立並保持的(Hewitt, 2001; Scarpa & Luscher, 2002)。以下是一些對自尊的研究議題和發現(Baumeister, 1997):

- **自尊是天天都會改變的或是保持穩定的?** 許多研究發現自尊是穩定的,至少 1 個月或是更久(Baumeister, 1991)。自尊會改變,特別是對生活中的過渡事件(像是從國中畢業或是要上大學了)和生活事件(像是得到或失去一份工作)的一種反應。最近的一項研究發現自尊在兒童期是高的,青春期下降,成年期又增加,直到晚年,自尊又下降(Robins & others;圖 10.7)。在這項研究中,歷時一生的時間裡,男性的自尊普遍比女性要高;在青春期,女孩的自尊比男孩降低得更多。

- **人的自尊在各方面皆一樣,或是它包含了許多種各領域獨立的自我評價?** 根據楊國樞教授 (2008) 的自我四元論來看,自尊可以分成人取向自我、關係取向自我、家族取向自我,及他人取向自我四大層面。

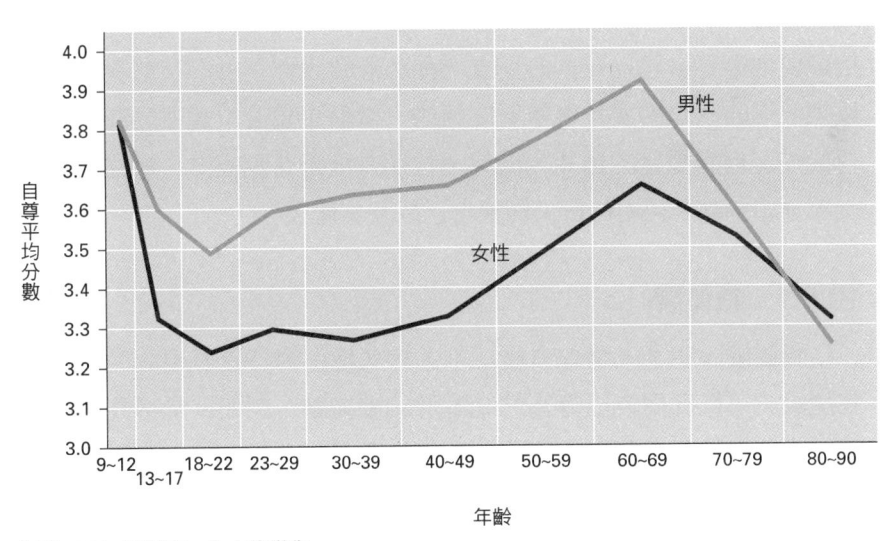

┃圖 10.7　**自尊在一生中的變化**
一項請超過 30 萬人以 5 點量表來評量自尊程度的研究,5 分代表「非常同意」,1 分則是「非常不同意」。自尊在青春期和成年期晚期較低。女性的自尊一生中普遍都比男性低,特別在青春期是最低的。

---

*註:楊國樞、陸洛主編(2008)。《中國人的自我:心理學的分析》。國立臺灣大學出版中心。

臨床與教育心理學發現，以下四種主要的策略可以促進自尊（Bednar, Wells, & Peterson, 1995; Harter, 1998）：

- 找出低自尊的原因。
- 經驗情感上的支持以及認同。
- 達成目標。
- 成功的因應能力。

其中經驗情感上的支持以及認同，和 Carl Rogers 的無條件正向關懷概念一致，但是有一些心理學家卻認為最能增加自尊的方式是促進個人成就的能力，以及因應的技巧。Rogers 相信當一個人的成就能力以及因應技巧進步了之後，個體的自尊也會獲得滿足。

10.5 特質論

在我們的生命中，我們利用基本的特質形式來形容自己以及其他人。**特質（trait）**是指引導某些行為之持久的人格特徵。想想你會如何簡要地形容自己以及你的朋友，你也許會說你是外向又社交的，相反地，你的一位朋友是害羞又安靜的。當你想起某位朋友的時候，你可能描述他有穩定的情緒，而另一位朋友則是有點輕浮。日常生活的一部分即包含了利用特質來描繪自己以及其他人。

特質
引導某些行為之持久的人格特徵。

10.5.1 特質論

特質論說明了人格包含廣泛地、持久地引導特質表現的傾向。換句話說，可以利用自己行為的基本形式來描繪，例如，是否外向和友善，或是否較具支配性和獨斷。人們若是在某方面行為上有強烈的傾向，便會被形容為這些特質是較高的；而那些在特定行為上顯示微弱傾向的人，則會被形容為這些特質較低。雖然特質論者在某些時候對人格的組成特質抱持不同的看法，但是他們都同意特質是人格的基本組成。在生活中，採用形容詞描繪一個人就是一種特質論的做法（Larson & Buss, 2002; Matthews & Dreary, 1998），如：我是一個外向的人。

Allport 對特質的看法

　　Gordon Allport（1897～1967）相信每個人都有一序列獨特的人格特質，他認為假如可以決定一個人的特質，就可以預測這個人在各種不同環境中的行為。從一本完整的詞典中，Allport（1937）定義了超過 4,500 個人格特質，為了將可能用來形容一個人人格的眾多詞彙分門別類，Allport 將特質分成三種主要的類別：

- **首要特質**：是最具力量且最普及的。當它們出現的時候，會支配著一個人的人格。然而，根據 Allport 的說法，只有一些人確實擁有首要特質，我們可能藉由首要特質來描繪一些名人的特質〔希特勒（Adolf Hitler）對權力的渴望、泰瑞莎修女的利他主義〕。但是大部分的人並不能只用一或兩種特質來描繪。
- **核心特質**：受限於數量。Allport 相信大部分的人有約 6～12 個核心特質，時常可以適當地用來描繪他們的人格。舉例來說，一個個體的人格可能會被形容成是友善的、冷靜的、寬容的、幽默的、混亂的、懷舊的。
- **次要特質**：受限於頻率，且對於了解一個個體的人格來說較不重要。它們包含特殊的態度或是嗜好，像是一個人喜歡的食物或是音樂類型。

Eysenck 對人格的看法

　　Hans Eysenck（1967）認為在解釋人格的時候，有三個面向是我們需要用到的：

- **內向／外向**：一個內向的人是安靜的、不善交際的、被動且小心翼翼的；一個外向的人主動、樂觀、善交際且直率（Thorne, 2001）。
- **穩定／不穩定**（以**神經質**面向為人所知）：一個穩定的人冷靜、沉穩、無憂無慮、有領導能力；一個不穩定的人情緒化、焦慮、靜不下來、敏感。
- **精神病性**：這個面向反映了一個人接觸現實、控制自我衝動，以及對別人殘忍還是關懷的程度。

圖 10.8　Eysenck 對人格面向的分析

Eysenck 相信，沒有心理疾患的個體，其人格包含兩種基本的面向：內向／外向以及穩定／不穩定。

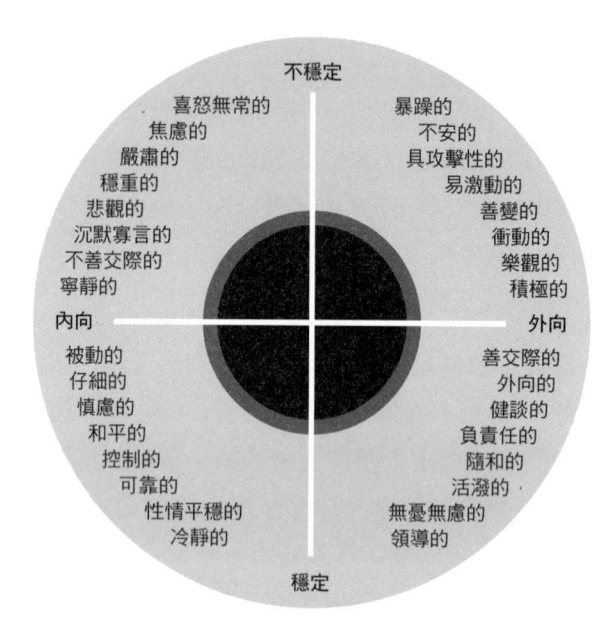

不穩定

喜怒無常的
焦慮的
嚴肅的
穩重的
悲觀的
沉默寡言的
不善交際的
寧靜的

暴躁的
不安的
具攻擊性的
易激動的
善變的
衝動的
樂觀的
積極的

內向　　　　　　　　　　　外向

被動的
仔細的
慎慮的
和平的
控制的
可靠的
性情平穩的
冷靜的

善交際的
外向的
健談的
負責任的
隨和的
活潑的
無憂無慮的
領導的

穩定

圖 10.8 顯示 Eysenck 視為人格兩個基本面向之內向／外向、穩定／不穩定的交互作用。

10.5.2　五大人格因素

心理學家仍然對決定人格真正的關鍵因素感到極大興趣。一項研究指出，有少數因素對人格的面向來說是最重要的（Costa & McCrae, 1995, 1998; David & Suls, 1999; Hogan, 1987; McCrae & Allik, 2002; McCrae & Costa, 2001）。**五大人格因素（big five factors of personality）**被認為是用以形容人格主要面向的「超特質」，內容有開放性（openness）、嚴謹性（conscientiousness）、外向性（extraversion）、同意度（agreeableness）以及神經質（neuroticism，或情緒穩定度）。如果你將這些特質的英文單字首字母集結起來，便會得到一個字——OCEAN（海洋）。

五大人格因素
包含了對經驗的開放性、嚴謹性、外向性、同意度和神經質（情緒穩定度）。

圖 10.9 詳述五大人格因素，其可驗證的普遍性、穩定性及預測性愈高，我們就愈有信心可用五大因素來確切描繪一個人的基本特質：

開放性 **O**penness	嚴謹性 **C**onscientiousness	外向性 **E**xtraversion	同意度 **A**greeableness	神經質 （情緒穩定度） **N**euroticism
・有想像力的或實際的 ・對變化有興趣或按照慣例 ・獨立的或遵守的	・有組織性的或無組織性的 ・細心的或粗心的 ・有紀律的或衝動的	・善交際的或靦腆的 ・喜歡樂趣的或個性嚴峻的 ・溫柔親切的或沉默寡言的	・和藹的或無情的 ・信任的或多疑的 ・樂於助人的或不合作的	・冷靜的或焦慮的 ・安全的或不安全的 ・自我滿足的或自我憐憫的

圖 10.9 五大人格因素
任何一個廣泛的超特質均包含更細小的特質和特徵。利用每個字的字母縮寫得到 OCEAN，可以幫助我們記得五大人格因素。

- **在世界上的每一個文化裡，它們在人格衡鑑中有嶄露頭角嗎？** 有愈來愈多的證據顯示確實如此（Ozer & Riese, 1994）。研究者已經發現五大人格因素的版本在許多不同國家以不同形式流傳，像是加拿大、芬蘭、波蘭、中國以及日本（Paunonen & others, 1992）。
- **它們是否不隨著時間改變？** 在 Paul Costa 和 Robert McCrae（1995）發明的五大人格測驗中，他們研究了將近 1,000 位受大學教育的男女，年齡為 20～96 歲，評估同一個個體超過幾年的時間，蒐集從 1950～1960 年代中期的數據。Costa 和 McCrae 表示，目前為止開放性、嚴謹性、外向性、同意度以及神經質（開放性，嚴謹性）都合理地保持穩定。舉例來說，一個被測量出來有高同意度的人，傾向在一生中都保持這個特質。
- **它們可以幫助我們預測身體與心理的健康嗎？** 人格特質是否會影響健康的議題一直受到研究者的注意。五大人格因素結構對了解什麼類型的人較容易保持健康以及能快速地從疾病中復原，提供了一致的架構。

研究普遍支持五大「一般性」特質的概念，但是有些人格研究者則相信這有可能不會是最終版本的超特質，也有其他的特質可代表超特質（Saucier, 2001）。舉例來說，已經有研究發現支持兩個額外的人格面向：傑出／通才和邪惡／正派，五大人格可能變成七大人格也說不定（Almagor, Tellegen, & Waller, 1995; Benet & Waller, 1995）。

> **在地人的心理學**

華人的人格特質

我們的人格特質與西方人一樣嗎？楊國樞教授採取「基本語彙取向」（fundamental lexical approach）策略發現七項華人基本性格向度如下：

1. 「精明幹練—愚鈍懦弱」。
2. 「勤儉恆毅—懶惰放縱」。
3. 「誠信仁慈—狡詐殘酷」。
4. 「溫順隨和—暴躁倔強」。
5. 「外向活躍—內向沉靜」。
6. 「豪邁直爽—計較多疑」。
7. 「淡泊知足—功利虛榮」。

徐功餘教授以楊氏所得之七項華人基本性格向度為基礎，比較 1,441 位臺灣與中國大陸兩地之男女社會人士與男女大學生在此七項華人性格向度上的強弱差異。結果發現：(1) 就臺灣與大陸地區的差異而言，臺灣地區華人在「淡泊知足」上高於大陸地區華人；(2) 就大學生與社會人士的差異而言，社會人士在「勤儉恆毅」上高於大學生。在七項華人基本性格向度之高低順序上，不論是臺灣與大陸地區、男女兩性，或者大學生與社會人士，皆有相似的順序：以「誠信仁慈」最高，而「外向活躍」與「豪邁直爽」最低。

思考一下

1. 華人的人格特質會與西方的五大特質不同嗎？
2. 在華人七大特質中，你會是怎樣的性格向度？

參考資料

- 許功餘、王登峰、楊國樞（2001）。〈臺灣與大陸華人基本性格向度的比較〉。《本土心理學研究》，16，185-224。

10.5.3 特質—情境交互作用

今天，許多人格領域的心理學家相信在了解人格的時候，特質（個人）以及情境皆需要被考慮（Ackerman, Kyllonen, & Roberts, 1999; Block, 2002; Edwards & Rothbard, 1999; Mischel, Shoda, & Mendoza-

Denton, 2002）。他們也同意人格的一致性有賴於個人、情境以及行為的種類（Pervin, 2000; Mischel, 1995; Swartz-Kulstad & Martin, 2000）。

想像你要去評估內向的小楊與外向的阿雅兩人的快樂程度。根據特質—情境交互作用理論，如果我們不知道有關他們所在情境的一些事情，是不能預測誰會比較快樂的。想像你有機會在兩個情境中觀察他們，在夜店以及圖書館裡，外向的阿雅有可能較喜歡夜店；而內向的小楊則是較有可能喜歡在圖書館裡。特質—情境交互作用論闡明了特質與情境之間的關聯（Martin & Swartz-Kulstad, 2000; Walsh, 1995）。舉例來說，研究者發現：(1) 若一個特質較精細、有較多的限制，它愈有可能可以去預測一個行為；(2) 有些人在某些特質上較穩定一致，而其他人則是在另一些特質上較穩定一致；(3) 人格特質對人類行為有強烈的影響，而情境的影響則較沒有這麼強烈。

跨文化心理學家做了更深遠的研究。他們相信即時的環境狀況以及廣泛的文化脈絡都是很重要的（Kitayama, 2002; Oyserman, Coon, & Kemmelmeier, 2002; Triandis & Suh, 2002）。舉例來說，假如他們正在調查人格以及宗教的特定層面，則可能會在禮拜堂裡（即時的環境狀況）觀察一個人的行為，也會將此觀察擺放到社會習俗的脈絡下，而社會習俗可能是關心誰應該要去教堂、什麼時候、跟誰去，以及這個人應該在教堂裡有什麼樣的舉動（文化角色）。

動動腦

誰投射了什麼？

每年有數百萬個測驗被使用，Rorschach 是所有測驗中，使用頻率最頻繁的一種。根據一項調查顯示，82% 的臨床心理學家有時會提供 Rorschach 測驗，而 43% 報告時常使用此項測驗（Watkins & others, 1995）。另外，Rorschach 測驗長期因其不可靠以及缺少效度受到攻擊（Lilenfield, Wood, & Garb, 2001）。

有些心理學家相信，Rorschach 測驗的許多計分方法不夠可靠到足以在臨床上使用（Lilenfield, Wood, & Garb, 2001）。舉例來說，假如兩個臨床心理學家提供

了 Rorschach 測驗給相同的人，並且對其結果提出完全相反的解釋，可能代表著這兩位臨床師是將自己的想法投射在病患的 Rorschach 測驗結果上。換句話說，測驗的解釋可能更取決於個別臨床師的人格，而不是測驗使用者的任何特質。

使用 Rorschach 測驗的一個目的是想要診斷心理疾患，像是精神分裂症或是憂鬱症（Weiner, 1997, 2001）。因此一種測試 Rorschach 診斷效度的方法就是對兩個不同的團體進行施測，一個團體是正常人，另一個團體是被診斷出來有某項疾患的人，如：精神分裂症。假如 Rorschach 測驗在診斷精神分裂上是有效的，那麼這兩個團體的測驗結果應該是不同的。另外，將結構化的訪談和其他的人格衡鑑工具所得到的訊息結合在一起，投射測驗像 Rorschach 得到的結果則提供了額外的內省訊息，讓臨床師可以用來更了解個體（Meyer & Archer, 2001）。

藉由標準化計分系統來促進信度的想法持續已久（Exner, 1974）。結果，測驗的答案被代表性地以**位置**（受試者的回答是以墨漬的整體性或特殊部分？）、**性質**（受試者的回答有沒有牽涉到顏色、形狀或是知覺的運動？）、**內容**（受試者覺得是動物、人還是物體？）以及**慣例**（受測者的回答如何與平均的答案做比較？）來做計分。這些系統的目標包含了標準化測驗的程序，以及促進測驗解釋的信度與效度。

思考一下

- 請諮商中心的心理師幫你進行投射測驗，讓自己發現自己內在的特質。
- 你覺得投射測驗可以如實地反映出你的內在人格嗎？
- 你在圖 10.11 中看到了些什麼呢？

建議閱讀

- 陸雅青、劉同雪（2008）。《心理診斷與人格測驗手冊》。心理出版社。

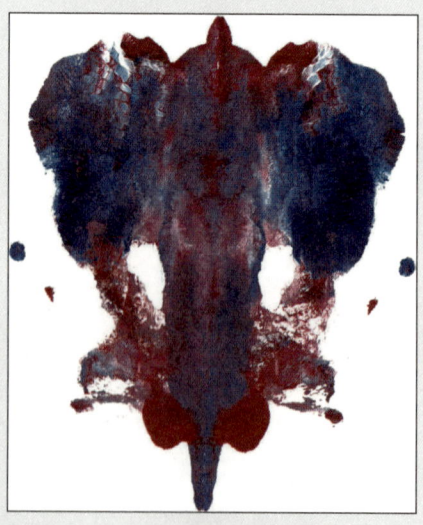

圖 10.11　在 Rorschach 墨漬測驗中使用的刺激類型

第10章 人格
Personality

課堂活動

主題： 主題統覺測驗（thematic apperception test, TAT）。

目標：
- 探索自我潛在人格。

步驟：
1. 看看下圖，說說看這張圖片所發生的事，之前發生什麼事，現在怎麼了，接下來又會發生什麼事？
2. 整理一下自己的答案，說說看你會給自己的故事一個怎樣的主題？
3. 將同樣主題的人放在一組，並討論同一組人有什麼一樣的人格特性。

圖 10.12　主題統覺測驗（TAT）中使用的圖片

回家作業

探索心理第十課──人格建構

今晚，寫一篇自傳，然後思考以下的問題：

- 你可以在自傳中發現多少個特質（如：善良、樂觀等）？
- 你在自傳呈現出多少件過去的經驗（如：得獎紀錄、參與活動經驗等）？
- 你在自傳中，寫到哪些與你有關的人（如：父母、朋友等）？
- 你在自傳中，是否寫到人生的轉捩點（如：讀大學、失戀等）？

你的人格就是從這些因素所建構而成，替你的自傳下個有個性的標題吧！

本章摘要

你知道你的個性嗎？本章就是幫助你更加了解自己的個性。

1. 定義人格和研究人格的主要議題。
   - 人格是指我們用以適應這個世界的穩定且獨特的想法、情緒和行為模式。
2. 心理動力論。
   - 佛洛依德相信心理大部分都是潛意識的，他的精神分析論將人格定位成三個結構：本我、自我和超我，這些人格結構產生的衝突會帶來焦慮感，防衛機轉保護自我並減低這些焦慮。佛洛依德主張心理問題的產生是來自於早期經驗，他認為人格成長會經歷五個心理性階段：口腔期、肛門期、性蕾期、潛伏期和性器期。發生在兒童期早期的性蕾期階段，伊底帕斯情結是主要的衝突來源。
3. 行為與社會認知論。
   - Skinner 的行為論指出認知在人格中是不重要的因素；人格是可觀察到的行為，而這些行為是可以藉由環境中的獎賞和懲罰來影響。以行為論來看，人格常常隨著情境而產生變異。
   - 社會認知論認為要了解人格，行為、環境和個人／認知因素皆是重要的因素。Bandura 認為這些因素會互相作用。社會認知論有三個重要的概念：自我效能、控制感和樂觀。自我效能是指個體對自己可以掌控情境，並且產生正向結果的信念；控制感則是指個體對自己行為結果的信念，是取決於他們做了什麼（內在），或是在非他們可控制的事件上（外在）；樂觀的人解釋糟糕事件為外在、不穩定的、特殊的環境因素，悲觀的人則認為糟糕事件是由內在、穩定的及普遍的因素所造成。樂觀也包含期望未來較有可能發生好的事件，而較少可能發生壞的事件。許多研究揭露了由自我效能、控制感和樂觀所塑造的個體，普遍地表現出正向的功能和適應力。
   - 行為與社會認知論強調環境經驗對了解人格的重要性，在廣泛的架構內，行為學家聚焦在人類可觀察的行為，社會認知學家分析了人格中的認知因素，這些觀點

包含他們強調環境的決定性和以科學的趨勢來研究人格。另外，社會認知論聚焦在認知歷程和自我控制。行為論被批評將「人」從人格中移除且忽略了認知，這些觀點也以較忽略的方式看待恆久的個體差異、生物因素和人格整體。

4. 人本論。
   - Rogers 認為自我如果沒有符合其他人的標準就不具價值。自我是人格的核心，它包含「真實自我」與「理想自我」。Rogers 表示，我們可以藉由三種方式幫助其他人建立更正向的自我概念：無條件正向關懷、同理心、真誠一致。Rogers 也強調每個人都有天生的、內在的能力，以變成一個充分發揮功能的人。
   - Maslow 認為人本運動是心理的「第三勢力」，他建立了需求的階層，而自我實現是人類需求的最高層。
   - 自尊是人對自我價值或是自我意象的全面評價，可以幫助人增加自尊的四個主要方式：找出低自尊的原因、提供情感支持以及認同、幫助個體達到有價值的目標，以及幫助個體學習到成功因應挑戰的方法。
   - 人本論強調人類在個人成長方面的能力、選擇自己命運的自由，以及正向的品質。這些觀點讓我們覺知到主觀經驗、意識、自我概念、思考一個完整的人，以及我們的內在、正向天性的重要性。人本論的弱點在於避開了實徵的研究、過於樂觀，並且會鼓勵過度的自戀。

5. 特質論。
   - Allport 相信每個人都有一系列獨特的人格特質，集結起來形成三個種要的類別：首要的、核心的、次要的。Eysenck 將人格的基本面向分成內向／外向、穩定／不穩定（神經質面向）和精神病性。
   - 最近對人格研究的興趣，放在被形容為過度延伸至超特質的五大人格因素：對經驗的開放性、嚴謹性、外向性、同意度和神經質（情緒穩定度）。

第 11 章

心理疾患
Psychological Disorders

章節內容

11.1 何謂心理疾患？
11.1.1 異常行為的定義
11.1.2 了解心理疾患
11.1.3 異常行為的分類

11.2 焦慮性疾患
11.2.1 廣泛性焦慮症
11.2.2 恐慌症
11.2.3 畏懼症
11.2.4 強迫症
11.2.5 創傷後壓力症候群

11.3 情緒性疾患
11.3.1 憂鬱症
11.3.2 躁鬱症
11.3.3 情緒性疾患的成因
11.3.4 自殺

11.4 精神分裂症
11.4.1 精神分裂症的類型
11.4.2 精神分裂症的成因

11.5 人格疾患
11.5.1 怪異型
11.5.2 情緒失控型
11.5.3 驚恐／逃避型

11.1 何謂心理疾患？

「卡奴燒炭自殺」、「XX 中學某學生壓力過大自殺」、「XXX 得到憂鬱症」……這些是報章經常出現的話題。他們為何會這樣呢？是生活壓力？行為不當？還是……？

事實上,每個人一生中都有過憂鬱、焦慮、憤怒或自殺意念的時候。我們的生活壓力愈大,遭遇到心理困擾的人就愈多。我們需要對心理疾患有更多的了解,才能幫助自己也幫助他人。

11.1.1 異常行為的定義

> **異常行為**
> 偏差的、不適應的並會導致個人痛苦的行為。

不同的專業對**異常行為**（abnormal behavior）的看法不同,所採用的名詞也不同。例如法院會採用**心智耗弱**;宗教會使用「神靈附身」;而一般民眾會用「瘋子」來看待這些異常行為。美國精神醫學學會（American Psychiatric Association, 2001）將「異常行為」定義為醫療用語:是一種心理疾病——在腦中發生某種病變,導致個人行為、思考與人際互動的問題。

事實上,很多的行為很難去區分正常或異常。例如,一個人在馬路上邊跑邊吼叫,這是正常還是發瘋呢?以下是異常行為的幾個判斷方式:

- 是一種**偏差的**行為:指大多數人都不接受的行為,而且需要跟「與眾不同」做區分。例如:潔癖與每次洗手都要洗 5 分鐘,洗澡要洗 7 次不同。

- 是一種**不適應**的行為:當個人的行為已經嚴重干擾生活時,就是一種異常行為。例如:覺得別人的呼吸會讓他中毒,於是躲在家裡不敢出門（Gorenstein, 1997）。

- 導致**個人的痛苦**:異常行為最重要的是會導致個人的痛苦,不論是對行為者本身或是其周遭的人,這些造成痛苦的行為都是異常行為。

11.1.2 了解心理疾患

造成心理疾患的因素有很多,不可能只靠一個因素就造成心理疾患。所以必須從一個人的各種層面來對他做全面性的了解。目前主要採用整合生物、心理、社會文化的整合模式來解釋心理疾患的成因,例如,憂鬱症可能的原因包含:生物——憂鬱的大腦;心理——憂鬱的想法;以及社會文化——憂鬱的環境。

生理取向

醫療模式（medical model）採用生理取向，此模式認為異常行為是心理疾病（mental illness），跟生病一樣。根據此點，心理疾患是一種生理性的問題，例如：基因與腦部，並且可以透過藥物治療來矯正異常行為。生理取向對心理疾患的成因主要有三種觀點（Nolen-Hoeksema, 2001）：

- **結構觀**：腦部結構上的異常導致心理疾患。
- **生理化學觀**：神經傳導素或內分泌異常導致心理疾患。
- **基因觀**：異常的基因導致心理疾患。

> **醫療模式**
> 認為心理疾患源自於生理性的問題。

心理取向

心理取向主要著重在內在的心理歷程。第 10 章所讀到的人格理論，可以用來了解心理疾患產生的原因。以下列出常用的觀點：

- **心理動力論**：潛意識下的衝突與焦慮是導致異常行為的主因。
- **行為與社會認知論**：行為論認為異常行為是不當的增強或處罰所致。社會認知論則著重在個體對於環境刺激的錯誤解釋而導致異常行為。
- **人本論**：人本論強調個人的成長，當個人成長受到阻礙時，個體就會產生異常行為。

社會文化取向

個人所處的環境對其行為有很重要的影響（Nolen-Hoeksema, 2001）。社會文化取向主要著重在外在環境與異常行為之間的關係。環境不只會塑造異常行為，也是誘發異常行為發生的主因。例如：隔壁房間的同學天天把音響開得很大聲，會影響你的心情讓你無法讀書，甚至失眠。社會因素包括了家庭、社經地位、貧窮、社會環境、性別等都與異常行為有關（Elliott, Beattie, & Kaitfors, 2001; Schultz & others, 2000; Weich, Lewis & Jenkins, 2001）。所以不同文化的心理困擾往往會有不同的表現，如圖 11.1（Marsella, 2000）。

圖 11.1 文化特殊性的心理疾患

疾患	常見的文化	特徵
抓狂	馬來西亞、菲律賓、非洲	一位好好先生突然受到某個刺激，而開始攻擊、傷害他人；事後卻想不起來。
心因性厭食症	西方文化，特別是美國	一種飲食疾患，在吃後開始催吐，讓自己保持好身材。
陽痿	東方文化，特別是中國	生理性的性功能沒有問題，但在性行為時，卻覺得無法勃起或是陰莖太小。

11.1.3 異常行為的分類

將一群可能有共同特性的異常行為放在同一類，目的是為了提供診斷、研究成因以及治療的有效依據。同時也讓各種專業人員方便溝通。目前常用的分類系統是 DSM-IV 分類系統。

DSM-IV 分類系統

《**精神疾病診斷與統計手冊第四版**》（*Diagnostic and Statistical Manual of Mental Disorders*, **4th edition,** *DSM-IV*; American Psychiatric Association (APA), 1994）是美國精神醫學學會發展的精神疾病分類系統，目前發展到第四版。第四版的主要特色是採用**多軸向度系統**（multiaxial system），根據五個向度將人的異常行為進行分類。多軸向系統的目的是為了採用整體的臨床考量，避免武斷地將異常行為做分類（Gelder, Mayou, & Geddes, 1999）。

《精神疾病診斷與統計手冊第四版》
美國精神醫學學會發展的最新的精神疾病主要分類。

五軸分別是：

- 第一軸：臨床症狀之診斷，排除人格與智能問題（圖 11.2）。
- 第二軸：人格疾患與智能障礙（圖 11.2）。
- 第三軸：一般醫療問題。
- 第四軸：心理社會與環境問題。
- 第五軸：一般功能評估。

由以上五軸可以看到，我們並非只單純描述異常行為的型態，同時還要全面地去了解這個人，包括個人生理的問題、社會環境及整體功能。

第 11 章 心理疾患
Psychological Disorders

第一軸

類別	特性	常見診斷
兒童期與青春期的疾患	在兒童期與青春期所發生的疾患。	注意力缺失過動症等
認知性疾患	認知功能退化的疾患。	老年失智症等
物質使用疾患	使用搖頭丸、海洛因、大麻等物質，因這些物質使用導致身心上的問題。	藥物濫用與依賴
焦慮性疾患	以緊張焦慮情緒為主的心理疾患。	強迫症、恐慌症等
身體化疾患	心理困擾以身體症狀來呈現。	慮病症等
偽病	個體故意讓自己生病。	偽病症
解離性疾患	個體突然地失去記憶、認同與自我感。	解離性認同障礙等
情緒性疾患	以情緒為主的疾患。	憂鬱症與躁鬱症
精神分裂症	個體有扭曲的思考與怪異的行為等，也就是我們刻板印象中的精神疾病。	妄想型精神分裂症等
性與性別認同	與性和性別認同有關的問題。	變性慾
飲食疾患	與飲食行為相關的問題。	心因性厭食症
睡眠障礙	與睡眠有關的問題。	失眠、嗜睡等
衝動控制	與衝動控制有關的問題。	拔毛癖
適應疾患	個體無法適應環境而導致的情緒與行為困擾。	適應疾患

第二軸

類別	特性	診斷
智能問題	智力分數低於一般人且社會適應能力不足。	智能不足
人格疾患	在認知、情緒、人際與衝動控制等層面出現適應不良。	自戀性人格、邊緣性人格

圖 11.2　*DSM-IV* 的心理疾患主要類別

　　即使 *DSM-IV* 已經盡可能地對異常行為做審慎的描繪，到了未來的 DSM-V，更是跟據疾病的特性與治療的策略來進行分類，但 DSM 系統以醫療模式來看待心理疾患（Clark, Watson, & Reynolds, 1995; Nathan & Langenbucher, 1999; Oltmanns & Emory, 2001; Sarbin & Keen, 1998）。這種觀點，容易讓我們把問題的矛頭指向是個人的問題，而不去重視個人所處的外在環境（Adams & Cassidy, 1993）。雖然，現在對於心理疾患的研究都採用整合性模式（生理—心理—社會模式），但似乎還是無法完全進入 *DSM* 的診斷系統中。故對於心理師而言，診斷系統只是一種輔助溝通的工具，在從事心理治療時，還需要有更進一步的心理評估。

疾病標籤（汙名化）的危險

當我們在報章雜誌上看到「憂鬱症」或「躁鬱症」這些名詞時，都會覺得這些沒什麼問題。但是，當你設身處地看待這件事情時，你會發現，當被貼上這些名詞之後，常會為個人帶來加乘的傷害。反過來想想，你喜歡被人稱為是「憂鬱症」、「躁鬱症」患者嗎？當我們在使用這些標籤時可能會帶來的傷害有：

- **汙名化**：雖然大眾對心理疾患的接受度慢慢提升，但是「瘋子」這樣的汙名化標籤仍存在。當一個人被標示為「心理疾患」時，多數人還是不免將「瘋子」或「心理有病」這類負面的標籤串在一起。
- **自我認定**：DSM-IV 系統所羅列的症狀，很容易讓人對號入座（Allen, 1998）。就像你讀完本章之後，也許會懷疑自己是不是罹患了哪種疾患。
- **忽略潛在個案**：診斷系統的問題在於需要達到診斷的標準才會列為疾患，而有些許症狀但還未達到診斷標準的個體，可能就會因此被忽略，所以有些處在「臨界」的個案——有症狀卻未達到診斷標準者——常會遇到求助無門的情況。
- **錯誤標籤**：當你被診斷有憂鬱症時，這個診斷將隨著你進入醫療系統，讓你成為「憂鬱症」患者。當你被貼上「憂鬱症」患者的標籤時，別人不會看到及認識到真正的你，而只看到你的標籤。

為了避免標籤的問題，現在很多心理衛生單位都已將門診改成「身心醫學科」或「心理衛生科」，以避免「精神科」這樣的負面標籤印象。對於疾病的診斷，也儘量減少使用「憂鬱症」、「躁鬱症」、「精神分裂症」等這些可能帶來負面印象的診斷標籤，而開始採用「情緒困擾」、「想法困境」等生活化的用語。因為我們自己都可能有過情緒困擾或有困境的時刻，使用這些較中性的名詞可以讓我們以同理心來看待求助者，並且教育大眾——當個人有情緒困擾時，去尋求協助是很正常的。

11.2 焦慮性疾患

焦慮與恐懼是每個人日常生活中常會經驗到的情緒。焦慮與恐懼有時可以幫助我們遠離危險，但焦慮過度時，卻會影響到正常的生活。常見的**焦慮性疾患**（anxiety disorder）主要有五種，其典型特徵都是影響到生活的適應，並且因此感到痛苦不已。

> **焦慮性疾患**
> 不當處理內在恐懼的心理疾患。

11.2.1 廣泛性焦慮症

廣泛性焦慮症（generalized anxiety disorder）主要的問題是持續地焦躁不安至少 1 個月，並且無特別理由地擔心小事情（Coupland, 2002; Rickels & Rynn, 2001）。有廣泛性焦慮症的人，經常會處於緊繃狀態，並且一直擔心一些生活瑣事，如：課業、打工、朋友、居住環境、健康等。基本上可說是什麼事情都會擔心。主要的生理成因是神經傳導素 GABA 的缺乏（Nutt, 2001）。心理及社會成因則是對自己有較高的要求。通常來自早期成長時父母經常採高度批評的教養方式，使得他們在面對外在壓力時，很容易有負向的內在思考，認為自己沒有能力處理外在壓力。

> **廣泛性焦慮症**
> 持續地焦躁不安至少 1 個月，並且無特別理由地擔心小事情的一種焦慮性疾患。

11.2.2 恐慌症

恐慌症（panic disorder）的主要特徵是突發性的強烈恐懼感，患者突然感到心悸、呼吸急促、胸痛、冒汗、手腳發麻、頭暈以及無助感。這是一種相當可怕的感覺，感覺好像快死掉或快發瘋了，大多數人都會有失控的感受。大部分恐慌症的發作與近 6 個月的生活壓力有關（Battaglia, 2002; Otte & others, 2002）；生理因素包括了乳酸過多。

> **恐慌症**
> 主要特徵是突發性的強烈恐懼感的一種焦慮疾患。

另一個常與恐慌症共同出現的疾患是**懼曠症**（agoraphobia），是一種擔心自己會因困在人潮或公共場合中而無法逃離的焦慮性疾患（Fava & others, 2001; Yardley & others, 2001）。所以懼曠症患者特別害怕一些可能無法逃脫的情境，例如：擁擠的環境、出遠門、搭火車或公車等。也因為恐慌症者常會害怕如果在公共場合恐慌發作時會無法逃脫，所以最後也都會不敢出門。

> **懼曠症**
> 一種擔心自己會因困在人潮或公共場合中而無法逃離的焦慮性疾患。

恐慌症在生理成因方面，包括有遺傳（Goldstein & others, 1997; Torgerson, 1986）、自主神經系統過度敏感（Barlow, 1988）、神經傳導素中的正腎上腺素與 GABA 失調（Sand & others, 2001; Versiani & others, 1999, 2002）。

在心理層面，**害怕接下來的恐懼**（fear-of-fear）是主要的心理因素。在社會文化方面，性別是一個重要的因素，女性的罹患率大約是男性的 2 倍（Fodor & Epstein, 2002）。而在印度或女性足不出戶的中東國家，反而較多男性罹患恐慌症（McNally, 1994）。

11.2.3 畏懼症

我們都會害怕某個東西，當你過度害怕而且影響到正常生活時，很可能有**畏懼症（phobic disorder）**。畏懼症的個體會有一個明確的恐懼對象（Barlow, 2001）。恐懼對象的形式有很多，常見的有懼高症、懼狗症、社交畏懼症、懼蛇症、恐飛症等，如圖 11.3。

社交畏懼症是畏懼症中常見的一種。黎士鳴、羅信宜與余睿羚（2007）的研究發現，在臺灣的中學生中，有接近 50% 的青少年對於社交情境感到焦慮。一般的狀況是在上台感到焦慮，而嚴重的狀況則不敢在教室吃午餐、不敢上廁所。罹患社交畏懼症的人會避免焦慮而逃避一些社交場合，並且因此而減少社交活動（Erwin & others, 2002; McLean & Wood, 2001），漸漸習慣躲在家裡而變成宅男。畏懼症的生理成因包括：基因遺傳（Eckert, Heston & Bouchard, 1981; Kessler, Olfson, & Bergland, 1998）；視丘、杏仁核與大腦皮質（Li, Chokka, & Tibbo, 2001），以及血清素的濃度（Van Ameringen & others, 2000）都與社交畏懼症有關。在心理成因中，心理動力論者認為畏懼症是因為個體無法處理內在衝動。例如，懼高的個體是因為怕自己無法控制往下跳的衝動。行為與社會認知論者認為畏懼症是透過學習而來的。

畏懼症
個體非理性地、過度地、持續地害怕某種物品或情境的一種焦慮性疾患。

診斷	特性
Acrophobia	怕高
Aerophobia	怕搭飛機
Ailurophobia	怕貓
Algophobia	怕痛
Amaxophobia	怕交通工具
Arachnophobia	怕蜘蛛
Astrapophobia	怕打雷閃電
Cynophobia	怕狗
Gamophobia	怕婚姻
Hydrophobia	怕水
Melissophobia	怕蜜蜂
Mysophobia	怕髒
Nyctophobia	怕黑
Ophidiophobia	怕蛇
Thanatophobia	怕死
Xenophobia	怕陌生人

圖 11.3　各種畏懼症

11.2.4 強迫症

寶哥發現自己會遵循某些規則來生活。穿衣服一定會依循某種順序，先穿左手、再穿右手……。如果某個階段次序錯誤，他會一切重頭開始。也因為這樣，他經常會花多餘的時間在更衣上。洗澡也是一樣，有時他會重複洗 4～5 次，以達到心中所想要的洗澡順序（Meyer & Osborne, 1982）。

強迫症（obsessive-compulsive disorder, OCD）是一種焦慮性疾患，患者有一種無法擺脫的念頭（強迫思考），以及無法抑制的衝動（強迫行為），這兩種狀態都會讓他們感到相當焦慮。強迫思考是腦中會反覆出現一些念頭或是影像，例如：腦中不斷出現「死亡」的字眼；強迫行為則是無法抑制的做某些動作，想停也停不了，如：反覆洗手。

常見的強迫行為有檢查、清潔與計算。例如，家庭主婦反覆檢查瓦斯是否關好、青少年會反覆洗手、有些人鎖門一定要鎖 7 次等。有時，我們不放心是否鎖好門窗而再去檢查一次，檢查後我們就會覺得安心了，這樣是一種正常狀態的檢查；但如果你反覆檢查了 4、5 次，就可能是強迫行為。基本上，有強迫症的人都會對自己這樣的行為感到困擾不已，明知已經做過了，但還是忍不住繼續去做。

強迫症的生理成因包括了基因遺傳（Bellodi & others, 2001）；腦部也顯現出生理結構上的改變（Cavedini & others, 2002），主要在額葉皮質、基底核與視丘的過度反應（Rappaport, 1989）；而血清素的濃度也與強迫症有關（Jenike, 2001; Saxena & others, 1998）。心理成因上，強迫症與生活壓力有關，如：小孩誕生、換工作、離婚（Stanley, 2000）。根據認知觀點，強迫症的個體無法忽略這些強迫想法（Salkovskis & others, 1997）。基本上，強迫症通常發生在成長轉折最大的青春期後期與成年期早期。

11.2.5 創傷後壓力症候群

在臺灣，只要提到創傷後壓力症候群，一定聯想到 921 大地震與

強迫症
一種焦慮性疾患，患者有一種無法擺脫的念頭（強迫思考），以及無法抑制的衝動（強迫行為）。

創傷後壓力症候群
個人在遭遇到極度的創傷事件（如：戰爭、天災、人禍、暴力等）後所產生的心理困擾

88水災。沒錯，921大地震與88水災的確讓我們開始注意到這個疾患。**創傷後壓力症候群（post-traumatic stress disorder, PTSD）**是指個人在遭遇到極度的創傷事件（如：戰爭、天災、人禍、暴力等）後所產生的心理困擾。主要的症狀有：

- 腦中反覆重現創傷事件。
- 無法感受自己的感覺、麻木不仁等。
- 過度警覺。
- 無法專心。
- 感覺驚恐。
- 衝動行為，如：攻擊、生活型態改變。

事實上，在遭遇重大創傷事件之後，並非每個人都會演變成PTSD。過去的研究發現，當你有較好的因應能力時，產生PTSD症狀的機率會比較少。PTSD也不一定都在創傷發生之後立即產生，有些人在創傷事件的1年之後才產生PTSD的症狀（Ford, 1999）。大多數人在遭遇到創傷事件時，當下都是焦慮的反應，等過一陣子後，才會慢慢浮現PTSD的症狀（National Center for PTSD, 2001）。

創傷後壓力症候群是常見的一種問題，各種天災（地震、水災）、人禍（戰爭、911恐怖攻擊）與人為傷害（強暴、虐待）都會導致PTSD的產生。

在地人的心理學

失去自己的人——談解離性疾患

解離性疾患是報章媒體的寵兒，由於它戲劇性的變化而經常成為小說與電影的題材，例如：小說《24個比利》（*The Minds of Billy Milligan*）中，說明了一個有24種人格的人；經典電影《三面夏娃》（*The Three Faces of Eve*）則演活了有三重人格的女性；這些所呈現的是一般人所謂的多重人格〔臨床診斷為解離性認同疾患（dissociative identity disorder, DID）〕。在電視劇《泡沫之夏》中，男主角因為車禍而失去了一段記憶，所反映的就是解離性失憶。另外，在報紙的報導中，也有出現解離性迷走（dissociative fugue）的案例。同時，在生活中，有些大

學生期末考期間在起床之時會有一些失真感,這些都是在壓力狀態下會發生的解離症狀。

基本上,解離性疾患的發生都與壓力息息相關,當個體面對自己無法因應的龐大壓力時,很容易就會產生解離的症狀(如:感覺失真、覺得自己不像自己等等)。在臺灣,心靈之美心理治療所的張艾如院長,她的專長就在處理這些解離性疾患,透過她的協助,許多個案可以漸漸找回自己,讓自己的生活回歸正軌。

參考資料
- Steinberg, M. & Schnall M. 著,張美惠譯(2004)。《鏡子裡的陌生人──解離症:一種隱藏的流行病》(*The Stranger in the Mirror—Dissociation: The Hidden Epidemic*)。張老師出版社。

11.3 情緒性疾患

憂鬱症是現代文明病,常常被掛在嘴上,但真正了解何謂憂鬱症的人其實不多,所以有時心情低落會被貼上「憂鬱症」的標籤。另一個與憂鬱症很相似,但是不同類型的疾病是「躁鬱症」;躁鬱症與憂鬱症與一樣,常常被人錯誤地使用,例如我們會說一個情緒陰晴不定的人有「躁鬱症」。本節,我們會探討兩大類**情緒性疾患**(mood disorder)──憂鬱症與躁鬱症,透過介紹,你將會更了解它們而不致錯誤使用。

情緒性疾患
以情緒不安為主的心理疾患。

11.3.1 憂鬱症

憂鬱症(depressive disorder)主要的特徵是心情低落、對外在事物的興趣缺缺。根據嚴重度可簡單分成**重鬱症**與**輕鬱症**(Beckham, 2000)。

憂鬱症
以悲傷為主的情緒困擾。

維凱心情低落好一陣子了。他每天晚上翻來覆去都睡不著,往往到天亮小瞇一下又醒了;而且常常覺得食慾不振,提不起勁。偶爾,會覺得人生沒意義,有輕生的念頭。朋友看到他,都

心理學概論：精簡版

覺得他好像烏雲罩頂一樣，找他去打球，他也興趣缺缺。

重鬱症
嚴重的憂鬱且影響到生活功能。

維凱就是典型的**重鬱症（major depressive disorder）**發作，會持續2週以上，出現心情低落、無望感等憂鬱症狀。在發作的時期，整個人的功能變差，本來會做的事情都做不好，就要考慮是否有重鬱症。

當持續2週，有超過以下五種症狀時，就要找輔導老師談談了：

- 每天都感到心情低落。
- 對任何事情都感到興趣缺缺。
- 體重改變或食慾變化。
- 睡眠困擾。
- 身體動作變得緩慢或焦躁。
- 全身無力，提不起勁。
- 感到自己沒價值或無望感。
- 無法專心。
- 想自殺。

輕鬱症
一種長期的心情低落。

輕鬱症（dysthymic disorder）的嚴重度沒有重鬱症那麼高，但是持續時間較長（Dunner & others, 2002）。通常會持續2年以上的情緒低落，並且有超過以下兩種症狀：食慾不振（或吃很多）、睡眠困擾、疲憊、低自尊、無法專心、難下以決定、無望感（Munoz, 1998）。雖然我們不像維凱有那樣嚴重的憂鬱，但在生活中，或多或少會感到心情低落。尤其是在現代這種高科技、高壓力的時代，憂鬱症已經相當普遍。大家面對憂鬱症有如面對感冒一般，這算是一種情緒上的「感冒」。

11.3.2 躁鬱症

麗娜來到輔導中心，主要原因是發現自己心情低落，吃不下、睡不著，相當痛苦，她很討厭現在的自己。回憶起大一時期的她，相當有活力、參加多個社團與活動，總是覺得時間不夠用，而且每天只睡3～4小時就夠了。那時的她人緣相當好，總

是覺得每天過得很快樂。現在,大二了,她突然覺得心情變差,脾氣很暴躁,每天都會覺得悶悶不樂,再也找不到過去那個快樂的她。

躁鬱症（bipolar disorder）也是一種情緒性疾患,主要的特徵是情緒起伏很大,個案會有躁症發作（mania,一種過度愉快的狀況）（Brickman, LoPiccolo, & Johnson, 2002）。躁鬱症的個體會經驗到憂鬱發作與躁症發作兩種極端的狀態。躁症發作的反應與憂鬱發作相反（Miklowitz, 2002）。個體會感受到心情愉快、充滿活力、信心滿滿,彷彿處在天堂的狀態。這種非常正向積極的感覺雖然令人陶醉,但這種過度愉快的狀態卻會帶來後患,如:衝動、亂花錢、性關係混亂等。躁症發作後常伴隨憂鬱發作,此時,個體才開始感到痛苦,所以個案通常在憂鬱期發作時才會尋求協助。所以此時必須要非常小心地區分——個體是單純的憂鬱症,還是躁鬱症。基本上,躁鬱症的個體比憂鬱症要少（MacKinnon & others, 2002）。

躁鬱症
一種情緒性疾患,主要的特徵是情緒起伏很大,個案會有躁症發作。

11.3.3　情緒性疾患的成因

情緒性疾患主要包含憂鬱症與躁鬱症兩大類。憂鬱症主要的問題在於「快樂不起來」,而躁鬱症則是「情緒波動過大」。這些情緒上的困擾,經常令人感到相當痛苦。情緒疾患的成因有:

生理因素

- **遺傳**:很多情緒性疾患的個體都有相關的家族史（Bradbury, 2001）。
- **腦神經系統失常**:憂鬱症患者經常會有睡眠困擾,他們的速眼動睡眠出現得比一般人早（Benca, 2001）,因此不難理解為何憂鬱症患者會出現睡眠困擾——入睡困難、淺眠易醒、清晨起床等（Cosgrave & others, 2000）。腦部的結構發現,憂鬱症患者大腦皮質的活動量比一般人低（Buchsbaum & others, 1997）,而躁症發作時,腦部則過度活躍（Baxter & others, 1995）。雖然憂鬱發作時,腦部活動力會明顯地降低,但杏仁核的活動量有時反而增加（Posner & Raichle, 1998; Van

Elst, Ebert, & Trimble, 2001），這也反映出個體在憂鬱時，對於與負面情緒相關的事件記憶會特別地鮮明。這也是為何憂鬱時經常只會想起痛苦的「回憶」，這種情況也讓憂鬱的人腦中一直盤旋著揮之不去的痛苦記憶而無法走出來。另外，憂鬱症患者的大腦會比正常的大腦少一些神經（Drevets, 2001）。所幸，研究發現，這些患者在接受治療後，大腦的情況都會有所改變。

- **神經傳導素異常**：與情緒性疾患相關的神經傳導素主要是血清素、多巴胺、正腎上腺素等（Stahl, 2002）。在憂鬱發作時血清素與正腎上腺素會明顯地減少（Wong & others, 2000）。目前藥物治療都是幫助個體的神經傳導素恢復平衡。
- **荷爾蒙**：在壓力的情境下，憂鬱個體的壓力荷爾蒙比一般人還高（Young & Korzun, 1998），這也顯現了憂鬱症患者對於外界壓力的適應能力降低。另外，女性的性荷爾蒙也與憂鬱情緒有關，在經期前後或更年期停經前後，女性都較容易產生憂鬱情緒。

心理因素

　　心理動力取向、行為取向以及認知取向對於憂鬱症的發生有很清楚的解釋。以下分別介紹這些取向的看法。

- **心理動力取向**：主要由於童年期缺少讚許以及不當的管教而導致無法形成正向自我概念（Nolen-Hoeksema, 2001），並且過度在意他人看法（Blatt & Zuroff, 1992）。此外，佛洛依德（Freud, 1917）的觀點認為，憂鬱症是因為無法對失落表達憤怒，因而將憤怒轉向自己。
- **行為取向**：壓力會讓生活中原有的正增強物減少而使人快樂不起來（Lewinsohn & Gottlib, 1995; Lewinsohn, Joiner, & Rohde, 2001）。當我們面對壓力時，立即的反應就是逃離壓力情境，但當你無法逃離時，就會感到無助，慢慢地轉成無望，這就是**習得無助（learned helplessness）**。你是否有這種經驗，當你漸漸地發現困難無法改變時，會讓你感到沮喪，甚至感到憂鬱。
- **認知取向**：認知取向主要認為情緒的困擾來自於思考的問題，首先

習得無助
面對長期而無法控制的壓力，個體會感到無助、無望。

是缺乏正向思考，對自己、他人、外在環境甚至是未來都抱持著負面的看法（Gilbert, 2001）；再來是習慣以錯誤的推論思考方式來解釋事情，圖 11.4 是常見的錯誤推論。第三種是錯誤的解釋邏輯，他們認為生活中的小失誤是一種穩定（心理學概論小考不及格，我每次都會不及格）、內在（都是我很笨，所以我心理學概論被當），以及廣泛性的大錯誤（我這科被當，其他科一定也會被當）。這種錯誤的歸因方式，會透過習得無助而導致憂鬱（Abramson, Seligman, & Teasdale, 1978）。第四種則是個體有悲觀的想法，你會發現，生活中有些人很樂觀，相對地有些人會比較悲觀。很明顯地，悲觀的人很容易會產生憂鬱（Alloy, Abramson, & Francis, 1999）。

憂鬱的人並不一定都是看到錯誤的事情。最近有個有趣的發現，憂鬱症的個體看待外界時較一般人容易看到「事實」（McKendree-Smith & Scogin, 2000）。所以說，其實我們才是把事情想得太正向的人。有時候，裝傻也是一種福氣。

看看你有哪些想法跟以下測驗一樣呢？

有	病毒想法	說明
☐	非黑即白	用非黑即白的方式看待這個世界，不是成功就是失敗。 例如，考試不及格，就覺得自己能力不好，是失敗的人。
☐	以偏概全	遇到一件生活挫折（負面事件），就認為自己的人生完蛋了。常用「總是」、「每次」這些武斷的語言。
☐	過度篩選	只注意事情壞的一面。 例如，只注意到別人對你的批評，卻沒注意到別人的關心。
☐	悲觀	覺得人生悲觀，再怎麼努力都沒用。
☐	妄下結論	沒有任何證據就下判斷。 例如，朋友沒有跟你打招呼，就覺得他討厭你。
☐	誇大	將缺點（錯誤）誇大。
☐	情緒化推論	憑感覺做事情，根據自己的心情來做事。
☐	應該	你告訴自己事情應該是你想像的這樣。 你是否常用「應該」這個字眼呢？
☐	貼標籤	對別人或自己已經有了既定的刻板印象。
☐	自責	責怪自己的錯誤，卻沒有改變自己。
☐	責怪他人	責怪他人的錯誤，卻沒有反省自己。

圖 11.4　與憂鬱有關的認知扭曲

社會文化因素

- **人際關係**：憂鬱症與人際關係的困境有密切關係（Segrin, 2001）。過去不當的人際經驗與近期的人際衝突都會誘發憂鬱症發作。從研究中可以發現，不安全的依附關係容易產生憂鬱症（Roberts, Gottlib, & Kassel, 1996）。
- **社經地位**：社經地位（經濟與教育程度的指標）的確與憂鬱症的發生有密切關係，低社經地位的人，生活比較苦，自然也就容易感到憂鬱。
- **文化因素**：東西方在憂鬱症的表現上有相當大的不同。強調個體主義（individualism）的西方文化，特別容易在個人成就受挫時感到憂鬱。而著重集體主義（collectivism）的東方文化則更容易因為人際因素而憂鬱。
- **性別因素**：女性比男性容易感到憂鬱（Nolen-Hoeksema, 1990, 2001）。從跨國研究中可以發現，女性憂鬱的比例比男性高，特別是單身女性、已婚年輕女性（Bernstein, 2001）。婚姻對很多女性而言是憂鬱的重要因素。

健康五蔬果與情緒

血清素在憂鬱症與自殺行為中扮演重要的角色，在飲食上最重要的調整就在於「蔬果類」的攝取。如果每天可以進行「健康五蔬果計畫」，也就是每天攝取五份蔬果類（每份是你一個拳頭的大小），這樣就可以強化體內的血清素的量。以下整理常用的蔬果表格（表 11.1），每天若能食用五種顏色的蔬果，你的人生也充滿了色彩。

11.3.4 自殺

近年「自殺」的問題相當多。在學校，偶爾會出現同學因為感情、學業、家庭等因素的自殺事件，顯示出自殺是一個重要的議題。在臺灣，近年來自殺的比例有逐年增加的趨勢。顯現出社會愈進步，生活環境的壓力也愈大。當你身邊有朋友感到心情低落，產生輕生念頭時，別忘了陪他到輔導中心或各地心理衛生中心尋求協助。

第 11 章　心理疾患
Psychological Disorders

表 11.1　常見蔬果的營養成分

顏色	營養成分	功用	代表食物
紅色	茄紅素	抗氧化、預防癌症、抗過敏	番茄、西瓜
	辣椒紅素	抗氧化、增強良性膽固醇	辣椒、甜椒
橙色	維生素 A 原	抗氧化、調整膽固醇	胡蘿蔔、南瓜、柑橘類
	玉米黃素	抗氧化、調整視力	木瓜、芒果、青花菜
黃色	葉黃素	抗氧化、預防癌症、預防動脈硬化	玉米、菊花
	類黃酮	抗氧化、預防高血壓、抗過敏	洋蔥、檸檬
綠色	葉綠素	抗氧化、預防癌症、調整膽固醇	青花菜、秋葵
紫色	花青素	抗氧化、預防高血壓、保護肝臟	茄子、黑豆
黑色	綠原酸	抗氧化、預防癌症、瘦身、調整膽固醇	牛蒡、馬鈴薯
	兒茶素	抗氧化、預防癌症、瘦身、調整血壓	茶葉
白色	異硫氰酸鹽	抗氧化、預防癌症、抗幽門桿菌	蘿蔔、高麗菜
	二丙稀基硫化物	抗氧化、預防癌症、預防高血壓	大蒜

　　造成自殺的因素有很多，以下從生理－心理－社會文化模式來看自殺的成因：

- **生理因素**：研究發現自殺會發生在同個家庭中（Fu & others, 2002），很多父母親有自殺行為，其小孩到成年時也很容易有自殺的舉動。自殺者的血清素比一般人低（Mann & Arango, 1999; van Pragg, 2000）。死後的腦部解剖也發現自殺身亡者腦部的血清素明顯地比一般人低。另外，血清素低的個體，多次自殺的機會是一般人的 10 倍以上（Roy, 1992），所以攝取多血清素的健康飲食相當重要。再者健康問題也是自殺的因素之一，長期臥病的個體，其自殺機率也比正常人高。

- **心理因素**：與自殺最有關係的心理困擾是憂鬱症（Fergusson & Woodward, 2002）。另外，心理困擾、生活不順、藥物濫用這些心理相關因素，都是自殺的危險因子。

- **社會文化因素**：生離死別是生命的重要課題，也與自殺有密切的關係（Heikkinen, Aro, & Loennqvist, 1992）。生活困苦，也是自殺的成因之一。很多卡奴因為經濟困境而選擇輕生。再者，文化也是重要的因素，每個文化對於自殺會有不同的解釋。在我們的文化中，自

應該如何	不能這樣
1. 直接詢問：「你怎麼了？」	1. 不要忽略自殺的警訊。
2. 傾聽——用耐心與關心，來了解對方的痛苦。	2. 不要避談自殺。
3. 了解自殺的危機程度：詢問對方當下的情緒、是否有朋友陪伴、是否決定自殺的方法。	3. 不要恐慌、害怕。
4. 鼓勵個案尋求專業協助。	4. 不要提供錯誤的安慰，例如，「事情會過去的！」、「事情沒這麼嚴重。」
注意——不要怕、不要急，關心與傾聽可以幫助對方度過難關。	5. 不要遺棄他，若感到沒辦法幫他，就轉到其他專業單位。

圖 11.5　自殺危機處理

殺是會下地獄的，所以自殺經常變成一種不可談論的禁忌，在這樣的狀態下，會讓想輕生者更不敢告訴別人，進而失去救他的機會。在國內，有愈來愈多的機構致力於自殺的預防。每個縣市的生命線（電話號碼 1995）就是一個重要的自殺預防機構，透過生命線的努力，讓很多想自殺者再度重新思考人生，回到現實的生活中。圖 11.5 提供了一些想法，可以讓你協助想輕生的朋友。

11.4　精神分裂症

精神分裂症
嚴重的精神疾病，其特徵為高度錯亂的思考歷程。

　　精神分裂症（schizophrenia）是一種嚴重的精神疾病，其特徵為高度錯亂的思考歷程，他們會出現語言反應怪異、情緒反應不適切、動作異常以及逃離人群（Heinrichs, 2001），我們經常把他們當做「瘋子」來看待。schizophrenia 是一個複合字，指「分裂的心智」——個體的心智與現實環境分離。

　　由於精神分裂症是一種嚴重的精神疾病，並且伴隨著相當多的怪異症狀與行為，所以造成社區民眾的排斥。一半以上的精神分裂症患者都需住院治療，長期住院的機會相當高。目前臺灣對於精神分裂症的治療仍然相當地被動與消極。大多數的病患往返於醫院與社區之間，許多病患因為症狀的反覆發生，導致家人放棄。社會需要有更完

善的醫療與社區復健模式，幫助病患回歸生活。

11.4.1 精神分裂症的類型

精神分裂症分成三種不同的類型，每一種類型都有特殊的症狀與行為反應：

- **混亂型精神分裂症**（disorganized schizophrenia）：這類病患主要在於行為的混亂，他們會出現混亂的思考、情緒反應以及行為反應。所妄想的內容基本上都是無意義的主題，同時在口語表達上會出現沒有組織的語句，並且會忽略自己的衛生習慣，他們少與人接觸，出現社會退縮的現象，並且經常一個人傻笑。
- **僵直型精神分裂症**（catatonic schizophrenia）：這類的病患主要是在於動作的問題，他們會把自己的動作固定在某個姿態上。
- **妄想型精神分裂症**（paranoid schizophrenia）：這類是典型的精神分裂症，主要的症狀是妄想及幻覺。妄想是一種怪異的想法，例如，覺得自己被神明控制、認為別人要害他等，即使在現實生活中的證據都無法證實他們的想法，他們還是對這些想法堅信不疑。幻聽是主要的幻覺。由於這些特殊的想法或感官知覺，經常會造成患者在生活、人際等層面的問題。

混亂型精神分裂症
一種精神分裂症，個體會產生不太具意義或根本無意義的妄想和幻覺。

僵直型精神分裂症
這類的病患主要是在於動作的問題，他們會把自己的動作固定在某個姿態上。

妄想型精神分裂症
這類是典型的精神分裂症，主要的症狀是妄想及幻覺。

11.4.2 精神分裂症的成因

精神分裂症跟其他心理疾患一樣有多種可能的成因，以下分別深入討論。

生理因素

精神分裂症相當傾向生理性的疾病，在病患身上，有明顯生理上的問題。

- **遺傳**：精神分裂症的家族遺傳相

這是一位曾經是電機工程師的精神分裂症患者的繪畫。這幅畫反映了他的心理世界。

當高。與罹患精神分裂症的親屬之血親愈近，罹患的機率也就愈高（Tsuang, Stone, & Faraone, 2001）。

- **腦部結構異常**：精神分裂症患者的腦部結構及活動量與正常人有明顯的差異（Puri & others, 1999, 2001）。
- **神經傳導素異常**：目前精神分裂症的研究一致認為病患的多巴胺濃度明顯地比一般人高。從很多的研究資料可發現，多巴胺在病患症狀的表現上有明顯的關聯性（Bressan & others, 2001）。

心理因素

雖然很多研究都說明了精神分裂症與病患的生理因素有密切關係，但也不可否認壓力在病患病程中的角色。壓力主要會誘發病患的症狀，若處於高壓力的環境下，病患的預後狀態會更差。

社會文化因素

精神分裂症的症狀反應很明顯地有文化差異，例如，臺灣病患的妄想內容，大多都與民俗宗教有關，而西方世界則是與外星人有關。另外，大多患者都是來自低社經地位的家庭（Schiffman & Walker, 1998），需要社會的福利補助，協助病患就醫與生活問題。

動動腦

精神分裂症的心理治療

早期，精神分裂症都是以藥物治療為主；近年來，許多專家開始著重在精神分裂症患者的認知治療。在臺灣，以信安醫院的心理科為例，強調對這類病患有系統地治療介入，包含：認知功能復健、認知治療模式、社會適應模式、園藝治療模式、舞蹈治療模式等。這些以心理介入為主的治療模式，對於患者的症狀及社會適應能力有明顯的改善。

對精神分裂症患最好的協助就是給予其支持，並且在適當時機協助他尋求專業的協助。當你的室友或朋友有以下的徵兆時，就可以協助他到學生輔導中心求助：

1. 睡不安穩。

2. 容易感到不安。
3. 無法專心。
4. 易怒。
5. 生活作息明顯改變。

思考一下
1. 精神分裂症患者就是俗稱的瘋子,這是一種生活型態還是生病了呢?
2. 你覺得精神分裂症患者有就業能力嗎?
3. 你會如何協助這些精神分裂症患者呢?

建議閱讀
- 黎士鳴、陳秋榛(2011)。《精神分裂症:認知理論與治療》。心理出版社。
- E. Fuller Torrey 著,丁凡譯(2011)。《精神分裂症完全手冊:給病患、家屬及助人者的實用手冊》(*Surviving Schizophrenia: A Manual for Families, Patients, And Providers*)。心靈工坊。

11.5 人格疾患

　　人格疾患(**personality disorder**)是長期、不適應的認知行為模式,完全整合到個體的人格中。這些人格偏差的人,經常會傷害他人或是做出違法的行為(Livesly, 2001)。我們可以從青春期的行為中看出未來可能的人格問題。大部分有人格疾患的個體看不出有怪異的行為(Evans & others, 2002)。人格疾患分成三大類型:怪異型、情緒失控型、驚恐/逃避型。

人格疾患
長期、不適應的認知行為模式,完全整合到個體的人格中。

11.5.1 怪異型

　　這類型的人格疾患可分成三大類:

- **妄想型**:不相信他人,對人抱持懷疑的態度,總是覺得別人要害他。
- **類分裂型**:這類的人是孤僻的一群,不喜歡接近人群,喜歡一個人生活。

- **精神病型**：有一些怪異的想法，例如，覺得自己有一些神通的能力。

　　此類型的人在人際關係上大都有困難，生活中經常被稱為「怪胎」。

11.5.2　情緒失控型

　　這一類個體的情緒反應過於強烈，導致人際或生活功能受到影響。

- **戲劇性型**：情緒反應有如演舞台劇般地誇張，就像藝人般地希望成為眾人矚目的焦點。
- **自戀型**：過度地看重自己，覺得自己是非常優秀的個體，有如水仙花般地孤芳自賞。
- **邊緣型**：情緒反應相當不穩定、經常會有衝動的行為產生。一直擔心會被遺棄，所以會不斷地測試自己的親密關係，而導致人際關係愈來愈差。
- **反社會型**：無法服從社會常規，一切都以私利為考量，因此經常因為犯罪問題而進出監獄。

11.5.3　驚恐／逃避型

　　這類型個案的核心問題在於焦慮的情緒狀態。

- **逃避型**：這類的人很害羞，很想要接近人群，但又怕被拒絕，所以選擇逃避人群。
- **依賴型**：覺得自己沒有能力，所以一切的決定都要詢問他人的意見，這樣的無主見，時常會導致人際關係上的問題。
- **被動攻擊型**：與人起衝突時，不會正面地反擊，反而透過迂迴的方式去回擊。
- **強迫型**：這類的人有完美主義，會過度注意小細節而做事缺乏效率。

　　看完了這些人格特性的說明，或許會發現你跟某些人格類型很

像。不用擔心，人格特質是一個連續的向度，只要這些特質不影響到正常生活時，你就不是這些類型的人格疾患。

課堂活動

主題：傾聽他人的心聲。

目標：
- 學習聽聽別人說話。

步驟：
1. 兩人一組，一個人當說話者，一個人當聽話者。
2. 說話者說說最近的心情，聽話者專心傾聽。
3. 說話者根據聽話者的正向特性給予回饋，如：專注的眼神、認真的態度等。
4. 聽話者專心聽人說話 10 分鐘，再跟說話者分享自己內在的感受。

回家作業

探索心理第十一課──面對你的困擾

我們時常不願意去發現自己的困擾，而陷入「健康的人是沒有困擾的」迷思中，不願意去正視令自己困擾的真正原因。通常這樣讓我們對他人的痛苦也漠不關心。

在發現自己的困擾之前，首先要意識到有困擾本身並不是一個問題。其實，在人類的生命中，有困擾才是「正常的」。我們常會因為感到困擾而有所改變。例如，你因為過度肥胖而造成健康上的困擾，才會想要真正去面對並且正視減肥及健康飲食的重要性。

發現自己的困擾並非為了證明自己其實不夠好的事實，而是去承認並面對它。如果你不肯承認自己總是無法克制購物的慾望而讓自己深陷卡債的泥沼中，你永遠不會去面對自己內心總是要用物質來填補的空虛或缺陷。唯有認清自己因為某些生活方式、言行舉止所造成的苦果，你才會開始去思索停止這些習慣的方法。

承認它吧！承認哪些過度飲食、消費、道人長短、愛找藉口、規避責任等問題。只有去看清楚「我在做什麼」，然後才能開始去思考「我為何要這麼做」。這樣你就愈有能力及機會去改變自己的處境及困擾。

想想看，自己目前有哪些困擾呢？利用正念呼吸來面對它。

吸氣──我注意到我失眠了，吐氣──我對著失眠微笑。

吸氣──我注意到我焦慮了，吐氣──我對著焦慮微笑。

吸氣──我注意到我 ＿＿＿＿ 了，吐氣──我對著 ＿＿＿＿ 微笑。

本章摘要

本章說明了一些常見的心理疾患，當一個人面對無法適應的環境時，就很容易產生心理困擾。當你有心理困擾時，別忘了去輔導中心求助。

1. 心理疾患的定義。
   - 我們經常會有一些心理困擾，當這些困擾造成生活上的問題或者是個人的痛苦時，你就很有可能患有心理疾患了。簡單來說，就是你的「心靈」生病了。
2. 焦慮性疾患。

   以焦慮為主的疾患，主要在於個體的焦慮反應過度，造成生活上的困擾。
   - 廣泛性焦慮症：持續擔心生活瑣事。
   - 恐慌症：突然地恐懼不安，持續擔心還可能再發生。
   - 畏懼症：特別害怕某些物體或人。
   - 強迫症：必須固定做某些動作或產生某些念頭，造成個人的困擾。
   - 創傷後壓力症候群：在遭遇到創傷事件後，個體持續處於恐懼中。
3. 情緒性疾患。

   以情緒反應為主的疾患，包含憂鬱症與躁鬱症。
   - 憂鬱症：個體過度悲傷與失去樂趣。
   - 躁鬱症：情緒起伏波動過大。
4. 精神分裂症。
   - 遺傳為主的精神疾病，個體會失去邏輯思考能力。主要有幻聽與妄想。
5. 人格疾患。
   - 錯誤的個性養成過程，造成成年期不適應的人格型態。

第12章 健康心理學
Health Psychology

章節內容

12.1 健康心理學與行為醫學

12.2 壓力與壓力源
12.2.1 人格因素
12.2.2 環境因素
12.2.3 社會文化因素

12.3 壓力反應
12.3.1 一般適應症候群
12.3.2 戰或逃、照顧及與他人友好
12.3.3 認知評價

12.4 壓力與疾病
12.4.1 與壓力相關的疾病
12.4.2 正向情緒、疾病與健康

12.5 因應策略
12.5.1 問題焦點與情緒焦點的因應
12.5.2 積極與正向的思考
12.5.3 社會支持
12.5.4 自我肯定行為
12.5.5 宗教
12.5.6 壓力管理課程

12.6 健康的生活
12.6.1 規律的運動
12.6.2 吃得健康
12.6.3 戒菸
12.6.4 明智的性決定

12.1 健康心理學與行為醫學

在今日，主要造成死亡的疾病大多是與身心相關的疾病，較少像過去以感染為主的疾患。而目前絕大部分的身心疾患都與習慣以及生活型態有關，例如高血壓、糖尿病。所以著重於如何利用心理

健康心理學
強調心理學在促進與維持健康，以及預防與治療疾病中的角色的學科。

行為醫學
一個跨領域的學科，焦點在於發展並整合行為與生物醫學的知識，用以促進健康及降低疾病。

學來促進與維持健康，並且預防與治療疾病的**健康心理學**（health psychology）以及發展並整合行為與生物醫學的知識，用以促進健康及降低疾病的**行為醫學**（behavioral medicine）相形重要。

健康心理學與行為醫學基本的假定是人的身體與心理是相互影響的，也就是身心一元論。所以，身體與心靈同時可對健康產生重要的影響。事實上，健康或疾病的起因是結合了生物、心理以及社會因素的影響。我們曾在第 11 章介紹過的生理─心理─社會模式，也可以應用在健康心理學中。

健康心理學與行為醫學最重要的研究領域就是壓力與疾病之間的關聯，所以本章會詳細地介紹壓力，以及壓力對身體及心理的影響。

12.2　壓力與壓力源

根據美國家庭醫師學會（American Academy of Family Physicians）統計，有三分之二的就診者是因為壓力相關的症狀求助於家庭醫師。壓力被認為是造成美國六大死因——冠狀動脈心臟病、癌症、肺部問題、意外傷害、肝硬化，以及自殺的促成因素。沒有人知道我們是否比父母或祖父母有更多的壓力，但由此看來似乎是如此。

壓力
個體對環境及事件（稱為壓力源）的反應，它會威脅並且對人們的因應能力造成負擔。

我們可以將**壓力**（stress）定義為個體對環境及事件的反應，它會威脅並且對人們的因應能力造成負擔。

12.2.1　人格因素

與壓力相關的人格特質有三種：A 型／B 型行為型態、堅毅，以及個人控制，分別有助於或不利於個人因應壓力。

A 型／B 型行為型態

A 型行為型態
一組人格特徵，包括高度競爭、過度努力、缺乏耐心和敵意。A 型行為型態與心臟病的發生率有關。

在 1950 年代，兩位加州的心臟科醫師 Meyer Friedman 和 Ray Rosenman 發現了冠狀動脈心臟病男性的共同人格特徵，也就是著名的 **A 型行為型態**（Type A behavior pattern）。此特質常可以在心臟科的病

人身上發現，他們總是缺乏耐心，通常會很準時地到達，看完醫生後就匆忙地離開。這種高度競爭、過度努力、缺乏耐心和敵意等特徵與心臟疾病的發生率特別相關。另一個與 A 型行為型態相對的是 **B 型行為型態（Type B behavior pattern）**，這些人通常是放鬆且隨和的。

B 型行為型態
放鬆且隨和的人格特徵。

A 型行為的元素中，與冠狀動脈問題呈現最一致關聯的是敵意（Markovitz, Jonas, & Davidson, 2001; Pickering, 2001; Räikkönen & otners, 1999）。那些向外表現敵意或容易生悶氣的人，比少生氣的人更容易發展出心臟病（Allan & Scheidt, 1996）。這種人被稱為「壓力敏感者」，因為他們對壓力有強烈的生理反應：心跳加速、呼吸急促，而且肌肉張力上升。行為醫學家 Redford Williams（1995, 2001, 2002）相信，藉由指導這些人控制生氣，並且發展出對他人的信任感，可以降低罹患心臟病的危險性。

堅毅

堅毅（hardiness）是一個以承諾感（而非疏離）、控制感（而非無能力），以及視問題為挑戰（而非威脅）為特徵的人格型態。著名的芝加哥壓力計畫（Kobasa, Maddi, & Kahn, 1982; Maddi, 1998）發現，有多個保護因素可降低嚴重疾病的產生，堅毅性格是其中一個因素，其他還包括了運動，以及社會支持。

堅毅
一種人格型態，特徵是承諾感（而非疏離）、控制感（而非無能力），以及視問題為挑戰（而非威脅）。

個人控制

壓力的另一個重要層面是，個人是否可以做一些事情來控制或減少壓力，以及他們對控制感的知覺（Taylor, 2003; Thompson, 2001; Wallston, 2001）。如同我們在第 11 章所討論的，在面臨壓力時，如果缺乏控制感，會造成習得無助（Seligman, 1975），並且導致憂鬱。相較之下，擁有一般性的控制感可以幫助我們減輕壓力，並且有能力解決問題。一個擁有良好控制感的人可能會說：「如果我現在停止吸菸，我將不會得肺癌。」或者說：「如果我能規律地運動，我將不會得到心血管疾病。」所以，控制感對那些容易罹患健康問題的人來說特別重要，如：內科病人（包括癌症病患）、兒童及其他成人。除此之外，控

制感也可幫助個人避免從事危險的生活型態，如大量酗酒或飲食尋求慰藉。

許多的研究都顯示，個人對壓力事件的控制感，與情緒的安適、成功的因應壓力事件、促進健康的行為改變，以及良好的健康有關（Decruyenaere & others, 2000; Pickering, 2001; Taylor, 1999; Thompson & Spacapan, 1991）。

12.2.2 環境因素

生活事件與日常瑣事

生老病死、分離、畢業、失業等是我們認為的重大事件。事實上，壓力並非只來自於重大生活事件中。一些我們平常沒有發現到的生活瑣事，累積起來往往帶來很大的壓力。這也是為什麼有時候我們會覺得「最近也沒什麼重要的事，怎麼還是很悶」。

想想看，對於正處學生生活的你，什麼是最惱人的事情呢？研究顯示，大學生最常見的日常煩惱就是浪費時間、寂寞，以及擔心自己是否能達到更高的標準（Kanner & others, 1981）。事實上，大學生會害怕在成功導向的社會中失敗，而這在大學生的憂鬱中也扮演了相當重要的角色。同時，大學生活中的小事件，如：玩樂、玩笑、看電影、與朋友相處融洽，以及完成作業等，都是生活中重要的樂趣來源。

衝突

生活環境有另一類的刺激就是衝突。衝突發生在當我們要做決定，或碰到兩個或兩個以上無法比較的選項時。Neal Miller（1959）提出三大衝突的型態：

- **雙趨衝突（approach/approach conflict）**：必須在兩個都很有吸引力的刺激或情況中做選擇。例如，跟氣質美女還是運動辣妹約會？要買 LV 包還是 Prada 包呢？在三類衝突中，雙趨衝突的壓力最小，因為做任何一個選擇的結果都是你喜歡的。

- **雙避衝突（avoidance/avoidance conflict）**：必須在兩個都不想要的

雙趨衝突
個體必須在兩個都很有吸引力的刺激或情況中做選擇時所出現的衝突。

雙避衝突
個體必須在兩個都不想要的刺激或情況中做選擇時所出現的衝突。

刺激或情況中做選擇。例如，期末是要考試還是交報告？這兩個都是不想要的，但是必須從中選擇一個。顯而易見地，這個衝突的壓力比較大。所以，我們在做雙避衝突時，多半都會拖延到最後一刻才決定。

- **趨避衝突**（approach/avoidance conflict）：發生在同時擁有正向及負向特徵的單一刺激或情境時的衝突。例如，想吃提拉米蘇，但可能會變胖？我們的世界總是不時地充滿這類的趨避衝突，它可以帶來相當大的壓力。

趨避衝突
發生在同時擁有正向及負向特徵的單一刺激或情境時的衝突。

超出負荷

有時候日常煩擾會大到令我們難以再承受。例如，長期高分貝的噪音會讓我們對其他刺激的忍受度超出負荷。在這個資訊爆炸的時代，我們常常覺得每天的時間根本不夠用，長久以來的這種生活方式會導致**耗竭**（burnout），是一種身體及情緒都消耗殆盡的狀態，包括無望感、慢性疲倦以及沒有活力等（Leiter & Maslach, 2001）。耗竭通常並非由一或兩個重大創傷事件造成，而是由每日且漸進式的壓力累積而成的（Demerouti & others, 2001; Leiter & Maslach, 1998）。耗竭也很容易出現在需要時常處理情緒化，但對他人又只有有限控制力的人身上（如：客服人員、社工及護士）（Alexander & Klein, 2001; DiGiacomo & Adamson, 2001）。耗竭影響了某些學校近四分之一的學生，這也是多數大學生未修完學分就離校的原因。通常休學 1～2 個學期會被視為無能力表現，但現在已較能被接受，而且諮商師可能會鼓勵壓力過大的學生做短暫的休學。不過，在提出暫時休學的建議前，大多數的諮商師仍會先建議一些減輕壓力的考試方法，並且探索可能的因應策略。有時候單單只是把課程做一些刪減或調整就可以帶來效果。

耗竭
一種超出負荷的感受，包括了心理及身體的消耗殆盡，通常是因每日且漸進式的壓力累積所造成的。

與工作相關的壓力

與過去 10 年相比，我們需要花更多的力氣及時間才能維持生活的水準。與工作相關的壓力增加，通常發生於工作本身要求很高，又無

權做決定的情況（低自主性，高外在控制）。這種情況讓人很容易生病或發生危險。被工作要求強烈的控制、沒信心解決問題，以及對失敗的自責，這三種工作狀況都會增加員工生病的機率。

12.2.3　社會文化因素

不同於個人及環境因素，社會文化因素可以決定個體會遭遇到何種壓力源（例如外來移民會遇到涵化壓力、貧窮有貧窮的壓力），不論個體是否主觀地覺得有壓力。

涵化壓力

遷移到一個新的環境是有壓力的。當個人由一個文化遷移到另一個不同的文化時，會帶來更多的壓力。**涵化壓力（acculturative stress）**是因兩個不同的文化團體互相接觸時所造成的負向結果。你離鄉來到外地讀書就會有這樣的涵化壓力。

> **涵化壓力**
> 因兩個不同的文化團體互相接觸時所造成的負向結果。

加拿大跨文化心理學家 John Berry（1980）認為，當人們經驗到文化的改變時，主要有四種適應方式：

- **同化**：個人放棄原有的文化認同。非主流團體就會被已經建立好的主流社會所吸收，如：原住民被漢化的過程。
- **整合**：各種族群團體在更大的社會系統中互相合作，如：客家族群融合的漢文化。
- **分離**：指的是自願脫離更大的文化。分離會變成隔離，人們可能會因為想要保留傳統生活方式而獨立地存在（如：獨立運動），或是主流文化想要以權力排除其他非主流文化（如：種族隔離制度）。
- **排斥**：個人文化的本質喪失，也沒有被其他更大的社會所替代。因此排斥會同時有疏離感以及失去自我認同感。

排斥是涵化中最不適應的反應。雖然分離在某些情況下是有利的，但個體想要尋求分離而團體中其他人想要尋求同化時，則會產生壓力。整合及同化都是在面對涵化壓力時較健康的適應方式。對大多數的人而言，在處理涵化時，擷取兩文化系統中最有利的特徵是最好的因應方式。

12.3 壓力反應

當我們面臨壓力時，會出現生理及認知的壓力反應。以下先來討論壓力所產生的生理反應。

12.3.1 一般適應症候群

面臨壓力時，身體會快速地做好準備，以對壓力做出因應。Hans Selye（1974, 1983）以**一般適應症候群（general adaptation syndrome, GAS）**一詞，用來說明在面臨環境要求時身體所做出的反應。一般適應症候群包含三個階段：警覺期、抗拒期，和耗竭期（圖 12.1）。

警覺期

因應壓力的初期作用，身體會在很短的時間內釋放一些荷爾蒙，這些荷爾蒙對免疫系統的功能有不利的影響，使得處於警覺期的人很容易被感染或傷害。所幸警覺期很快就會過去。

許多科學家都同意，有兩條主要從大腦到內分泌系統的生物通路負責警覺期的壓力反應（Anderson, 1998, 2000; Anderson, Kiecolt-Glaser, & Glaser, 1994; Sternberg & Gold, 1996）。如圖 12.2 所示，第一條是神經內分泌免疫系統通路（通路 1），即下視丘→腦下垂體→腎上腺，最後再由腎上腺釋放可體松。可體松短期的釋放對身體是有利的，可以提供細胞足夠的燃料——葡萄糖——使肌肉運動。但長期釋放高濃度的可體松就對身體有害了，它會抑制免疫系統的功能，並且壓抑大腦系統的功能。太多的可體松也會使食慾上升，造成體重的增加。

第二條是交感神經系統通路（通路 2），由下視丘到交感神經系統（而非腦下垂體）。當交感神經的訊號到達腎上腺後，會使腎上腺釋放腎上腺素與正腎上腺素（而非

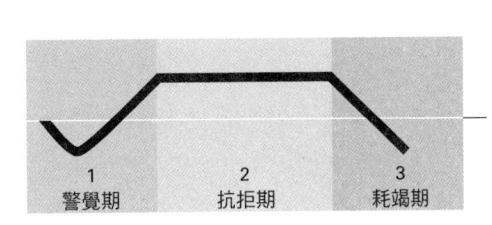

> **一般適應症候群**
> Selye 所提出的名詞，意指在面臨環境要求時，身體所做出的反應。包含三個階段：警覺期、抗拒期，和耗竭期。

圖 12.1 Selye 的一般適應症候群
一般適應症候群描述個體對壓力一般性反應的三個階段：警覺期，動員身體資源；抗拒期，持續抵抗壓力；以及耗竭期，抗拒開始崩潰。

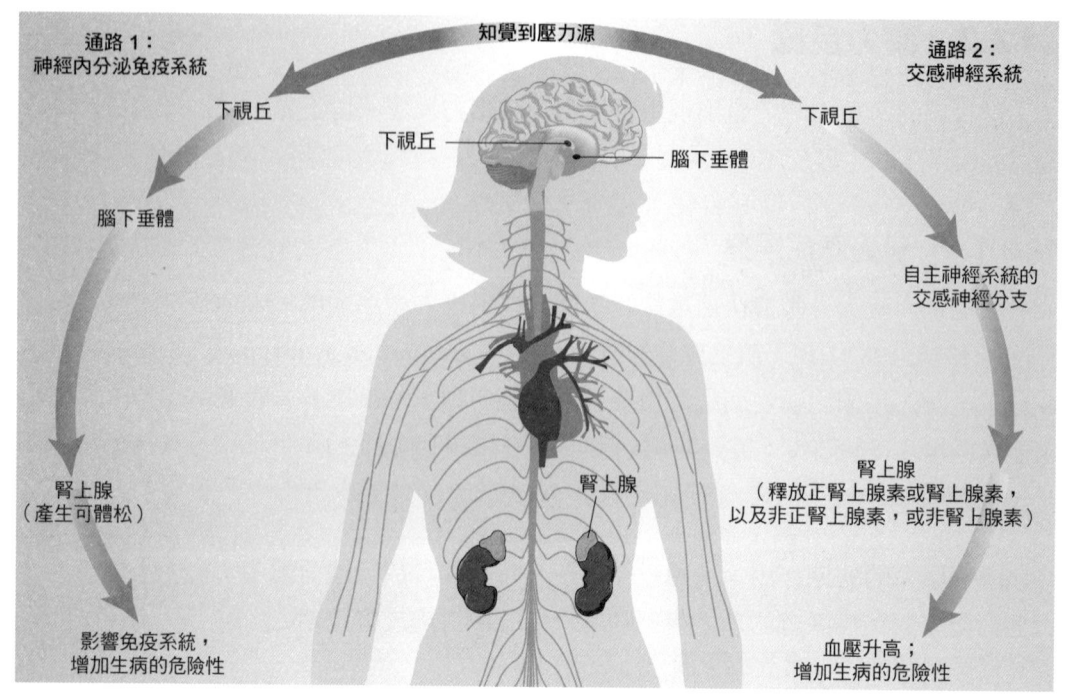

圖 12.2 壓力的兩大生物通路

可體松）。交感神經系統可對壓力做出快速的反應（通常是「戰或逃」的反應），包括血壓上升。如果長時間處於這樣的狀態下，升高的血壓可能會增加生病的機會，如：心血管疾病。

抗拒期

一般適應症候群的第二階段是抗拒期，此時全身的許多腺體開始製造多種荷爾蒙以保護個體。內分泌及交感神經系統的活動不會像在警覺期時那麼高，但還是處於升高的狀態。

在抗拒期中，身體的免疫系統可以有效地擊退感染。這些荷爾蒙會促進傷口附近的血液循環，進一步緩減傷害。

耗竭期

如果身體使盡全力去對抗壓力還是失敗，且壓力仍持續地存在，個體就會進入耗竭期。在此時，身體不斷受到磨損，並且消耗掉個體

的資源，可能會因此使人崩潰，罹患疾病的機率也會增加。在耗竭期所造成的某些嚴重傷害可能是不可逆的，甚至會導致死亡。例如，我們常見新聞中描述竹科工程師的過勞死。

12.3.2 戰或逃、照顧及與他人友好

　　Selye 的警覺期與戰或逃的反應相同。這兩個概念都是指身體快速地動員生理的資源，使生物準備好去處理威脅，並保全生命。並非只有威脅到生命的情境才會產生戰或逃的反應。事實上，任何威脅到個人重要動機的事件，都會造成個體因應的負擔，並且引發這些反應。戰或逃的反應在男性與女性的表現上不同，相較於男性，女性在面臨壓力與威脅情境時，較少做出戰或逃的反應（Shelley Talor & others, 2000）。女性比男性有更多的「照顧及與他人友好」（tend and befriend）反應。女性在面臨壓力情境時，會透過養育行為來保護自己與年輕的子代（**照顧**），並且與一個更大的社會團體形成同盟，特別是與其他女性形成的團體（**與他人友好**）。

12.3.3 認知評價

　　不是每個人碰到相同事件都會有相同的反應。這取決於我們如何看待並解釋我們所遭遇的事件。例如，如果你把面試當作威脅，你就會感到很有壓力，但如果你把面試當作挑戰，你的壓力就會小很多。Lazarus 使用**認知評價**（cognitive appraisal）一詞，來說明個體是否會把事件解釋為有害、威脅或挑戰的，並且決定自己是否有足夠的資源對事件做出有效的因應。

　　以 Lazarus 的觀點，我們用兩種方式評估事件：初級評估與次級評估（圖 12.3）。**初級評估**是指你如何解釋你面臨的事件。**次級評估**則是進一步評估我所擁有的資源並且決定這些資源可以被有效地用來克服事件的程度。

認知評價
由 Lazarus 提出的名詞，說明個體是否會把事件解釋為有害、威脅或挑戰的，並且決定自己是否有足夠的資源對事件做出有效的因應。

圖 12.3　Lazarus 對壓力的認知評價觀點
如果將壓力源視為有害的、威脅的（第一步），而且只有很少的或沒有因應的資源時（第二步），會有高度壓力。如果將壓力源視為一種挑戰（第一步），並且有足夠的資源做良好的因應（第二步），則可以減輕壓力。

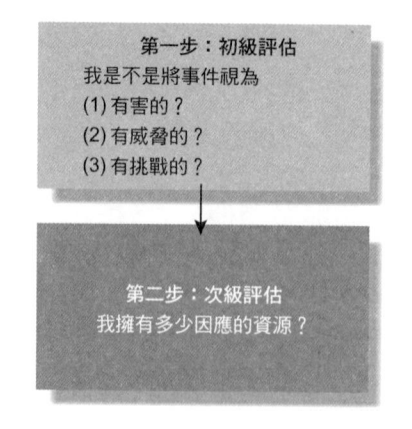

> 第一步：初級評估
> 我是不是將事件視為
> (1) 有害的？
> (2) 有威脅的？
> (3) 有挑戰的？

> 第二步：次級評估
> 我擁有多少因應的資源？

12.4　壓力與疾病

此節我們將回顧一些與壓力相關的特殊疾病，討論有哪些因素可以幫助我們打擊疾病，並且維持健康。

12.4.1　與壓力相關的疾病

處於警覺期或耗竭期的人們，免疫系統並無法良好地運作。在這些階段中，病毒及細菌都更有可能會增加或引發疾病。Sheldon Cohen 等人（1998）的研究發現，面臨人際或與工作相關壓力至少 1 個月的成人，比那些壓力較少的成人更容易感冒。但如果你有來自朋友及家庭的正向社會聯繫，則可以保護你免於感冒（Cohen & others, 1997）。

心血管疾病也是與壓力相當有關的疾患。已有許多證據顯示，重大的生活改變以及慢性的情緒壓力，與高血壓、心臟病以及提早死亡有關（Rozanski, Blumenthal, & Kaplan, 1999; Taylor, 1999）。由此可見，嚴重的情緒壓力是心臟病發作的主要因素（Fogoros, 2001）。

長期的慢性壓力不僅影響生理狀態，慢性壓力也會透過不良行為及生活型態導致心血管疾病的發生。例如，吸菸、過度飲食，以及運動不足等（Schneiderman & others, 2001）。壓力與癌症的關聯也有類似的型態（Anderson, 2000; Anderson & others, 2001）。

相反地，即使是患有慢性疾病的人，如果擁有正向的健康行

為（例如運動），也可因此增進免疫力及內分泌系統功能（Phaneuf & Leeuwenburgh, 2001）。

在地人的心理學

健康心理學的啟蒙者——吳英璋教授

臺灣大學心理系吳英璋教授致力於健康心理學的發展，他啟發了許多學生投注在健康心理學領域推展。1999 年《應用心理研究》的〈健康心理學〉專文中，特別提到臨床心理學研究的三大主題：(1) 慢性病的生理—心理—社會取向研究（如：林宜美老師在以敵意為基礎在心臟血管疾病的探索）；(2) 醫生與病人關係之研究（如：醫病溝通的相關研究）；以及 (3) 病患生活品質的研究（如：姚開屏老師在臺灣版 WHO 生活品質之系列研究）。這樣的宏觀思維也為臺灣的健康心理學開啟了一個研究系統，同時，也讓後進學者可以為自己找到一個研究定位。

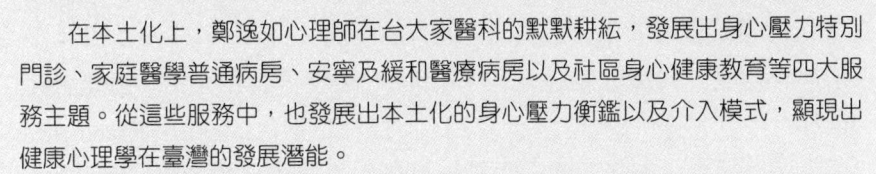

在本土化上，鄭逸如心理師在台大家醫科的默默耕耘，發展出身心壓力特別門診、家庭醫學普通病房、安寧及緩和醫療病房以及社區身心健康教育等四大服務主題。從這些服務中，也發展出本土化的身心壓力衡鑑以及介入模式，顯現出健康心理學在臺灣的發展潛能。

近年，過勞死的案例漸增，職場的身心健康問題也漸漸被重視。2005 年，陸洛教授與陳禹教授主編了〈職場健康心理學〉，深入探討職場壓力、工作耗竭以及工作與家庭衝突等議題，也點出現在就業人口中的身心健康問題。

健康是掌握在自己的手上。在生活中，健康心理學可以從個體的生活型態著手，強化良好的健康習慣（如健康五蔬果、運動 333 計畫）以及減少不良的危險行為（如：不安全性行為與危險駕駛）。透過這些介入模式來增進國人的身心健康與生活品質。

思考一下

1. 你平時的飲食有考量「健康五蔬果」嗎？
2. 你平時有養成良好的運動習慣嗎？
3. 在生活中，你有哪些不健康的生活習慣需要改變？
4. 健康心理學與臨床心理學有何不同呢？

參考資料

- 吳英璋、陳慶餘、呂碧鴻、翁嘉英、陳秀蓉主編（1999）。〈健康心理學〉。《應

用心理學研究》，3，35-217。
- 陸洛、陳禹主編（2005）。〈職場健康心理學：挑戰與實作〉。《應用心理學研究》，27，41-166。
- 陳秀蓉、鄭逸如（2008）。〈臺灣臨床健康心理學的過去、現在與未來〉。《應用心理學研究》，40，99-119。

12.4.2 正向情緒、疾病與健康

我們過去總是把焦點放在負向因子上，例如：情緒壓力與生氣。但近期的研究興趣已轉向正向心理學，並且探索正向情緒的好處（Salovey & others, 2000）。舉例來說，正向情緒與免疫球蛋白 S-IgA（此抗體是感冒時的第一道防線）的釋放有關（Stone & others, 1994）。研究也發現，回復並維持正向心情時，比較不容易生病，在面臨有壓力的生活經驗時，也較少使用到醫療服務（Goldman, Kraemer, & Salovey, 1996）。再者，開心的人比悲傷的人有更多的健康行為，對於緩解病痛也有較高的自信心（Salovey & Birnbaum, 1989）。擁有正向情緒的人也有較多樣化的因應策略（Frederickson & Joiner, 2000）。

社會支持是另一個與壓力及因應有關的重要因素。正向的社會支持不但可以改善個人的情緒狀態，同時，個人的情緒狀態也會影響他人提供支持的可能性。

總結來看，正向情緒的確有助於降低疾病，並且促進健康（圖12.4）。但現在仍需要有更多的研究去證實正向情緒與健康確實有關。

因應
管理複雜的情境、花時間去解決生活上的問題、尋求專家的協助，或者減少壓力。

12.5 因應策略

成功的**因應**（coping）與幾個因素有關，包括個人的控制感、健康的免疫系統、個人資源，以及正向情緒。

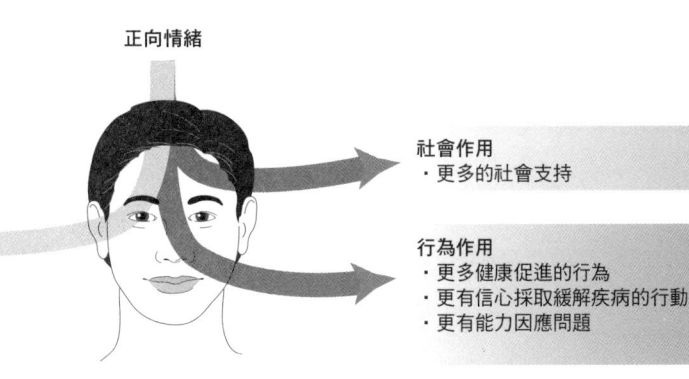

第 12 章　健康心理學
Health Psychology

正向情緒

生理作用
・增進心血管健康
・增加免疫功能
・高 S-IgA（攻擊感冒的抗體）
・面臨壓力時，較不會生病，也較不會使用到醫療資源

社會作用
・更多的社會支持

行為作用
・更多健康促進的行為
・更有信心採取緩解疾病的行動
・更有能力因應問題

圖 12.4　正向情緒與健康的關係

12.5.1　問題焦點與情緒焦點的因應

　　Lazarus 認為人們大致有兩類型的因應型態：問題焦點的因應，和情緒焦點的因應。**問題焦點的因應（problem-focused coping）**是直接面對並試著解決問題的認知策略。舉例來說，如果在課業上有問題，你可能會去 K 書中心，或者去上一些如何有效學習的課程。這種方式就是直接面對問題，並且嘗試做些什麼事去解決它。

　　情緒焦點的因應（emotion-focused coping）則是以情緒的方式回應壓力，特別是使用防衛機轉。做情緒焦點的因應時，我們可能會逃避一些事情、合理化發生的原因、否認它已經發生、一笑置之或者使用宗教的信念來支持自己。以上一個例子為例，如果你採用的是情緒焦點的因應，可能就乾脆不去上課，或說上課根本沒用、否認自己有學習上的問題、用開玩笑的方式跟朋友談這件事，或者去拜文昌君求個心安。情緒的因應可能不是一個面對問題的好方法，但它可帶來一些主觀上的控制感，避免被排山倒海的感覺壓垮。但長期看來，比起當個縮頭烏龜或自我欺騙，直接面對問題還是比較好。

問題焦點的因應
Lazarus 提出的名詞，指直接面對並試著解決問題的認知策略。

情緒焦點的因應
Lazarus 提出的名詞，指以情緒的方式回應壓力，特別是使用防衛機轉。

12.5.2　積極與正向的思考

　　處理壓力時，試著使用正向的思考是一個好的因應策略。相較於悲觀的思考，一個正向且積極的思考，可以產生正向的情緒及積極的行為反應。如此一來不僅可以提高自尊，同時也更能夠有效地處理問

題。積極的態度也可以讓我們對環境有更高的控制感。

認知重建與正向自我對話

Martin Seligman（1990, 2001）相信，克服慢性悲觀最好的方式就是使用認知治療法。認知治療法鼓勵個案改用正向的思考，以更積極的方式去回應負向的思考，並且限制個人的自責以及負向的推論。

許多認知治療師都相信，**認知重建**的歷程——修正維持個案問題的主要思考、想法以及信念——可以讓個人更正向並且更積極地思考。圖 12.5 舉例說明以正向自我陳述取代負向自我陳述。

在重建想法之前，你需要能夠發現自己的想法。有一些方法可以

情境	負向自我陳述	正向自我陳述
有一件冗長又困難的任務要在後天完成	「我不可能在明天完成這個工作的。」	「如果我很努力地做，明天也許能夠完成。」 「這是一件困難的事，但還是有可能完成的。」 「如果我真的做不完，就去問老師可不可以讓我延長時間。」
失業	「我不可能再找到其他工作。」	「我只是需要再努力一點找其他工作。」 「接下來可能會有一段辛苦的日子，但我過去也經驗過困難的時刻。」 「也許有一些就業輔導員可以協助我找工作。」
離開家人和朋友	「我會失去一切！」	「我會想念每個人，我們還是會保持聯絡！」 「我會認識新朋友！」 「到新環境也是一種挑戰。」
與心愛的人分手	「他／她是我的全部，如果沒有他／她，我就沒有活下去的理由了。」	「我真的希望我們的關係能夠維持，但不能維持也不是世界末日。」 「也許在未來我可以再試一次。」 「我可以試著讓自己忙碌一點，不要讓這件事困擾我。」 「如果我能夠遇到他／她，沒有理由我以後就遇不到其他人。」
沒有得到大學入學許可	「我真是一個笨蛋。我真不知道我到底會做什麼事。」	「下學年再申請一次就好了。」 「除了上大學，人生中還有其他的事可做。」 「我想一定有很多好學生被刷下來，這個競爭一定很激烈。」
要參加課堂討論	「每個人都懂得比我多，我說的話有什麼用。」	「我在課堂上可以說得跟其他同學一樣多。」 「也許我的想法是很特別的，但他們仍然是對的。」 「有一點小緊張是 OK 的，我會在開始說話前試著放鬆一點。」 「我可能會說一些話，如果說得不好，那又怎樣？」

圖 12.5　以正向自我陳述取代負向自我陳述

幫助你監控自我對話。你可以在每天隨機的時間點，問自己：「我剛剛跟自己說了什麼話？」然後，假如可以，在紙條上寫下你碰到事情時的想法和心情（事件—想法—情緒）。剛開始時，請不加思索地記下你的想法。最後，試著讓你的自我對話更正確、更正向。

你也可以利用不舒服的情緒或心情作為線索來找出你的自我對話，如：壓力、憂鬱以及焦慮等。盡可能精確地辨識出你的感受，然後問自己：「在我有這個感覺之前，我跟自己說了些什麼話？」或者「在我有這樣的感覺時，我跟自己說了什麼話？」。

當你預想到一件困難的事情時，也是一個評估自我對話的好機會。寫下將要發生的事件，然後問自己：「我對這件事情的想法是什麼？」假如你的想法是負向的，就試著用你自己的力量去將這些破壞性的心情轉為正向的，並且試著把可能的失敗經驗轉為成功的經驗。

自我效能

早先曾提到控制感是壓力議題中的一個重要因素。與控制感有密切關係的就是**自我效能（self-efficacy）**，即是一個人相信自己可以勝任某情境並產生正向結果的能力。自我效能可以促進個人的因應能力與心理健康（Bandura, 2001）。在心理治療中，個案的自我效能與參與治療的動機及障礙的克服有強烈的關係（Longo, Lent, & Brown, 1992）。

自我效能
一個人相信自己可以勝任某情境並產生正向結果的能力。

12.5.3 社會支持

現代人的生活孤立，雖然像手機、Facebook這類溝通的媒介變多了，但實際上，人與人之間的距離卻變得更遠。缺乏**社會支持（social support）**會讓我們對生活感到難以招架又孤立無援。所以，我們更需要來自家人、朋友以及同事的支持，幫助我們緩衝壓力。

社會支持
他人對個體的協助。

社會支持有三大類（Taylor, 2003）：

- **實質的協助**：在有壓力的情境下，家人及朋友可提供我們實際的物質及服務。舉例來說，在家人喪禮結束後通常會聚餐，讓家庭成員在體力跟動機都低落的時候，好好地與親戚們相聚。

- **訊息**：提供特殊行動及計畫的建議，以協助個人有效地處理壓力。當你注意到同學被課業壓得喘不過氣，也許可以建議他一些時間管理或減少外務的有效方法。
- **情感支持**：在壓力下通常會帶來憂鬱、焦慮等情緒負荷，並且降低自尊。朋友及家人可以讓你感覺到自己仍然是有價值且被愛的人。來自他人的照顧提供我們更多的安全感，讓我們可以去面對壓力，並且克服它。

12.5.4　自我肯定行為

一般人主要有四種處理衝突的方式：

- **攻擊行為**：時常採取攻擊行為的人，對他人的權益也比較不敏感。
- **操縱行為**：操縱他人，製造對方的罪惡感以得到自己想要的。他們不對自己的需求負責；反而操縱別人，而自己扮演受害者的角色，假裝自我犧牲以博得他人同情，讓他人替自己做事。他們用間接的方式滿足自己的需求。
- **被動行為**：被動的人以非自我肯定的、順從的方式行動，他們讓別人冷酷地對待自己。被動的人也不會表達自己的感受，也不讓別人知道自己想要什麼或需要什麼。
- **自我肯定行為**：自我肯定的人會表達自己的感受，提出他們想要的，並且在不想要的時候適時地說「不」。表現出自我肯定的人，能夠為他們的興趣做最好的行動，並且以合法的方式保障自己的權益。

自我肯定的表達有助於關係衝突的處理。以下是一些讓我們更加自我肯定的策略（Bourne, 1995）：

- **設定好一個你想要進行討論的時間**：找一個雙方都方便的時間交談。假如你需要立即展現自我肯定行為時，則可以省略這個步驟
- **列出問題以及它對你的影響**：讓對方能更清楚你的立場。盡可能客觀地描述問題，而不去責備或評價他人。例如，你可能要告訴室友或家人：「我有一個關於音樂播放得太大聲的問題。因為我要準備明

天的考試，聲音太大會讓我無法專心。」
- **表達你的感覺**：開放地表達你的感受——但不要殺氣騰騰的。你需要讓對方知道這件事對你來說有多重要。壓抑你的感受只會拖延這個問題。
- **提出你的要求**：自我肯定的一個要點是直接提出你想要的是什麼。

12.5.5 宗教

宗教的思想在保持希望與復原的動機上扮演重要的角色。雖然這些機制目前並不清楚，例如禱告。但研究顯示，有些活得較久的 AIDS 病患使用宗教為個人的因應策略，參與各種宗教活動，如：禱告、做禮拜等（Ironson & others, 2001）。

關於宗教與健康關係的另一個解釋是宗教組織提供了社會聯繫，由宗教活動所促進的社會聯繫可降低焦慮及憂鬱，並且有助於預防孤立與寂寞（Koenig & Larson, 1998）。

12.5.6 壓力管理課程

壓力管理課程（stress management program）教導個人如何評價壓力事件、如何發展壓力的因應技巧，以及如何將這些技巧運用在日常生活中。

以下是常用於壓力管理課程的技巧：

- **禪修（meditation）**：是一套實踐性及系統性的整合系統，禪修的練習有助於得到身心的控制，達到幸福感和頓悟（Gillani & Smith, 2001; Tassi & Muzet, 2001）。通常使用以下兩種形式：創造新經驗達到心靈淨化的效果，或是增加專注力。
- **生理回饋（biofeedback）**：是藉由儀器來監控身體活動的過程，而儀器所顯示的訊號，即是一種回饋，使個人增進對生理活動的自主控制，是一種操作制約的形式。

壓力管理課程
教導個人如何評價壓力事件、如何發展壓力的因應技巧，以及如何將這些技巧運用在日常生活中的課程。

禪修
一套實踐性及系統性的整合系統，禪修的練習有助於得到身心的控制，達到幸福感和頓悟。

生理回饋
藉由儀器來監控身體活動的過程，而儀器所顯示的訊號，即是一種回饋，使個人增進對生理活動的自主控制。

動動腦

正念舒壓法

「正念舒壓法」乃於 1979 年，由美國麻省大學醫學中心（University of Massachusetts Medical Center）附屬「減壓門診」（stress reduction clinic）的 Jon Kabat-zinn 博士所創立，其目的乃在教導病患運用自己內在的身心力量，為自己的身心健康積極地做一些他人無法替代的事——培育正念。

「正念」（mindfulness）視為「專注當下的時刻與經驗」：

1. 不對自己的情緒、想法、病痛身心現象作價值判斷（non-judging），只是純粹地覺察它們。
2. 對自己當下的各種身心狀況保持耐心（patience），有耐性地與它們和平共處。
3. 信任（trust）自己、相信自己的智慧與能力。
4. 接受（acceptance）現狀，願意如實地觀照當下自己的身、心現象。

本書所談到的許多回家作業都是一種正念的練習，透過這些正念的練習，可以讓你舒緩壓力，可以過得更健康。

思考一下

1. 第一章回家作業的正念呼吸對你的幫助？
2. 生活中有哪些因素讓你無法執行正念呼吸？
3. 正念與健康的關係何在？

建議閱讀

- Jon Kabat-Zinn 著，雷淑雲譯（2008）。《當下，繁花盛開》（*Wherever You Go, There You Are: Mindfulness Meditation in Everyday Life*）。心靈工坊。
- 一行禪師（2008）。《一心走路》（*Buddha Mind, Buddha Body*）。橡樹林。

12.6 健康的生活

健康的生活——建立健康的習慣、評估並改變干擾健康的行為——有助於避免壓力帶來的傷害（DiMatteo & Martin, 2002）。健康的生活型態中，基本的要素就是規律的運動以及良好的營養，並且避免危險，例如，避免吸菸或不良的性行為。

12.6.1 規律的運動

我們在日常生活中的活動愈來愈少。大多數的我們,仍然以騎車代替走路、坐電梯而不爬樓梯,並且僱用一些人來替自己做一些生活上的勞動。絕大多數的人在放假時,也都是在電視機或電腦前度過。

健康專家希望我們運動的主要原因之一在於運動能夠使我們避免心臟病(Billman, 2002; Williams, 2001)。運動可強化肌肉及骨骼、增加彈性,並有助於保持體重。許多健康專家建議採有氧運動,**有氧運動(aerobic exercise)**是一種持續的活動——慢跑、游泳或騎腳踏車,它可以刺激心肺功能。規律且勤奮運動的人,罹患心臟疾病的危險性較低;相對於那些長期久坐的人,在成年期中期的存活率也較高(Lee, Hsieh, & Paffenbarger, 1995; Paffenbarger & others, 1986)。圖 12.6 列出了中度與劇烈的身體活動。

以比較合乎現實的目標來說,最好每天至少有 30 分鐘的中度身體活動。國民健康局建議國人每天運動至少 30 分鐘,分段累積運動量,效果與一次做完一樣,不過每次至少要連續 10 分鐘。例如每天應至少運動 30 分鐘,可以拆成 2 次 15 分鐘,或 3 次 10 分鐘完成。其實運動並一定都要汗流浹背才有效果,規律的中度運動即可為生理及心理帶來好處。

有氧運動
一種持續的活動——慢跑、游泳或騎腳踏車,它可以刺激心肺功能。

中度	劇烈
快走(每小時 3～4 英哩)	上坡或負重快走
騎腳踏車兜風或載東西(≤每小時 10 英哩)	快騎或競賽(>每小時 10 英哩)
游泳,中度費力	游泳,快速游
一般體操	階梯運動,跑步機
球拍運動,桌球	球拍運動,單打網球,壁球
划獨木舟,休閒(每小時 2.0～3.9 英哩)	划獨木舟,快速(≥每小時 4 英哩)
做家事,一般清潔	搬家具
用除草機除草	手動除草
整理家務,油漆	修理工程

圖 12.6 中度與劇烈的身體活動

建立運動習慣不容易，以下有幾個幫助你養成運動習慣的策略：

- **減少看電視與使用電腦的時間**：長時間看電視的大學生，身體健康較差（Astin, 1993）。你可以用運動來取代看電視的時間。
- **為你的計畫繪製記錄表**：記錄表可以有系統地記錄你的運動訓練，這個策略有助於長久地維持運動計畫。
- **丟掉藉口**：人們對於運動總是可以說出無數個藉口，最常見的藉口就是「我沒空」。但其實你有做運動的時間。
- **思考替代的選擇**：問自己是否太忙而疏於照顧自己的健康。如果失去健康，你的生活會變得如何？
- **了解運動**：對運動有更多的了解，你就愈會想去開始一個運動計畫，並且持續地進行。

12.6.2 吃得健康

儘管超市可以提供我們多樣化的選擇，大多數人仍然吃得不健康。我們攝取太多糖類，太少富含高維生素、礦物質和纖維的食物，如：水果、蔬菜及穀類。我們選擇那些會增加脂肪及膽固醇的食物，吃太多速食以及太少營養均衡的餐點，這些都會造成長期的健康問題。最近倡導「健康五七九」，小孩每天要攝取五份蔬果，女性每天要攝取七份蔬果，男性則每天需要攝取九份蔬果，這些都是在提醒我們每日蔬果的攝取量。

12.6.3 戒菸

許多研究都強調吸菸的危險性（Millis, 1998）。吸菸與 30% 的肺癌死亡、21% 的心臟病死亡，以及 82% 的慢性肺部疾病死亡有關。每年也有將近 9,000 人因為吸二手菸而死於肺癌，吸菸者的小孩也是呼吸道及中耳疾病的高危險群。

大多數的吸菸者都想要戒菸，但對尼古丁的成癮使得戒菸變成一大挑戰。尼古丁是香菸中的主要物質，具有興奮效果，可以提振能量及精神，帶來愉悅和增強的經驗（Payne & others, 1996; Seidman,

Rosecan, & Role, 1999）。尼古丁同時也刺激神經傳導素，讓人冷靜或止痛。吸菸的作用如同負增強效果，可以解除吸菸者在渴望尼古丁時的痛苦。即使所有人都知道吸菸是一種「慢性自殺」，但因為吸菸可以得到立即的滿足，以致讓人難以克服它。

然而，努力去戒菸還是很值得的。圖 12.7 顯示，個人一旦戒菸後，罹患肺癌的危險性會隨時間下降。

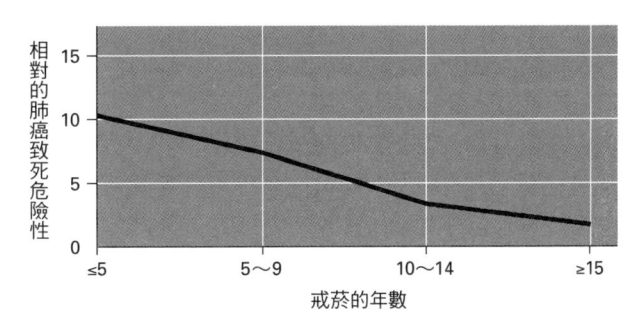

圖 12.7 戒菸的年數與肺癌的致命率
一項研究比較 43,000 位吸菸男性與 60,000 位從未吸菸的男性（Enstrom, 1999）。為了方便比較，縱軸的零點是指從未吸菸男性的肺癌致死率。隨著戒菸時間的增加，相對危險性也有相當的下降，但是即使在戒菸 15 年後，仍然高於從未吸菸者。

吸菸者可使用以下五種有效的方法來擺脫這個壞習慣：

- **使用尼古丁的替代物**：尼古丁口香糖、貼片、吸入器，以及噴霧，都可以提供微量的尼古丁，減輕戒斷症狀（Eissenberg, Stitzer, & Henningfield, 1999）。尼古丁替代物的成功率是令人振奮的。有 18% 的尼古丁貼片使用者與 30% 的尼古丁噴霧使用者，在 5 個月後仍無吸菸（Centers of Disease Control and Prevention, 2001）。近年衛生署大力推動戒菸門診，各大醫院或診所都有提供尼古丁替代療法或心理治療的戒菸服務。
- **服用抗憂鬱劑**：Bupropion SR，商品名為耐煙盼（Zyban），是一種抗憂鬱劑，有助於控制對尼古丁的渴望。研究發現，使用耐煙盼的戒菸者，在服用 5 個月後，平均有 30% 的成功率（Centers of Disease Control and Prevention, 2001; Gonzales & others, 2001; Steele, 2000）。
- **控制與吸菸有關的刺激**：這個行為改變技術，讓吸菸者對自己在吸菸時的一些社會線索有更高的敏感度。舉例來說，一般人可能在早上喝咖啡或社交應酬時吸菸，刺激控制策略可以協助吸菸者避免這些線索，或學習其他替代吸菸的行為。

- **進行嫌惡制約**：嫌惡制約是將一個不想要的行為與一個嫌惡的刺激配對在一起，降低行為的獎賞。盡可能地想像你抽了很多很多根菸，直到菸灰缸都滿了出來，香菸汙垢的氣味植入你的手指頭、你的喉嚨乾到沙啞，噁心極了。嫌惡制約的概念就是使吸菸變成一件不舒服的事，這樣就不再想去吸菸了。不過有時候這個技術有效，有時候沒效。
- **當個直截了當的人**：有些人並沒有做出生活的重大改變就能成功地戒菸。一旦決定戒菸，就去做了。菸癮輕的人比菸癮重的吸菸者較容易因此成功。

如同你看到的，並沒有任何一種方法能保證成功，所以合併使用這些方法是最佳的選擇。而且，真正的戒菸成功通常需要多次的嘗試。

12.6.4　明智的性決定

第 9 章討論過性動機及性取向。本節主要的重點在於，為你的性生活做出健康決定的重要性。

性知識

青少年特別會受到對性知識不清楚的痛苦。所以，認真地改善我們的性覺知及性知識，幫助減少非預期性懷孕並提升性的自覺是很重要的。

避孕

正確的避孕知識是重要的。但對於避孕知識的不足，伴隨著不一致地使用有效的避孕方法會帶來許多傷害。沒有任何一種避孕方法是適用任何人的（Hyde & DeLameter, 2003）。在選擇避孕方法時，需要考慮伴侶雙方的需求，如：身體及情緒的感受、避孕方法的有效性、關係的本質、價值觀與信念，以及避孕方法的方便性。

性病

性病（sexually transmitted diseases, STD）是主要由性行為接觸

性病
主要由性行為接觸而感染的疾病，包括性交、口交或肛交。

而感染的疾病，包括性交、口交或肛交。主要的性病通常是細菌感染引起，如：淋病及梅毒；或病毒感染，如：生殖器疹及 HIV/AIDS。

沒有任何一種性病如同 AIDS 一般，對性行為造成如此大的衝擊。**後天免疫不全症候群（acquired immune deficiency syndrome, AIDS）**是由**人類免疫不全病毒**（HIV）造成，是一種會破壞身體免疫系統的性病。HIV 帶原者因此容易受到一般正常免疫系統就能破壞的細菌所感染，一旦感染到 HIV，預後都不佳。新的「雞尾酒」藥物，以及健康的生活型態可以控制 HIV 一段時間，但個人最終都會發展至 AIDS，並且死亡。臺灣有許多愛滋病的相關機構，如：希望工作坊、露德之家，提供感染者相關的協助。

要記住的是，並非因為我們是誰，而是我們做了什麼，而使自己陷入 HIV 的危險。專家指出只有經由以下方式才會傳染 HIV/AIDS（Kalichman, 1996）：

- 性交。
- 傷口或黏膜直接接觸到血液或分泌物。
- 皮下共用針頭。
- 輸血（過去數年已被嚴格監控）。

任何從事性行為或靜脈注射藥物者都有危險性，**無人**可以免疫。只是詢問對方之前的性史，無法保證可以避免傳染 HIV 及其他性病。一項調查中，詢問 655 位大學生有關說謊及性行為的問題（Cochran & Mays,1990）。422 位回答他們性行為活躍的受訪者中，有 34% 的男性及 10% 的女性曾經欺騙他們的性伴侶；有更高的比例——47% 的男性以及 60% 的女性——曾被可能的性伴侶欺騙過。當詢問到過去有哪些部分是最常說謊的，超過 40% 的男性及女性表示，他們會低報過去性伴侶的數目；而且有 20% 的男性，以及 4% 的女性會謊報他們 HIV 抽血檢查的結果。

有什麼樣的策略可以保護你不受 HIV 及其他性病的感染呢？得到的結論是：

後天免疫不全症候群
由人類免疫不全病毒（HIV）造成，是一種會破壞身體免疫系統的性病。

- **了解你的危險狀態以及你的伴侶**：任何有過性行為的人，都可能在不知情的情況下接觸到性病。花一些時間了解你的伴侶過去的性經驗。在這個時間，告知對方你的性病狀態，並且詢問對方。記得嗎？許多人都會謊報他們的性病狀態。
- **進行醫學檢查**：許多專家都建議想要開始性關係的伴侶，需要接受醫學檢查以排除性病。如果有費用的問題，則可以聯絡社區的健康中心或健康診所。
- **從事性行為時做好保護措施**：如果能正確地使用保險套，可以避免許多性病的傳染。保險套對於避免淋病、梅毒、披衣菌（chlamydia）及 HIV 的感染是最有效的方法。對疱疹傳染的有效性則比較低。
- **絕對不要同時擁有多重性伴侶**：得到性病的最佳預測因子之一就是多重的性伴侶。超過一位以上的性伴侶會大大地增加你碰到帶原者的機率。

課堂活動

主題：你幸福嗎？

你好，這份問卷主要是想了解你對你目前生活的滿意程度，請就你最近的狀況來回答以下的問題：

	全不滿意	不太滿意	有點滿意	大都滿意	完全滿意
	1	2	3	4	5
1. 我對我的學業（工作）感到	□	□	□	□	□
2. 我對我的休閒生活感到	□	□	□	□	□
3. 我對我的人際關係感到	□	□	□	□	□
4. 我對我的家庭感到	□	□	□	□	□
5. 我對我的親密關係感到	□	□	□	□	□
6. 我對我的生活感到	□	□	□	□	□

參考資料

- 黎士鳴、謝素真（2009）。〈大學生生活滿意度量表之信效度〉。《長庚護理》。20，192-198。

回家作業

探索心理第十二課——舒壓呼吸

1. 發現你的壓力

    找一件讓你光是去想就覺得有壓力的事情？可能是一件你不想面對的工作、一個讓你喘不過氣的人，或甚至是一件你很想得到的某件東西。請盡可能鉅細靡遺地回想整個細節。

2. 專注你的呼吸

    吸氣，我將我的注意力放在我的腹部；吐氣，我感受到腹部的起伏。

    吸氣，我讓我的腹部凸起；吐氣，我讓我的腹部慢慢地凹下。

    吸氣，我感覺到全身充滿空氣；吐氣，我讓全身的壓力釋放。

    吸氣，我注意到我的問題；吐氣，我對我的問題微笑。

    吸氣，我感受到自己心情平靜；吐氣，我對這個世界微笑。

本章摘要

本章讓你發現心理學的應用層面，並從心理學的角度來探討「健康」與「幸福感」。

1. 健康心理學與行為醫學。
   - 健康心理學與行為醫學是新興學科，這兩個學科所探討的就是如何透過心理學來幫助個體活得更健康，並且透過心理學來協助病患有更好的生活品質。

2. 壓力何處在。
   - 21 世紀是充滿壓力的時代，人格因素（如：Ａ型行為型態）、環境因素（如：生活瑣事）、社會文化因素（如：貧窮）都會導致個體的壓力。想想看，目前你有哪些壓力？

3. 壓力反應。
   - 當你面對壓力時（如：考試），你的身體與心理有何反應呢？一般適應症候群說明壓力的生理反應；戰或逃、照顧及與他人友好則說明了我們的行為反應；認知評

價則說明了我們的心理反應。你可以發現，在壓力之下，牽一髮而動全身。
4. 壓力與疾病。
   - 當你長期處於壓力之下，就很容易生病。如同考試時容易感冒一樣的道理。為了減少生病的可能性，我們必須維持正向且健康的生活。
5. 因應策略。
   - 壓力不可避免，我們必須要學習對抗它。我們有很多因應的方式，如：問題焦點／情緒焦點的因應、積極與正向的思考、社會支持、自我肯定行為、宗教、壓力管理課程，都可增加我們的抗壓能力。
6. 健康的生活。
   - 健康的生活很重要，規律的運動、健康的飲食、停止不健康的行為，都讓我們活得更健康。

第13章

社會心理學
Social Psychology

章節內容

13.1 社會認知
13.1.1 歸因
13.1.2 社會知覺
13.1.3 態度

13.2 社會影響
13.2.1 從眾
13.2.2 服從
13.2.3 團體互動
13.2.4 領導統御

13.3 團體間的關係
13.3.1 團體認同

13.3.2 汙名化
13.3.3 增進族群間關係的方法

13.4 關係
13.4.1 吸引力
13.4.2 愛情
13.4.3 關係與性別

13.5 社會互動
13.5.1 攻擊
13.5.2 助人

這一章是**社會心理學（social psychology）**——一門研究人們如何知覺他人、影響他人以及與他人相處的學問。社會心理學和社會學的不同點，在於社會心理學更著重於個體在社會裡的角色，而社會學則是著重在社會層面的分析。

社會心理學
一門研究人們如何知覺他人、影響他人以及與他人相處的學問。

13.1 社會認知

社會生活中的許多人事物都讓心理學家十分熱衷，其中最能引起興趣的就是人們如何思索這個社會。這個領域的心理學家常常以**社會認知**（social cognition）解釋，包含人們如何選擇、解釋、記憶和使用社會訊息。當然，每個人依照自己在社會中的經驗，有其獨特的期待、記憶和態度。儘管如此，人們依然會有某些通則來處理在社會情境中的訊息（Bordens & Horowitz, 2002; Forgas, 2001; Moskowitz, 2001）。而其中最重要的原理就是人們如何對行為做出歸因——當人們接收到來自別人和自己的訊息後，如何將此訊息與態度和行為連結在一起。

13.1.1 歸因

人是有好奇心的，面對問題都會想找出原因。為何那個正妹會跟那個矮冬瓜在一起？為何不讀書的阿德會考上研究所？我們可以看到、聽到他人的一言一行，但是要了解行為背後的原因，就需要花心思推敲了。

為何我們想要了解這些原因？了解原因對我們很重要嗎？歸因理論認為，如果我們能了解為何人們會這麼做，便有助於自己更有效地去面對同樣的情境（Alderman, 1999）。在歸因理論中，人類具有追尋行為背後原因的好奇心，而找到動機也使得該行為更為合理。**歸因**（attribution）是猜想為何人們會去做這樣的行為。

歸因
猜想為何人們會去做這樣的行為。

原因的向度

人們常做的歸因大抵可分為三個類別向度（Jones, 1998）：

- **內在／外在因素**：Fritz Heider（1958）認為這個內在／外在向度是歸因的核心。想想以下這個情境會怎麼歸因：偉強和麗珍在交往了數個月後，麗珍提出分手。當我們去推敲原因的時候，可能會發現麗珍是因為父母不喜歡偉強（外在歸因）所以才提分手；但我們也可能這麼猜測：這是分手的真正原因嗎？也許活潑的麗珍拋棄了偉

強，是因為她已經厭倦了偉強太內向的個性（內在歸因）。人們會對其成就做出重要歸因，不論是來自外在因素或是內在因素。**內在歸因**（internal attribution）包括對人而言的所有內在因素，像是人格、智能、態度和健康。**外在歸因**（external attribution）包括對人而言的所有外在因素，像是社會壓力、社會觀點、氣候以及運氣。

- 穩定／不穩定因素：無論我們知道的因素是屬於恆久不變的或是瞬息萬變的，都會在我們歸因時納入考慮。如果麗珍知道偉強的內向個性是不會改變的，她便會認為這個行為因素是穩定的；相反地，如果麗珍相信，偉強現在的內向只是因為缺乏興趣，之後他還是可以變得活躍、好社交的，她便會認為這是不穩定的因素。以上兩者都是內在因素。如果麗珍的父母反對她這時候談戀愛，這就是外在穩定因素；而如果父母是不喜歡偉強，但是接受麗珍交往其他的對象，則成了外在不穩定因素。

- 可控制／不可控制因素：無論是可控制或不可控制因素，都算是另外一個向度（Weiner, 1986）。這個向度可以和內在／外在、穩定／不穩定等向度合併討論。內在、穩定因素如：努力，被認為是可以控制的；而外在、不穩定的因素如：運氣，則會認為那是在我們能控制的範圍之外。

Weiner 相信，我們會更注意那些可控制因素的歸因，是因為個人的努力會反映在其中。當我們歸因失敗的原因是屬於可以控制的時候，就會有罪惡感、羞恥和丟臉的想法；相反地，當我們覺得失敗是自己不能控制的時候，便不會責難自己。當他人的失敗是歸因於可控制因素，我們可能會對他感到生氣；或是說，當別人的失敗是因為受環境的影響，而非自己所能控制時，我們可能會同情他。舉例來說，一樣是摔破杯子，我們會較輕易原諒一個行動不便的人，而較不能原諒一名發脾氣的人。

基本歸因錯誤

之前曾提到，歸因是一種邏輯的、理性的思考歷程。然而，會有一些常見的錯誤和偏差混進我們的歸因中。基本歸因錯誤，便是讓我

們了解人們怎麼將自己的行為和所看到的行為進行歸類的關鍵。歸因理論已有提及，對於當事人的行為表現，常常會把自己的行為歸於外在因素；相反地，旁人則會覺得這樣的行為應該歸類於內在因素。因此，當我們想要去解釋別人的行為時，會高估他們內在特質的重要性，並低估了外在環境的影響，這就是**基本歸因錯誤**（fundamental attribution error）（圖13.1）。

基本歸因錯誤
我們在解釋別人的行為時，會高估他們內在特質的重要性，並低估了外在環境的影響。

利己偏誤

一件事情的發生，我們可以發現當事人和旁人對行為產生的因素有不同的想法和判斷，而**偏誤**（bias）常常是導致歸因不同的主要因素（Krull, 2001）。當我們解釋自己所做的行為時，會有利己的傾向：在歸因自己的行為時，有利己的傾向，且常常誇大自己所確信的看法（Pittman, 1998; Sedikides & others, 1998）。我們常常相信自己比其他人是更可信任的、更有道德的，而且外貌是很有吸引力的。我們也傾向相信自己是屬於中上的學生、父母，以及領導者。

當個人自尊受到威脅時出現，利己偏誤就會產生。我們會把成功歸因於內在因素，而把失敗歸因於外在因素：亦即我們把成功攬在自己身上，而把失敗責怪在別人身上或是環境問題。在麗珍和偉強分手的情況下，偉強會發現，要接受麗珍的外在因素是比較簡單的——她會提分手是因為她父母的關係；而要接受自己的內在因素是較困難的——

圖 13.1 基本歸因錯誤
當事人和旁人對當事人的行為，常會有不同的解釋。

當事人：傾向使用外在因素來解釋自己的行為。
「我遲交報告是因為別人一直要求我幫忙他們的工作。」

旁人：傾向使用內在因素來解釋當事人的行為。
「他遲交報告是因為不能專心於自己的工作上。」

自己個性太內向的問題。偉強的偏誤能免於受到強烈的自責。

13.1.2 社會知覺

當我們思考這個世界並尋找合理的解釋時，我們會形成並創造社會知覺（social perception）：我們建立對他人的印象，且在和他人比較之後有了自我認識，並用著希望別人感受到的樣子來表現自己。

建立對他人的印象

和他人第一次相遇時，我們便會對他形成印象。**初始效應**（primacy effect）可用以描述初次印象帶來的持久效果，其原因之一是我們會對初次見面有更多的注意力，而較少注意隨後得到的訊息（Anderson, 1965）。若你想要讓某人擁有印象，最好的方法就是在初次見面時表現出最好的一面。

當對他人形成印象時，我們以兩個重要的方式組織資訊：

- **我們會把印象連在一起**：特色、姿態、外觀，以及對這個人的其他訊息，我們都會在記憶裡把這些資訊緊密地連結（Brown, 1986）。
- **我們會把印象結合為一**：我們從一個人得到的訊息可能不是前後一致的，於是我們會增加、操弄、修飾訊息，來形成一個完整的印象（Asch, 1946）。

人格內隱理論（implicit personality theory）是指我們會以一種大家都用的、非專業的概念，將一些人格特質套在他人身上（Bruner & Tagiuri, 1954）。例如，「個性外向的人都是樂觀的」這種人格內隱理論，會這樣拼湊特質，其思考歷程可能是因循著一種相似度：「因為我絕大多數樂觀的朋友是很外向的，所以我認為所有樂觀的人必定也很外向。」

我們會以一些可評價的向度來衡量他人。Norman Anderson（1974, 1989）認為最常用的向度是**好的／壞的**。除了好／壞以外，力量（**強壯／虛弱**）和行動力（**積極／消極**）是我們常用來分類的向度（圖 13.2）。想一想，你一般都用哪些向度來看待他人呢？有沒有型、高／

人格內隱理論
以非專業的概念將一些人格特質套在他人身上。

矮、胖／瘦……。

　　我們也會把他人歸類到某個團體成員，或是某個和他相似的類別，來簡化我們對一個人的認識。比起把他人歸類到特定的團體，要好好地為這個人的個性分類是很費心力的，因此，我們常常會基於刻板印象對一個人進行分類。想像一下，當你遇到一個銷售員向你推銷，你心中對他的印象已有了一個「推銷員」的基模；如果沒有再去挖掘其他更多的訊息，你會認為他是一個實利主義的人。

　　但我們不會永遠用這樣粗糙的分類法來對待別人。當你和這位銷售員有更多的互動，你可能發現他這個人很有趣、很謙虛、很陽光，且可以信賴，之後便會修訂你對他的印象，認為他是很不一樣的。當我們發現接收到的訊息和分類有出入，或是更用心地對待他，我們便把這個人看待成獨特的個體，而不是用印象來分類。

圖 13.2　我們用來將人分類的三個向度
我們常會將周遭的人分成好的或壞的、強壯或虛弱、積極或消極。這樣的印象會維持很久，但是也可能會隨著未來的互動而改變。

好的／壞的
強壯／虛弱
積極／消極

比較自己和他人

　　你是否自問過「我有小傑那樣聰明嗎？」、「阿水比我好看嗎？」或「我的品味有傑偉那樣好嗎？」這類的問題？我們會從自己的行為來獲得自我了解，也會把自己和別人做**社會比較**（social comparison）來認識自己：比較自己和他人的想法、感覺、行為和能力的優劣。社會比較幫助我們衡量自己、挖掘自己獨特的個性，並建立自我的認同。

　　社會心理學家 Leon Festinger（1954）發表了社會比較理論。他強調，沒有一個客觀的方法可以評斷我們的價值和能力，我們得把自己和他人比較。Festinger 相信，我們較會和與自己相似的人比較，而

較少和那些與自己差很多的人比較。和別人比較能讓我們發展更精確的自我知覺,例如,比較別人的社區和自己居住的地方、和有相似家庭背景的人比較,以及和自己有相同性別或性傾向的人比較。這些年來,社會比較理論已經更為擴張及穩固,並提供了一個重要的原理,說明為何我們會和他人緊密連結,以及我們如何認識自己(Michinov & Michinov, 2001)。

Festinger 的社會比較理論研究我們和相似的人做比較,其他的研究者著重在我們會和較自己差的人做社會比較。人在威脅之下(例如,得到負向回饋、低自尊、憂鬱和病痛等),會試著和那些更沒希望的人比較,以獲得自己心理的幸福感(Gibbons & McCoy, 1991),讓自己可以舒緩地跟自己說:「很好,至少我沒有比那些人慘。」

呈現自己

在我們形成對他人印象的同時,別人也對我們形成印象,當然,我們都希望呈現給別人最好的一面。我們用不少時間和金錢來重新整理我們的長相、身材、心智和社交技巧。**印象管理(impression management)**,或稱**自我呈現(self-presentation)**,包含了我們希望別人接收到的印象,不管那印象是真正的自己或是裝出來的,特別是面對我們不熟識的人,或是那些我們有「性」趣的人,我們會用這種印象管理(Leary & others, 1994)。

非語言線索是印象管理成功的關鍵因素。某些臉部表情、眼神接觸的方式,以及身體的姿態或動作,都會是我們喜歡或不喜歡的部分理由。另外三種印象管理的技巧分別是符合情境規範(例如,和其他人穿同樣風格的衣著、有同樣的語言和禮儀)、讚賞別人,以及行為的相符(做與他人行為相符的事,例如,在別人緊握自己的手時,也同樣地緊握住對方的手)。

工作面試是我們特別想要呈現出好印象的情境,而且有許多告訴你該怎麼做的意見。例如,為了讓你在面試時,盡可能地留下一個令人喜歡的印象,總會有人建議你要正確地使用非語言線索:保持微

印象管理(自我呈現)
呈現我們希望別人接收到的印象,不管那印象是真正的自己或是裝出來的。

笑、身體前傾、更多的眼神接觸、在同意面試官的話時多點頭。一般來說，研究者發現使用到印象管理技巧的人，會比沒有使用者獲得他人更多的好感（Riggio, 1986）。有些人使用諸如此類的非語言線索十分地自然，但即便你平常與人互動時沒有這種習慣，你依然可以靠著意志力去控制你的非語言行為。

就如同大部分的操弄一樣，印象管理也會產生不良的後果。如果你過度使用正向的非語言線索，別人可能會感覺你很不誠懇。請記得，印象管理只能到這樣的程度：有研究發現，只有當面試者確實具有所需求工作能力的時候，那些頻繁的非語言線索才有好的結果（Rasmussen, 1984）。

有些人很在意自己所表現出來的印象（Snyder & Stukas, 1999）。**自我監控（self-monitoring）**是指會注意自己所給予別人的印象，並且視情況微調自己的表現，以保持一個完美形象（圖13.3）。律師和演員是最佳的自我監控者，他們可以保持好某種特別的形象。對自我監控十分熟練的個體，便會找尋能適當表達自己的方法，並且會用很多的

自我監控
會注意自己所給予別人的印象，並且視情況微調自己的表現。

圖13.3 自我監控檢視表

以下的狀況為個人在各種情況下會如何做反應，每個狀況都不大相同，所以回答前請好好考慮後再決定。如果該狀況對你來說是符合或接近的，選「是」；如果不符合、不類似你的情況，則選「否」。

	是	否
1. 我覺得要去模仿別人是很難的。	☐	☐
2. 我想我是在演戲給人看、娛樂別人。	☐	☐
3. 我大概可以當個好演員。	☐	☐
4. 我對人表現出的情緒常常超過我真實的感受。	☐	☐
5. 我很少成為團體中的焦點。	☐	☐
6. 在不同的情況、面對不同的人，我的表現會判若兩人。	☐	☐
7. 我只能為自己所相信的事情辯護。	☐	☐
8. 為了和睦相處且被喜歡，我會做出符合他人期待的樣子。	☐	☐
9. 遇到我不喜歡的人，我也會裝得友善。	☐	☐
10. 我並不總是像我看起來的那種人。	☐	☐

計分：

第1、5、7題回答「否」者，每題1分。其他題回答「是」的加1分，最後把分數加總。

如果你對自己有好好審視，並得分在7分或7分以上，你有很高的自我監控傾向；若得分在3分或3分以下，你的自我監控傾向偏低。

時間，試圖去「讀」別人的心、試著去了解別人（Simpson, 1995）。這種行為沒什麼好與壞，畢竟在家族內或社群中，沒有人可以不在意別人的期待和評價，卻做人很成功。麻煩的是，若將能量全放在自我監控上，可能會缺少能量去好好地認識真正的自己。

13.1.3　態度

態度（attitude）是對人、物和想法的看法和意見。我們對所有的事情都會持有態度，像是「人不為己天誅地滅」、「金錢萬能」及「電視讓家人彼此更疏離」等。人們都在試著影響別人的態度，就像是政客希望得到選民的支持、刊登廣告的人希望讓消費者相信他們的產品是最好的。而人們常常言行不一，例如，在民意調查的時候表示要投給某候選人，最後卻把票投給了另一人。雖然如此，態度還是可以預測行為以及一個人的言行。

態度與行為的一致性是一個重要的議題。過去的研究發現，在某些情境下，態度與行為是相當一致的（Eagly & Chaikin, 1998; Smith & Fabrigar, 2000）：

- **堅定的態度會直接影響行為**（Azjen, 2001; Petty & Krosnick, 1995）：例如，對於總統的態度是「高度贊同」的人，則比起「中度贊同」的人，更會投票去支持他的政策。
- **身體力行的態度會穩固你的行為**（Fazio & others, 1982）：例如，坐捷運上班的人，他們自然就對「使用大眾運輸工具」的態度較為正向，並且更願意搭乘捷運。
- **態度和行為的關聯性高時**：當態度和行為之間的關聯愈強，愈能預測行為。例如，研究發現，對於避孕抱有一般態度的人，與未來 2 年內會使用避孕藥之間並無關聯；而對於服用避孕藥抱有特定態度的人，則與 2 年內會實際服用避孕藥的關聯性大大地提升（Davidson & Jacard, 1979）。

很多時候，行為的改變常在態度的改變之前（Bandura, 1989）。假

> **態度**
> 對人、物和想法的看法和意見。

如你參與一個反毒活動,你可能會對使用 K 他命產生負向的態度;如果你參與一個運動計畫,當有人問起運動的好處,你可能會讚美運動對心血管健康的益處。

行為為何會直接影響態度呢?第一個觀點認為,我們有很強的需求去維持認知的一致性,並改變態度來使得自己的行為保有一致性(Carkenord & Bullington, 1995)。第二個觀點認為,我們甚至無法完全清楚地知道自己的態度,於是會觀察自己的行為並試著推斷,從中來決定自己的態度應該是怎樣的狀態。以下將會闡釋這兩個理論。

認知失調論

認知失調(cognitive dissonance)的概念是由社會心理學家 Leon Festinger(1957)所發展出來,是指當個體遇到兩個不一致的想法時會感到不適(失調),為了消除這種這種不適(失調)的情況,個體會產生一些行動(改變行為或修正想法)。

常用來減緩認知失調的方式有兩種:改變態度或改變行為。例如,大部分的菸槍知道抽菸有害健康,但仍不曾看他們停止點菸。這種態度和行為的不一致會造成不舒服的感覺。為了減少這樣的不一致,這些菸槍要不是停止抽菸,要不就是找抽菸的好處──「飯後一根菸快樂似神仙」、「老王抽了 20 年了都沒事」是他們常用來安慰自己的想法。

自我知覺論

Daryl Bem(1967)認為個體會覺察自己的行為,並為自己的態度做推論──於是,便會對態度形成自我知覺(self-perception)。舉例來說,想想這兩種狀況「我每次都準時來上心理學概論,我一定很喜歡這門課!」或「上心理學概論,我都會打瞌睡,代表我不喜歡這門課!」。Bem 相信,當我們並不清楚自己的態度時,我們會去看自己做了什麼樣的行為。也就是我們從自己的行動來反推自己內在的態度。

圖 13.4 把認知失調論和自我知覺論做比較。哪個理論是正確的?

認知失調
根據 Festinger 所言,當個體遇到兩個不一致的想法時會感到不適(失調),為了消除這種這種不適(失調)的情況,個體會產生一些行動(改變行為或修正想法)。

	認知失調論	自我知覺論
理論者	Festinger	Bem
理論本質	我們有動力把不協調的行為和態度變得一致。	我們透過自己的行為與所處情境來推論自己的態度。
舉例	「我討厭我的工作，我需要一個更好的態度來適應它，要不就是辭職算了。」	「我用了所有的時間來思考我有多麼恨這工作。我一定很討厭它。」

圖 13.4 認知失調論與自我知覺論的比較

研究認知失調者認為人們會改變他們的態度，以避免覺得自己的行為很低俗、或愚蠢、或有罪惡感。但此時用 Bem 的自我概念理論解釋也是令人信服的，人們在做出行為之前，並不會很強烈地堅信自己的態度，而似乎是知道自己的行為暗指著其真正的想法（Aronson, Wilson, & Akert, 1997）。

態度改變

我們一生中會花很多的時間去說服別人做某些事情。例如，你應該曾說服你的朋友和你去看電影，或是和你一起打球。看看購物台，購物專家是如何讓你改變態度而購買某個不必要的東西呢？

要有效地改變態度，其中一個重要因素是訊息的來源──傳播者。如果你要競選系學會會長，你告訴共事的夥伴說，你會盡全力讓系上活動變得更好！你覺得他們會相信你嗎？這就端看你的某些個人特質。我們是否會相信一個人，大部分的原因都來自這個人的專業知識或可信度。如果你曾經參與過系學會，則同學們會比較相信你有足夠的專業勝任系學會會長。可靠、有能力、討喜、吸引力以及相似性等特質，都會讓說服者更可以信賴，更能改變人們的態度或說服他們。

另一個說服的因素，則是用媒介或方法讓訊息被理解。想想看，觀看總統候選人的辯論轉播和閱讀報紙報導兩者之間的差異。電視讓我們看到候選人表達出他們的訊息，像是外貌和習性等。因為呈現的是生動的影像，電視被認為是改變態度的一個有力媒介。一項研究顯

示，我們可以用媒體曝光的總量來預測許多政治初選的贏家（Grush, 1980）。

就像傳播者是一個很重要的因素，聽眾或接收訊息的人也很重要。聽眾的年紀和態度的強度是兩個很重要的特質，會左右訊息是否有效。年輕人較年長者容易改變態度。倘若聽眾的態度較弱，態度改變就很容易；相反地，當態度很堅定時，則不易去改變。

顯而易見地，訊息本身的特質也會影響說服力。有一系列的研究專門探討，是理性說服還是感性說服策略比較有效？就如同汽車廣告一樣，有些講求親情，而有些講求汽車的效能。想想看，是哪一種汽車廣告最能夠打動你的心呢？

我們從訊息的主題得到的愈少，愈可能對感性訴求有反應。然而，絕大多數的人都要在理性和感性訴求同時作用時才會被說服。感性訴求引起我們的興趣，而事實才會讓我們把合乎邏輯的理由和訊息連結。試想某個新手機廣告，我們的情緒可能會隨著廣告中主角使用手機求救的情節起伏，或是深深地被某人所吸引；但之後是這支手機的實際狀況形成我們的購買訴求，也許是價格合理，或是它的設計能抗靜電防斷線，或是具備了手機上網的功能。

思考可能性模式（elaboration likelihood model）可用來解釋感性訴求和理性訴求之間的關係，它提出兩條說服路徑：中央路徑和邊緣路徑（Petty & Cacioppo, 1986; Petty, Wheeler, & Bizer, 2000）。中央路徑使人深思；邊緣路徑則是周邊訊息，像是來源的可信度、吸引力或情緒訴求等。當人們並未專注於訊息傳達者所說的話時，邊緣路徑是有用的。你大概會這麼猜，電視裡的商業廣告常以邊緣路徑來說服你，因為它假定你在廣告期間不會用全心注意著螢幕；但是，當人們有能力、有動機，且注意事實的時候，中央路徑則是更有說服力的（Lammers, 2000）。

13.2 社會影響

社會心理學家另一個感到興趣的主題是：我們的行為如何受到他人的影響（Cialdini, 2001）。在前一節，已討論我們如何表現自己來影響他人的看法，以及我們如何影響他人的態度和行為，而這一節將呈現另一些社會影響的觀點：從眾、服從、團體互動和領導統御。

13.2.1 從眾

你是否會覺得人類是一種盲從的生物呢？**從眾（conformity）**，即行為上的改變和團體的標準是高度一致的。從眾有許多的形式，並影響人們生活的許多方面，它不僅左右了猶太大屠殺、越南的梅萊大屠殺，更包括目前的時尚流行。在停紅綠燈時，當有人衝出去時，你是否也有一起衝出去的經驗呢？這就是一種常見的從眾。雖然從眾會有令人討厭或不吸引人的地方，但它並不全然是負面的，例如，人們對規則和條例的服從，可以讓社會運轉得更順暢。想像一下，如果人們都不遵守社會規範，像是開車開錯邊、上班上學不規律、任意打別人的臉等，那會有多混亂啊！

從眾
行為上的改變和團體的標準是高度一致的。

Asch 的從眾實驗

想像你處在這種情況：你進入一個房間，房間內有 5 個人圍在桌子旁邊，之後進來一位穿著白色研究服的人，告知你參與的是一項知覺正確性的研究。研究中讓這個團體看兩張紙板，第一張紙板上面只有 1 條垂直的直線，而第二張則有 3 條不同長度的直線。你被告知這個作業要去判斷第二張紙板上面的 3 條直線中，哪一條直線是和第一張紙板上面的一樣長。在你看到紙板的時候，心裡想「這答案太明顯了！」（圖 13.5）。其實你不知道這房間的其他人早就和實驗者組成同謀了；他們是根據實驗者的指示來演這場戲的。在起初的數個試驗中，每個人都選同一條和第一張紙卡上一樣的線；然後，到了第四個試驗時，其他所有的人都選了一個錯誤的答案。而你是最後一個要做選擇的人，現在便陷入一個兩難的局面：你要根據自己眼睛看到的答案來

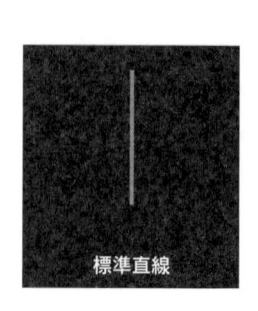

圖 13.5 Asch 的從眾實驗
上圖左是 Asch 從眾實驗用的紙板，上圖右可以看到第二張紙板中 3 條類似的直線。照片中，在 5 位實驗者同謀都選了一個錯誤的直線後，受試者滿臉困惑地看著紙板。

回答，還是要遵循前面的人所說的答案？你覺得你會怎麼回答？

Solomon Asch 在 1951 年領導這個經典的研究，他當時認為只有很少的自願受試者會屈服於團體的壓力。為了驗證這個假設，Asch 指導實驗者同謀在 18 個試驗中，有 12 次回答錯誤的答案。結果出乎他的意外，Asch（1951）發現每一次約有 35% 的自願受試者會從眾錯誤的答案。

促成從眾的因素

有許多因素會影響一個人的從眾與否（Cialdini & Trost, 1998），但一般來說，人的從眾不是受到規範性社會影響就是訊息性社會影響。**規範性社會影響（normative social influence）** 是因為希望受到他人的認可或避免他人的非難，而影響我們去從眾；**訊息性社會影響（informational social influence）** 是因為希望不要犯錯，而影響我們去從眾（Taylor, Peplau, & Sears, 1997）。基於訊息性社會影響而去從眾，主要有兩個特別的因素：我們對自己的獨立判斷擁有多少信心，以及我們從他人身上接收到什麼樣的訊息。

研究人員亦發現了一些影響從眾與否的因素：

- **全體無異議**：在 Asch 的畫線紙卡上，除了受試者外，團體的意見是

規範性社會影響
希望受到他人的認可或避免他人的非難，而影響我們去從眾。

訊息性社會影響
希望不要犯錯，而影響我們去從眾。

一致的。一旦團體意見分歧，就不會有很大的壓力去從眾了。
- **優先表態**：若你沒有優先行動，就可能會受到他人影響；倘若你已公開對一個意見或行動表態，則更不會去從眾他人。
- **人格特質**：低自尊且懷疑自己能力的人更可能從眾（Campbell, Tesser, & Fairey, 1986）。
- **團體成員特質**：若團體成員很優秀、很吸引你，或和你相似，則你更可能會從眾。
- **文化價值觀**：在涵蓋 14 個國家的實驗研究發現，在個人主義的國家中，人們從眾的比例較低。例如在美國，人們傾向去追求他們想要的東西；而集體主義國家的人則較為從眾。例如在中國，人們會試著去促成團體的成功（Bond & Smith, 1994）。

13.2.2　服從

在從眾的情境中，人們會改變自己的想法或行為，讓自己和他人更相似，但對方並沒有明確地要求人們去從眾；相反地，**服從（obedience）**是個人遵從權力者所明確要求的行為。當權力者要求我們做某些事情，而我們去做，這就是服從。第二次世界大戰中納粹仇視猶太和其他人，以及梅萊大屠殺中殺害越南平民，都是服從的殘忍範例。而這些顯而易見的錯誤行為，在歷史上卻有千萬人服從並執行。

Stanley Milgram（1965, 1974）主導了一系列經典的研究，對服從提供了很好的洞察。想像一下，你現在同意參與一項研究，主題是有關懲罰對記憶的效果，你的角色是「老師」，當「學生」犯錯之後，要逐次增強電擊以懲罰他。事前你會先接受 75 伏特的電擊，來了解被電擊的感受。

之後會介紹學生與你認識——50 歲左右的紳士。在他被綁在椅子上時，嘴裡還咕噥著自己有心臟方面的疾病。你將待在旁邊的房間，透過內部通信系統與學生聯繫，以及一個有 30 個刻度的電閘開關，上面標示著 15 伏特「輕微」到 450 伏特「危險、電擊危險度：死亡」。隨著實驗的進行，學生很快地就感到苦惱，而且沒有辦法回答出任何

> **服從**
> 個人遵從權力者所明確要求的行為。

正確答案；電擊到了 150 伏特時，學生說他很痛苦，要求停止實驗；到了 180 伏特，他哭喊著再也受不了了；直到 300 伏特，他喊著說心臟有問題，並以此為由希望放過他。若是你猶豫不決、不知道是否要再繼續電擊下去，實驗者會告訴你沒得選擇，實驗必須繼續。

順道說明，這位 50 歲的男人是實驗者同謀，他並沒有受到任何電擊，當然老師完全不知道學生是假裝被電擊的。

你應該可以想像，這個實驗裡的老師其實也很為難。在 240 伏特的時候，有個老師這樣說：「240 伏特電擊！哇嗚，不！你說我得繼續下去？不，我並不想殺了他——我不想給他 450 伏特的電擊。」（Milgram, 1965）。當電擊開到很強的強度時，學生放棄抵抗了，此時老師問實驗者該怎麼辦時，實驗者只是輕描淡寫地要老師繼續，並告知完成工作是老師的職責。

詢問 40 位精神科醫師認為人們在這情形下會怎麼反應？他們推測，絕大多數的老師不會操作超過 150 伏特，25 個人之中不會超過 1 人到達 300 伏特，且 1,000 人中只有 1 人會電擊到最高的 450 伏特。最後的結果，卻遠遠超過精神科醫師們的預測：大多數的老師都服從實驗者，而事實上，有三分之二的老師都電擊到最高的 450 伏特。圖 13.6 列出 Milgram 的研究結果。在其後的研究中，Milgram 在康乃狄克州的 Bridgeport 設立店面，並在報紙上刊登廣告招募自願者。 Milgram 希望能在更貼近真實生活的環境下實驗，並希望招募各種不同層級的自願者。在這些研究裡，亦有接近三分之二的人用最大電量來電擊學生。

在修正的實驗中，Milgram 發現在某些情境下有更多的人會拒絕服從：當看到其他人也拒絕服從時、當權力者不再合理且不在旁邊時，以及當受害者看起來更有人性時。

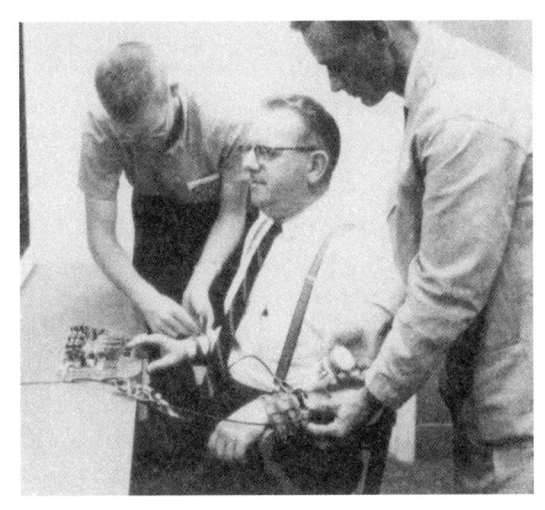

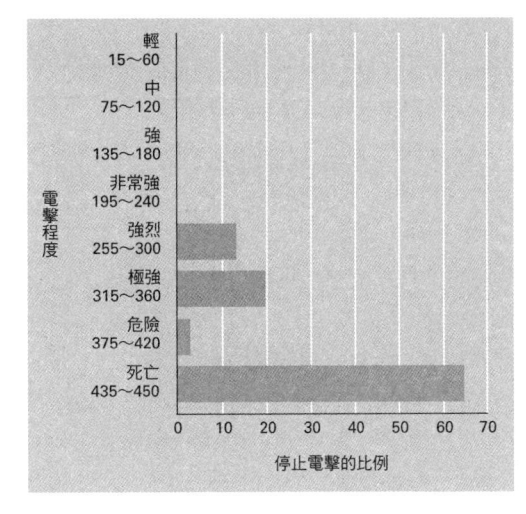

第 13 章　社會心理學
Social Psychology

圖 13.6　Milgram 的服從研究
一名 50 歲的男士扮演被綁在椅子上的「學生」。實驗者在他身上貼許多電極，看起來像是連接著電擊器。上圖右顯示「老師」（受試者）最後停止電擊學生的電壓等級（圖示以百分比計算）。

動動腦

電醒這個世界的人──倫理的思考

　　Milgram 的實驗顯現服從權威的可怕。這也讓我們想到這些人的道德感是否消失了呢？在 Milgram 的實驗裡，自願的老師都感到十分苦惱，有些人甚至怕「傷害」了別人而心神不寧。在實驗結束後，他們都被告知學生不是真的受到電擊。Milgram 認為在研究中了解很多有關人類的本性：人們會服從到什麼樣的地步。之後訪談受試者，有超過五分之四的人說很開心能夠參加這項研究，而且沒有一個人對參與研究感到遺憾。

　　不過，根據目前的研究倫理手則，Milgram 的實驗是不能夠執行的，因為他涉及到欺瞞（未告知研究參與者真實狀況）、舒緩問題（沒有有效處理研究參與者的情緒）。雖然 Milgram 的服從研究受到研究倫理的限制，但是生活中常遇到服從問題，想想看，當上司要求你做一個你自認的不當行為時，你會怎麼做？

- 你會服從。
- 你會陽奉陰違（表面上服從但在私底下做別的反應）。
- 你會表示自己的懷疑並公開反對，但卻遵從指示去做。
- 你會公開地忽視命令並拒絕服從。

- 你會挑戰或對抗權威。
- 組織一群同意你的人來增強你的論點。

思考一下
1. 你覺得進行心理學研究時，需要考慮哪些研究倫理原則？
2. 以你的角度來看，Milgram 可以進行嗎？
3. 在生活中，你會因為個人原則而違反上司的命令嗎？

建議閱讀
- Thomas Blass 著，黃擇洋譯（2006）。《電醒世界的人》(*The Man Who Shocked the World: The Life and Legacy of Stanley Milgram*)。遠流出版社。

13.2.3　團體互動

全家團圓吃年夜飯、參加社團活動、中秋與系上同學烤肉——這些情境都反映出我們活在群體中。三人以上即是一個群體，某些團體是我們所選擇的，而某些則否。像是我們可能會選擇加入某個社團，也都可能是某個族群的人（如：都是客家人而組成客研社）。我們會加入一個團體，可能是因為覺得加入後會很好玩、很刺激，且可滿足交友的需求；也可能加入的原因是可以得到獎賞，無論是物質的或心理的。例如，我們到一家公司上班，不只是為了賺錢，也想得到公司的認同和聲譽。團體亦是資訊的重要來源，例如，當聽到其他成員討論減肥團體時，我們也會學到一些減肥的方法。更甚之，我們是許多團體的成員：家庭、大學、公司、民族，這會給我們一種認同感——當別人問「你是誰」時，我們常會在回答裡說明自己屬於某一個團體。

團體元素

團體第一個重要元素是**常規**（norm），每個團體都有獨特的規範且適用於所有成員。規範有正式的和非正式的，正式的規範像是上課時間與下課時間；非正式規範像是上某堂課時，你會固定坐在某個位置上。

第二個元素是**角色**（role），每個人在團體中都有不同的角色，每個角色都有其責任與義務。例如：在社團中的社長、副社長等等不同的職務角色。

團體中的個人表現

人在團體中的表現比較好？還是獨自一人時的表現比較好？Norman Triplett（1898）發現，自行車選手在與他人競速時的表現，比起個人計時賽的表現來得好。Triplett 用釣魚線捲軸打造了一台「競賽機器」，這個機器可以讓兩個人並肩一起轉動捲軸；在觀察 40 個孩子後，他發現和其他小孩一起轉捲軸的速度比獨自轉動時還快。

從 Triplett 之後的一個世紀，有些研究顯示出我們在團體中的表現較佳，另一些則認為獨自工作的表現更有生產力（Paulus, 1989）。而我們可以藉由團體中的三個效應，來了解這看似矛盾的結果：

- **社會助長（social facilitation）**：是指當在他人面前時，會增進個人的表現。Robert Zajonc（1965）認為當他人在場時可以激勵我們，但若被激勵過了頭，反而不能有效地學習新事物或完成困難的工作。所以，社會助長可以增進我們對熟悉工作的表現，而對於新的或困難的工作，建議事先學好這些工作，再放到團體去嘗試。

- **社會懈怠（social loafing）**：是由於個人在團體裡減少了應負的責任，於是每個人在團體裡便傾向用較少的努力。社會懈怠效應降低了團體的整體表現（Latané, 1981），社會懈怠常見於學校指派團體作業給學生時。當團體愈大，個人愈可能因為不會被發現而表現得愈懈怠。而要減少社會懈怠的方法，可以增加個人對團體的認同及個人對團體貢獻的獨特性，讓這些貢獻很容易進行評價，並使作業變得更有吸引力（Karau & Williams, 1993）。但在某些情境下，與人共事時會增加個人的努力，而不是減少（Levine, 2000）。例如，當一個人很重視團體作業，而他並不期望其他的團體成員會對團體充分貢獻，他便可能比平常更努力。社會懈怠也與性別和文化有關聯性：男性比女人更可能懈怠（Karau & Williams, 1993）。為何會這

社會助長
當在他人面前時，會有增進個人表現的傾向。

社會懈怠
由於個人在團體裡減少了應負的責任，於是每個人在團體裡傾向用較少的努力。

樣呢?因為女性比較會關心團體中其他人的福祉,以及團體共同的表現;相反地,男性則比較個人主義,較專注在個人的需求和表現(Wood, 1987)。社會懈怠在如美國這種西方個人主義的文化裡,比東方集體主義文化(如中國和日本)更為強盛。

- **去個人化(deindividuation)**:發生在個體屬於團體的一部分時,便減少了個人認同,也隨之減少了個人的責任(Dodd, 1995)。早在1895年,Gustav LeBon 即觀察到,處於團體之中可以培養不受拘束的行為,範圍從狂亂的慶祝到暴民運動。三K黨(Ku Klux Klan)的暴力、狂歡節(Mardi Gras)的暴動,和春假的喧鬧,都可能是導因於去個人化行為。去個人化的其中一個解釋是,團體給予我們匿名性:可以不受拘束地行動著,因為我們相信當權者或受害者都很難指認我們的罪行。

> **去個人化**
> 當個體屬於團體的一部分時,便減少了個人認同及個人責任的傾向。

團體極化

人在團體中做決策時,是發生了什麼事情?休假時要家人都待在家還是要出遊?系遊決定要去哪個地方?群體是如何做決定的呢?數以百計的研究指出,團體決策的移動很強烈地受到一開始決定的方向所影響(Moscovici, 1985),**團體極化效果(group polarization effect)**是指會更凝聚加強團體討論的結果。團體極化的發生也可能是因為社會比較的結果,我們發現自己的意見沒有別人的好而開始動搖,於是想要擁護最有力、最極端的想法。

> **團體極化效果**
> 更凝聚加強團體討論的結果。

團體迷思

有時在團體中,會不會覺得大家在做一個蠢決定呢?心理學家 Irving Janis(1972)認為這個問題的答案是**團體迷思(group think)**,意指團體成員為了要維持團體和諧,而削弱了決策力並逃避對真實的評估。團體迷思包括因為成員想要提升其他人的自我並且促成從眾,特別是面對壓力時。這種為了和諧及全體一致同意的動機,終會導致悲慘的決定。想一想,在決定班遊的地點時,你是否會因為團體的潛在壓力而無法表達自己的否定意見呢?

> **團體迷思**
> 團體成員為了要維持團體和諧,而削弱了決策力並逃避對真實的評估。

13.2.4　領導統御

在系上，誰是優秀的系學會會長呢？是什麼讓某些人在團體裡那麼具有影響力，使其他人都願意跟隨他在艱困中、甚至是危險中努力？這是因為人格特質的關係或環境而使得領導者浮現，或是兩者皆有？

偉人論（great-person theory）說明有些人的某些特質非常適合於領導地位。領導者常被認為是有決斷力的、樂於合作的、果斷的、有支配力的、自信的、能容忍挫折的、願意負責的、有外交手腕，且圓滑並有說服力的。英國首相邱吉爾（Winston Churchill）有一次說到他自己，「我不是那個需要被批評的人，事實上，我最有資格給他人指教。」這就是偉人論的典型。想一想，「賽德克‧巴萊」中的莫那魯道，他有哪些領導特質呢？

領導的**環境論**（situational view）認為實事造英雄。時空背景的變化，創造出時代英雄。想一想，在三國時代，甚至在臺灣的日據時代，這樣的時空背景下，有多少領導者嶄露頭角。**權變模式**（contingency model）說明了人格特質和環境共同影響來決定領導者，這也為領導者和追隨者的互動方式提出說明。這種領導者有兩種基本風格：他們指示成員努力地完成一件工作（任務取向），或者幫助團體成員相處（關係取向）（Fielder, 1978）。如果工作狀況是起伏不定的，任務取向的領導者會比較好；但若工作環境是穩定的，則關係取向的領導者較為適合。

不同領導風格的想法對於社會心理學家研究性別和領導統御很有用。男性似乎比較像是指導性的、任務取向的領導者；而女性則比較偏向民主的、關係取向的領導者（O'Leary & Flanagan, 2001）。一位男性也許會指示別人怎麼做，而女性大概會一同討論並廣徵博見。用這種採納共同參與合作的風格，女性領導者較能不讓人們抗拒她的領導、贏得他人的接納、獲得自信，並且更有效率（Lips, 2003）。甚至，有些女性證明了她們是更有效能的領導者。在新近的研究裡，由

部屬和同儕來評定 9,000 位女性及男性主管。研究結果指出，女性被認為比男性更有效能（Center for Leadership Studies, 2000）。這樣的結果反映出我們較偏愛關係取向的領導或有性別角色的影響，亦可能反映女性必須達到比男性更高的標準，才能獲得領導地位。

13.3 團體間的關係

生活中經常都會有團體衝突，如：系際盃的比賽與政黨衝突。除了衝突以外，我們還可以發現我們對於其他族群會產生汙名化的問題，包含：刻板印象（原住民愛喝酒）、偏見（精障者是不定時炸彈）以及歧視（排斥愛滋感染者），除了負面的群體關係以外，我們還可以發現正面的群體合作，如：日本福島核災後的各國援助。

13.3.1 團體認同

社會認同
我們會用團體成員的觀點來認同自己。

社會認同（social identity）指的是我們會用團體成員的觀點來認同自己（Deaux, 2002）。比較起來，個人認同有較高度的個人化，社會認同則假定我們和他人有些共同特徵。認同團體不意味著會認識或和團體內的所有成員互動，而這也意指我們相信自己和團體的其他成員共有許多特徵。社會心理學家 Kay Deaux（2001）分辨出五種不同的社會認同：族群和宗教、政治、職業和副業、個人關係，以及汙名化團體。每種類別的例子見圖 13.7。

根據社會認同理論，我們會不斷地拿自己的團體（**內團體**，in-groups）和其他團體（**外團體**，out-groups）比較，而在這個比較的歷程中，則會著重在這兩個團體的差異，較少重視其相似性。想像兩位職業籃球隊的球迷，一個支持台啤隊，一個支持裕隆隊，當這兩位球迷聊天時，他們很少會提到彼此有多愛籃球，而是質疑對方球隊的優點。當他們想要增進彼此的社會認同時，很快地就會開始沾沾自喜地討論自己的球隊，並且汙衊對方球隊。簡言之，聊天的主題就變成「我的球隊好，而我也好；你的球隊差，而你也差。」這種情況也會發

生在性別、族群團體、國家、社會經濟團體、宗教、婦女會、兄弟會，以及其他數不盡的團體。這種比較常常導致對立，甚至歧視其他團體。

社會心理學家 Henry Tajfel（1978）證明了要讓人們去想「我們」和「他們」是多麼地簡單。在一個實驗中，先在螢幕上出現許多光點，接著 Tajfel 將高估光點數量的人分為一組，而低估的人分為另一組；然後指派作業給這兩組：要受試者把錢送給其他的受試者；果不其然地，每個人都只把錢送給與自己同組的成員。如果人們在這種微不足道的分組上都有所偏愛，更不用說我們會偏愛那些比這種分組都重要的團體了（Jussim, Ashmore, & Wilder, 2001）。

和其他團體相比，我們有偏袒自己所隸屬文化或族群團體的傾向，這稱為**種族中心主義（ethnocentrism）**。種族中心主義正向的一面，是能在團體裡培養榮譽感，這可以充滿人們對自我形象的需求；而負向的一面，則是會鼓勵我們有內團體／外團體、我們／他們的思維。族群團體內的人藉著慶祝傳統和文化，來證明他們對他人沒有差別待遇，像是非裔美國人的行動主義者 Stokely Carmichael 在 1966 年曾說：「我是為了黑人，我不是在對抗任何事！」然而在現實中，族群團體的成員卻常強調著人我的不同，而不是單純地重視自己團體的榮耀。而內團體的榮耀並不總是反映著種族中心主義。屬於弱勢團體的成員，如：非裔美國人、拉丁美洲人、女性、同性戀者……等，常常宣稱內團體的榮耀，以對抗有關社會所傳出對他們團體的負面消息（Crocker, Major, & Steele, 1998）。

13.3.2 汙名化

汙名化（stigma）是一個對他群（other group）負面態度的產生歷程。其中包含三大成分：認知成分（刻板印象）、情緒成分（偏見）以

族群和宗教
亞裔美國人
猶太人
南方浸信會
西印度群島人

政治參與
女性主義者
共和黨員
環境保護者

職業和副業
心理學家
藝術家
運動員
陸軍後備軍人

關係
母親
雙親
青少年
寡婦

汙名化認同
AIDS 患者
遊民
肥胖者
嗜酒者

圖 13.7　社會認同的種類和例子

種族中心主義
和其他團體相比，我們有偏袒自己所隸屬文化或族群團體的傾向。

及行為成分（歧視）。在韓國電影《美麗的聲音》中，我們可以清楚地看到監獄管理階層對於受刑人的刻板印象，也可以看到家人的偏見以及警務人員所進行的歧視行為；當然，可以在影片的最後看到感人的去汙名化歷程。

刻板印象

刻板印象（stereotype），即對一個團體特質有概括性的想法，而這個判斷並沒有考慮每個人之間都有所不同（Kite, 2001）。研究發現，對於「其他」團體的人不像是對「自己」團體的人一般，我們較少會去察覺他們每個人之間的不同。舉個例子，「原住民愛喝酒」、「台客愛改車」這樣的想法就是一種刻板印象。

為何我們看自己的團體成員會認為他們不一樣，且有可取的特性；但看其他團體的成員就變得每個人都一樣，且有明顯的特質。像是我們在第 8 章討論過的，當我們思考這人或這團體來自某一群體時，便會開始用分類或基模，因此，便已開始用刻板印象而不自知（Greenwald & Banaji, 1995）。最大的問題不是我們開始分類，而是局限了自己對他人的覺察，只用基模粗糙地勾勒出人的輪廓，卻不對其個人特質增加特別的訊息。

偏見

偏見（prejudice）是一種因為他人是某個團體的成員，於是對他有一種負向、不公平的態度。這種團體可能是由一些特別的種族、性別、性傾向、年紀、宗教或國家的人所組成，或是懷有偏見的人認定這些人有其他共同的特點（Jones, 1997, 2002; Nelson, 2002）。偏見是一種普世可見的現象（Baker, 2001），它在人類歷史上已經點燃無數憎恨的火花。例如：大家對於同性戀都會有性行為上的偏見。

為何人們會有偏見？總括社會心理學家的理由如下（Monteith, 2000）：

- **個人人格**：數年前，社會心理學家 Theodor Adorno 和研究夥伴

（1950）描述一種**對權力服從的人格**（authoritarian personality）——一絲不苟地遵循傳統、死板、對破壞傳統規範的人感到憤怒、對權力過分地服從。他相信有這類人格的人很可能會有偏見，但不是所有有偏見的人都有這種人格。

- **因缺乏資源而產生團體間的對抗**：社會裡沒有足夠的工作、土地、權力或地位，或其他物質和社會資源，導致人們產生敵意和偏見。某些團體也許彼此會開始競爭，因此更可能會對對方產生偏見。例如，移民者常和社會裡低收入者競爭，導致兩團體間的衝突持續不斷。
- **欲增加自尊的動機**：根據 Henry Tajfel（1978）的研究，人們會透過身為一個特殊團體的成員，獲得這個團體的認同而得到自尊；而他們的自尊，會讓他們更覺得喜歡這個團體勝過其他的團體。
- **因為認知程序而會有分類和刻板印象的傾向**：人類有限的能力讓他們很難仔細且完整地思考（Allport, 1954），而社會環境又是如此複雜，有許多需求要我們以有限的訊息歷程能力來處理，這會造成不幸的結果：藉由分類和刻板印象來簡單化這個社會環境。當有了刻板印象，偏見很快就會跟著出現。
- **文化學習**：家庭、朋友、傳統規範，以及約定俗成的歧視，提供了大量的機會讓人們對他人有偏見。在這種類別中，別人的偏見信念系統會併入自己的系統內。孩子的偏見，甚至會出現在他們有認知能力或有社會機會去發展自己的態度之前。

歧視

歧視（discrimination），一種對團體成員有不公平、負向的或有傷害性的行為，且只因為這人屬於該團體。歧視是混合了負向的情感和偏見，並轉化到行為表現。早期對歧視的研究著重在公開的形式，對象（人或團體）、行動，以及行動者的強度都清楚可辨。公然歧視是一種過時種族主義或男性主義的結果。行動者藉著自己是特殊團體的成員，而不當地欺壓女性或屬於少數民族的人，從中得以維持自尊。

歧視
一種對團體成員有不公平、負向的或有傷害性的行為，且只因為這人屬於該團體。

如今我們開始透過很多方式來改善歧視的問題，公民權的立法與態度的改變藉著大眾媒體廣泛地傳播出去，公然歧視已經成了一種「政治不正確」，如：兩性平權法的制定。

13.3.3 增進族群間關係的方法

數十年前，社會心理學家 Muzafer Sherif 和研究夥伴（1961）在美國奧克拉荷馬州一個名為海盜營（Robbers Cave）的夏令營裡，對兩群 11 歲男孩灌輸了「我們／他們」的概念。其中一組是響尾蛇隊（Rattlers，一個因粗暴又滿口惡言而著名的團體，襯衫上飾有蛇的標誌），而另一隊是老鷹隊（Eagles）。

Sherif 把自己打扮成管理員，於是可以不打擾他們而又能就近觀察，並為兩隊安排棒球、橄欖球，以及拔河比賽等。管理員很巧妙地操縱競賽的判決，使得隊伍更親近：兩隊都認為對方在比賽中投機取巧，而後還突襲對方的地盤、燒掉對方的隊旗，最後更大打出手。響尾蛇隊和老鷹隊更進一步地嘲笑對方，經過對手身邊時會做鬼臉取笑對方。響尾蛇隊認為同隊的人都是勇敢、強壯且善良的，而把老鷹隊說成卑鄙又自傲的小鬼；老鷹隊則回擊說響尾蛇隊都是愛哭鬼。

「我們／他們」衝突已讓響尾蛇隊和老鷹隊變成敵對的「軍團」。Sherif 試著用許多方法來減少兩隊間的仇恨，而其中唯有要求兩隊偕同合作解決問題時，他們才建立起正向的關係。Sherif 設計了需要兩隊一起努力的任務：一起修理營隊唯一的供水器、一起合資租電影、一起把卡車拉出水溝……等。圖 13.8 顯示競爭活動和合作活動是如何改變對外團體的觀感。

另一個打破汙名化造成藩籬的可

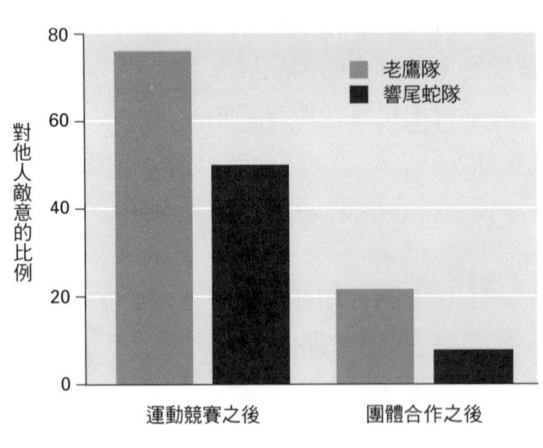

▌圖 13.8　外團體在競爭和合作活動中的態度
在 Sherif 的研究中，敵意在一個運動競賽之後達到高點，意指響尾蛇隊和老鷹隊在競賽過後就厭惡對方。然而在團體合作並達到目標後，他們敵對的態度便漸漸下降。

行策略是**親密接觸**（intimate contact）──分享個人的憂慮、困難、成功、失敗、個人抱負和因應策略（Brislin, 1993）。接觸──在同一個學校讀書、在同一家公司上班、在同一個社區生活──本身並不會增進族群間的關係，但當人們在自我揭露、說些有關自己的事情後，他們更可能被視為一個獨立的個體而非某個分類下的成員。而當分享私人的事情時，常會發現其他人也可能有同樣的感覺、希望，以及有共同關心的人事物，這有助於打破「內團體／外團體」、「我們／他們」的藩籬。當彼此有相等的地位時，親密接觸會更有效果（Devine, Evett, & Vasquez-Suson, 1996）。

最初對族群間接觸的調查研究之一，是在一個針對非裔美國人和白人居民於無種族隔離的住宅計畫中展開（Deutsch & Collins, 1951）。這些居民住在一個小公寓並共用一些設施，像是洗衣間和兒童遊戲場。這些居民發現彼此聊天還滿愉快的，好過洗衣服時只死盯著那堵牆；而當看著孩子玩在一起的時候，非裔美國人和美國人會開始有些交談，不會在乎皮膚顏色的問題。一開始他們的話題圍繞在一些毫無親密感的瑣事上，像是洗衣機的品質等，但最後也觸及屬於私人的事情。白人和非裔美國人發現，他們的分享中有很多相似的想法，如：工作、孩子讀書的情況、納稅⋯⋯等。分享親密的訊息後，會讓自己對來自不同族群的人更友善，而且更能忍受對方、對對方抱持更少的偏見（Brewer & Gaertner, 2001; Pettigrew & Tropp, 2000）。

在地人的心理學

拉近群體間的距離──接觸假說的應用

汙名化是族群間衝突與歧視的展現，當你對其他族群（如：精神病患、愛滋病患者等），有認知層面上的刻板印象（如：他們都是可怕的）、情緒層面上的偏見以及行為層面上的歧視時，你就是在對這些你感到陌生的族群進行「汙名化」。

臨床心理師黎士鳴長期進行汙名化研究，在他的研究中發現，病患感受到的汙名化有四大層面，包含：自我層面、人際層面、家庭層面以及社會層面（黎士鳴等人，2010），顯現出汙名化的多層面。同時，也發現接觸頻率是影響汙名化

的重要因素（Li & Ho, 2009），也就是說，「汙名化」來自於不熟悉。

有鑑於此，黎士鳴等人開始推展接觸活動，讓大學生與其他的病人族群（如：精神病患與愛滋感染者）共同參與活動，想透過合作性的活動參與，來消除大學生們對於其他病患族群的汙名化。在 2011 年的系列活動中發現，透過兩族群的接觸與合作，的確可以消除大學生對於他群的汙名化。

思考一下
1. 你是否討厭某個族群呢？你討厭的原因是否來自於不熟悉呢？
2. 找個假日，去某個社福機構去當志工，試著接觸你所不熟悉的族群。

參考資料
- 黎士鳴、邱淑美、彭偉智、畢敦傑、許若魚（2010）。〈接納與排斥：HIV 感染者之汙名化感受〉。《愛之關懷》，73，37-43。
- Li, S. M. & Ho, C. Y. (2009). "Contact Theory and Social Distance in Schizophrenia." *Taiwanese J. Psychiatry*, 23, 223-229.

13.4 關係

親密關係幾乎涵蓋了我們生活中的所有重要事項。在一些情況中，這些關係是非常正向的，但在其他關係中則可能是高度衝突的（Harvey, 2001）。社會心理學家已經探究出社會關係中的許多面向，其中，吸引力、愛情和親密是關鍵主題。

13.4.1 吸引力

是什麼原因讓我們覺得他人很有吸引力，而且會讓我們想花時間和他在一起？只因為和那人相處的機會增加就建立起關係了嗎？還是我們想和與自己相似的人建立關係呢？而物理吸引力在關係的初始階段又有多重要呢？

熟悉和相似

社會心理學家發現，熟悉度對親密關係的建立是必要的條件。絕大多數的朋友和情人彼此之間都已經相處了好一段時間：一起成長、一起上學、一起工作，或一起去同樣的社交場合（Brehm, 2002）。但你也曾與某人短暫邂逅，又是什麼讓你們產生友情，甚至是愛情呢？於是對於親密關係的研究產生了一個最普及、最有影響力的主題：我們喜歡和自己相似的人交往（Berscheid, 2000）。我們和朋友或情人比他人更相似，有相似的態度、行為模式、個人特質、穿衣服的品味、智力、性格、共同朋友、價值觀、生活風格、物理吸引力……等。在少數例子與一些奇特的特性裡，互補反而有吸引力，像是一個內向的人會想和外向的人在一起、一個沒錢的人可能想和一個有錢的人在一起。但總括來說，相似性還是比互補性對人們更有吸引力。

共同認可（consensual validation）這個概念可以解釋為何我們會受相似的人吸引。我們的態度與行為能受到有相似態度與行為的人支持──他們的態度和行為認可我們的態度與行為。另一個理由是，人們傾向躲避不熟悉的事物；而朋友的行為和態度可以預測時，我們會比較喜歡和他相處。而相似性亦暗示著，我們和相似的人在一起時，可以好好享受共同喜歡的事物和興趣。在一項研究中顯示，兩人的相似度，對於成功的婚姻來說是特別重要的（Swann, De La Ronde, & Hixon, 1994）。

外表吸引力

外表吸引力（physical attraction）和熟悉及相似一樣重要，或更甚之──可以解釋為何能激起戀愛關係的火花。許多廣告公司都希望我們相信它是建立並維持關係的最重要因素。但心理學家並不認為外在的美麗和吸引力之間是可以清楚劃分的，舉例來說，心理學家已確信異性戀男性和女性在找尋伴侶時，對於外表看中的部分是不一樣的。女性偏愛的特質如：體諒、誠實、可依靠、仁慈、具同情心；而男性則偏愛外表好看、會煮飯、儉約（Buss & Barnes, 1986）。對美的標準

也會隨著時間和文化的不同而改變（Harris & others, 1993）。我們常會找在外表特性以及社會歸因都和自己同等級的人；雖然我們會想要找個夢中情人般的對象，但在現實生活中，最後通常還是選擇和自己等級接近的（Kalick & Hamilton, 1986）。但我們應對這些結果抱持懷疑態度，許多對外表吸引力的研究都著重在初次見面或短暫相遇，研究者對吸引力的評估很少超過數月甚至數年的。然而關係是長久的，物理吸引力便不那麼重要了。熟悉，甚至能夠勝過一開始的壞印象。

13.4.2 愛情

有些關係可能不會超越吸引的階段，但有些關係會比友誼更深，而且可能以愛情的樣貌出現（Harvey & Weber, 2002）。社會心理學家描繪出三種愛情的種類：

浪漫愛
又稱為熱烈的愛，含有強烈的性慾和迷戀，這在愛情的一開始占了絕大部分。

- **浪漫愛（romantic love）**：又稱為**熱烈的愛**（passionate love），含有強烈的性慾和迷戀，這在愛情的一開始占了絕大部分。知名的愛情研究專家 Ellen Berscheid（1988）說，浪漫愛就是我們常說的「陷入愛河」，Berscheid 相信性慾是浪漫愛中最重要的成分。在我們的文化裡，浪漫愛是結婚的主要理由：超過一半的美國男性和女性認為，若沒有愛，這就構成結束婚姻的充分理由（Berscheid, Snyder, & Omoto, 1989）。浪漫愛也混合多種複雜情緒：恐懼、憤怒、性感、愉悅、妒忌……等；很明顯地，有些情緒是痛苦的來源，有項研究發現浪漫愛的情侶比朋友更可能引起憂鬱（Berscheid & Fei, 1977）。

深情愛
又稱為友伴愛，這種愛是希望能和對方多接近，更深地去愛對方。

- **深情愛（affectionate love）**：又稱為**友伴愛**（companionate love），這種愛是希望能和對方多接近，更深地去愛對方。我們愈來愈相信，愛情的初期階段充斥著許多浪漫的成分，但是當愛漸漸穩定成熟，熱情也漸漸地轉成感情（Berscheid & Reis, 1998; Harvey & Weber, 2001）。

完美的愛
最堅定、最圓滿的愛情類型，是由熱情、親密和承諾所組成。

- **完美的愛（consummate love）**：根據 Robert J. Sternberg（1988），這是最堅定、最圓滿的愛情類型。Sternberg 認為，完美的愛是由三個向度：熱情、親密、承諾，構成愛情的三角形（圖 13.9）。熱

情（passion）是感受對方的性吸引力和物理吸引力。親密（intimacy）是指關係中，有溫暖、親近以及能分享的情緒感受。承諾（commitment）是我們對關係的認知評價，以及我們有意願去維持關係，即使有許多問題要面對（Rusbult & others, 2001）。如果在關係中只有熱情這個成分（親密和承諾都很少或沒有），則僅是**迷戀**（infatuated）。外遇和一夜情有些親密，但很少承諾。**友伴愛**就有親密和承諾，卻少了熱情，這樣的關係模式常在已婚多年的伴侶間見到。若是有熱情、有承諾，卻獨缺親密，Sternberg 稱這種關係為**愚昧的愛**（fatuous love），就像是愛慕著一個遠方的人那般。當兩個人可以共有這三個向度──熱情、親密和承諾──就會經驗到**完美的愛**。

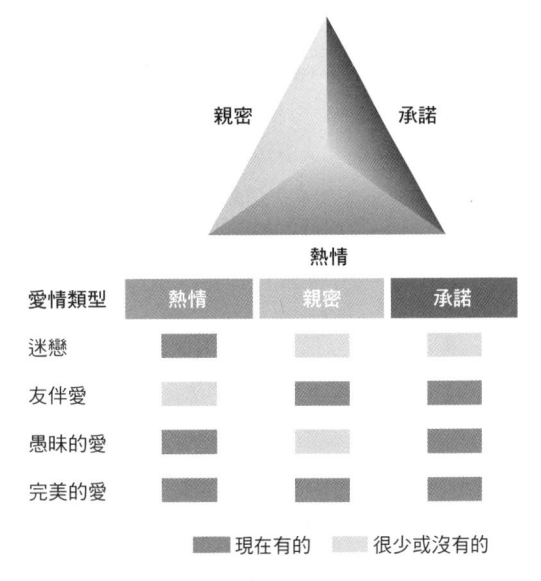

▌圖 13.9　Sternberg 的愛情三角理論
Sternberg 把我們所說的愛分析出三個向度：熱情、親密和承諾；不同的成分組合就會形成不一樣類型的愛，而最高等級的愛就是 Sternberg 所說的「完美的愛」。

13.4.3　關係與性別

女性和男性對愛的看法不一樣？有一項近期的研究發現，男性把愛情和熱情一詞畫上了等號，而女性覺得愛情和友情一詞較為相近（Fehr & Broughton, 2001）。但男性和女性都把愛情和感情（affection）連結在一起。在關係的各面向中，和性別有關聯的似乎是關心（Brannon, 2002）。回想在第 3 章裡提到 Carol Gilligan 的關懷觀點，Gilligan（1982）相信社會關係對女性來說，其重要性高過於男性，而且也對社會關係較為敏感；相反地，她認為男性是個人主義且自我導向的。研究人員也確實發現，成年女性更常關心、支持，並同理他人，而成年男性則較獨立、自我依靠、少表達感情（Brannon, 1999; Paludi, 1998）。一旦在愛情關係中，性吸引力的新奇、不可預測與急切

漸漸消退了以後，女性會比男性更可能發現關心的不足，這直指出關係已經出現了問題。

在關係的另一個面向中，和性別有關聯的似乎還有溝通方式（Lips, 2003）。根據 Deborah Tannen（1990）的報告，女性對她們的丈夫常見的抱怨是「他都不聽我說話了」或「他都不對我說話了」。Tannen 解釋這問題可以分為兩種：親切式談話和報告式談話。親切式談話（rapport talk）是交談的語言，是用來建立連結和關係溝通；女性偏愛用親切式談話，比男性更享受這種私密的對談，男性對此興趣缺缺而常讓許多女性困惑、生氣。報告式談話（report talk）的目的則是在訊息傳遞，在公開場合談話也屬這類；男性偏好這種報告式談話，就像是站在舞台中央做語言表演，如：說說笑話和故事，並學著使用這種方式來得到或維持注意力。

Tannen 認為這種差異是來自女孩和男孩在生長過程中社會化的不同。母親對小孩的撫養參與比父親更多。而比起兒子，母親在和女兒的互動中，樹立了對關係更強烈的興趣。Tannen 等人建議，男性應該要發展對關係的強烈興趣及親切式談話；而女生要有更多的機會做報告式談話，包括在公眾場合裡說話。

13.5 社會互動

此節將討論人際互動中兩個重要的面向，一個是攻擊，另一個是助人。

13.5.1 攻擊

攻擊（aggression）的危險性在電影《帝國大反擊》（*The Empire Strikes Back*），由尤達大師（wise Yoda）生動地演出：「留意那黑暗的角落啊！憤怒、恐懼、攻擊！它們是如此輕易地竄流著，只要你一次落入這黑暗路，它會永世地左右你的命運，耗弱你的意志！」這樣的黑暗面是源於生理基礎，抑或是學習而來？

生理因素對攻擊的影響

人類的攻擊行為不是什麼新聞了：人類的靈長類祖先、遠古的人類與同種類的人發生戰鬥，而歷史和文學也都充斥著攻擊。在臺灣，校園霸凌的問題已經是教育的重要課題了；另外，家庭暴力、械鬥等，這些暴力與攻擊行為都是我們在生活中可遇到的攻擊問題。

生態學家表示，攻擊的確有其生理基礎；有些刺激釋放了**內在**攻擊反應（Lorenz, 1965; Tinbergen, 1969）。舉例來說，當雄的知更鳥看到其他雄鳥胸前有紅色斑點時，便會發動攻擊；但若沒有這紅色斑點，則不會有任何攻擊動作。基因是用來了解攻擊之生理基礎的重點，而被選來育種的動物提供了證據。在養育一群具有攻擊性的動物，和一群溫馴的動物之後，分別有了具惡意和膽小血統的後代。具惡意血統的後代會攻擊眼前任何能看到的事物，膽小血統的後代即便是被攻擊了也鮮少打鬥。儘管這種攻擊的基因基礎難以對人類進行研究證明（Brennan, Mednick, & Kandel, 1991），在一個對 573 對雙胞胎的調查中，同卵雙胞胎的攻擊行為較異卵雙胞胎更為相似（Rushton & others, 1986）。

佛洛依德（Freud, 1917）也論證過攻擊是有生理基礎的，他認為人有一個自我毀滅的架構，稱為**死的本能**（death instinct）。因為和自我保護的生的本能相互衝突，死的本能因而以攻擊的形式轉向他人。絕大多數的心理學家認為，用本能來討論人類行為是很不容易的；但卻能支持其信念：人們因有攻擊的本能，所以普遍地有攻擊的行為。而在本能以外，人類的神經肌肉系統也和攻擊交纏相繞。研究指出，天生又聾又啞的小孩，也能做出攻擊模式——用腳踱地、咬牙切齒、雙拳緊握——而他們並沒有辦法觀察到這些行為（Eibl-Eibesfeldt, 1977）。

神經科學家的研究指出，腦內含有攻擊的生理歷程（Niehoff, 1999）。我們雖不明白腦內是否有特殊的攻擊中樞，但我們用電流刺激腦內較低階、較原始的部分時（如：邊緣系統），常會表現出攻擊行為（Herbert, 1988）；神經傳導素亦與攻擊行為高度相關（Filley & others,

2001）。一位患有憂鬱症而想以激烈手段自殺（如：用槍）的人，被發現其神經傳導素血清素較一般人更少（Van Winkle, 2000）。在一項研究中，血清素低於其他同年齡者的年輕男子，其更可能犯下暴力罪（Moffitt & others, 1998）。同樣地，一個血清素濃度較低的小孩，相較其他的小孩，也有更多的攻擊行為表現（Holmes, Slaughter, & Kashani, 2000）。

酒精在腦中作用時，會阻止我們持續地壓抑，其與暴力和攻擊有很大的關聯。人在酒精的影響之下，會比清醒時更容易說粗話、動拳腳（Dougherty, Cherek, & Bennett, 1996），特別是酒品不好的人，常在喝醉後變得更暴力（Seto & Barbaree, 1995）。

攻擊的心理因素

攻擊含有許多心理因素。許多年前，John Dollard 和研究夥伴（1939）提出一個解釋：**挫折**（frustration）——阻擋個體達成目標——會引發其攻擊。只是不久之後，心理學家發現挫折不僅僅會引起攻擊，有些人在經歷了挫折後會變得消極（Miller, 1941）。隨後更進一步發現，除了挫折，廣義的不愉快經驗亦會引起攻擊，包括生理上的疼痛、被人侮辱，以及不舒服的事件（如：離婚）。環境心理學家已經證明，像是噪音、天候以及擁擠等因素也會激發出攻擊行為。謀殺、強姦、施暴等犯罪案會隨氣溫升高而增加（每年夏季的時候）（Anderson, 1989; Anderson & Bushman, 2002）。例如，在悶熱的台北街頭，經常會出現交通糾紛。我們每天都要面對其他人，其中可能會產生不愉快的經驗，便可能觸發攻擊反應（Schwartz, 1999）。舉個排隊買票的例子，若前面有人插隊，我們便可能對那個人充滿敵意（Milgram & others,1986）。

我們是否會對不愉快事件反應出敵意、攻擊，端看我們如何解釋情境（Baumeister, 1999; Berkowitz, 1990）：

- **預期**：在一輛滿載乘客的公車上，你預期到會發生推擠；但當你身在一輛只有 5、6 個人的公車內，你不會預期有人會撞到你。因此比起

在擁擠的公車內，在空盪的公車中有人碰撞到你，會讓你更為火大。
- **公平**：如果你遇到不公平的事而感到不舒服，也可能會有攻擊反應。例如，如果你有門課被當掉了，除非你覺得這分數不公平，不然你大概不會去說教授的壞話。
- **意圖**：當認為有人故意絆倒你，會比你認為那只是不小心而更易感到憤怒。
- **責任**：當你覺得對方要為失敗或令人不快的舉止負責時，你會對他更有敵意。例如，同樣是在大賣場被手推車衝撞，一個是 8 歲小孩，一個是 20 歲的大學生，你會對哪個比較生氣？比起小孩，你會覺得這位大學生應為自己的行為負責，所以你對他會更有敵意。

行為和社會認知理論指出，人會透過增強的歷程和觀察學習以學到是否要表達出攻擊行為。尤其在人們得以獲得金錢、關心、性、權力和地位時，攻擊會被增強。舉個例子，一位青少年怒視同學而得到他想要的座位後，必會食髓知味地再行同樣的手段；但他若失敗了，他便得知攻擊並不是好方法。攻擊亦能由觀察別人表現的攻擊行為來習得（Bandura, 1989），而我們最常有機會看到攻擊行為的來源是電視。

攻擊的社會文化因素

攻擊不僅含有生理和認知因素，也包括了社會因素。在人類的歷史中，攻擊和暴力的發生率不時地變化；而在某些文化中，攻擊和暴力較其他文化更常見（Bellesiles, 1999）。在美國被謀殺的危險較其他國家為高：約是加拿大的 3 倍、歐洲的 6 倍（United Nations, 1999; U.S. Bureau of Justice Statistics, 2001）；南非、哥倫比亞、墨西哥和菲律賓，則比美國有更高的凶殺率。一個國家的犯罪率也會因貧富差距拉大而增加（Triandis, 1994）。攻擊和暴力的社會差異也和人們所處的社會現況有關。飢荒、擁擠、乾旱和衝突等，都可能導致族群和道德價值的重大動亂，並透過暴力行動來獲致足以生存的水和食物。

另一個可能的文化因素是大眾媒體中的暴力：電視新聞、電視節

目、電影、電玩遊戲，以及歌詞。歹徒殺人或被殺，警察和偵探維持或破壞社會秩序，體育解說員稱揚勇猛好鬥的運動員，無論他們是展現運動家精神或是對團隊有貢獻，我們可以輕易地發現，這些攻擊和暴力深嵌在美國社會裡——事實上，這甚至是較被偏愛的行為模式。

對兒童來說，出現在電視上的攻擊數量更是另一個特別的問題。在 1990 年代，兒童平均每週看 26 小時的電視（National Center for Children Exposed to Violence, 2001），孩子生活裡的每一天幾乎都可以看見有人被傷害或被殺。在一個有關電視暴力的早期研究中，將孩子隨機分派至兩組：其中一組觀看 11 天富含暴力的週六卡通節目，另一組也看同樣的節目，但已移除了暴力成分（Steur, Applefield, & Smith, 1971），之後觀察這些學齡前兒童玩耍的情形。比起那些沒有看含暴力卡通的小孩，看暴力卡通的小孩更會踢打、推擠，甚至掐其他玩伴的喉嚨。許多專家堅持有極多的證據指出，電視上的暴力情節會導致孩童有攻擊的和反社會的行為（Bushman & Huesmann, 2001; Perse, 2001; Singer & Singer,1998）。

兒童所觀看的電視內容，不只與攻擊有關，也和認知技能及學業成就有關。在一個縱貫性研究中，學齡前兒童觀看教育性節目，和其成長到青少年時的許多特質有關：分數更高、看更多書、重視成就、更有創意，且更少攻擊行為（Anderson & others, 2001）；而學齡前女孩若看了較多的暴力性節目，則到了青少年時期，會比不大看暴力性節目的女孩，分數更低（圖 13.10）。當然，電視暴力不是引起攻擊的唯一原因。攻擊如同其他的社會行為，都有多個決定因子（Donnerstein, 2002）。成人不會單獨地受到電視暴力所影響，而是同時受到其他因素，如：婚姻問題和工作壓力這般的

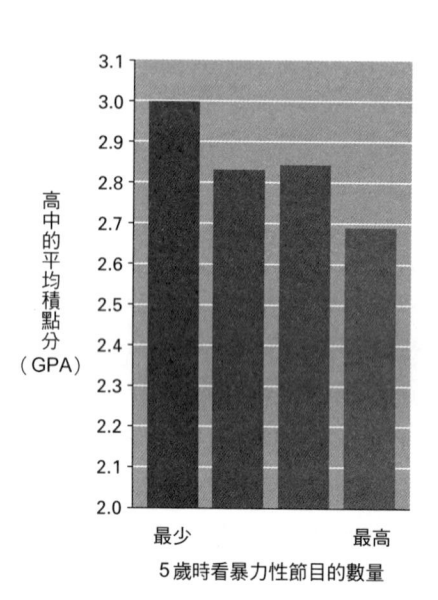

▌圖 13.10　觀看電視暴力與女孩的學業成就

當女孩在 5 歲時看愈少的暴力性節目，則其高中的平均積點分（grade point average，譯註：美式計分法，優等 5 分，甲等 4 分，以此類推），比起 5 歲時看愈多暴力性節目者的分數來得高。圖中最左邊的柱狀，代表全部女孩中，5 歲時看最少暴力性節目的 25%，第二條代表次少看暴力性節目的 25%，以此類推。

攻擊傾向影響。同樣地，電視暴力和孩子攻擊行為之間的關係，也受到孩子的攻擊傾向所影響，如：對暴力的態度，以及孩子從電視中接收到的內容。研究者對媒體暴力感興趣的其他論點，還有關於看色情圖片是否會導致對女性的暴力。

攻擊與性別

我們的刻板印象明確地在男孩和男性身上貼上了愛好攻擊的標籤。一般來說，研究結果亦支持這個觀點。在孩子之間，男孩更會玩打仗的遊戲，而在其中彼此有更多肢體上的打鬥。到了青少年時期，男生更可能加入幫派且會投入暴力行動。而在兒童和青少年之中被診斷為品行疾患（conduct disorder，其攻擊行為的典型，常會去冒犯他人基本權利）者，男孩比女孩高出 3 倍（Cohen & others, 1993）。在成人之中，男性比女性更可能長期懷有敵意，並且犯下謀殺或強姦罪（Barefoot & others, 1987）。

減少暴力的方法

許多減少憤怒的方法都適用於攻擊，這些方法統稱**發洩**（catharsis），這些對憤怒的釋放都是直接介入憤怒或攻擊。根據心理動力論和動物行為學，憤怒的舉止或看到他人憤怒的舉止，都能減少隨之而來的憤怒和攻擊。但社會認知理論強烈地表達不同的意見，他們相信人們表現出攻擊而常在其中得到回饋，且看到別人的攻擊行為會使自己學會擁有攻擊性。對於減少攻擊的研究發現也支持社會認知論的觀點，而非心理動力論及動物行為學的觀點（Bandura, 1986, 1997）。因此用來減少攻擊的好方法中，可以選擇減少攻擊行為的回饋和少看攻擊行為。

父母是能幫助孩子減少攻擊的特別對象，因他們對孩子的生活特別重要，是相當有影響力的。推薦的養育策略包括從小鼓勵孩子發展出對他人的同理心，及在青少年時期多留意小孩的行為。Gerald Patterson 和研究夥伴（1989）發現，缺少父母關注與青少年的犯罪之間存在著關聯性。

許多學校也試著教導學生減少攻擊的方法，像是教導衝突管理的技巧，以及讓學生作同儕的諮商者。同學間會討論真實的或假設性的問題，並能合作找出正向、非攻擊性的解決方式。在這些方法之中，孩子被教導去分析自己的想法，並思考除了攻擊以外的方法。

13.5.2　助人

臺灣是一個溫暖的社會，在每個小角落都有一些默默助人的行為，我相信，你曾經對他人或小動物伸出過援手，這些都是助人行為。心理學家將助人行為分為**利他主義**（altruism）——無私地樂於幫助他人，和**利己主義**（egoism）——有目的地助人。以捐款為例，若捐款是為了可以抵稅、增加自尊、顯露能力、表現出稱職或照顧，或是為了逃避社會或自我的譴責而得以符合社會期待，這就是利己主義的助人。反之，只是單純地為了讓他人得益，並且不求任何回報時，這種助人就是利他主義。

> **利他主義**
> 無私地樂於幫助他人。
>
> **利己主義**
> 有目的地助人。

助人的心理及社會文化基礎

心理學家如何說明人類的助人行為？一個主要概念為**互惠**（reciprocity），我們如何對待別人，別人也會如何對待我們。世界上每個廣為人知的宗教都提出這樣的概念，如：猶太教、基督教、佛教和伊斯蘭教⋯⋯等。複雜的人類情感也包含了互惠：信任長期互動的人，大概是最重要的原則了。但互惠也可能包含許多負向的情感，像是對別人的好意若沒有互惠回去，則會有罪惡感；而別人若沒能彼此互惠，自己可能會生氣。有項研究發現，大學生對於先前給他糖果的人，會更保證對他們表現寬大慈悲（Webster & others, 1999）。

助人的生理基礎

演化心理學家相信，一個樂意合作的、建立互惠關係的人可以獲得極大的好處（Trivers, 1971）。現在對一個人好，在未來可能得到他人的幫助。依循互惠的模式，比起一個人單打獨鬥，彼此雙方都能有所獲得。演化心理學家也強調有些利他行為能夠讓我們保存基因

第 13 章　社會心理學
Social Psychology

（左圖）動物也會表現出利他的行為，狒狒正幫其他的狒狒抓蟲子。動物間的利他大多發生在親屬間。
（右圖）一位年輕女性正幫助一位肢體不便的孩子。我們如何解釋利他行為不是為了親屬關係？

（Ruse, 2001, 2002; Simpson & Gangestad, 2001）。雙親餵養年幼的子女就是一種利他行為，而這可以使後代存活的機會增加。也因如此，母鳥會試圖引誘掠食者遠離雛鳥的巢，寧願犧牲自己，也要讓雛鳥活下來，以保存自己的基因傳下去。

人們通常也對親人較好，因為親人與自己有一樣的血脈，或是要一起保留彼此共同的基因傳承。而發生自然災害時，人們最在乎的就是自己的家人。有一項研究，要大學生回答一個假設性的問題：在一個攸關生死的情況下要去幫誰？大學生的回答是較傾向選擇近親勝於遠親（Burnstein, Crandall, & Kitayama, 1994）。他們也傾向選擇年輕的而非年老的、選擇健康的多過生病的、選富有的而非窮苦的、選擇停經前婦女多於停經後婦女。在相似的研究中，當題目改成日行一善的情況，大學生就很少偏重親屬關係，而會去選擇老人和兒童，以及選擇生病的多過健康的、窮苦的而非富有的。

旁觀者效應

大約 30 年前，有個名為 Kitty Genovese 的女性，在紐約一條名聲不錯的街上被殘忍地謀害。凶手離去後又返回現場三次，他用了 30 分鐘的時間殺害 Kitty。38 位鄰居目擊了這殘酷的景象，並聽到 Kitty 的尖叫聲，卻沒有一個人幫助她或打電話報警。這個事件心理學家稱之為**旁觀者效應（bystander effect）**，也就是當有他人在場的時候，會比

旁觀者效應
當有他人在場的時候，會比只有自己單獨在場時，更傾向不去救助緊急危難。

只有自己單獨在場時，更傾向不去救助緊急危難。

社會心理學家 John Darley 和 Bibb Latané（1968）提出大量在刑事上和醫療上的緊急事件都有旁觀者效應。當一個人獨處時，大概有 75% 的機會去幫助人，但有旁觀者在場時，數字就滑落至 50%。這差異似乎導因於人們會把責任分散到其他目擊者身上，並且傾向於先看看別人怎麼做，再去思考自己該怎麼反應；我們也許會認為其他人就要去打電話叫警察了；或者是，既然沒有人去幫忙，那麼大概就是不需要幫忙吧！

有許多其他的情境都會影響一個人是否要去救助處於危難的人。以下的情境會讓你傾向不伸出援手（Shotland, 1985）：

- 情況不明朗時。
- 當有婚姻關係或是有親屬關係的人發生爭執或打鬥的時候。
- 感覺受害者已喝醉了。
- 認為受害者是來自其他族群團體。
- 介入幫助可能會讓自己受傷或是扯進犯罪關係中。
- 需要花費相當長的時間，如：出庭作證。

助人與性別

誰比較會幫助人、關懷人，是男性或女性？刻板印象是女性比較會去助人。就像絕大部分的領域，思考性別的背景是個好主意。研究者已經發現，當救助的背景包含養育，女性比男性更會伸出援手，例如，自願抽出時間幫助兒童的個人問題。然而在感到危險且自覺有能力時，男性在這種情境下更會去幫助人（Eagly & Crowley, 1986）。例如，男性比女性更會去幫助一個輪胎已經洩了氣，而車停在路邊的人；汽車方面的問題也是男性覺得比較能勝任的。而男性比女性更可能讓一名旅行者搭便車，因為這情況對女性來說，確實是比較危險的。

課堂活動

主題：認識一個不像自己的人。

目標：
- 透過本活動，幫助同學體會到社會知覺與人際互動的相關課題。

步驟：
1. 找一位在班上你最不熟（或與你個性最不像）的人。
2. 一起討論雙方的共通點與相異點。
3. 進一步討論，在學期初對對方的第一印象。
4. 討論在整個學期的過程中，為何很少互動。
5. 分享經過今天的討論後，是否對對方有更深的了解。

回家作業

探索心理的最後一課——慈悲關懷

每天睡前默念以下四句：

願我無敵意，無危險。

願我無心理的痛苦。

願我無身體的痛苦。

願我保持快樂。

許多研究都指出，對自己及他人生起慈悲及關懷的心，可以減輕壓力，提升免疫力，進而增進健康。我不知道你相不相信，但其實你可以實際做做看，在心中默念以上的句子。

其實慈悲就是一種愛的感受，當我們處在憤怒或絕望之中，我們不可能會對他人生起愛與關懷，所以，先對自己散發慈悲心作為開始是很重要的。

首先，回到第 1 章的回家作業「覺察呼吸」，安靜地注意你的呼吸。當你感到心情平靜後，你可以在心中不斷地默念上面的四個句子。

當你熟悉這些句子，你可以在任何時間、任何地點，對自己及他人生起慈愛的心。甚至走在路上看到人，你也可以帶著微笑在心中祝福對方快樂。

只要你願意嘗試這麼做，即使只是機械性地重複這些句子，你仍然會發現，單純只是這樣，就可以帶來快樂！

本章摘要

社會心理學是一門有趣的學科，幫助你了解我們是如何被這個社會所影響的，讓你知道各種社會現象的心理意涵。

1. 我們如何看待這個社會。
   - 歸因是我們對於人們為何會有這樣的行為、而結果又會怎麼反應，所形成的見解。歸因理論認為人們有動機去發現行為背後的原因，對於這些行為的起因，會分為幾個向度來理解，包括內在／外在、穩定／不穩定、可控制／不可控制等。基本歸因錯誤意指當觀察者在解釋行為者的行為時，高估個人內在特質的重要性，且低估了外在環境因素的影響。當我們的自尊受到威脅時，我們會變更基本歸因錯誤並用利己偏誤，將成功歸於自己的內在特質，而把失敗歸咎於環境的問題。
   - 社會知覺包含我們會對他人形成印象、比較自己和他人，並且用希望別人感受的樣子來表現出自己。我們對他人的印象是單一且完整的；而我們對一個人的概念和一些特質相配對，稱為人格內隱理論。第一印象比後來的印象都來得重要且有影響力。Festinger 強調社會比較是用來自我了解的重要資源，特別是沒有其他的客觀事物可用時；且我們傾向和相似的人比較。自我呈現影響對他人的社會觀點則包括兩個向度：印象管理表現出自己較好的一面，而自我監控則是微調到自己想表現的樣子。
   - 態度是對人、對物或對想法的看法和意見。當人的態度堅決、非常了解自己的態度並表現出來，以及其態度和其行為特別有關的時候，我們更能夠去預測其行為。有時行為的改變會先於態度的改變。由 Festinger 發展的認知失調論，認為我們有很強的需求來讓自己的認知一致；在很多情形下，我們會減少失調來為自己的行為辯護；而當牽涉到自尊，這種辯護會更為強烈。Bem 則較行為取向，認為我們的自我覺察和推論態度的重點都在於觀察自己的行為，特別是我們不知道自己的態度時。成功地改變他人的態度，要靠溝通者的特質、訊息傳播的媒介、聽者對訊息的想法，以及訊息本身。

2. 我們如何被這個社會所影響。
   - 從眾包括人的行為改變是為了和團體的標準相符，在 Asch 從判斷線條長度來闡釋從眾的經典研究裡可得知。許多因素都會影響我們從眾，包含規範性社會影響和訊息性社會影響。
   - 服從是個人遵從權力者要求所執行的行為，Milgram 經典的研究證明了服從的力

量：受試者服從研究人員的指示，甚至得去傷害他人。而當看到他人不服從、認為權力者不合理或不在身邊，以及受害者看起來更有人性時，較可能會不服從，特別是遇到有問題的要求時，我們有許多選擇來減少服從。
- 團體都有其規則和角色來影響表現，個人在團體的表現會受到社會助長而增加，而會受到社會懈怠而減少。在團體裡，我們也會經驗到去個人化──失去個人認同而減少責任。而風險轉移是指團體有傾向做出冒險的決定，勝過團體的個人獨自做決定的平均值。團體極化效果會更凝聚加強團體討論的結果。團體迷思包括因為成員想要去提升其他人的自我，並且促成從眾。多數派常常決定了團體的方向，但若少數派堅決一致地表達看法或有強力的領導者，也許能夠勝出。
- 團體領導理論包含了偉人論（天生的領導者）、環境論（領導者是環境的產物），以及權變模式（當環境需要時，領導者有能力去承擔）。當領導者是男性時，較像是指導性的、任務取向的領導者；而女性則較偏向民主的、關係取向的領導者。
3. 討論團體間的關係。
    - 社會認同是我們會依自己是團體的一員來定義自己。人對於自己的內團體──或說「我們」──的想法是不會變的，認同團體可以增加自我形象。種族中心主義是指比起其他團體，我們會有偏袒自己所擁有的文化或族群團體的傾向，這會帶來好的結果也會帶來壞的情況。
4. 討論人際關係
    - 從外表、熟悉度與相似性等層面說明關係的產生，並且分析三大類的愛情：浪漫愛、深情愛與完美的愛。
5. 解釋社會互動。
    - 攻擊行為的產生是受到生理、心理與社會三大方面的影響。
    - 助人行為可分成利己與利他兩大類，在助人時會因為他人在場而產生旁觀者效應，並傾向不去幫助他人。

索 引

A

abnormal behavior　異常行為　306
absolute threshold　絕對閾值　96
accommodation　調整　55
acculturative stress　涵化壓力　334
acquired immune deficiency syndrome, AIDS　後天免疫不全症候群　351
acquisition　習得　162
action potential　動作電位　29
addiction　成癮　146
adrenal glands　腎上腺　40
aerobic exercise　有氧運動　347
affectionate love　深情愛　384
agoraphobia　懼曠症　311
algorithm　規則系統　226
altruism　利他主義　392
amnesia　失憶症　212
amygdala　杏仁核　33
androgen　雄激素　255
anorexia nervosa　心因性厭食症　253
anxiety disorder　焦慮性疾患　311
approach/approach conflict　雙趨衝突　332
approach/avoidance conflict　趨避衝突　333
archetype　原型　283
assimilation　同化　55
association areas　聯合區　36
associative learning　關聯學習　158
attachment　依附關係　63
attitude　態度　363
attribution　歸因　356

attribution theory　歸因理論　260
auditory nerve　聽覺神經　115
authoritarian parenting　權威型的教養方式　66
authoritative parenting　民主型的教養方式　66
automatic process　自動化歷程　131
autonomic nervous system　自主神經系統　25
avoidance/avoidance conflict　雙避衝突　332
axon　軸突　27

B

barbiturate　巴比妥酸鹽　148
behavior　行為　3
behavior modification　行為改變　174
behavioral and social cognitive perspectives　行為與社會認知論　285
behavioral approach　行為取向　7
behavioral medicine　行為醫學　330
behavioral neuroscience approach　行為神經科學取向　10
big five factors of personality　五大人格因素　296
binocular cue　雙眼線索　109
biofeedback　生理回饋　345
biological rhythm　生理週期　133
bipolar disorder　躁鬱症　317
brain　大腦　24
bulimia nervosa　心因性暴食症　254
burnout　耗竭　333
bystander effect　旁觀者效應　393

I-1

C

catatonic schizophrenia　僵直型精神分裂症　323

cell body　細胞本體　27

central nervous system, CNS　中央神經系統　25

cerebellum　小腦　32

cerebral cortex　大腦皮質　34

chunking　組塊化　192

circadian rhythm　日夜節律　133

classical conditioning　古典制約　160

cognition　認知　223

cognitive appraisal　認知評價　337

cognitive approach　認知取向　9

cognitive dissonance　認知失調　364

collective unconscious　集體潛意識　283

concept　概念　224

concrete operational stage　具體運思期　59

conditioned response, CR　制約反應　162

conditioned stimulus, CS　制約刺激　162

cone　錐狀細胞　103

conformity　從眾　367

connectionism　連結論　201

consciousness　意識　129

conservation　守恆　58

consummate love　完美的愛　384

controlled process　掌控歷程　130

coping　因應　340

corpus callosum　胼胝體　37

cortisol　可體松（或皮質醇）　40

counterconditioning　反制約　165

critical thinking　批判性思考　15

crystallized intelligence　結晶智力　83

D

deductive reasoning　演繹推理　228

defense mechanism　防衛機轉　280

deindividuation　去個人化　374

dendrite　樹突　27

depressant　鎮定劑　146

depressive disorder　憂鬱症　315

development　發展　46

Diagnostic and Statistical Manual of Mental Disorders, 4th edition, DSM-IV　《精神疾病診斷與統計手冊第四版》　308

difference threshold　差異閾值　97

discrimination　區辨　163

discrimination　歧視　379

disorganized schizophrenia　混亂型精神分裂症　323

drive　趨力　250

dysthymic disorder　輕鬱症　316

E

ego　自我　279

egoism　利己主義　392

elaboration　精緻化　189

emotion　情緒　262

emotional intelligence　情感智力　243

emotion-focused coping　情緒焦點的因應　341

encoding　編碼　186

endocrine system　內分泌系統　39

epinphrine　腎上腺素　40

episodic memory　事件記憶　196

estrogen　雌激素　255

ethnocentrism　種族中心主義　377

evolutionary psychology approach　演化心理學取向　10

explicit memory　外顯記憶　196
extinction　削弱　163
extrinsic motivation　外在動機　250

F

facial feedback hypothesis　臉部回饋假說　271
figure-ground relationship　圖像－背景關係　108
fixation　固著　227
fluid intelligence　流體智力　83
forebrain　前腦　33
formal operational stage　形式運思期　59
frontal lobe　額葉　35
functional fixedness　機能固著　227
fundamental attribution error　基本歸因錯誤　358

G

gender　性別　71
gender role　性別角色　72
general adaptation syndrome, GAS　一般適應症候群　335
generalization　類化　163
generalized anxiety disorder　廣泛性焦慮症　311
gestalt psychology　完形心理學　108
gland　腺體　39
glial cell　膠原細胞　27
group polarization effect　團體極化效果　374
group think　團體迷思　374

H

hallucinogen　迷幻劑　151
hardiness　堅毅　331

health psychology　健康心理學　330
hemisphere　大腦半球　37
heuristic　捷思　226
hierarchy of needs　需求階層　251
hindbrain　後腦　32
hippocampus　海馬回　33
homeostasis　體內衡定　250
hormone　荷爾蒙（或激素）　39
human sexual response pattern　人類性反應模式　256
humanistic movement　人本運動　12
humanistic perspective　人本論　290
hypothalamus　下視丘　34
hypothesis　假設　6
hypotheticaldeductive reasoning　假設演繹的推理　60

I

id　本我　279
implicit memory　內隱記憶　197
implicit personality theory　人格內隱理論　359
impression management (self-presentation)　印象管理（自我呈現）　361
imprinting　銘印　64
individual psychology　個體心理學　284
inductive reasoning　歸納推理　228
indulgent parenting　放縱型的教養方式　67
informational social influence　訊息性社會影響　368
inner ear　內耳　112
insight learning　頓悟學習　180
instinct　本能　250
instinctive drift　本能趨勢　159
intelligence quotient, IQ　智力商數　238

intrinsic motivation　內在動機　250
islets of Langerhans　胰島　41

K

kinesthetic sense　動感知覺　123

L

language　語言　231
latent content　潛藏意義　143
latent learning　潛在學習　179
law of effect　效果律　167
learned helplessness　習得無助　318
learning　學習　157
limbic system　邊緣系統　33
locus of control　控制感　287
long-term memory　長期記憶　195

M

major depressive disorder　重鬱症　316
manifest content　表面意義　142
medical model　醫療模式　307
meditation　禪修　345
medulla　延腦　32
memory　記憶　186
memory span　記憶廣度　192
mental age, MA　心智年齡　238
mental process　心理歷程　3
mental set　心理設定　227
midbrain　中腦　32
middle ear　中耳　112
monocular cue　單眼線索　109
mood disorder　情緒性疾患　315
motivation　動機　249
myelin sheath　髓鞘　27

N

natural selection　自然天擇　3
nature　天性　48
need　需求　250
need for achievement　成就需求　259
negative affectivity, NA　負向情感　272
negative reinforcement　負增強　169
neglectful parenting　忽略型的教養方式　66
nervous system　神經系統　24
neural network　神經網絡　24
neuron　神經元　27
neurotransmitter　神經傳導素　29
norepinephrine　正腎上腺素　40
normal distribution　常態分布　239
normative social influence　規範性社會影響　368
nurture　培育　48

O

obedience　服從　369
object permanence　物體恆常性　56
observational learning　觀察學習　177
obsessive-compulsive disorder, OCD　強迫症　313
occipital lobe　枕葉　36
Oedipus complex　伊底帕斯情結　281
olfactory epithelium　嗅覺表皮細胞　121
operant conditioning　操作制約　167
operation　運思　56
opiate　鴉片　148
outer ear　外耳　112

P

pain　痛覺　119
panic disorder　恐慌症　311

papilla　乳突　121
parallel processing　平行歷程　105
paranoid schizophrenia　妄想型精神分裂症　323
parasympathetic nervous system　副交感神經系統　25
parietal lobe　頂葉　35
perception　知覺　94
perceptual constancy　知覺恆定　110
perceptual set　知覺場域　100
peripheral nervous system, PNS　周邊神經系統　25
personality　人格　277
personality disorder　人格疾患　325
pheromone　費洛蒙　257
phobic disorder　畏懼症　312
physical dependence　生理依賴　146
pituitary gland　腦下垂體　39
plasticity　可塑性　24
pons　橋腦　32
positive affectivity, PA　正向情感　272
positive psychology movement　正向心理學運動　13
positive reinforcement　正增強　169
post-traumatic stress disorder, PTSD　創傷後壓力症候群　314
prejudice　偏見　378
preoperational stage　前運思期　56
preparedness　準備論　159
primary reinforcement　初級增強　170
priming　促發　197
proactive interference　前涉干擾　211
problem-focused coping　問題焦點的因應　341
procedural memory　程序記憶　197

prospective memory　前瞻性記憶　196
psychoactive drug　心理作用藥物　145
psychodynamic approach　心理動力取向　9
psychodynamic perspective　心理動力論　278
psychological dependence　心理依賴　146
psychology　心理學　2
puberty　青春期　76
punishment　懲罰　172

R

rapid-eye-movement sleep, REM sleep　速眼動睡眠　140
recall　回憶　206
recognition　再確認　206
rehearsal　複誦　192
reticular formation　網狀組織　32
retina　視網膜　102
retrieval　提取　204
retroactive interference　後涉干擾　211
retrospective memory　回溯性記憶　196
rod　桿狀細胞　103
romantic love　浪漫愛　384

S

schedule of reinforcement　增強計畫　171
schema　基模　55、201
schizophrenia　精神分裂症　322
science　科學　2
script　腳本　201
secondary reinforcement　次級增強　170
secure attachment　安全依附　65
selective attention　選擇性注意　99
self-actualization　自我實現　251
self-concept　自我概念　291

self-efficacy　自我效能　286、343
self-esteem　自尊　292
self-monitoring　自我監控　362
semantic memory　語義記憶　196
semicircular canal　半規管　124
sensation　感覺　94
sensorimotor stage　感覺運動期　55
sensory adaptation　感覺適應　98
sensory memory　感官記憶　191
sensory receptor　感覺接受細胞　95
serial position effect　序列位置效應　205
sexual script　性腳本　257
sexually transmitted diseases, STD　性病　350
short-term memory　短期記憶　192
social cognitive theory　社會認知論　8、286
social facilitation　社會助長　373
social identity　社會認同　376
social loafing　社會懈怠　373
social psychology　社會心理學　355
social support　社會支持　343
sociocultural approach　社會文化取向　11
somatic nervous system　體神經系統　25
somatosensory area　體感覺皮質區　35
spontaneous recovery　自發性恢復　163
stereotype　刻板印象　378
stimulant　興奮劑　148
storage　儲存　190
stream of consciousness　意識流　130
stress　壓力　330
stress management program　壓力管理課程　345
superego　超我　279
sympathetic nervous system　交感神經系統　25
synapse　突觸　29
synaptic gap　突觸間隙　29

T

temperament　氣質　65
temporal lobe　顳葉　36
thalamus　視丘　34
theory　理論　5
thermoreceptor　溫感接受細胞　118
thinking　思考　224
tolerance　耐受性　146
trait　特質　294
tranquilizer　鎮靜劑　148
triarchic　三元的　242
two-factor theory of emotion　情緒二因論　267
Type A behavior pattern　A型行為型態　330
Type B behavior pattern　B型行為型態　331

U

unconditional positive regard　無條件正向關懷　291
unconditioned response, UCR　非制約反應　161
unconditioned stimulus, UCS　非制約刺激　161
unconscious thought　潛意識的想法　132

V

vestibular senses　前庭感覺　123

W

wisdom　智慧　85
wish fulfillment　願望的達成　142
working memory　工作記憶　193